くわしい
中学 国文法

KUWASHII

JAPANESE GRAMMAR

田近洵一　編著

文英堂

ΣBEST シグマベスト

本書の特色と使い方

HOW TO USE

各章の流れ

一、つかむ

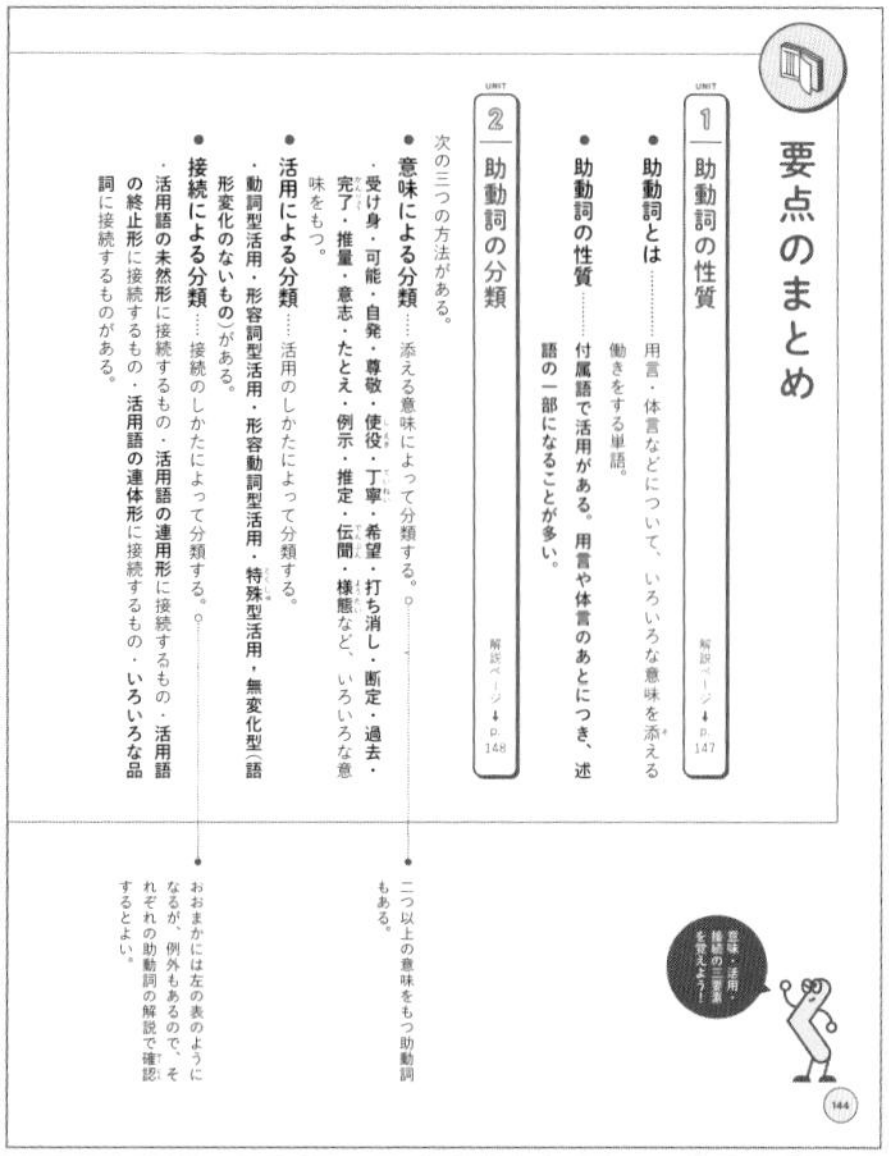
要点のまとめ

UNIT 1 助動詞の性質 解説ページ→p.147

● 助動詞とは……用言・体言などについて、いろいろな意味を添える働きをする単語。

● 助動詞の性質……付属語で活用がある。用言や体言のあとにつき、述語の一部になることが多い。

UNIT 2 助動詞の分類 解説ページ→p.148

次の三つの方法がある。

● 意味による分類……添える意味によって分類する。
・受け身・可能・自発・尊敬・使役・丁寧・希望・打ち消し・断定・過去・完了・推量・意志・たとえ・例示・推定・伝聞・様態など、いろいろな意味をもつ。

● 活用による分類……活用のしかたによって分類する。
・動詞型活用・形容動詞型活用・特殊型活用・無変化型（語形変化のないもの）がある。

● 接続による分類……接続のしかたによって分類する。
・活用語の未然形に接続するもの・活用語の連用形に接続するもの・活用語の終止形に接続するもの・活用語の連体形に接続するもの・いろいろな品詞に接続するものがある。

二つ以上の意味をもつ助動詞もある。

おおまかには左の表のようになるが、例外もあるので、それぞれの助動詞の解説で確認するとよい。

意味・活用・接続の三要素を覚えよう！

144

要点のまとめ

この章で学習する内容を**簡潔にまとめています**。気になったページから学習を始めることもできます。

二、取り組む

重要用語や大事なことがらは，赤文字や太文字で示しています。

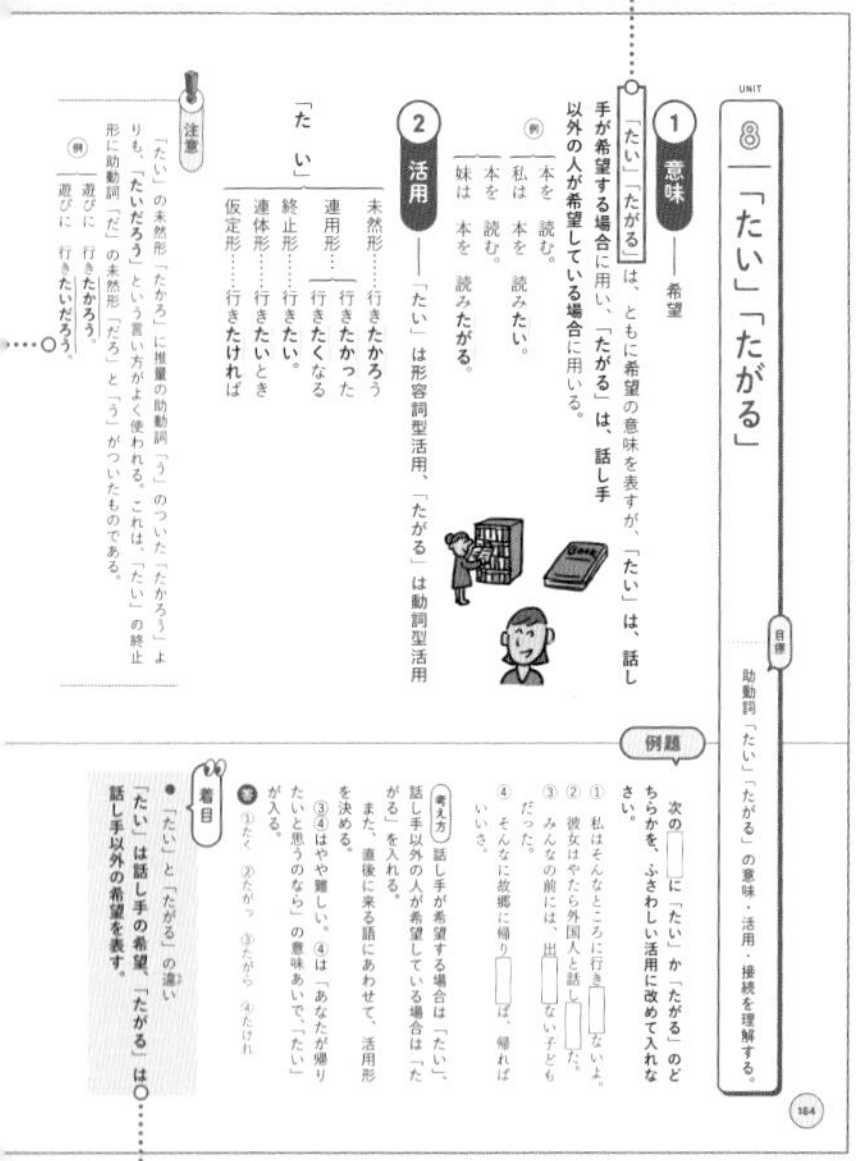
UNIT 8 「たい」「たがる」

助動詞「たい」「たがる」の意味・活用・接続を理解する。

1 意味 ―― 希望

「たい」「たがる」は、ともに希望の意味を表すが、「たい」は、**話し手が希望する場合**に用い、「たがる」は、**話し手以外の人が希望している場合**に用いる。

例 私は 本を 読みたい。
本を 読む。
妹は 本を 読みたがる。

2 活用 ――「たい」は形容詞型活用、「たがる」は動詞型活用

た い
未然形……行きたかろう
連用形……行きたかった／行きたくなる
終止形……行きたい。
連体形……行きたいとき
仮定形……行きたければ

注意 「たい」の未然形「たかろ」に推量の助動詞「う」のついた「たかろう」よりも、「たいだろう」という言い方がよく使われる。これは、「たい」の終止形に助動詞「だ」の未然形「だろ」と「う」がついたものである。

例 遊びに 行きたかろう。
遊びに 行きたいだろう。

例題

次の□に「たい」か「たがる」のどちらかを、ふさわしい活用に改めて入れなさい。

① 私はそんなところに行き□ないよ。
② 彼女はやたら外国人と話し□た。
③ みんなの前には、出□ない子どもだった。
④ そんなに故郷に帰り□ば、帰ればいいさ。

考え方 話し手が希望する場合は「たい」、話し手以外の人が希望している場合は「たがる」を入れる。また、直後に来る語にあわせて、活用形を決める。③はやや難しい。④は「あなたが帰りたいと思うのなら」の意味あいで、「たい」が入る。

答 ①たく ②たがっ ③たがら ④たけれ

着目 ●「たい」と「たがる」の違い
「たい」は話し手の希望、「たがる」は話し手以外の希望を表す。

164

本文

上段は学習内容のくわしい解説，下段は例題と練習問題で構成され，**上下段を行き来しながら**定着を図ることができます。

圧倒的な「くわしさ」で、考える力が身につく

本書は、豊富な情報量を、わかりやすい文章でまとめています。丸暗記ではなく、しっかりと理解しながら学習を進められるので、知識がより深まります。

ぼくと一緒に
国文法を
楽しく学ぼう！

くーくん

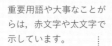

「識別」や「活用」など，まとめて覚えると効果的なことがらは，**図や表に整理**して示しています。

三、確かめる

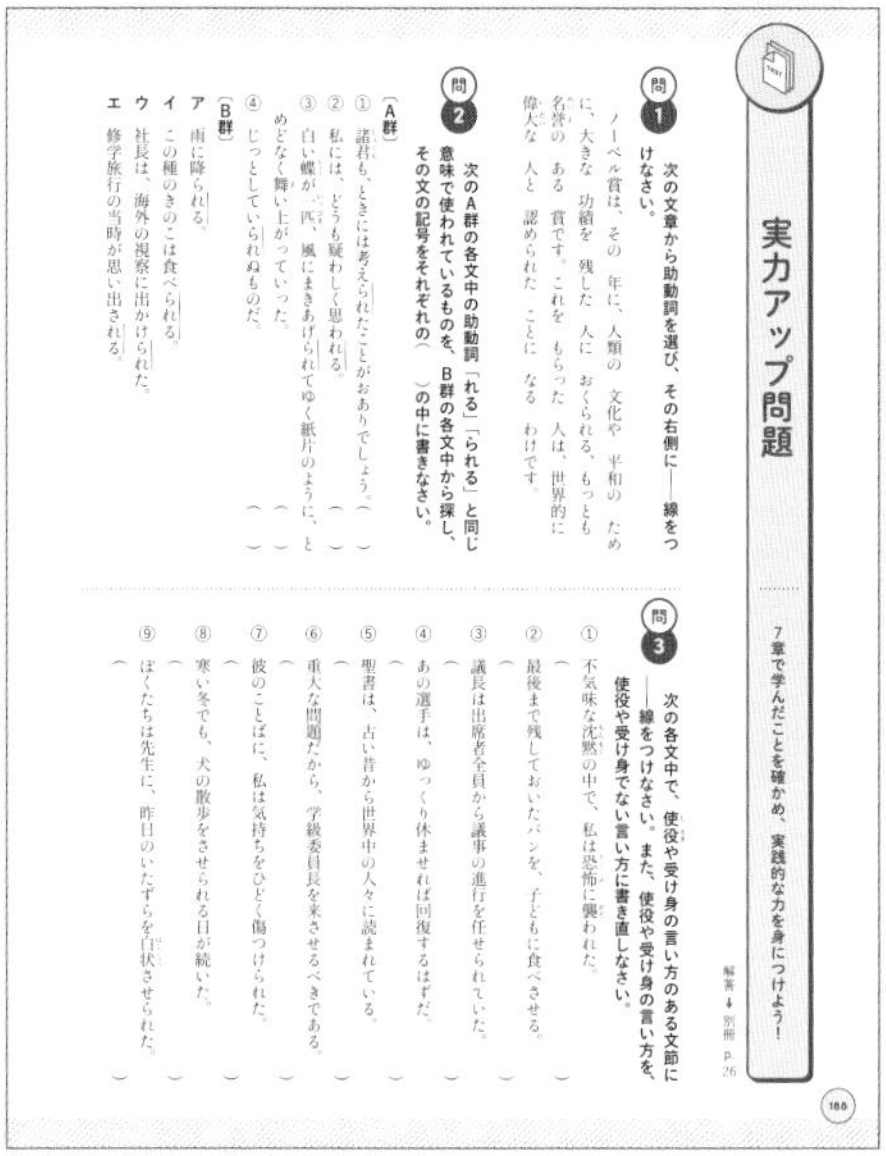

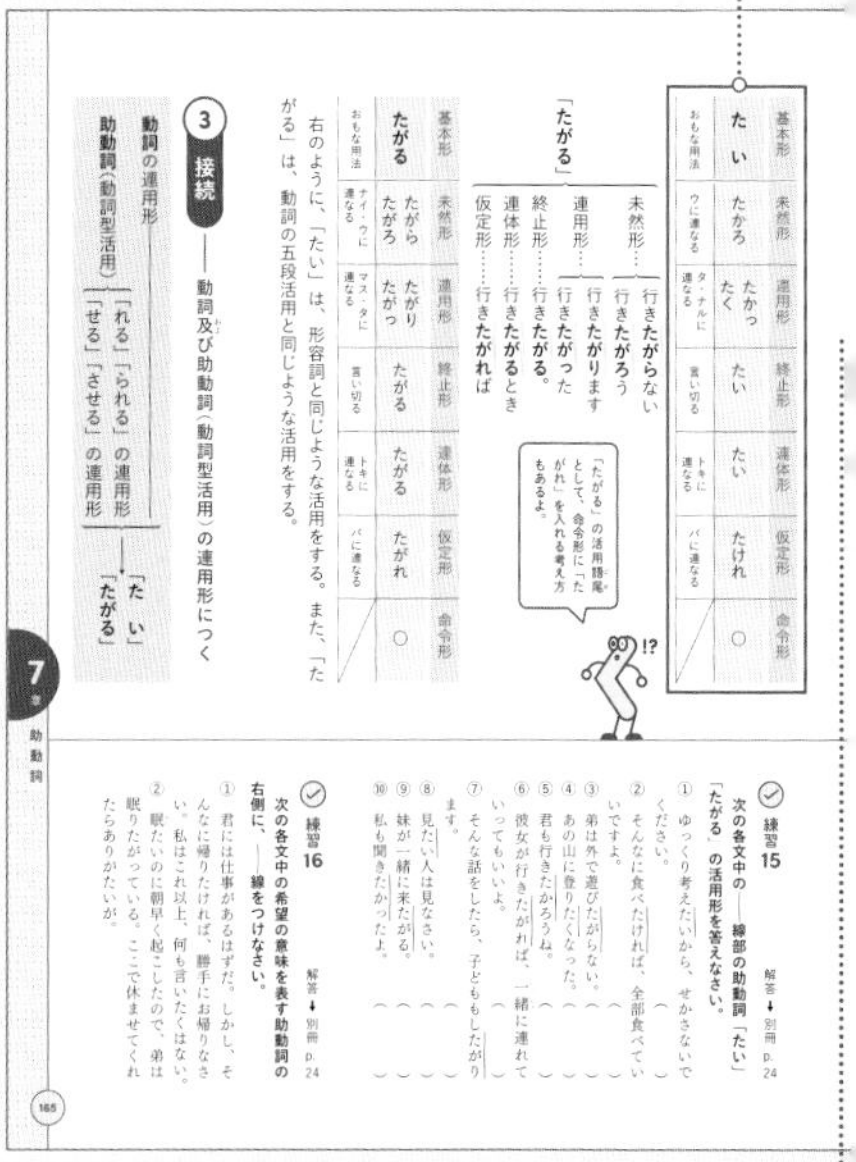

実力アップ問題

各章の章末には，**基礎から応用レベル**まで，幅広く問題を取り上げています。

参考
注意

本文に関連して参考になるような事項や注意点などを取り上げ，解説しています。

着目

本文の内容に関わるポイントや，語句の見分け方など，より**実践的な内容**をまとめています。

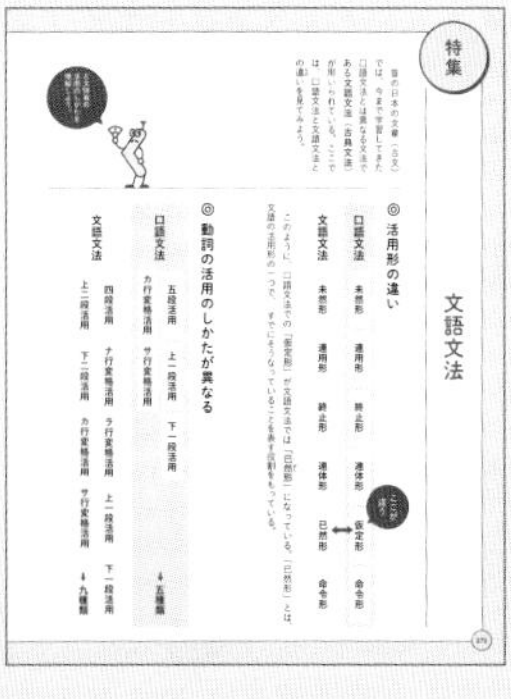

特集／資料

学習内容を整理したり，さらに知識を広げたりすることができます。

巻末 入試問題にチャレンジ

実際の入試問題に挑戦してみましょう。

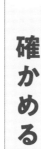

もくじ

CONTENTS

1章 文法の基礎

2章 名詞（体言）

1章

文法の基礎

自分の感じていることや考えていることなどを、まとめたり人に伝えたりするときに、私たちはことばを使います。この章では、ことばの決まりの基本的な知識を学習します。

要点のまとめ

UNIT 1 ことばと文法

解説ページ → p.11

● **ことば**……自分の考えをまとめたり、人に伝えたりする働きをする。

● **口語《こうご》と文語《ぶんご》**……現在使っていることばは**口語**、古い時代のことばは**文語**。

UNIT 2 ことばの単位

解説ページ → p.12

● **文章**……一つのまとまりのある内容を書き表したもの全体。

● **段落**……文章の中で内容ごとに区切られた一まとまり。

● **文**……**句点(。)から句点まで**の一続きのことば。

● **文節**……意味がわかる範囲《はんい》の**できるだけ短い区切り**。

● **単語**……ことばとして役割をもつ**最も小さい単位**。

UNIT 3 文節の働きと文節相互の関係

解説ページ → p.14

● **文節の係り受け**……二つの文節が互《たが》いに意味の上で結びつくとき、前の文節はあとの文節に係り、あとの文節は前の文節を受ける。

● **連文節**……**二つ以上の連続した文節**が意味の上で互いに結びつき、一まとまりとなって、**一つの文節と同様の働きをするもの**。

● **主語**……**「何(だれ)が」**と**文の主題を示す**文節。

● 一編の長編小説も一つの俳句も、その長さにかかわりなく、一つの文章。

● 文法では、文章と文をはっきり区別する。

例 ぼくは(係る文節) 海水浴に → 出かけた。(受ける文節)

例 先週の(係る文節) 日曜日に(受ける文節)〔連文節〕 ぼくは 海水浴に 出かけた。

- **述語**……「**どうする**」「**どんなだ**」「**何だ**」「**ある（いる・ない）**」と**主語を説明する**文節。
  例 ばらの 花が きれいに 咲いた。（主語：花が／述語：咲いた）
- **修飾語《しゅうしょくご》**……ほかの文節を**くわしく説明する**文節。
  例 ばらの 花が きれいに 咲いた。（修飾語：ばらの→花が／修飾語：きれいに→咲いた）
- **接続語**……前の文や文節をあとに続け、**前後の文や文節をつなぐ働きをする**文節。
  例 暖かいから、花が 咲いた。（接続語：暖かいから）
- **独立語**……ほかの文節とは直接関係がなく、比較《ひかく》的独立している文節。**呼びかけ・感動・応答・提示**などを表す。
  例 まあ、きれいな 花だ。（独立語：まあ）
- **並立《へいりつ》の関係**……二つ以上の文節が**同じ資格で対等に並んでいる**関係。並立の関係は必ず**連文節**になる。
  例 トンネルや 鉄橋が 多い。（連文節「並立の関係」：トンネルや 鉄橋が）
- **補助の関係**……下の文節がすぐ上の文節に**補足的な意味を添《そ》える**関係。補助の関係は必ず**連文節**になる。
  例 明かりが 消えて いる。（連文節「補助の関係」：消えて いる）
- **文節相互《そうご》の関係**……**主・述の関係、修飾・被《ひ》修飾の関係、接続の関係、独立の関係、並立の関係、補助の関係の六種類。**

UNIT

4 文の成分と文の組み立て

解説ページ→p.24

- **文の成分**……文節や連文節が文を組み立てる要素としてもつ役割。
  例 赤い 夕日が とても きれいに 見えた。（主部（連文節）：赤い 夕日が／修飾部（連文節）：とても きれいに／述語（一文節）：見えた）
- **文の成分の種類**……**主語（主部）・述語（述部）・修飾語（修飾部）・接続語（接続部）・独立語（独立部）の五種類。**一文節からなるものを「～語」、連文節からなるものを「～部」という。
  例 雨が 降るので、行かない。（接続部：雨が 降るので）
- **文の組み立て**……どんな複雑な文でも、主語（主部）・述語（述部）・修飾語（修飾部）・接続語（接続部）・独立語（独立部）の五種類の文の成分の組み合わせでできている。
  例 そこの 人、左側を 歩け。（独立部：そこの 人）

UNIT

5 文の成分の位置と省略

解説ページ→p.30

- **主語（主部）・修飾語（修飾部）は、述語（述部）の前**にくる。
- **述語（述部）は、文の終わり**にくる。
- **主語（主部）と修飾語（修飾部）の互《たが》いの位置は一定ではない。**
- **接続語（接続部）・独立語（独立部）は、文のはじめにくることが多い。**
- 述語（述部）がほかの成分より前にくることがある（**倒置《とうち》**の文）。
  - 例 きれいだね（述語） この 風景は（主部）。
- いずれかの成分が省略されることがある（成分の**省略**）。
  - 例 この絵は 美しい。しかも、（この絵は（主部））力強い。 →主部の省略

UNIT

6 文の成分の照応

解説ページ→p.32

- 主語（主部）と述語（述部）が正しく照応しないと、読みにくくなる。
- 文の成分の位置や読点（、）の打ち方などが正しくないと、意味が曖昧《あいまい》になる。

UNIT

7 単語の種類

解説ページ→p.34

- **自立語**……**一単語で一文節**をつくり、**それだけで意味がわかる**単語。
- **付属語**……**自立語のあとについて文節の一要素となる**単語。
- **単語の活用**……**単語の終わりの部分が変化する**こと。
- **品詞の分類**……単語は**文法上の性質から細かく分ける**ことができる。
  - **名詞・副詞・連体詞・接続詞・感動詞・動詞・形容詞・形容動詞・助詞・助動詞**の十品詞がある。

UNIT

8 指示語

解説ページ→p.38

- **指示語**……物事や性質・状態などを直接指し示すことば。これらを「**こそあど**」**ことば**ともいう。
  - 例 これ（名詞）・この（連体詞）・こう（副詞）・こんなだ（形容動詞）

UNIT

1 ことばと文法

目標　ことばの働きや表し方などを理解する。

1 ことばの働き ――自分の考えや感情を人に伝える

自分の考えをまとめたり、感情を人に伝えたりするとき、私たちはことばを用いる。

人に伝達する働き以外に、私たちが見たり感じたりしたことを理解し、物事を考えるのにも、ことばは大切な働きをしている。

2 ことばの表し方 ――音声や文字で表す

ことばは、音声や文字によって表される。音声で表されたことばは、その場かぎりであることが多いが、文字に表されたことばは、あとまで残り、繰《く》り返し読むことも、遠くにいる人に伝えることもできる。

3 口語と文語 ――私たちの使っていることばは口語

現在、**私たちが日常生活で使っていることば**を**口語**《こうご》といい、**口語で書かれた文**を**口語文**という。それに対して、**古い時代のことば**を**文語**《ぶんご》、**文語で書かれた文**を**文語文**という。本書では口語の文法を扱《あつか》う。

4 文法を学ぶ目的 ――ことばの決まりを理解する

文法を学ぶのは、ことばの並べ方や切り方など、ことばの使い方の決まりを知り、ことばを正しく使うためである。

例題

次の文章中の（　）にあてはまることばを、あとのア～クから選んで、記号で答えなさい。

ことばは、音声や文字で表されるが、音声と文字は無関係ではない。例えば、「花」という①（　）は、「カ」という音と、「はな」という意味を表す文字である。このような文字を②（　）という。また③（　）の「カ」や④（　）の「は」などの文字は、音を表すが、特定の意味を表さない。このような文字を⑤（　）という。「カ」という音は⑥（　）ではkaと表すが、kやaのような文字も音だけを表している。

ア　表音文字　**イ**　指示文字
ウ　表意文字　**エ**　ひらがな
オ　かたかな　**カ**　漢字
キ　ローマ字　**ク**　標準語

考え方　日常生活をふり返り、文字の働きや用いる種類について考えるとよい。

答　①カ　②ウ　③オ　④エ　⑤ア　⑥キ

着目
● 文字の体系と種類
・**表音文字と表意文字がある。**
・**ひらがな・かたかな・漢字を用いる。**

UNIT

2 ことばの単位

目標 ことばの五つの単位を理解する。

ことばの単位を整理すると、大きい順に**文章**→**段落**→**文**→**文節**→**単語**となる。

1 文章 ―― 最も大きなことばの単位

一編の小説、一通の手紙など、一つのまとまりのある内容を文字で書き表したもの全体を**文章**という。

一編の長編小説と一つの俳句とでは、長さが全く違《ちが》うが、それぞれまとまりのある内容を表しているので、どちらも一つの文章といえる。

参考

談話……一まとまりの内容を音声で表したものを談話という。スピーチや演説、会話などが談話に当たる。

普段《ふだん》は、「文章」と「文」をあまり区別せず、同じもののように使っているね。けれども、文法の学習では、「文章」と「文」の意味をはっきり区別して使うようにしよう。

2 段落 ―― 文章を内容ごとに区切ったもの

長い文章は、さらにいくつかのまとまった内容ごとに区切ることができる。このように、**文章の中で内容ごとに区切られた一まとまり**を**段落**という。

書き言葉では、普通《ふつう》、段落の一行目は、最初の一字分を下げて書く。この段落のことを**形式段落**という。また、いくつかの形式段落を、意味や内容のつながりなどでまとめたものを、**意味段落**という。

例題

次の文章を読んで、あとの問いに答えなさい。

菜の花は葉も茎《くき》もおいしくいただけます 下ゆでをする場合は手早さが基本ですほろ苦さやかすかな辛味《からみ》が生かせます

(1) 右の文章に句点をつけて、いくつの文からできているかを答えなさい。

(2) それぞれの文を文節に分けなさい。

(3) それぞれの文を単語に分けなさい。

考え方 (1)それだけでまとまった意味を表し、最後が言い切りの形になっている部分ごとに区切るとよい。

(2)文節は、前後に音の切れ目をおいて不自然でないという基準で区切る。この場合、「菜の花はネ　葉もネ　茎もネ　おいしくネ　いただけますネ」のように、「ネ」や「サ」がつけられるところで区切るという方法でやってみるとよい。

なお、「菜の花は」の部分は文節に分ける時に、『菜の』／『花は』のように二つに分けていない。なぜなら、「菜の花」は「桜」「たんぽぽ」と同様に、一つの物の名前であるからだ。

(3)単語に分ける場合は、付属語の識別に慣れることが先決である(➡p. 34)。

3 文 ── 句点から句点までの一続きのことば

文章には、「。」(**句点**)**による切れ目**がある。この**切れ目ごとの一続きのことばの単位**を**文**という。**文は最も基本的なことばの単位である。**

一つの文がそのまま一つの文章ということもあるが、普通は長い文章は、いくつかの文が集まってできている。

文章 ⟷ **文**

向こうに見える赤い屋根は、教会の屋根です。私は日曜日に、その教会へ行きます。(句点)

= **右の文章は二つの文からできている。**

向こうに見える赤い屋根は、教会の屋根です。(句点)
＋
私は日曜日に、その教会へ行きます。(句点)

4 文節 ── 意味がわかる範囲《はんい》のできるだけ短い区切り

文をさらに区切っていくとき、**意味がわかり、発音上不自然にならない程度に、できるだけ短く区切ったまとまり**を**文節**という。

文は、普通、二つ以上の文節からできている。

文節の切れ目を見つけるには、「ネ」や「サ」を入れてみて不自然にならないか確かめるといいね。
赤いネ屋根はネ、教会のネ屋根ですネ。

「下ゆで」は「前もってすること」の意味の「下」と、「ゆでる」が名詞に転成した「ゆで」を組み合わせた複合名詞である(➡p.268)。「手早さ」も、「手」と「早い」が名詞に転成した「早さ」の複合名詞である。このような複合名詞は、一つの単語として考える。

答 (1)①菜の花は葉も茎もおいしくいただけます。②下ゆでをする場合は手早さが基本です。③ほろ苦さやかすかな辛味が生かせます。(三つの文)

(2)①菜の花は／葉も／茎も／おいしく／いただけます。(五つの文節) ②下ゆでを／する／場合は／手早さが／基本です。(五つの文節) ③ほろ苦さや／かすかな／辛味が／生かせます。(四つの文節)

(3)①菜の花／は／葉／も／茎／も／おいしく／いただけ／ます。(九つの単語) ②下ゆで／を／する／場合／は／手早さ／が／基本／です。(九つの単語) ③ほろ苦さ／や／かすかな／辛味／が／生かせ／ます。(七つの単語)

着目

● 文節の切れ目とことばの単位
- **文節の切れ目は、「ネ」や「サ」を入れて不自然にならないところ。**
- **二つ以上の単語が結びついて、新たな意味をもつ単語になることもある。**

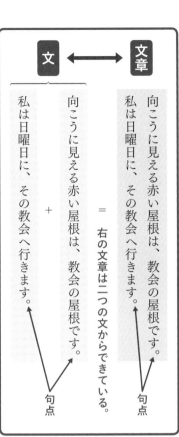

文 向こうに見える赤い屋根は、教会の屋根です。

↔

文節 向こうに｜見える｜赤い｜屋根は、｜教会の｜屋根です。

右の文は、六つの文節からできている。

注意
普通は二つ以上の文節が集まって一つの文ができているが、「嫌《いや》だ。」「火事！」などは、一文節が一文になっている。

5 単語 ――最も小さいことばの単位

文節を細かく分けて、**これ以上分けると意味がなくなり、ことばとしての役目を果たさなくなるところまで区切った単位**を、単語という。

文節 向こうに｜見える｜赤い｜屋根は、｜教会の｜屋根です。

↓

単語 向こう｜に｜見える｜赤い｜屋根｜は、｜教会｜の｜屋根｜です。

練習1

解答↓別冊 p.2

次の文章を読んで、あとの問いに答えなさい。

発車のベルが鳴った。もう発車の時刻だ。
「さようなら。これが最後の握手《あくしゅ》よ。」
幸子ちゃんは、ハンカチで目をおさえながら、私の差し出した手をかたくにぎりしめた。

(1) 右の文章中から、一つの単語が、そのまま一つの文節、一つの文になっているところを抜《ぬ》き出しなさい。
（　　　　）

(2) ――線部の文を、文節に分けなさい。

(3) ――線部の文を、次の文を参考にして、単語ごとに区切りなさい。

船長｜は、｜片足｜で｜階段｜を｜のぼり｜ながら、｜船員｜の｜指さし｜た｜方向｜を｜ゆっくり｜見｜た。

UNIT

3 文節の働きと文節相互の関係

目標 文節の働きと六種類の文節相互の関係を理解する。

文節は、文を組み立てる最小の単位である。一つの文節は、ほかの文節との関係で、**主語・述語・修飾語《しゅうしょくご》・接続語・独立語**としての働きをしている。ここでは、そうした文節の結びつき方（文節相互《そうご》の関係）について学習していこう。

1 文節の係り受け

二つの文節が互《たが》いに意味の上で結びついているとき、**前の文節はあとの文節に係るといい、あとの文節は前の文節を受ける**という。

例 ぼくは　日曜日に　海水浴に　出かけた。

係る文節
ぼくは
日曜日に
海水浴に
↓
受ける文節
出かけた。

右の例で――線をつけた三つの文節は、それぞれ**だれが・いつ・どこに**出かけたかを説明する文節で、いずれも「出かけた」に係る文節である。

これに対し、「出かけた」は、上の三つの文節をそれぞれ受ける文節である。

次に、係る文節を――→、受ける文節を――＞で示してみる。

ぼくは→　日曜日に→　海水浴に→　出かけた。

このように、文節は、互いに係ったり受けたりして結びつき、一つの文を組み立てているのである。

2 連文節

二つ以上の連続した文節が意味の上で互いに結びつき、一まとまりになって、一つの文節と同様の働きをするものを**連文節**という。

例題

次の各文を、係る文節と受ける文節とに分けなさい。

① 野口《のぐち》英世《ひでよ》は　世界に　誇《ほこ》る　人物だ。
② 彼女は　黒い　ドレスを　上品に　着こなす。

考え方 どの文節がどこに係るかを確かめよう。それぞれの文節の働きを次に示しておく。

① 野口英世は（主語）　世界に（修飾語）　誇る（修飾語）　人物だ。（述語）
② 彼女は（主語）　黒い（修飾語）　ドレスを（修飾語）　上品に（修飾語）　着こなす。（述語）

①の文の修飾語「世界に」は、その下の「誇る」に係る。②の文の修飾語「黒い」は、その下の「ドレスを」に係り、「ドレスを」は、「上品に」をとばして「着こなす」に係る。

答 係る文節→受ける文節＝①野口英世は→人物だ　世界に→誇る　誇る→人物だ　②彼女は→着こなす　黒い→ドレスを　ドレスを→着こなす　上品に→着こなす

着目
● 係る文節と受ける文節の関係
文節がどのように結びついているのかがわかると、文の意味が理解しやすくなる。

例　ぼくは　先週の　日曜日に　海水浴に　出かけた。

右の例で、「先週の」は「日曜日に」をくわしく説明する文節で、「日曜日に」に係る文節である。これら二つの文節は意味の上で結びついて一緒《いっしょ》になり、いつ「出かけた」かをくわしく説明している。

係る文節　ぼくは
係る連文節：係る文節　先週の　→　受ける文節　日曜日に
係る文節　海水浴に
→　受ける文節　出かけた。

すなわち、「先週の」と「日曜日に」という二つの連続した文節が、連文節としてまとまり、一つの文節と同様の働きをして、「出かけた」に係っているわけである。

ぼくは　先週の　日曜日に（連文節）　海水浴に　出かけた。

3 主語・述語 ―― 主語は主題を示す文節、述語は述べる文節

文には、文の組み立て（構造）からみて、次の四つの型がある。

	主語		述語	
(1)	何が	→	どうする	例　花が　咲《さ》く。
(2)	何が	→	どんなだ	例　天気が　よい。

練習2　解答 → 別冊 p. 2

次の各文中の――線部に係る文節をすべて答えなさい。ただし連文節は考えません。

① 月が　運動場の　地面を　照らす。（　　）
② 今夜も　月が　東の　空に　出た。（　　）
③ イチョウの　木も　ほうきに　なった。（　　）
④ 花火は　夏を　いろどる　風物詩だ。（　　）

練習3　解答 → 別冊 p. 2

次の各文中の連文節になっている部分の右側に――線をつけなさい。

① イチョウの　葉が　黄色く　なった。
② テラスで　高原のような　涼《すず》しさを　楽しんだ。
③ 富士山も　真っ白な　雪化粧《ゆきげしょう》だ。

例題

次の各文中から、主語と述語を抜き出しなさい。

① ぼくは　昨日《きのう》　神田《かんだ》で　本を　買いました。
② 白く　塗《ぬ》った　壁《かべ》に　朝日が　さっと　当たる。
③ 太陽は　すべての　生命の　源泉です。

(3) 何が → 何だ　例 彼は 学級委員だ。

(4) 何が → ある(いる・ない)　例 公園が ある。

「何(だれ)が」にあたる**文節は、文の主題を示したもの**で、**主語**という。また、「どうする」「どんなだ」「何だ」「ある(いる・ない)」にあたる文節は、**主語を説明する働きをするもの**で、**述語**という。

そして、**主語が述語に係り、述語が主語を受ける**という相互《そうご》関係を、**主・述の関係**という。

主語は「～が」の形をとらない場合も多く、「～は」「～も」「～さえ」「～でも」などの形になることもある。

主語・述語になるのは、おもに体言《たいげん》(名詞→p.59)と用言《ようげん》(動詞・形容詞・形容動詞→p.108・135)であるが、特に用言は単独で述語になることができる。

あさがおが（主語（何が）／体言・格助詞） 咲く。（述語（どうする）／用言（動詞））

天気は（主語（何は）／体言・副助詞） よい。（述語（どんなだ）／用言（形容詞））

司会するのは（主語（何は）／用言（動詞）・格助詞・副助詞） 学級委員だ。（述語（何だ）／体言・助動詞）

公園も（主語（何も）／体言・副助詞） あるよ。（述語（ある）／用言（動詞）・終助詞）

「～は」「～も」「～さえ」「～でも」などを、「～が」に置きかえて述語にうまくつながれば、その文節は主語だよ。

考え方 「どうする」「どんなだ」「何だ」「ある」という述語の文節は、文の終わりにくることが多い。そこで、まず述語を押《お》さえよう。そして、それに対応する「何が」を考える。例えば、①では「どうする」にあたる述語は「買いました」であることをまず押さえて、「買った」のはだれか、と主語を考えるとよい。

答 ①ぼくは―買いました　②朝日が―当たる　③太陽は―源泉です

着目

●主語・述語のとらえ方

文末の述語を押さえてから、それに対応する主語を考える。

練習4

解答→別冊p.2

次の各文の文節のうち、主語の文節には——線を、述語の文節には～～線を、右側につけなさい。

① ヒンドゥー教徒は　牛肉を　食べない。

② 庭に　きれいな　花が　一面に　咲《さ》いた。

③ 私は　広い　道を　歩き続けた。

④ 外国語の　本を　読む　とき、辞書を　使うのは　普通《ふつう》だ。

⑤ 私も　みんなと　一緒《いっしょ》に　富士山に　登った。

4 修飾語 ——ほかの文節をくわしく説明する文節

文は、主語と述語の二つの文節だけでも成り立つが、主語や述語をさらにくわしく説明する文節をつけ加えることが多い。

（どれほどの）修飾語 たくさんの → 被修飾語 あさがおが（主語）
（どこで）修飾語 庭で →
（どんなに）修飾語 美しく → 被修飾語 咲く。（述語）

右の文には、主語や述語を、どれほどの・どこで・どんなになどと、くわしく説明する文節がある。このように**ほかの文節をくわしく説明する文節**を**修飾語《しゅうしょくご》**といい、**修飾語によってくわしく説明される文節**を**被《ひ》修飾語**という。**修飾語は必ず被修飾語の前にくる。**

修飾とは、あとにくるほかの文節をくわしく説明することである。いつ・どこで・何で・何に・何を・どんな・何の・どんなに・どのくらいなどといった**状況《じょうきょう》・対象・様子・程度などを説明しながら、修飾語は被修飾語に係り、被修飾語はその修飾語を受けている。**このような文節どうしの関係を、**修飾・被修飾の関係**という。

なお、**体言《たいげん》（名詞）**を含《ふく》む文節に係っている修飾語を**連体修飾語**、**用言《ようげん》（動詞・形容詞・形容動詞）**を含む文節に係っている修飾語を**連用修飾語**という。

これは　ぼく（体言）の（格助詞）　連体修飾語 → 被修飾語　本（体言）です（助動詞）。

例題

次の各文中から、修飾語の働きをしている文節と、その修飾語を受ける文節を抜《ぬ》き出しなさい。

① 大きな　川が　静かに　流れる。
② 真っ赤な　花が　きれいに　咲《さ》いた。
③ 涼《すず》しい　秋の　風が　そよそよと　吹《ふ》く。
④ 彼は　非常に　速く　走る。

考え方 まず主語と述語をとらえ、次に主語や述語に係る修飾語の文節を考える。修飾語は必ず被《ひ》修飾語の前にあるから、主語や述語の前にある文節に注目するとよい。

ただし、修飾語のすぐあとに被修飾語がくるとは限らない。その例が③の「涼しい—風が」の場合である。間に「秋の」がはさまり、「涼しい」と「秋の」の二つの文節がともに「風が」に係っている。

また、④の「速く」は、「非常に」を受ける被修飾語として働き、「走る」に係る修飾語としての働きをしている。

答 ①大きな—川が　静かに—流れる
②真っ赤な—花が　きれいに—咲いた
③涼しい—風が　秋の—風が　そよそよと—吹く
④非常に—速く　速く—走る

着目
● 修飾語・被修飾語の位置
修飾語は、必ず被修飾語の前にある。ただし、直前とは限らない。

小説を　二編　読む。
（小説を：連用修飾語／二編：連用修飾語 → 読む：被修飾語）
体言　格助詞　体言　用言(動詞)

歌う　声が　美しく　響《ひび》く。

（歌う：連体修飾語 → 声が：被修飾語／美しく：連用修飾語 → 響く：被修飾語）

用言(動詞)　体言　格助詞　用言(形容詞)　用言(動詞)

この　国は　とても　平和だ。
（この：連体修飾語 → 国は：被修飾語／とても：連用修飾語 → 平和だ：被修飾語）
連体詞　体言　副助詞　副詞　用言(形容動詞)

この上の例文や、主・述の関係の例文の左側は、品詞(↓p.35)の説明だよ。単語には、このような種類があるんだね。少しずつ見分けられるようにしていこう!

5 接続語 ―― 前の文や文節をあとに続ける文節

前の文や文節をあとに続ける働きをする文節を接続語という。接続語には、次の二つの場合がある。

(1) 暖かい。だから、私は　上着を　脱《ぬ》ぐ。
（だから：接続語／接続詞）

(2) 暖かいから、私は　上着を　脱ぐ。
（暖かいから：接続語／接続助詞）

(1)は、前の文を受けて、あとの文の最初に「だから」のような接続詞**(↓p.79)が入っている場合で、この接続詞が単独で、接続語の働きをしている。**(2)は、「から」のような**接続助詞(↓p.204)のついた文節が、接続語の働きをしている場合**である。

練習5　解答↓別冊p.2

次の各文中から修飾・被修飾の関係にある文節(一文節)を抜き出し、修飾語についてはA連体修飾語、B連用修飾語のどちらかを、記号で答えなさい(修飾語の文節→被修飾語の文節、の形で示しなさい)。

① 来年は、私どもの学校の創立二十周年です。（　　）
② 白い文鳥《ぶんちょう》が、小さな首を少しかたむけた。（　　）
③ その瞬間《しゅんかん》、ふと悲しい気持ちになりました。（　　）
④ 店員の後について、シマリスのカゴの前に行った。（　　）

練習6　解答↓別冊p.2

次の文について、あとの問いに答えなさい。

人は　一歳《さい》くらいで　立ち、二歳くらいで　しゃべり出す。

(1) 主・述の関係にある文節をすべて抜き出しなさい。（　　）
(2) 修飾・被修飾の関係にある文節をすべて抜き出しなさい。（　　）

接続語は、条件や理由などのつながりの意味を示しながらあとの文や文節に係り、あとの文や文節はその接続語を受ける。 このような、接続語と、それを受ける文や文節との関係を、**接続の関係**という（接続・被《ひ》接続の関係ともいう）。

寒かった。だから、行かなかった。
（接続語：だから　被接続語：行かなかった　だから＝接続詞（順接））

寒かったので、行かなかった。
（接続語：寒かったので　被接続語：行かなかった　ので＝接続助詞（順接））

寒かった。だが、出かけた。
（接続語：だが　被接続語：出かけた　だが＝接続詞（逆接））

寒かったけれど、出かけた。
（接続語：寒かったけれど　被接続語：出かけた　けれど＝接続助詞（逆接））

寒いなら、行かないよ。
（接続語：寒いなら　被接続語：行かないよ　なら＝助動詞（仮定の順接））

> 断定の助動詞「だ」の仮定形（➡p.180）。用言や助動詞の仮定形につく接続助詞「ば」が省略されている。

寒くても、行くよ。
（接続語：寒くても　被接続語：行くよ　ても＝接続助詞（仮定の逆接））

6 独立語 ——呼びかけ・感動・応答・提示を表す文節

主語・述語・修飾語のどれにもならないで、**ほかの文節とは直接関係がなく、比較的独立性の強い文節**を独立語という。そして、**独立語とほかの文節との関係**を**独立の関係**という。

独立語には、次のようなものがある。

(1) 呼びかけ

例 ねえ、早く 行こう。　太郎、いらっしゃい。

練習7 解答➡別冊 p.2

次の各文中から、接続語にあたる文節を抜《ぬ》き出しなさい。

① 国語は 苦手だ。だが、英語は 得意だ。（　　）
② 疲《つか》れたので、少し 休む ことに した。（　　）
③ どんなに 仕事が つらくても しばらく 我慢《がまん》せよ。（　　）

練習8 解答➡別冊 p.3

次の各文中の——線部（接続語）を書きかえて、それぞれ二つの文に分けなさい。

例 失敗したが、ますます 闘志《とうし》が わいた。
→失敗した。しかし、ますます 闘志が わいた。

① 呼んだが、彼は 返事を しなかった。
② 疲《つか》れていたので、夕食を 食べなかった。
③ 晴れたから、遊びに 行こう。
④ 暗いのに、母は もう 起きて いる。

練習9 解答➡別冊 p.3

次の各文中から接続語の一文節を見つけ、その右側に——線をつけなさい。

(2) **感動**

例 ああ、いい 風だなあ。　まあ、みごとな 花ね。

(3) **応答**

例 はい、私が 山田です。　うん、そう しよう。

(4) **提示**

例 富士山、それは 日本一 高い 山です。

独立語は、文の最初にくることが多く、そのあとには必ず読点「、」がある。

注意 呼びかけ・感動・応答の独立語は感動詞(↓p.83)、呼びかけの独立語の一部と提示の独立語はおもに名詞(↓p.61)である。

7 並立の関係 ――二つ以上の文節が対等に並ぶ関係

二つ以上の文節が、意味上、**同じ資格で対等に並ぶ関係**を並立《へいりつ》の関係という。**並立の関係にある文節どうしは必ず連文節**となり、連文節としてまとまってほかの文節と結びつくことになる。

連文節(主部)（並立の関係）→ 述語

トンネル（体言） や（格助詞） 鉄橋（体言） が（格助詞） 多い。

主語 → **連文節(述部)**（並立の関係）

妹は 健康で（形容動詞） 朗《ほが》らかだ（形容動詞）。

主語の働きをする連文節を主部、述語の働きをする連文節を述部というんだよ。(↓p.24) そして、「に」「と」「や」「て」「し」「たり」「なり」「やら」「か」などが並立を表す助詞(↓p.203)なんだ。

例題

① クジラは海に住んでいる。しかし、魚の仲間ではなく、ほ乳類の仲間だ。

② 彼はこよなく自然を愛した。また、常に自然をおそれていた。

③ 肉体が極度に疲れると、精神も弱くなるものである。

④ 希望どおりとは言えないが、いちおう満足のいく結果に終わった。

⑤ 母は反対したけれども、自分の意志を最後まで貫《つらぬ》いた。

⑥ 明日、雨なら、計画は延期にしよう。

次の各文中から、独立語にあたる文節を抜き出しなさい。

① まあ、こんなに 服を 汚《よご》したの。

② 七月七日、それは 七夕《たなばた》の 日だ。

③ はい、私は それが 一番 よいと 思います。

考え方 独立語は普通、文の最初にくる。提示の独立語のあとには、「これ」「それ」「この」などの指示する語句がある。

答 ①まあ ②七月七日 ③はい

着目

● 独立語の位置

独立語はほかの文節とは直接関係がなく、普通《ふつう》、文の最初にくる。

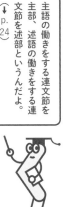

その品は、悪くて高いので、買わないよ。

連文節（接続部）　並立の関係　被接続語

形容詞　接続助詞　形容詞　接続助詞

人々は、ほこりと振動《しんどう》と騒音《そうおん》に苦しんだ。

連文節（修飾部）　並立の関係　被修飾語

体言　格助詞　体言　格助詞　体言　格助詞

8 補助の関係 ―― 下の文節がすぐ上の文節を補足する関係

おもな意味を表す前の文節と、そのすぐ下について、補助的な意味を添《そ》えるだけの働きをするあとの文節との関係を**補助の関係**という。

補助の関係では、下の文節が上の文節を補助することになる。これは、「修飾語《しゅうしょくご》」「被《ひ》修飾語」の場合とは順序が逆になるので注意したい。

遊んで　いる

飛んで　きた

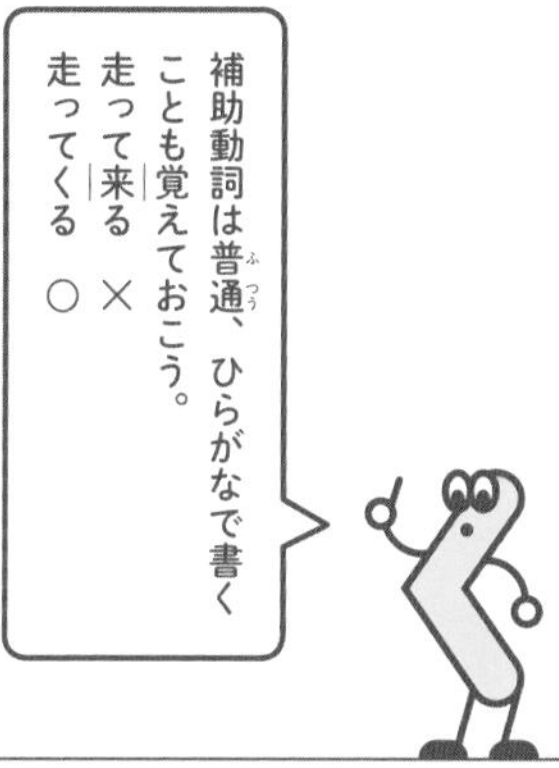

補助動詞は普通《ふつう》、ひらがなで書くことも覚えておこう。
走って来る　×
走ってくる　○

補助の関係をつくることができるのは、補助動詞（→p.107）と補助形容詞（→p.124）である。それぞれ、形式動詞、形式形容詞ともいう。次におもなものを挙げておこう。

例題

次の各文中から、並立《へいりつ》の関係や補助の関係にある文節を抜《ぬ》き出しなさい。また、それらの文節について、連文節として、ほかのどの文節と結びついているか答えなさい。

① 故郷の野も山も、青葉でいっぱいだ。
② 太陽が東の空をのぼってくる。
③ 野菜や果物《くだもの》を食べないのは、いけない。

考え方 並立や補助の関係にある連文節は、容易に探すことができるだろう。そこで、次に並立や補助の関係にある文節と結びつく文節を考えてみる。次が各文中の連文節である。

① 野も　山も
② のぼって　くる
③ 野菜や　果物を

①の「野も山も」という連文節は、「いっぱいだ」という述語の文節に対して主部の働きをしている（24ページで、主語の働きをする連文節「主部」についてくわしく説明する）。また、「故郷の」という連体修飾語の文節を受ける被修飾部にもなっている。

②の「のぼってくる」は、主語「太陽が」を受けて述部となり、また「空を」という連用修飾語の文節を受けて被修飾部にもなっている。

③の「野菜や果物を」という連文節は、「食べないのは」に係る連用修飾部の働きをしている。

● **補助動詞（形式動詞）**

歩いて **いる**　着て **みる**　しまって **おく**
使って **しまう**　暮らして **ゆく**　走って **くる**
書いて **やる**　冷やして **ある**　貸して **あげる**
遊んで **くれる**　手伝って **もらう**

● **補助形容詞（形式形容詞）**

寒くは **ない**　注意して **ほしい**

補助の関係にある文節どうしは必ず連文節となり、連文節としてまとまってほかの文節と結びつくことになる。

明かりが（主語）→ 消えて いる。（連文節（述部）：補助の関係　いる＝補助動詞）

素直で ないから（連文節（接続部）：補助の関係　ない＝補助形容詞　から＝接続助詞）→ しかられる。（被接続語）

開けて おいた（連文節（修飾部）：補助の関係　おい＝補助動詞　た＝助動詞）→ 窓を（被修飾語） 閉めよう。

並立《へいりつ》の関係にある文節どうしと、補助の関係にある文節どうしは、必ず連文節になるので、注意しよう。

答
①野も―山も（並立の関係）
故郷の→野も山も　野も山も→いっぱいだ
②のぼって―くる（補助の関係）
太陽が→のぼってくる　空を→のぼってくる
③野菜や―果物を（並立の関係）
野菜や果物を→食べないのは

着目
● 並立の関係、補助の関係にある文節
連文節として、一つの文節と同様に、係る文節と受ける文節の働きをする。

練習10
解答→別冊 p. 3

次の各文中の――線部の文節は、互《たが》いにどのような関係にあるか答えなさい。

① ぼくも 外国へ 行きたい。（　　）
② ペンと インキを ください。（　　）
③ 兄は 病気なので 休養する。（　　）
④ 木が 風で 倒《たお》れて しまった。（　　）
⑤ 天気は 悪く ない。（　　）
⑥ どこか 静かな ところで 休もう。（　　）
⑦ 人影《ひとかげ》の ない 町だ。（　　）

9 文節相互の関係 ——全部で六種類

今まで見てきたように、文節の結びつき方（文節相互《そうご》の関係）には、次の六種類がある。まとめて覚えておこう。

① **主・述の関係**	② **修飾《しゅうしょく》・被《ひ》修飾の関係**
③ **接続の関係**	④ **独立の関係**
⑤ **並立《へいりつ》の関係**	⑥ **補助の関係**

UNIT

4 文の成分と文の組み立て

目標 文を組み立てる部分となる、文の成分について理解する。

文節の多い文では、文節の相互関係が複雑で、文の組み立てがわかりにくい。そこで、文の組み立ての骨組みを知るのに、**文を成分に分けて調べると便利**である。文節の多い文では、二つ以上の文節がつながって連文節をつくり、一つの成分になることが多い。

1 文の成分 ——文を組み立てている要素のもつ役割

文節や連文節が文を組み立てる要素としてもつ役割を、**文の成分**という。文の成分には、次の五種類がある。

① **主語（主部）**	② **述語（述部）**
③ **修飾語（修飾部）**	④ **接続語（接続部）**
⑤ **独立語（独立部）**	

例題

次の文の意味（内容）を変えずに、文節の位置を変えると、何通りの文ができるか答えなさい（ただし、——線の文節の位置は変えない）。

長身の 投手は 速い 球を 捕手《ほしゅ》に 投げた。

考え方 まず、「長身の　投手は」と「速い　球を」は、二つの文節がつながって意味のまとまりがあり、「投手は長身の」のように位置を変えられないから、それぞれ連文節として考える。

次に、「長身の投手は」「速い球を」「捕手に」の三つの文節（連文節）の位置を、いろいろと変えてみる。

「語」と「部」の違《ちが》いは、その成分が一文節であるか、連文節であるかによる。つまり、**一文節からなるものを**、**主語・述語・修飾語・接続語・独立語**と呼び、**連文節からなるものを**、**主部・述部・修飾部・接続部・独立部**と呼ぶのである。

もう一度簡単に、文の成分についてまとめておこう。

① **主語(主部)……「何(だれ)が」と文の主題を示す部分。**
② **述語(述部)……「どうする」「どんなだ」「何だ」「ある(いる・ない)」と主語を説明する部分。**
③ **修飾語(修飾部)……あとの部分をくわしく説明する部分。**
④ **接続語(接続部)……前の文や文節をあとに続ける部分。**
⑤ **独立語(独立部)……ほかの部分から比較《ひかく》的独立している部分。**

② 一成分＝一文節 ——一つの文節が一つの成分になる

次のように、文の成分と文節が一致《いっち》している文は、組み立てが簡単である。

	晴れたので、	夕日が	とても	きれいだ。
文節の働き	接続語	主語	修飾語	述語
文の成分	接続語	主語	修飾語	述語

③ 一成分＝連文節 ——二つ以上の文節が一つの成分になる

次のように、文の成分に連文節が含《ふく》まれる場合は、文の成分と文節とが一致しない。

---

① 長身の投手は　捕手に　速い球を　投げた。
② 速い球を　長身の投手は　捕手に　投げた。
③ 速い球を　捕手に　長身の投手は　投げた。
④ 捕手に　長身の投手は　速い球を　投げた。
⑤ 捕手に　速い球を　長身の投手は　投げた。

いずれも文の意味(内容)は同じである。このように位置を変えることのできる文節(連文節)が文の成分に当たる。そこで、問題文を文の成分ごとに分けて示しておこう。

長身の　投手は	速い　球を	捕手に	投げた。
主部	修飾部	修飾語	述語

答 五通り

着目

● 文の成分の見つけ方

①主語(主部)・述語(述部)を押《お》さえる。
②主語(主部)・述語(述部)以外のまとまった意味を表す文節・連文節を見つける。

文節の働き

空が（主語）　晴れたので、（述語）　→ 空が晴れたので、（接続語）
赤い（修飾語）　夕日が（被修飾語）　→ 赤い夕日が（主語）
とても（修飾語）　きれいに（被修飾語）　→ とてもきれいに（修飾語）
見えた。（被修飾語）（述語）

文の成分

空が晴れたので、（接続部（連文節））　赤い夕日が（主部（連文節））　とてもきれいに（修飾部（連文節））　見えた。（述語）

文節の働き

時間に（修飾語）　遅れた（被修飾語）　→ 時間に遅れた（修飾語）　人、（被修飾語）　→ 時間に遅れた人、（独立語）
そこが、（主語）
君たちの（修飾語）　席だ。（被修飾語）　→ 君たちの席だ。（述語）

文の成分

時間に遅れた人、（独立部（連文節））　そこが、（主語）　君たちの席だ。（述部（連文節））

参考

本書では、一つの文節がそのまま文の成分になる場合は「〜語」といい、連文節が文の成分と一致する場合は「〜部」と表示している。ただ、これには別の考え方もある。**文節の働き**を表すときは「**〜語**」と呼び、**文の成分**を表すときは、「**〜部**」と呼ぶという考え方である。

文の成分の呼び方の違い

	花が	咲いた。
この本では	主語	述語
別の考え方	主部	述部

	赤い夕日が	とてもきれいに	見えた。
この本では	主部	修飾部	述語
別の考え方	主部	修飾部	述部

この考え方による教科書を使っている場合は、少しだけ軌道《きどう》修正するとよい。

例題

次の各文中の――線部について、どんな文の成分かを答えなさい。

① 春が来た。
② 春の来るのが待ち遠しいね。
③ 春の来るのを待ちわびている。
④ 春が来たら、練習を始めるぞ。
④ 野にも山にも春が来た。
⑤ ぼくは、この春から高校に進学する。
⑥ 山頂を踏《ふ》みしめたとき、深い感動がみんなの胸にせまった。
⑦ 春が来たけれど、ぼくの気持ちはゆううつだ。

考え方　各文中の意味のまとまりを考えてみよう。

①は一文節ずつで「何が」「どうする」の文になっており、そのまま文の成分の主語・述語になっている。

②の「春の来るのが」は、「何が」という意味のまとまりを示している。「来るのが」の文節の「の」は「こと」の意味を表す準体言助詞（➡p.209）で、「待ち遠しいね」という文節と主・述の関係にある。

③の「待ちわびている」は、「どうする」という意味のまとまりである。なお、「待ちわびて」と「いる」とは補助の関係にある文節である。

④の「春が来たら」は、「春が来たらば」の「ば」が省略された形で、仮定の順接（➡p.215）を示す意味でまとまっている。

4 文の組み立て

文節は、互《たが》いに係ったり受けたりして結びつき、一つの文を組み立てている。また、どんな複雑な文であっても、**主語（主部）・述語（述部）・修飾語《しゅうしょくご》（修飾部）・接続語（接続部）・独立語（独立部）の五種類の文の成分の組み合わせでできている。**

次に、文の成分が連文節からなる、文の組み立てをくわしく見ていこう。文節がどのように組み立てられ、関係し合っているかを確認《かくにん》することによって、より的確に文の意味や話の内容を理解することができるのである。

なお、例文の右側には、文の成分を赤で示す。また、左側には、一文節ごとの結びつきと、連文節としてまとめた場合を青で示す。

注意

連体修飾語（部）は文の成分にならない……文の成分となる修飾語（部）はすべて連用修飾である。「連体修飾語（部）」は、被《ひ》修飾語（部）とセットになり、一つの文の成分となる。

(1) 主部が連文節からなる文

文の成分　主部（何が）：高く　そびえる　山々が　／　述部（どうする）：呼んで　いる。

高く　そびえる　山々が　呼んで　いる。

文節ごと
- 高く（連用修飾語）→ そびえる（被修飾語（用言））
- そびえる（連体修飾語）→ 山々が（被修飾語（体言））
- 山々が（主語）
- 呼んで　いる（補助の関係）

連文節
- 高く　そびえる（連体修飾部）＋山々が（主語）＝主部
- 呼んで　いる＝述部

---

⑤の並立の関係にある文節「野にも山にも」は「どこに」と場所を示す意味のまとまりであり、連用修飾語として「来た」という文節に係っている。

⑥の「この春から」は、「いつから」と時を示す意味のまとまりであり、「進学する」（述語）をくわしく説明している。なお、「高校に」という文節も連用修飾語として「進学する」に係っている。

⑦の「山頂を踏みしめたとき」の「とき」という文節は、「いつ」と時を示して「せまった」に係る連用修飾語であるから、この成分は修飾部になっている。

⑧の「春が来たけれど」の「来たけれど」は確定の逆接（➡p.215）を示す接続語の働きをしているので、「春が来たけれど」という成分は接続部である。

答　①述語　②主部　③述部　④接続部　⑤修飾部　⑥修飾部　⑦修飾部　⑧接続部

着目

● 文の成分とその見分け方

①文を組み立てる要素としてもつ役割を文の成分という。
②文の成分の種類…主語（主部）・述語（述部）・修飾語（修飾部）・独立語（独立部）の五種類
③成分の終わりの文節の働きで成分の種類を見分けることができる。

前ページの例で、主部は修飾・被修飾の関係で連なる三つの文節からできており、述部は補助の関係にある二つの文節からできている。

(2) 述部が連文節からなる文

文の成分　彼らは（主語（何が））　よく訓練された登山家だ。（述部（何だ））

文節ごと　彼らは（主語）　よく（連用修飾語）→訓練された（被修飾語（用言）／連体修飾語）→登山家だ。（被修飾語（体言））

連文節　彼らは　よく訓練された（連体修飾部）　登山家だ。（述語）　よく訓練された登山家だ。（述部）

右の例では、主語は一つの文節からなり、述部は修飾・被修飾の関係にある三つの文節からできている。

(3) 修飾部が連文節からなる文

文の成分　彼らは（主語）　先発隊の設営したキャンプに（修飾部）　到着した。（述語）

文節ごと　彼らは（主語）　先発隊の（主語）→設営した（述語／連体修飾語）→キャンプに（被修飾語（体言）／連用修飾語）→到着した。（被修飾語（用言）／述語）

連文節　先発隊の設営した（連体修飾部）　先発隊の設営したキャンプに（連用修飾部）

右の例で、修飾部は主・述の関係にある二つの文節と、さらにその述語の文節と修飾・被修飾の関係にある文節からできている。

例題

次の文について、まず、一文節ごとの係り受けを考えなさい。次に、連文節の考えを用いて係り受けを考えなさい。

町の図書館は、学校へ行く道の途中《とちゅう》に建っている。

考え方　一文節ごとの係り受けは、文節に区切って順に考えていけば、容易にわかるだろう。そこで、ここでは連文節のまとめ方を考えてみよう。

例示された文には、連体修飾語と被修飾語が、次のように三組ある。

ア　町の（連体修飾語）→図書館は（被修飾語／体言）

イ　行く（連体修飾語）→道の（被修飾語／体言）

ウ　道の（連体修飾語）→途中に（被修飾語／体言）

これらはすべて連文節になるが、**イ・ウ**については上から係ってくる文節があるので、まず**イ**が優先され、そして**ウ**と一緒《いっしょ》になって一つの長い連文節ができるわけである。（着目①・②を参照）

ア　町の→図書館は……………………（主部）

イ・ウ　〈（学校へ→行く）→道の〉→途中に……………………（修飾部）

また、補助の関係にある「建って→いる」も連文節（述部）になる。（着目④を参照）

(4) 接続部が連文節からなる文

文の成分　登山は（主語）　当日の 天候さえ よければ（接続部）　成功するだろう。（述語）

文節ごと　登山は（主語）　当日の（連体修飾語）　天候さえ（被修飾語（体言）／主語）　よければ（述語／接続語）　成功するだろう。（被接続語）

連文節　登山は 当日の 天候さえ（主部）　よければ……（接続部）　成功するだろう。（述語）

右の例は、接続部の終わりの文節に接続助詞「ば」がついている場合である。この接続部は、主・述の関係にある二つの文節と、さらにその主語の文節と修飾・被修飾の関係にある文節からできている。

(5) 独立部が連文節からなる文

文の成分　夢にさえ 見た 頂上、（独立部）　そこを（修飾語）　私は（主語）　踏みしめる。（述語）

文節ごと　夢にさえ（連用修飾語）　見た（被修飾語（用言）／連体修飾語）　頂上、（被修飾語（体言））　そこを（連用修飾語）　私は（主語）　踏みしめる。（被修飾語（用言）／述語）

連文節　夢にさえ 見た（連体修飾部）　頂上、（独立部）

右の例で、独立部は修飾・被修飾の関係にある二つの文節からできており、提示を示す。

少し難しいけれど、文節のつながりを、丁寧《ていねい》に見ていこう！

答　青で一文節ごとの係り受けを、赤で連文節による係り受けを示す。

町の 図書館は、学校へ 行く 道の 途中に 建って いる。

着目

● 連文節のまとめ方の原則

① 連体修飾語は、被修飾語と連文節になる。

② 連体修飾語は、上から係ってくる文節があるときは、その文節とまず連文節になる。

③ 複数の修飾語が一つの被修飾語に係るときは、近い順に連文節になる。

④ 並立《へいりつ》の関係や補助の関係は、必ず連文節になる。

＊連体修飾語 ➡ p. 18 を参照。

練習 11

解答 ➡ 別冊 p. 3

次の各文を、文の成分に分けなさい。

① 彼が 読んで いる 本は、私の 本です。

② 女性 アナウンサー、それは みんなの あこがれの 職業と いえるだろう。

③ 私は 希望に 満ちた 気持ちで、新しい 高校の 門を くぐった。

④ とても 疲《つか》れたので、今日は 休ませて もらいたいと 思いますが。

UNIT 5

文の成分の位置と省略

目標 文の成分の位置や、前後のつながりについて理解する。

1 文の成分の位置

普《ふ》通《つう》の文での文の成分の位置は、ほぼ次のように決まっている。

(1) **主語(主部)や修飾《しゅうしょく》語(修飾部)は、述語(述部)の前にくる。**

(2) **述語(述部)は文の終わりにくる。**

例 太陽が(主語) 照りつける。(述語)

主語(主部)は述語(述部)の前にくるが、主語(主部)と述語(述部)の間には、ほかの成分が入ることが多い。

例 夏の太陽が(主部) ぎらぎらと(修飾語) 中学校の校庭を(修飾部) 照りつける。(述語)

(3) **主語(主部)と修飾語(修飾部)、また、修飾語(修飾部)と修飾語(修飾部)の位置は、互《たが》いに移しかえられることが多い。**

例 ぎらぎらと(修飾語) 夏の太陽が(主部) 中学校の校庭を(修飾部) 照りつける。(述語)

中学校の校庭を(修飾部) ぎらぎらと(修飾語) 夏の太陽が(主部) 照りつける。(述語)

(4) **接続語(接続部)・独立語(独立部)は、文のはじめにくることが多い。**
しかし、あとの例のように文の途中《とちゅう》に入ることもある。

例 一日中雨が降っていたので、(接続部) 川は(主語) 水かさを(修飾語) 増している。(述部)

例題

次の各文中の――線部の中から文の成分になっているものを選んで、その種類を答えなさい。また、その成分の内部について、一文節ごとにどのような文節関係になっているかを答えなさい。

① ア美しい色をした小鳥が、イ家のもみの木の上で、さえずっている。

② コロンブスは、ア彼の発見した大陸をインドだと信じたまま死んだ。

③ ア運動場は暗くなったのに、陸上部の十数人の選手だけはイ練習しているようだ。

考え方 文の成分をとらえるには、文節を調べる前に、文全体の組み立てを見る。

①アの「美しい色をした」は、「小鳥」に係る連体修飾部(連文節)である。「美しい色をした小鳥が」という意味のまとまりで文の成分(主部)となる。イは文の成分。

②アの「彼の発見した大陸を」は、文の成分ではない。文の成分としての修飾部は「彼の発見した大陸をインドだと信じたまま」という部分である。

③アイともに文の成分。アは「運動場は暗くなったのに」と接続助詞「のに」が終わりについている。イの「練習しているようだ」の「いる」は補助用言である。

おや、（独立語）　あさがおが（主語）　いっせいに（修飾語）　咲《さ》き出した。（述語）

校庭は、（主語）　夏の太陽に照りつけられたので、（接続部）　乾いている。（述部）

夏の太陽が、（主部）　まあ、（独立語）　こんなに（修飾語）　強烈《きょうれつ》に（修飾語）　照りつけている。（述部）

2 文の成分の倒置

普通の順序では**文の終わりにくるはずの述語（述部）が、ほかの文の成分の前にくること**を倒置《とうち》という。これは、強調して表現効果を高める場合や、普段の会話などで頭に浮《う》かんだ順に話す場合などに用いられる。

例　きれいだね、（述語）　この風景は。（主部）

見よ、（述語）　この広い海を。（修飾部）

3 文の成分の省略

話の場面や前後のことばの続きぐあいで意味がよくわかる場合、文の成分のあるものを省略することがある。

例　この絵は　美しい。しかも、（この絵は）（主部）　力強い。

どうぞ　こちらへ　（おいでください）（述部）。

答　①イ修飾部……「家の」「もみの」はそれぞれ「木の」と連体修飾・被修飾の関係。「木の」と「上で」とは連体修飾・被修飾の関係。
③ア接続部……「運動場は」と「なったのに」とは主・述の関係、「暗く」と「なったのに」とは連用修飾・被修飾の関係。
イ述部……「練習して」と「いるようだ」とは補助の関係。

着目

● 文の成分のとらえ方

①文全体を見て、意味のまとまりのある部分を大きくつかむ。

②述語（述部）をとらえる。

練習12

解答➡別冊 p.3

次の各文中の――線部のうち、文の成分になっているほうを選んで、その種類を答えなさい。

① ア学級会では、みんなが彼のイ無責任で軽率な態度を強く批判しました。　□（　　）

② アハワイに行く飛行機から見た太平洋は、イどこまでも青く、広かった。　□（　　）

③ 熱心に練習した。アしかし、イぼくらの力が及《およ》ばなかったので、やはり優勝できなかった。　□（　　）

UNIT

6 文の成分の照応

目標 文の意味をはっきりさせるための方法を理解する。

意味のよくわかる明確な文を書くためには、文の成分を正しく照応させなければならない。

1 主語（主部）と述語（述部）の照応

主語（主部）と述語（述部）が正しく照応しないで、途中《とちゅう》でねじれてしまうと、読みにくい文になる。

例 ぼくの将来の希望は、山奥《やまおく》などで医療《いりょう》につくそうと、思っている。
（主部：ぼくの将来の希望は　述部：思っている）

右の例では、「ぼくの将来の希望は……思っている」と、主部「何が」→述部「どうする」の文型になっていて、正しく照応していない。

主部をこのままにするなら、述部を「何だ」にしなければならない。 もしくは、**述部「思っている」を使うならば、主語を「ぼくは」にしなければならない。**

したがって、この文は、次のどちらかのように訂正すれば、主語（主部）と述語（述部）が正しく照応する。

例 ぼくの将来の希望は、山奥などで医療に つくすことだ。
（主部：ぼくの将来の希望は　述部：つくすことだ）

ぼくは、将来、山奥などで医療につくそうと 思っている。
（主語：ぼくは　述部：思っている）

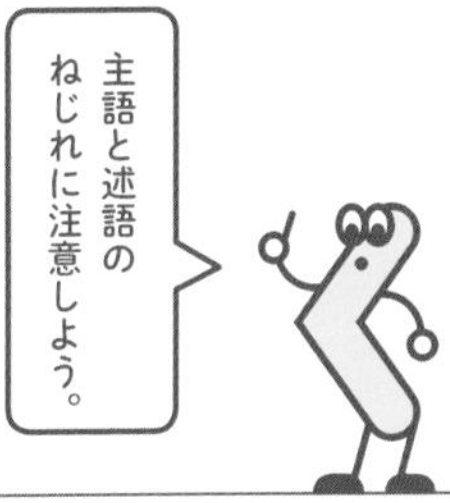

練習13 解答 ➡ 別冊 p. 3

次の①②は同じ語からできている文ですが、文の組み立てが違《ちが》うので、文節（連文節）の関係をそれぞれ左側に示してあります。これについて、あとの問いに答えなさい。

① 警官は 血まみれに なって 逃げる 犯人を 追う。

② 警官は 血まみれに なって 逃げる 犯人を 追う。

(1) 各文の文の成分ごとに右側に——をつけ、どんな文の成分かを答えなさい。

(2) 次のA・Bの場合に合致《がっち》するものを、①②の文から一つずつ選んで、番号で答えなさい。

A 警官が血まみれになっている場合 （　　）

B 犯人が血まみれになっている場合 （　　）

練習14 解答 ➡ 別冊 p. 4

次の①②③④の文には、それぞれどのような欠点がありますか。あとのア〜エから最も適当なものを選んで、記号で答えなさい。

2 成分の位置と読点

文の成分の位置や読点の打ち方などが正しくない場合には、文の意味が曖昧《あいまい》になる。

例 妹は泣きながら帰っていく友達を呼んだ。

右の例で、「泣きながら」は、「帰っていく」に係るのか（この場合、友達が泣いている）、「呼んだ」（述語）に係るのか（この場合、妹が泣いている）、はっきりしない。

こういう場合、**文の成分の間に読点を打つ**か、**文の成分の位置を変える**かして、意味をはっきりさせることが大切である。

「泣きながら」が、だれの行為《こうい》なのか、はっきりさせよう。

(1) 例の**「泣きながら」が「帰っていく」に係る場合**……友達が泣いている

● **読点を打つ**

↓妹は、泣きながら帰っていく友達を呼んだ。

● **位置を変える**

↓泣きながら帰っていく友達を**妹は**呼んだ。

(2) 例の**「泣きながら」が「呼んだ」に係る場合**……妹が泣いている

● **読点を打つ**

↓妹は泣きながら、帰っていく友達を呼んだ。

● **位置を変える**

↓妹は帰っていく友達を**泣きながら**呼んだ。

---

② ① 早くしゃべらないで寝なさい。

② 私の夏休みの計画は広いきれいな海で思いきり泳ぎたいと思う。

③ 英語の問題点をとらえた記事と英語の学習方法とを指導するのが、この雑誌の特色です。

④ このたびの建設工事にあたって、皆様《みなさま》のご協力とご迷惑《めいわく》をおかけしましたことを感謝し、おわび申しあげます。

ア 主語と述語の関係が照応していないので、文としておかしい。

イ 修飾することばの位置が適当でないので、文としておかしい。

ウ 並立の関係が明確ではないので、文としておかしい。

エ 修飾部と述部の照応が不自然で意味が通らないため、文としておかしい。

①（　）②（　）③（　）④（　）

UNIT

7 単語の種類

目標　単語の種類と文法上の性質による分類について理解する。

1 自立語と付属語 ―― 一単語で一文節をつくれるかどうか

一単語で一文節をつくることができ、それだけで意味のわかる単語を自立語という。次の例の「象」「鼻」「長い」「動物」が自立語である。

これに対して、**いつも自立語のあとについて、自立語と一緒《いっしょ》でなければ一文節をつくることができない単語**を付属語という。次の例では、「は」「の」「です」が付属語である。

自立語は文節の最初にきて、文節に必ず一つだけある。

象　は　鼻　の　長い　動物　です。

自立語だけで文節ができる

付属語は自立語のあとについて文節の一要素となる。

自立語と付属語の違《ちが》いをまとめておく。

【自立語】

(1) それだけで一文節になることができる。

(2) 文節の最初にきて、付属語がある場合は付属語の前にくる。

(3) 一文節に自立語は必ず一つある。しかし二つ以上はない。

【付属語】

(1) それだけで一文節になることができない。

(2) 必ず自立語のあとにつく。

(3) 一文節に付属語のない場合や、いくつもつく場合がある。

例題

次の各文節を、自立語と付属語に区別しなさい（自立語には――線を、付属語には点「、」をつけなさい）。

① ノーベル平和賞は、人類の　平和の　ために　つくした　人に　贈《おく》られる　とても　名誉《めいよ》　ある　賞です。

② 近い　将来　人類を　滅《ほろ》ぼす　ことに　なると　言われる　物質が　ダイオキシンだ。

考え方　まず各文節を単語に分けよう。最初に自立語を選ぶと、残りが付属語になる。ただし、自立語だけの文節もある。

答　① ノーベル平和賞は、人類の　平和の　ために　つくした　人に　贈られる　とても　名誉　ある　賞です。

② 近い　将来　人類を　滅ぼす　ことに　なると　言われる　物質が　ダイオキシンだ。

着目

● 文節中の自立語

自立語は｛文節の最初にある。一文節に一つしかない。

2 単語の活用 ——単語の終わりの部分の形が変わるかどうか

「象」「花」「とても」「しかし」「が」などの単語は、いつも決まった形をもっているが、「読む」「朗《ほが》らかだ」「ます」などの単語は、用いられ方によって、単語の終わりの部分の形が変化する。このように、**用いられ方によって単語の終わりの部分が変化すること**を活用という。

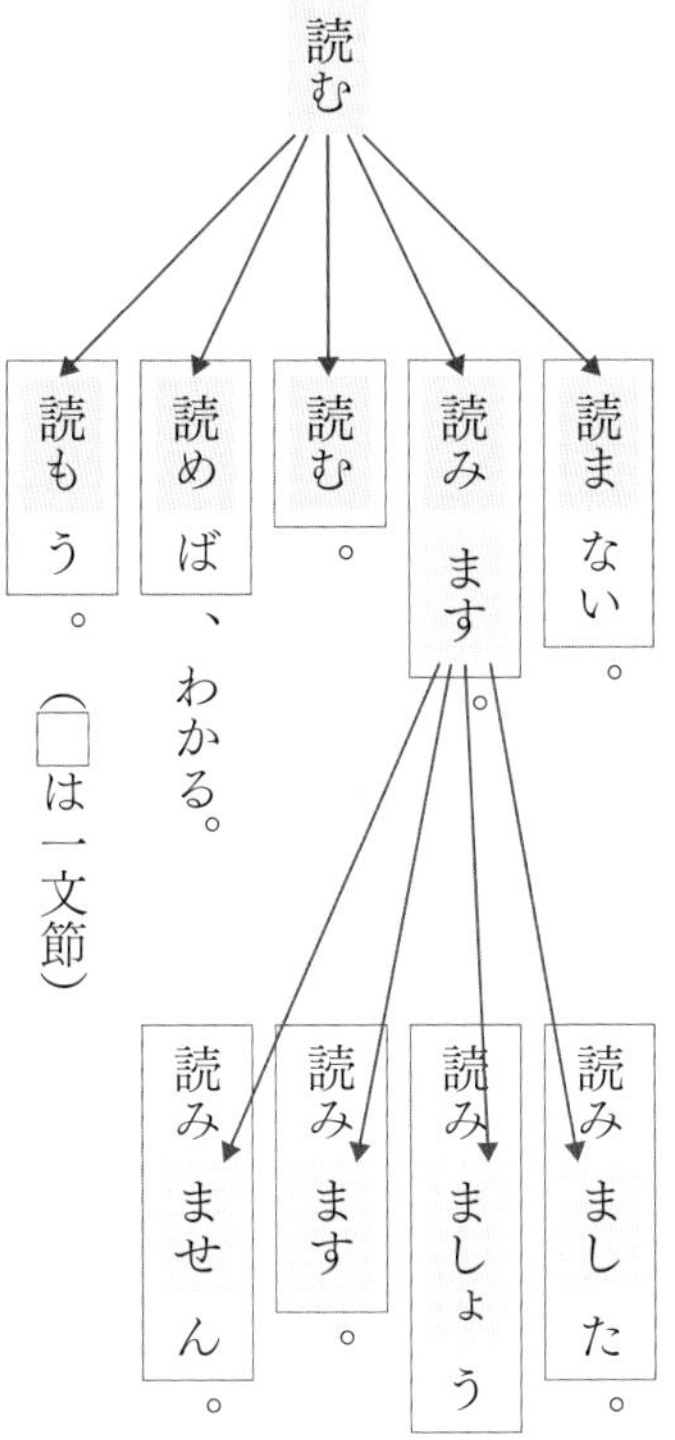

右の図で、「読む」は自立語、「ます」は付属語である。このように、**活用は自立語にも付属語にもあることがわかる。**

3 品詞の分類 ——文法上の性質による単語のグループ分け

単語は、自立語か付属語か、活用があるかないかによって分けることができるが、さらに、ほかの文法上の性質から細かく分けることができる。このように、**文法上の性質から分類した単語のグループ**を品詞という。品詞は36・37ページの表に示すように、十種類ある。

練習15 解答→別冊 p.4

次の文を単語に区切り、それらの単語が①〜④のどれに属するか、分類しなさい。

夕焼けの 空を 見て いると、ぼくは、あの 雲の 下に 美しい 国が あるような 気が する。

①自立語で活用あり ②自立語で活用なし
③付属語で活用あり ④付属語で活用なし

①（ ） ②（ ）
③（ ） ④（ ）

練習16 解答→別冊 p.4

次の文章中の□にあてはまる品詞を、あとのア〜コから選んで、記号で答えなさい。

自立語と付属語は、それぞれ活用のあるものとないものとに分かれる。活用のある自立語は、①□と②□と③□である。活用のない自立語は、主語となる④□と、主語とならない⑤□・⑥□・⑦□・⑧□である。付属語のうちで、活用のあるものは、⑨□であり、活用のないものは、⑩□である。

ア 感動詞　イ 形容詞
ウ 形容動詞　エ 助詞
オ 助動詞　カ 接続詞
キ 動詞　ク 副詞
ケ 名詞　コ 連体詞

4 それぞれの品詞の性質 ―― 自立語が八種類、付属語が二種類

	品詞名	性質	例	参照
自立語	名詞	事柄《ことがら》や物事の名称《めいしょう》を表す。	サッカー・時計・犬・東京・万葉集・一つ・五羽・いくつ・ここ	p.55
	副詞	状態や程度を表し、おもに連用修飾語となる。	そっと・ふと・とても・どきどき・決して	p.67
	連体詞	様子や性質を表し、連体修飾語となる。	この・わが・あらゆる・大きな	p.67
	接続詞	前後の文や語をつなぐ働きをする。	だから・しかし・さて・つまり	p.79
	感動詞	応答や呼びかけ、感動などを表す。	はい・もしもし・ああ・こんにちは	p.83
	動詞	動作・作用・存在を表し、言い切る場合には、ウ段で終わる。	買う・泣く・起きる・着る・受ける・寝《ね》る・来る・する	p.90
	形容詞	様子・性質を表し、言い切る場合には、「い」で終わる。	楽しい・赤い・ない・美しい・軽い	p.120
	形容動詞	様子・性質を表し、言い切る場合には、「だ」「です」で終わる。	元気だ(元気です)・細かだ(細かです)・真っ赤だ(真っ赤です)	p.120

例題

次の文章中の――線部の語を、①動詞、②形容詞、③形容動詞に分類しなさい。

その夏は雨が降らず、暑かった。私は、図書館の静かな一室で、勉強にはげんだ。

考え方 用言を言い切りの形に直して、最後の音で判断する。降ら→降る、暑かっ→暑い、静かな→静かだ、はげん→はげむ。

答 ①降ら・はげん ②暑かっ ③静かな

着目
●言い切りの形
動詞はウ段の音、形容詞は「い」、形容動詞は「だ」「です」で終わる。

練習17

解答→別冊 p.4

次の文章中の――線部の語から、あとの①～④にあたるものをそれぞれ選びなさい。

杜子春《とししゅん》は驚《おどろ》いて、伏《ふ》せていた目を上げました。ところが、さらに不思議なことには、あの老人はどこへ行ったか、もうあたりには、それらしい影《かげ》も形も見当たりません。そのかわり、空の月の色は前よりもなお白くなって、休みない往来の人通りの上には、もう気の早いこうもりがひらひら舞《ま》っていました。

①名詞 ②動詞 ③形容詞 ④形容動詞

付属語			
助詞	自立語のあとについて、語と語の関係を示したり、いろいろな細かい意味を添《そ》えたりする。	が・の・を・に・で・ば・でも・ので・て・は・も・こそ・だけ・か・な・ぞ・よ・ね	p.201
助動詞	自立語のあとについて、いろいろな意味を添える。	れる・られる・せる・させる・た(だ)・たい・ようだ・です	p.147

特に、**名詞**を**体言**《たいげん》、**動詞・形容詞・形容動詞**の三つを**用言**《ようげん》という。

5 品詞の転成 ――別の品詞になること

ある単語が、**もとの品詞の意味を失って、ほかの品詞としての意味をもつようになること**を、**品詞の転成**という。

例 よく遊び、よく学びなさい。（「遊び」は動詞）
子どもらしい遊びをしなさい。（「遊び」は名詞）

例 友達が転校してとても悲しい。（「悲しい」は形容詞）
悲しさに耐《た》えきれずに泣いてばかりいた。（「悲しさ」は名詞）
彼女はとても悲しがる。（「悲しがる」は動詞）

例 彼は雰囲気があたたかだ。（「あたたかだ」は形容動詞）
彼はあたたかみのある人だ。（「あたたかみ」は名詞）

品詞については、2章から8章でくわしく説明しているよ。

練習18
解答→別冊p.4

次の文章中の□にあてはまる記号や語を答えなさい。

ア 選手たちは軽快に動き、調子はよさそうだった。
イ 選手たちの動きは軽快で、調子はよさそうだった。

右の例文の――線部について考えてみると、①□の「動き」のほうは、動詞の「動く」の一活用形で、述語となっており、その主語は、「②□」である。一方、③□の「動き」のほうは、もともとの動詞の意味から転じて、「動くこと・動作」といった意味を表す名詞で、用法上でも付属語の「④□」を伴《ともな》って主語となっている。その述語は「⑤□」である。

①（　）②（　）③（　）④（　）⑤（　）

練習19
解答→別冊p.4

次の各文中の、動詞から転じた名詞の右側に、――線をつけなさい。

① さすがに、兄らしい落ち着きといたわりがあった。
② 兄は、ざるのかわりに、地上に裏返しにして置いてある自分の帽子《ぼうし》をさした。

UNIT
8 指示語

目標 指示語の働きと品詞による分類について理解する。

指示語は、**物事や性質・状態などを直接指し示すことば**で、**「こそあど」ことば**ともいう。指示語は、自分に近いものを指していう場合に用いる**近称**《きんしょう》、相手に近いものを指していう**中称**《ちゅうしょう》、自分からも相手からも遠いものを指していう**遠称**《えんしょう》、遠近が決まっていないものをいう**不定称**《ふていしょう》の四つに区別できる。指示語には、名詞(代名詞)・形容動詞・副詞・連体詞があるが、特に、名詞は、**指示代名詞**と呼ばれる。

1 指示代名詞 ――物事・場所・方向を指し示す代名詞

指示代名詞

	近称	中称	遠称	不定称
物事を指し示すもの	これ	それ	あれ	どれ
場所を指し示すもの	ここ	そこ	あそこ	どこ
方向を指し示すもの	こちら こっち	そちら そっち	あちら あっち	どちら どっち

2 形容動詞 ――「～だ」となり、性質・状態を指し示す

「こんなだ」「そんなだ」「あんなだ」「どんなだ」の四つで、**性質・状態**を指し示す。これらの形容動詞には連体形がなく、体言などに連なる場合は語幹そのものを用いる(↓p.130)。語幹部分を連体詞とする説もある。

例 そんな話は、聞きたくなかった。
こんなことになるなんて、思ってもみなかった。

例題

次の各文中から指示代名詞を抜《ぬ》き出し、物事・場所・方向のうちどれを指し示すかを考えて、分類しなさい。

① あれは、どこから来た犬かしら。いつの間にか、そこの花壇《かだん》を荒《あ》らしているわ。

② ぼくは、どちらの家に行けばいいんですか。わからなければここで待ってます。

③ このパンは、そこの店で買ったの。そっちじゃないよ、こっちの店だよ。

考え方 指示代名詞の数は少なく、近称・中称・遠称・不定称がそれぞれ「こ」「そ」「あ」「ど」で始まることに注目すれば、抜き出すのは易しいだろう。ただし、③の文中の「このパン」の「この」は連体詞で、「これ」などのような代名詞ではないことに注意する。

答 物事＝①あれ
場所＝①どこ・そこ ②ここ ③そこ
方向＝②どちら ③そっち・こっち

着目
● 指示代名詞の見分け方
最初の文字「こ・そ・あ・ど」に注目し、物事・場所・方法のどれに当てはまるか考える。

③ 副詞 ―― 性質・状態を指し示す

「**こう**」「**そう**」「**ああ**」「**どう**」の四つで、**性質・状態**を指し示す。

例 どういう意味かわかりません。
先生は、ああおっしゃっていますが、どう思いますか。

④ 連体詞 ―― 「〜の」となり、物事を指し示す

「**この**」「**その**」「**あの**」「**どの**」の四つで、すべて「〜の」の形になっている。**物事**を指し示す。

例 ほら、あの話を覚えてるかしら。
どの辞書を使ってもいいんですか。

次に指示語をまとめておこう。

	こ（近称）自分に近い	**そ**（中称）相手に近い	**あ**（遠称）自分と相手から遠い	**ど**（不定称）わからないもの	品詞
物事	これ	それ	あれ	どれ	名詞（代名詞）
場所	ここ	そこ	あそこ	どこ	
方向	こちら こっち	そちら そっち	あちら あっち	どちら どっち	
物事	この	その	あの	どの	連体詞
性質・状態	こう	そう	ああ	どう	副詞
	こんなだ	そんなだ	あんなだ	どんなだ	形容動詞

例題

次の各文中から指示語を抜き出し、品詞を答えなさい。

① ああ言えば、こう言う。君はいつもそんなことばかり言うね。
② こっちへ連れておいで。あんなに怖《こわ》がっているじゃないか。
③ どう証明したらいいのかしら。私は、この部屋から一歩も外に出ていないって。
④ ああ、これがうわさのお店か。

考え方 名詞・連体詞・副詞は活用しないが、形容動詞は活用する。しかも、指示語の形容動詞には連体形がなく、体言などに連なる場合は、語幹そのものを用いる。また、「ああ」は、ほかの副詞の「こう」「そう」「どう」と少し形が違《ちが》うので注意しよう。ちなみに④の「ああ」は感動詞。

答 ①ああ＝副詞　こう＝副詞　そんな＝形容動詞（連体詞）　②こっち＝名詞　あんなに＝形容動詞　③どう＝副詞　この＝連体詞　④これ＝名詞

着目
● 指示語を品詞で分ける
主語・述語・修飾語（連体・連用）のどれに当てはまるか考える。ただし、形容動詞は活用するので注意する。

品詞分類表

- 自立語（単独で一つの文節をつくることができる。）
  - 活用がない
    - 主語になる（体言）— 物事の名称《めいしょう》・指示 — 名詞
      - 普通《ふつう》名詞
      - 代名詞
      - 固有名詞
      - 数詞
      - 形式名詞
    - 修飾語《しゅうしょくご》になる
      - 主に用言を修飾する — 副詞
        - 状態の副詞
        - 程度の副詞
        - 呼応《こおう》の副詞
      - 体言のみを修飾する — 連体詞
    - 接続語になる — 語や文をつなぐ — 接続詞
      - 順接を示すもの
      - 逆接を示すもの
      - 累加《るいか》（添加《てんか》）を示すもの
      - 並立《へいりつ》（並列《へいれつ》）を示すもの
      - 対比・選択《せんたく》を示すもの
      - 説明・補足を示すもの
      - 転換《てんかん》を示すもの
    - 独立語になる — 感動・呼びかけ・応答など — 感動詞
      - 感動を示すもの
      - 呼びかけを示すもの
      - 応答を示すもの

*代名詞を分けて十一品詞とする説もある。

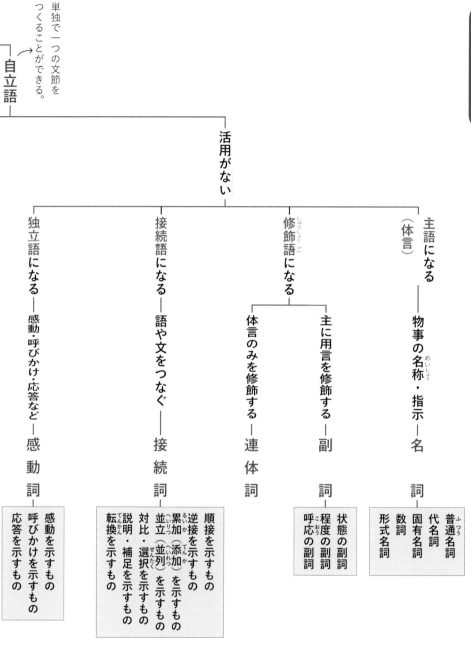

- 単語
  - 活用がある
    - 述語になる（用言）
      - ウ段の音で終わる — 動詞
        - 五段活用
        - 上一段活用
        - 下一段活用
        - カ行変格活用
        - サ行変格活用
      - 「い」で終わる — 形容詞
      - 「だ」「です」で終わる — 形容動詞
  - 付属語（自立語のあとについて一つの文節をつくる。）
    - 活用がない — 助詞
      - 格助詞
      - 接続助詞
      - 副助詞
      - 終助詞
    - 活用がある — 助動詞
      - 受け身・可能・自発・尊敬の助動詞
      - 使役《しえき》の助動詞
      - 打ち消しの助動詞
      - 推量・意志の助動詞
      - 打ち消しの推量・打ち消しの意志の助動詞
      - 希望の助動詞
      - 丁寧《ていねい》の助動詞
      - 過去・完了《かんりょう》・存続《そんぞく》・確認《かくにん》の助動詞
      - 様態《ようたい》・伝聞の助動詞
      - たとえ・推定・例示の助動詞
      - 推定の助動詞
      - 断定の助動詞

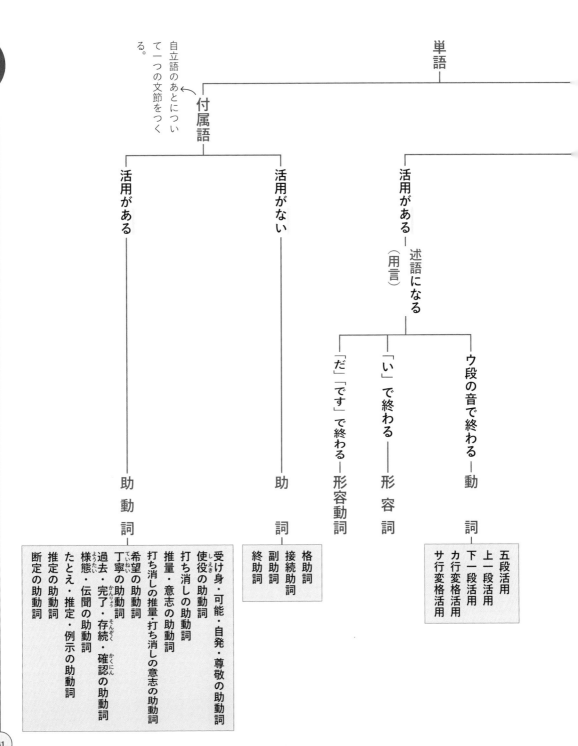

実力アップ問題

1章で学んだことを確かめ、実践的な力を身につけよう！

解答→別冊 p.4

問1 次の文章に句点をつけて、いくつの文からできているか答えなさい。

十一月中旬《ちゅうじゅん》のことであったある朝私は潮の押《お》し寄せてくるような音に驚《おどろ》かされて目が覚めた空を通る風の音だときどきそれが静まったかと思うと急にまた吹《ふ》きつける戸も鳴れば障子《しょうじ》も鳴ることに南向きの障子にはばらばらと木の葉のあたる音がしてその間には千曲《ちくま》川の川音も平素からみるとずっと近く聞こえた

（島崎藤村《しまざきとうそん》『千曲川《ちくまがわ》のスケッチ』より）

（　　）

問2 次の文章に、句点・読点《とうてん》をつけなさい。

人間はことばをもっているために自分の思っていることを相手に知ってもらえるし他人の考えていることも知ることができるのですおたがいにことばをかわしながらだんだん新しいことを覚えることもできるし自分の考えを言ってみてその考えをしっかりしたものにすることもできるのです

問3 次の各文を、文節に分けなさい。

① レントゲン室の重いとびらを開くと、暗がりの中から機械が異様にうかんでくる。

② いったい、人間は、いつごろからことばを使うようになったのでしょうか。

③ 杜子春《とししゅん》は、たいへん喜んで、老人のことばがまだ終わらないうちに、彼は、大地にひたいをつけて、何度もおじぎをしました。

問4 次の各文はいくつの文節に分けられるか、それぞれ数字を書きなさい。

① 常に他人と共通の場面を持つことはできない。（　　）

② 父親が姉に話していた。（　　）

③ それゆえ私はそのことをそううれしくは感じなかった。（　　）

④ 家の前に立っているかわいい女の子は彼の妹らしい。（　　）

⑤ 昨日《きのう》から激《はげ》しく降りしきった雪はすっかりやんだ。（　　）

⑥ もう少し老人の立場に寄ってみる必要のあることなのだと感じた。（　　）

問5 次の文章は文節に区切ってありますが、正しく文節に区切れていないところが四か所あります。その部分に——線を引き、正しく直しなさい。

私は、山の　きこりが　木を　切って　いるうちに　やまどりの　巣《す》を　見つけては　自分の　着ている　はんてんを　親

鳥に　かぶせて　つかまえて　しまうことを　思い出した。なるほど　このやまどりの　ようすでは　はんてんを　かぶせて　つかまえる　ことも　できるだろうと　思った。

問6 次の詩・短歌を、単語に区切りなさい。

① 木々が若葉をつけ
静かに、気長に
しかし雄々《おお》しく
育ってゆくのを見ると
自分はこうしてはいられない
むだな時間を費《つい》やすのが、たまらない
およそ、自然は時間を浪費《ろうひ》しない

② たとえば君　ガサッと落ち葉すくうようにわたしをさらって行ってはくれぬか　（河野裕子《かわのゆうこ》）

③ 「寒いね」と話しかければ「寒いね」と答える人のいるあたたかさ　（俵万智《たわらまち》）

問7 次の各——線部はいくつの文節、またいくつの単語からできているか、それぞれ数字を書きなさい。

aとっくに陽《ひ》は山陰《やまかげ》にかくれ、日光のあたっている所がキラキラ輝き、その分、陽陰《ひかげ》はb黒っぽくより沈《しず》んで見える。そして、清く澄《す》んだ森の空気は、温度を伝えることにも澄んでいる分だけ率直《そっちょく》なようだ。さっきまで陽がcあたっていて背中にかすかにdその熱を伝えていたのだが、陽陰にみまわれた瞬間《しゅんかん》から一気に冷ややかさで私たちを包み込《こ》む装置へと変身した。

a 文節（　）単語（　）　b 文節（　）単語（　）
c 文節（　）単語（　）　d 文節（　）単語（　）

問8 次の各文から、〈　〉で示されている働きをしている文節を選び、——線をつけなさい。

① たぶん雨が降るだろう。〈修飾語《しゅうしょくご》〉
② 疲《つか》れたので、少し休んでいこう。〈接続語〉
③ 羽の赤い鳥が、松の太い枝にいた。〈述語〉
④ こんにちは、どちらへお出かけですか。〈独立語〉
⑤ 遠い山並みを背景にして、茶畑が右に見えてきました。〈主語〉

問9 次の各文の——線部の文節は、あとのア〜オのどの働きをしていますか。その記号を（　）の中に書きなさい。

① 山中くん、学校へ　行く　したくは　できたか。（　）
② 川端《かわばた》の　柳《やなぎ》の　芽も　ふくらんだ。（　）
③ はじめは　変でした。でも、今は　愉快《ゆかい》です。（　）
④ それは　とても　美しい　物語だった。（　）
⑤ そんな　こととは　少しも　知らなかった。（　）
⑥ 参加すれば、彼は　さぞかし　喜ぶだろう。（　）
⑦ 今朝は　みんなが　そろって　食事した。（　）
⑧ 自由、これこそ　大切な　ことだ。（　）
⑨ くやしがっても、もう　間に合わないよ、きみは。（　）

ア 主語　イ 述語　ウ 修飾語　エ 独立語
オ 接続語

問10

次の各文のA～Mの記号をつけた文節は、文中のほかの文節との関係で、どういう働きをしていますか。あとの①～⑦の当てはまるところに記号を書きなさい。

(1) 山本君が 読んで いるのは、Aぼくの B本だ。
(2) C苦しいが、Dそれでも、私は がんばります。
(3) となりの E猫《ねこ》は、F上手に 大きな Gねずみを とらえた。
(4) いままで Hはっきり 見えて いた I光が J消えた。
(5) できあがったよ、K家が L立派《りっぱ》に。
(6) Mきれいだね。来年も 見に 来るよ。

① 主語である。……（　　）
② 主語であり被修飾《ひしゅうしょく》語である。……（　　）
③ 述語である。……（　　）
④ 述語であり被修飾語である。……（　　）
⑤ 修飾語である。……（　　）
⑥ 修飾語であり被修飾語である。……（　　）
⑦ 独立語または接続語である。……（　　）

問11

次の各文の――線部の文節相互《そうご》の関係を、あとのア～オより当てはまるものを選び、その記号を書きなさい。

① 野口英世《のぐちひでよ》は、世界に 誇《ほこ》るべき科学者である。
② 旅行の途中《とちゅう》での 出来事を話してごらんなさい。
③ 単身赴任《ふにん》中の父の 帰る日が待ちどおしい。
④ 雨だから、中止だ。
⑤ 彼はどこかへ行って しまって、家にいない。
⑥ おじさんは、十時か 十一時には来られます。
⑦ 家ごとに、花が飾《かざ》って ありますね。
⑧ 君が困るのも無理は ない。
⑨ この問題は易《やさ》しい。だから 満点だ。
⑩ ぼくと弟は顔が似て いるか。

ア 主・述の関係　イ 修飾・被修飾の関係
ウ 並立《へいりつ》の関係　エ 接続の関係
オ 補助の関係

①（　　）②（　　）③（　　）④（　　）⑤（　　）
⑥（　　）⑦（　　）⑧（　　）⑨（　　）⑩（　　）

問12

次の各文中で、――線部のことばに対し、〈　〉の中に示した関係にある文節はどれですか。連文節は考えず、一つの文節だけに――線をつけなさい。

① そこは平和で静かな町だった。〈主・述の関係〉
② 広場に集まった群衆は喜びの声をあげた。〈修飾・被修飾の関係〉
③ 生物に対し非常に有害なものがある。〈修飾・被修飾の関係〉
④ 英語ができ、ドイツ語もうまい。〈主・述の関係〉
⑤ あの人は確かに山口君のお父《とう》さんだ。〈修飾・被修飾の関係〉
⑥ 我々の祖先の創造した文化の偉大《いだい》なことが、よくわかる。〈主・述の関係〉
⑦ 情けないやらくやしいやら、なんとも残念だったよ。〈並立の関係〉

⑧ ぼくは、いつもより早く出発したのに、遅《おく》れた。〈接続の関係〉
⑨ 雨が音もなく降り始めた。〈主・述の関係〉
⑩ いろいろ考え、工夫《くふう》して、本棚《ほんだな》を作れ。〈並立の関係〉
⑪ 苦しいが、私は練習をがんばります。〈接続の関係〉
⑫ 君が読んでいるのは、ぼくの本だ。〈修飾・被修飾の関係〉

問13 **次の各文中で、並立の関係か補助の関係かにある文節どうしを連文節にまとめ、その連文節に――線をつけなさい。**

① 子ども用のプールは浅くて狭《せま》い。
② いい音が出るか、一度試《ため》してみよう。
③ ぼくは夏休みに山へも海へも行きました。
④ 閉めてある戸を開くと、古い本があった。
⑤ 行きたくないなら、勉強していろ。
⑥ 石油化学コンビナートは、石油化学工場と石油工場とが結合した工場群である。
⑦ 勉強してしまうまで、遊ばないぜ。

問14 **次の例文をもとに①～③の□に適当なことばを例文と語群から選び、その記号を書きなさい。**

（例文） ア母の イ言った ウことばが エつくづく オ思い出された。
（語群） **カ** 連体詞　**キ** 連体　**ク** 副詞　**ケ** 感動詞　**コ** 連用

① **イ**の「言った」の主語は□である。
② **ア**の「母の」と**イ**の「言った」は連文節になって、**ウ**の「ことばが」に係っていく□修飾部である。
③ **エ**の「つくづく」は、**オ**の「思い出された」に係っていく□修飾語である。

問15 **次は二つの文からなる文章です。二つの文章の文の成分について、あとの問いに答えなさい。**

いったん やんだ 雪が、朝 起きた ころから 思い出したように さらさらと 降り出した。この 調子で 降り続けば、雪が 珍《めずら》しい この 地方だから、子どもは 大喜びで 遊ぶだろう。

㈠ 前の文の主部と述語をそれぞれ抜《ぬ》き出しなさい。（　　）（　　）
㈡ 前の文には、修飾語(修飾部)がいくつありますか。（　　つ）
㈢ あとの文の主語と述語をそれぞれ抜き出しなさい。（　　）（　　）
㈣ あとの文の修飾語を抜き出しなさい。（　　）
㈤ あとの文には、接続部がいくつありますか。（　　つ）

問16 **次の各文中の――線部の文節や連文節について、それぞれあとの各問いに答えなさい。――線部の番号と各問いの番号とは一致《いっち》しています。**

(1) 春の風が、①②彼女の顔をかすめて流れている。
① この連文節が修飾《しゅうしょく》している文節に――線をつけなさい。

② この連文節は、どんな文の成分になっていますか。その文の成分の種類を書きなさい。（　）

(2) あなたたちは、一箱のキャラメルをふたりの兄弟で分けるのと、①五人の兄弟で分けるのとでは、②ひとりの分け前がどれくらい違《ちが》うかを正しく知ることができるはずです。

① この連文節と並立《へいりつ》の関係の連文節に——線をつけなさい。

② この連文節の内部で、次の関係にある文節(連文節)をそれぞれ書きなさい。

主語(主部)（　）→述語(述部)（　）

(3) ①八月の終わりから九月の初めへかけての、夏の終わりのごく短い何日かが②好きである。

① この連文節の働きを次から一つ選びなさい。（　）

ア 連体修飾部　イ 接続部
ウ 連用修飾部　エ 独立部

② この連文節は、どんな文の成分になっていますか。その文の成分の種類を書きなさい。また、この連文節は、どんな関係にある文節からできていますか。その文節相互《そうご》の関係を書きなさい。（　）（　）

(4) 母は、一同の食事が終わるころに、①わたしがあしたから学校へ着ていく普段《ふだん》着が、あまりに汚《よご》れていることを②思い出した。

① この連文節の内部で、連体修飾部の働きをしている連文節を抜《ぬ》き出しなさい。（　）

② この文節は、文の成分の述語になっています。この述語をくわしく説明している修飾部を二つ抜き出しなさい。

（　）
（　）

(5) エジプト人たちは、①その三つの辺の長さが三・四・五の割合である三角形を作れば、②直角になるということを経験的に知っていた。

① この連文節は、どんな文の成分になっていますか。その文の成分の種類を書きなさい。（　）

② この連文節と、ⓐ修飾・被修飾の関係にある文節、ⓑ主・述の関係にある連文節を、それぞれ抜き出しなさい。

ⓐ（　）
ⓑ（　）

問17 次の各問いに答えなさい。

(一) 次の**ア**〜**カ**は、あとの文の——線部**a**〜**e**の間の、ことばの働きの上での関係を述べたものです。正しいものを二つ選び、その記号を書きなさい。（　）（　）

ア **d**は**a**の述部である。　**イ** **e**は**b**の述語である。
ウ **e**は**a**の述語である。　**エ** **c**は**d**の修飾部である。
オ **c**は**e**の修飾部である。
カ **d**と**e**とは並立の関係にある。

専門家というのは、特定の事柄《ことがら》に専念し、そのことを職業としている人間のことである。[a]職業にしているということは、

bその専門の知識なり技能なりが　cそのまま生計に　dつながっているということをe意味する。職業はすなわち収入の道なのだ。

㈡　次の文中の①〜⑩の文節および連文節のうち、あとの図のそれぞれの（　）にあてはまるものを一つずつ選んで、その番号を書きなさい。図中の＝は、主・述の関係を、また、↓は修飾・被修飾の関係を示しています。

①要するに、②あなたがたが若い日の③あやまちをいたずらに④後《こう》悔《かい》するか、それとも、⑤そのあやまちをひとつのきっかけにして⑥立ち直るかを　⑦決定するものは、後悔の原因を取り返しのつかない感情をこめて⑧眺《なが》めるか、それとも、できるだけそうした感情をかっこにくるんで⑨眺めるか、⑩という心構えだろう。

A（　）＝B（　）
＝C（　）
→D（　）＝E（　）

問18　次の文章を読んで、あとの問いに答えなさい。

河風《かわかぜ》の湿《しめ》っぽさが次第に強く感じられて浴衣《ゆかた》の肌《はだ》がいやにうすら寒くなった。月はやがて人のA起きているころにはもう昇《のぼ》らなくなった。空には朝も昼過ぎも夕方も、いつでも雲が多くなった。雲は重なり合ってB絶えず動いているので、時としてはわずかにその間々にことさらしく色の濃《こ》い青空の残りを見せておきながら、空一面にCおおいかぶさる。すると気候はおそろしく蒸《む》し暑くなってきて、自然としみ出る脂汗《あぶらあせ》が不愉快《ふゆかい》に人肌をねばねばさせるが、しかしまた、そういう時にはきまって、雨Dその強弱とその方向の定まらない風が突然《とつぜん》に吹《ふ》き起こって、雨もまた降り続くことがある。Eこの風やこの雨には一種特別の底深い力が含《ふく》まれていて、寺の樹木や、河岸《かし》の葦《あし》や、場末に続く貧しい家のF板屋根に、春や夏には決して聞かれない音響《おんきょう》を伝える。

（永井荷風《ながいかふう》『すみだ川』より）

㈠　——線部A・Bの各連文節の働きを次から選び、その記号を書きなさい。答えは一つとは限りません。

A（　）　B（　）

ア　主部　イ　述部　ウ　修飾部
エ　接続部　オ　独立部

㈡　——線部D・Eの各連文節の働きを、㈠のア〜オからそれぞれ選び、その記号を書きなさい。　D（　）　E（　）

㈢　——線部Cの主語はどれですか。一文節の形で書きなさい。（　）

㈣　——線部Fと並立の関係にあるものはどれとどれですか。それぞれ一文節の形で書きなさい。
（　）（　）

問19　次の文章を読んで、あとの問いに答えなさい。

アンパイヤーのポケットから、捕手に渡《わた》った新しい真っ白な球は、やがて弧《こ》を描《えが》いて長身の投手の手に入った。前の打者は、四つもファウルやチップを重ねた後で、簡単なファースト・フライに退《しりぞ》いた。

打者は、その新しい球の第一球を打った。よい当たりであった。地をはう白球は、しかし深く守っていた遊撃手《ゆうげきしゅ》の真正面を突《つ》き、球は正確に一塁《いちるい》へ送られた。ワッと喚声《かんせい》が揚《あ》がった。そしてサイレン。

（永井龍男《ながいたつお》『くるみ割り』より）

(一) 第一段落の文には文節がいくつありますか。（　　）

(二) 第一段落の文の文節のうち、主語と、それを受ける述語を抜《ぬ》き出しなさい。

主語（　　）　述語（　　）

(三) 第一段落の文は、次のどの文型と言えますか。当てはまる文型の番号を○で囲みなさい。

1 何が→どうする。　2 何が→どんなだ。

3 何が→何だ。　4 何が→ある。

(四) 第一段落と第二段落の文の成分のうち、それぞれの主部を抜き出しなさい。

（　　）

（　　）

(五) この文章には、文の成分のうち、主語(主部)または述語(述部)のどちらかが省略されている文が二つあります。その文を抜き出しなさい。

（　　）

（　　）

(六) 第一段落の文のうちに、派生語《はせい》があります。その派生語を抜き出しなさい。また、その派生語の接頭語《せっとう》または接尾語《せつび》を書きなさい。

（　　）（　　）（　　）

問20 次の文章を読んで、あとの問いに答えなさい。

日本語の順序には、五つの特色が考えられる。

(1) 述語(述部)が文の（ A ）にくること。

(2) 「て・に・を・は」などの助詞が名詞の（ B ）にくること。

(3) 修飾語《しゅうしょくご》(修飾部)が被《ひ》修飾語(被修飾部)の（ C ）にくること。

(4) 理由を述べる文が主張する文の（ D ）にくること。

(5) 文の性格を決定する単語が文の（ E ）に出てくること。

以上のうち、最後に述べた特色について説明してみると、たとえば、「この本はおもしろ」までは、発言者の真意が「おもしろくない」なのか、「おもしろいだろう」なのか、「おもしろいか」であるのか、それが文の最後まで確かめないと明らかでない。つまり、その活用語にいろいろな語をつけ加えることによって、それぞれが、ある場合には疑問文となったり、また仮定の文意となったりして、文の性格が変わってくるのである。

これを英語の場合と比較《ひかく》してみると、ずいぶん不便なことだといえる。かといって、「きれいだろう、この絵はがきは。」などとばかりもいえないのである。

(一) 空欄《くうらん》A～Eに当てはまる語を次のア～ウから選び、その記号を書きなさい。

ア 前　イ あと　ウ 末尾《まつび》

A（　）B（　）C（　）D（　）E（　）

(二) ＝線部の「いろいろな語」とは、何をさしますか。（　　）

(三) ――線部のように、普通《ふつう》の語の順序をかえて、例えば、主語(主部)と述語(述部)の順序を逆にするなどの表現をなんといいますか。（　　）

(四) ――線部で、推量の意味をその文の性格にあたえる単語は、どの語ですか。（　　）

問21 次の各問いに答えなさい。

(一) 次のA・Bの文についてあとの問いに答えなさい。

A シンガポール海峡《かいきょう》は、東京湾《わん》、瀬戸内海《せとないかい》のように巨大《きょだい》船の航路《こうろ》が決められ、行きかう巨大船が違《ちが》うルートを運行するよう航路が分離《ぶんり》されていない。

B 東京湾や瀬戸内海では巨大船の航路が決められ、行きかう巨大船が違うルートを運行するよう分離されているが、シンガポール海峡は分離されていない。

(1) A・Bの文を比べて、どちらがわかりやすくはっきりした文ですか。その文の記号を書きなさい。（　　）

(2) わかりにくいほうの文は、どの点がわかりにくいのか、四十字以内で説明しなさい。

［　　　　　　　　　　］

(二) 次のA・Bの文のそれぞれにことばづかいの誤りがあればその部分だけ抜き出し、正しいことばに改めなさい。その場合、ことばを補足、または置きかえてもかまいません。

A これを読んで一番に感じたことは、「復讐《ふくしゅう》」というものは恐《おそ》ろしいと思いました。

B ワーシャは、美しい心を持っているのになぜ町の人たちは、あくたれ小僧《こぞう》だといわれるのだろうか。

A（　　→　　）

B（　　→　　）

問22

文の中で、初めと終わりとで筆者の目のつけどころが変わってしまい、文としての首尾《しゅび》が一貫《いっかん》しなくなることを、文の「ねじれ」と言います。あとの①～④の文について、それぞれがどういう「ねじれ」であるか、次のA～Dから一つずつ選び、その記号を書きなさい。また、「ねじれ」の部分を、例にならい、訂正すべき文節（一文節とは限らない）に――線をつけて、正しく改めなさい。

〈「ねじれ」の内容〉

A 主語と述語とのねじれ

B 時のねじれ

C 能動態と受動態とのねじれ

D 修飾語と被修飾語とのねじれ

例 ぼくの希望は画家になりたい。（A・なることだ）

① これまでの行動はこれでよかったであろうか。われわれは下級生によいお手本が示されたであろうか疑問である。（　・　）

② 試験が近づいた時、今度こそはやるぞと計画を立てたが、実行しない。（　・　）

③ これを言った人は、中学校の先輩《せんぱい》のことばです。（　・　）

④ その時ほど、今まで意識しなかった雨の音が、静まりかえった教室に聞こえた。（　・　）

問23 次の文章を読んで、あとの問いに答えなさい。

名文であるより正確な文章をかくことがたいせつであるとよくいわれる。しかし、これはなかなかむずかしい。文章表現にはいろいろな問題がある。

まず取り上げられるのは、主語(主部)と述語(述部)がうまく対応していないという問題である。たとえば(A)は受け方が違《ちが》っているし、(B)は述語(述部)の補足を必要としていることは明白である。主述関係でのこうした混乱は、案外多いものである。また、主語(主部)が二つ以上あって明瞭《めいりょう》を欠く文や、主語(主部)を省略したため意味があいまいになった文の例も多くみられる。

次に、修飾《しゅうしょく》・被《ひ》修飾の関係が正しく表現されない場合がある。たとえば(C)は、修飾語の位置が不適当である。(D)は副詞とそれを受ける言葉の関係が不適当な例で、このような混乱は、結局、(a)という副詞について十分理解ができていないところからおこるのである。

言葉の使い方があいまいなための混乱も多い。たとえば(E)では(b)が接続語として用いられているのか、連用修飾語として用いられているのかがあいまいである。こうした紛《まぎ》らわしい使い方では、とうてい正確な文章はのぞめないであろう。

㈠ 空欄《くうらん》A〜Eの例文として最も適当なものを、次の中から一つずつ選び、その記号を書きなさい。

① 帰りは別段警官に注意をうけたことを除けば何事もなく無事だった。

② 私たちはとうとう頂上をきわめた。そこで弁当を食べることになった。

③ このごろはおちおち遊んでいられる日が多くなった。

④ 彼の欠点は何でも安うけあいしてすぐに忘れてしまう。

⑤ 「山月記」は何か昔物語風な小説で、私は読んでいておもしろかった。

⑥ ぼくの希望は社会に出て、みんなのためにつくすことのできる人になろうと思っています。

A(　) B(　) C(　) D(　) E(　)

㈡ 空欄a・bに入る適当なことばを例文中から見つけ、それぞれ書きなさい。a(　　) b(　　)

㈢ 空欄bのことばは、接続語として用いられた場合は一語、連用修飾語として用いられた場合は二語で成り立っています。それぞれの場合の一語ずつの品詞を書きなさい。

(1) 接続語の場合(　　)

(2) 連用修飾語の場合(　　＋　　)

問24 次の文中の［　］の中に、あとに挙げる語群の中から適当なものを選び、それぞれの記号を書きなさい(重複使用可)。

日本語の単語を大きく分けると、自立語と［①　　］とに分けることができる。

自立語は、さらに活用のある語とない語とに分別できるが、活用のある語は［②　　］といい、活用のない語で、主語となることのできる語は［③　　］すなわち名詞という。

その他、いろいろの性質や働きをする語があるが、その性質や働きによって分類したものを［④　　］といい、十種類ある。

そのうち、自立語で活用のある語は［⑤　　］・［⑥　　］・［⑦　　］と三つの種類があり、これらの語は単独で述語となることができる。また、主として、用言を修飾するものに、［⑧　　］があり、［⑨　　］を修飾するものに連体詞がある。さらに、「しかし」「また」「そして」などの［⑩　　］や、呼びかけ・応答・感動などの意味を表す感動詞もある。

［⑪　　］として助詞や助動詞があり、日本語の意味の微妙《びみょう》さを表している。

ア　自立語	イ　付属語	ウ　動詞	エ　形容詞
オ　形容動詞	カ　接続詞	キ　用言	ク　体言
ケ　品詞	コ　副詞	サ　助詞	

問25 次の文章を読んで、あとの問いに答えなさい。A～Pは、それぞれ一文節を表しています。

大人にAなってからは親友ができにくく、B若いときにこそ真のC友情を　D見つけることができるのは、自己のE真実を裸《はだか》のままで示すF素直な気持ちを若い人々はG持っているのに、大人になるとHいろいろなカラがIできてしまって、自己を開き示すことがJ少なくなるからでしょう。ということは、友情の成立にK必要なのは、必ずしも若さということではLなくて、人生に対する真実な気持ちを開き示し、Mまた、他人のNそのような気持ちをO受け入れる心のP素直さです。

（矢《や》内《ない》原《はら》伊《い》作《さく》『現代人生論ノート』より）

㈠ 自立語だけで一つの文節になっているものを、A～Pからすべて選び、その記号を書きなさい。

（　　　　）

㈡ 自立語のほかに、付属語が一つついて一つの文節になっているものを、A～Pからすべて選び、その記号を書きなさい。

（　　　　）

㈢ A～Pの各文節の自立語の品詞名を書きなさい。

A（　　）　B（　　）
C（　　）　D（　　）
E（　　）　F（　　）
G（　　）　H（　　）
I（　　）　J（　　）
K（　　）　L（　　）
M（　　）　N（　　）
O（　　）　P（　　）

㈣ A～Pの各文節の自立語の中に複合語が二つあります。その複合語を抜《ぬ》き出しなさい。

（　　　　）（　　　　）

㈤ 次の文節は、それぞれア主語・イ述語・ウ修飾語のどの働きをしていますか。記号を（　）の中に書きなさい。また、修飾語である場合は、①用言の文節、②体言の文節のどちらを修飾していますか。番号を［　］の中に書きなさい。

B（　）［　］　H（　）［　］　J（　）［　］
K（　）［　］　O（　）［　］　P（　）［　］

問26 次の文章の――線部の語から指示語を選び、その語とその品詞名を書きなさい。

瀬戸内海《せとないかい》は美しい。しかし、ここにも無惨《むざん》な自然破壊《はかい》の光景が、あちらの海岸、こちらの島と、随所《ずいしょ》に見られる。その海水もしだいに汚濁《おだく》しており、しばしばあの恐《おそ》ろしい赤潮《あかしお》が発生する。それに襲《おそ》われた養殖《ようしょく》場の魚は、一夜にして全滅《ぜんめつ》する。「いつまで漁業がやれるかのう。」年老いたある漁民はそうつぶやいて、怒《いか》りを押《お》し殺していた。どの漁民も同じ気持ちなのであろう。どんな理由があるにせよ、この美しい自然を破壊し、かえって人間を苦しめるようなことは、だれしも許すことができないだろう。やがて瀬戸内海は死んでしまうのだろうか。そんな瀬戸内海を、われわれは子孫に残そうというのだろうか。

問27 次の各文中にある複合名詞に――線をつけなさい。

① 町はずれに、一軒《けん》の小さな家がある。
② そのとき、私は、子どもごころに将来の自分を誓《ちか》ったのであった。
③ 春さきになると、衣類のバーゲンがさかんに行われる。

問28 次の各文の――線部と同じ構成の動詞をあとから選び、それぞれ記号を書きなさい。

① 忘れ物をしたのに気づく。（　　）
② 駅で友人を見送る。（　　）
③ たいしたことでもないのに偉《えら》ぶる。（　　）
④ 交渉は長びくと困る。（　　）
⑤ 彼は学者ぶるくせがある。（　　）

ア 高鳴る　イ 強がる　ウ 運動する
エ 春めく　オ 作り出す

問29 次のそれぞれの複合形容詞について、例にならってその組み立てを説明しなさい。

例 青白い……形容詞の語幹＋形容詞
① 塩からい……（　　）
② 食べやすい……（　　）
③ せま苦しい……（　　）
④ 古くさい……（　　）

名詞（体言）

——活用のない自立語

KUWASHII
JAPANESE
GRAMMAR

中学
国文法

2章

名詞は、形のある・なしにかかわらず、物事の名称《めいしょう》を表す単語です。

要点のまとめ

UNIT 1 名詞の性質

● **名詞とは**……物事の名称《めいしょう》を表す単語。**体言《たいげん》**という。

● **名詞の性質**……**自立語で活用がなく、単独で主語になる。**

解説ページ→p.55

UNIT 2 名詞の種類

● **普《ふ》通《つう》名詞**……**一般的《いっぱんてき》な物事の名称**を表す。

例 犬　家　心　知識

● **代名詞**……人や物事の**名称を言わないで、直接にその人や物事を指し示す。**

● 代名詞を一つの独立した品詞として扱《あつか》うこともある。

● **固有名詞**……人名・地名など、**ただ一つしかないものの名称**を表す。

例 野《の》口《ぐち》英《ひで》世《よ》　東京　富《ふ》士《じ》山

● **数詞**……**ものの数・量や、順序**などを表す。

例 一つ　五羽　第九　いくつ

● **形式名詞**……もとの意味が薄《うす》れて、**補助的・形式的に用いられる**もの。

例 こと　ところ　もの　はず

解説ページ→p.55

UNIT 3 代名詞の種類

● **人称《にんしょう》代名詞**……**人**を指し示す代名詞。

例 私　君　こいつ　彼《かれ》　だれ

● **指示《しじ》代名詞**……**物事・場所・方向**を指し示す代名詞。

例 ここ　それ　あちら　どこ　こっち

解説ページ→p.58

UNIT 4 名詞の働き

● **名詞の働き**……主語・述語・修飾語《しゅうしょくご》・独立語になる。

解説ページ→p.59

UNIT

1 名詞の性質

目標 名詞とはどういうものかを理解する。

1 名詞とは ―― 物事の名称を表す単語

名詞は、物事の名称を表す単語で、特に**体言**ともいわれる。**動詞・形容詞・形容動詞**をあわせて**用言**《ようげん》と呼ぶのと対応している。

2 名詞の性質 ―― 自立語で活用がない

(1) 名詞は、単独で一つの文節となることができるから、**自立語**である。また、**活用することはない**。

(2) 名詞は、**助詞「が」や「は」を伴**《ともな》**って主語になる**。また、**単独で主語や独立語になる**こともできる。

例題

次の文中から名詞を抜き出しなさい。

庭の片すみには、一本のざくろの木があって、きわだって美しいつやつやした朱《しゅ》の色がさしてきた。

考え方 そのことばに「が」をつけて主語になるかどうかを確かめてみるとよい。

答 庭・片すみ・一本・ざくろ・木・朱・色

着目

● 名詞の見分け方

「が」をつけて、主語になれば名詞。

UNIT

2 名詞の種類

目標 名詞の五つの種類とそれぞれの特徴《とくちょう》を理解する。

1 普通名詞

一般的な物事の名称を表す単語。

例 犬　桜　山　机　時計　家　心　運動　時間　知識

2 代名詞 ―― 一つの独立した品詞として扱《あつか》うこともある

人や物事の名称を言わないで、**直接にその人や物事を指し示す単語。**

例 私　あなた　これ　それ　あれ　どこ　あちら

3 固有名詞

人名・地名・書名など、ただ一つしかないものの名称を表す単語。

例 野口英世《のぐちひでよ》　シュバイツァー　東京　太平洋　富士山《ふじ》　利根川《とね》
万葉集《まんようしゅう》　論語《ろんご》　法隆寺《ほうりゅうじ》

4 数詞

ものの数・量や、順序などを表す単語。

例 一つ　三人　五羽　六倍　七番　八枚　第九
いくつ　何度

十円の　硬貨《こうか》は、　表の　ここに　平等院鳳凰堂《びょうどういんほうおうどう》が　描《えが》かれて　いる。

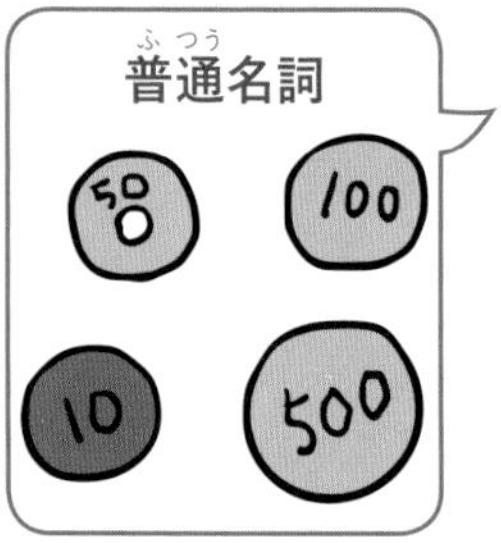

練習1　解答→別冊 p.9

次の各文中から名詞を抜《ぬ》き出し、普通名詞・代名詞・固有名詞・数詞・形式名詞の五つに分類しなさい。

① 絵を見ることは、自然を見るのと同じようだと、私は考えている。

② 雨の降っている三月のある朝、いなかの人らしいひとりの少年が、わきの下に着物の包みをかかえながら、ナポリの大きな病院の門番の前へ行って、一通の手紙を見せ、彼の父親を訪ねました。

練習2　解答→別冊 p.9

次の名詞を、Ⓐ固有名詞、Ⓑ数詞、Ⓒ普通名詞で形のあるもの、Ⓓ普通名詞で形のないもの、Ⓔ普通名詞で時を示すものの五つに分類しなさい。

① 山　② 信濃川《しなの》　③ 未来
④ 自由　⑤ 十人　⑥ エジソン
⑦ 昨日《きのう》　⑧ 工場　⑨ 生徒
⑩ 百円　⑪ 京都　⑫ 暑さ
⑬ 理由　⑭ 砂浜　⑮ 来年

Ⓐ（　　　）
Ⓑ（　　　）
Ⓒ（　　　）
Ⓓ（　　　）
Ⓔ（　　　）

5 形式名詞

その語のもとの意味が薄《うす》れて、補助的・形式的に用いられる単語。 上にそれを修飾《しゅうしょく》する文節(連文節)がつくことが多い。

例 話を する **こと**が うまい。(——線部は形式名詞を修飾する文節)
聞く **ところ**に よると、彼《かれ》は 外国へ 行くらしい。
君も、えらく なった **もの**だ。

右の例のほか、**「はず」「とおり」「ため」「ゆえ」「つもり」「うち」「あいだ」**なども形式名詞として用いられることがある。

参考

転成《てんせい》名詞……もともと動詞や形容詞として用いられていた単語が、転じて名詞として用いられるようになったものである。

(1) **動詞から転じたもの**…動詞の連用形から名詞になったもの。

学校へ **行き** ます。学校から **帰り** ます。(動詞の連用形)
寺への **行き**は よいが、**帰り**が 怖《こわ》い。(名詞)

例 **晴れ**(←晴れます) **答え**(←答えます) **考え**(←考えます)
遊び(←遊びます) **とりやめ**(←とりやめます)

名詞「光」は動詞の連用形「光り」から転成したものだが、名詞になると「光」と表記し、「光り」のような送りがなはつけない。帯《おび》(←帯びます)、煙《けむり》(←煙ります)、組(←組みます)、舞《まい》(←舞います)なども、名詞では送りがなをつけない。

(2) **形容詞から転じたもの**…形容詞の連用形から名詞になったもの。

例 **遠く**が よく 見える。(←家まで遠くない。)
近くに 住んで いる。(←家に近くなる。)

練習3

解答➡別冊 p.9

次の各文中の転成名詞(他の品詞を名詞にしたもの)の右側に——線をつけ、もとの品詞を答えなさい。

① よく考えて、自分の考えをはっきりさせなさい。( )
② この画用紙の色は白だ。( )
③ 私の家の近くには大きな犬が二匹《ひき》もいる。( )
④ 姉は思いをこめて、父に手紙を書いた。( )

練習4

解答➡別冊 p.9

次の文章中の——線部の名詞から、あとのア〜オに当てはまるものを選びなさい。

ある夕方、——それは二月の初旬《しょじゅん》だった。良平は二つ下の弟と同じ年の隣《となり》の子供と、トロッコの置いてある村はずれへ行った。トロッコはどろだらけになったまま、薄《うす》明るい中に並んでいる。が、そのほかはどこを見ても、土工たちの姿は見えなかった。三人の子供は恐《おそ》る恐る、いちばん端《はし》にあるトロッコを押《お》した。

ア 固有名詞 ( )
イ 数詞 ( )
ウ 普通名詞で複合語 ( )
エ 普通名詞で派生語 ( )
オ 代名詞 ( )

UNIT

3 代名詞の種類

目標 人・物事・場所・方向を指し示す代名詞について理解する。

1 人称代名詞 ——人を指し示す代名詞

自分を指して言う場合に用いる**自称**《じしょう》(第一人称《にんしょう》)、相手を指して言う**対称**《たいしょう》(第二人称)、自分や相手以外の人を指して言う**他称**《たしょう》(第三人称)、だれかわからない人を指して言う**不定称**《ふていしょう》の四つに区別できる。

人称代名詞

自称	対称	他称 近称	他称 中称	他称 遠称	不定称
わたくし	あなた	こいつ	そいつ	あいつ	どいつ
わたし	君			彼	だれ
ぼく	おまえ	(「このかた」「そのかた」……などの言い方もある。)			どなた
おれ					

2 指示代名詞 ——物事・場所・方向を指し示す代名詞

指示《しじ》代名詞は、自分に近いものを指して言う場合に用いる**近称**《きんしょう》、相手に近いものを指して言う**中称**《ちゅうしょう》、自分からも相手からも遠いものを指して言う**遠称**《えんしょう》、遠近が決まっていないものを言う**不定称**《ふていしょう》に区別できる(↓p.38)。

指示代名詞

	近称	中称	遠称	不定称
物事を指し示すもの	これ	それ	あれ	どれ
場所を指し示すもの	ここ	そこ	あそこ	どこ
方向を指し示すもの	こちら こっち	そちら そっち	あちら あっち	どちら どっち

例題

次の各文中から代名詞を抜《ぬ》き出し、人・物事・場所・方向のどれか、分類しなさい。

① それは、どこでだれから聞いた話ですか。あなたの聞きちがいではないですか。

② ぼくは、ここで待っている。君は、あちらへ行って、その用事をすませなさい。

考え方 代名詞の数は少なく、「こ」「そ」「あ」「ど」で始まることばが多い。ただ、②の文中の「その用事」の「その」は連体詞で、代名詞ではないことに注意する。

答 人=①だれ・あなた ②ぼく・君
物事=①それ 場所=①どこ ②ここ
方向=②あちら

着目

● 代名詞

①人・物事・場所・方向を指し示す。

②文章内でそれが何を指し示しているのかに気をつける。

練習5

解答↓別冊 p.10

次の各文中の代名詞の右側に、——線をつけなさい。

参考

反照《はんしょう》代名詞……「自分」「自身」「自己」など同じものを再び指し示すものを反照代名詞と呼んで、特に区別することがある。

例 山本君は、自分では 正しいと 思って いる。
あなたは、自身で これを 考えましたか。

① 人間は、だれでも努力が大切だ。
② どなたか、門の前であなたを待っていらっしゃいますよ。
③ そこで彼は、ひとつこれを試《ため》してみようと思った。
④ 君はどっちから来たのか。

UNIT

4 名詞の働き

目標 単独や、助詞・助動詞を伴《とも》った名詞の働きを理解する。

1 主語になる ――「が」「は」「も」を伴う

名詞は「が」「は」「も」などの助詞を伴って、**主語になる。**

桜（名詞）が／は／も（主語） 美しく 咲く。（述語）

新聞の見出しや会話では、助詞が省略されて**単独で主語になる**ことがある。

例 **桜**、満開となる。 **桜**、散ったかしら。

参考

主語になる単語……主語になるのは名詞だけでなく、用言（動詞・形容詞・形容動詞）も助詞「の」がついて体言に準ずるものとなり、それに「が」「は」「も」などを伴って主語になることがある（➡p. 109・135・203）。

例 新しい（形容詞） の（助詞） が、（助詞）（主語） すばらしい。（述語）

例題

次の各文中の名詞を含《ふく》んだ文節が、主語・述語・連用修飾《しゅうしょく》語・連体修飾語のどの働きをしているかを答えなさい。

① 人間が ことばを つくった。
② 星の 光は 無声の 詩です。
③ 星は 毎夜 人間に 神秘を ささやく。

考え方 主語・述語及《およ》びそれらに対する修飾語を正しく捉《とら》えよう。①「ことばを」は「つくった」に係る連用修飾語。②「星の」は「光に」に、「無声の」は「詩です」に係る連体修飾語。③「毎夜」は助詞を伴わず名詞だけで、「ささやく」に係る連用修飾語になっている。

① 人間が（主語） ことばを（連用修飾語） つくった。（述語（用言文節））
② 星の（連体修飾語） 光は（主語） 無声の（連体修飾語） 詩です。（述語（体言文節））

② 述語になる ―「だ」「です」や「か」を伴《ともな》う

名詞は「だ」「です」などの助動詞や「か」などの助詞を伴って、述語になることができる。**名詞が述語になるときの文は、「何が」(主語)→「何だ」(述語)の文型**である(↓p. 17)。

あの 山が(主語) 富士山(名詞) だ。／です。(述語)

彼は、(主語) 学級委員(名詞) ですか。(述語)

③ 修飾語になる ― 名詞だけで修飾語《しゅうしょくご》になる場合に注意

名詞は、普通《ふつう》、「の」「に」「を」などの助詞を伴って、修飾語になる。

(1) **連体修飾語になる場合**…体言(名詞)文節を修飾する文節を**連体修飾語**という。名詞は、助詞「の」を伴って、**連体修飾語になる**ことができる。

桜(名詞)の（連体修飾語）→ 花(名詞)が、（体言文節） 美しい。

外国(名詞)での（連体修飾語）→ 経験(名詞)は、（体言文節） 忘れられない。

助詞「の」は名詞と名詞をつなぐ働きをもっているね。「の」の前に助詞「で」「へ」などがつくこともあるよ。

③ 星は(主語) 毎夜(連用修飾語) 人間に(連用修飾語) 神秘を(連用修飾語) ささやく。(述語(用言文節))

着目
● 数詞や時を示す普通名詞
単独で連用修飾語になることがある。

練習6　解答↓別冊 p. 10

次の文について、あとの問いに答えなさい。

鈴木《すずき》君、あそこの 山の 頂《いただき》に、まだ 雪が 白く 見えるよ。

(1) 名詞を含《ふく》む文節をすべて抜《ぬ》き出しなさい。
（　　　）

(2) 主語の文節と述語の文節はどれですか。
（　　　）（　　　）

(3) 名詞を含む文節のうち、連体修飾語と連用修飾語の働きをしているものはどれですか。
（　　　）（　　　）

(4) 「鈴木君」という文節は、どのような働きをしていますか。
（　　　）

(2) **連用修飾語になる場合**…用言（動詞・形容詞・形容動詞）文節を修飾する文節を**連用修飾語**という。名詞は**「に」「を」「へ」「と」「から」「より」「で」などの助詞を伴って、連用修飾語になる**ことができる。

横断歩道を（連用修飾語・名詞）→ 歩く（用言文節・動詞） ときは、自動車に（連用修飾語・名詞）→ 注意する。（用言文節・動詞）

また、**数詞や時を示す普通名詞**は、助詞を伴わずに、**単独で連用修飾語になる**ことができる。

昨日（連用修飾語・名詞）→ 授業が 始まった。（用言文節・動詞）

はとが 三羽（連用修飾語・名詞）→ 飛び去った。（用言文節・動詞）

4 独立語になる

名詞は、**提示や呼びかけの独立語になる**ことができる。呼びかけの場合、「や」「よ」などの助詞を伴うことがある。

失敗、（独立語・名詞） それは 成功の もとだ。（提示）

風よ、（独立語・名詞） もっと 吹《ふ》け。（呼びかけ）

名詞は、助詞を伴わない単独の形で、主語や連用修飾語・独立語になることに、注意しよう！

練習7

解答 ➡ 別冊 p.10

次の文についての説明として正しいものを、あとのア～オからすべて選んで、記号を○で囲みなさい。

あなた、そこの 箱の 中の お菓子《かし》を いくつ 食べたの？

ア 「あなた」には助詞の「が」「は」がついていないが、「あなた」が主語で、「食べたの？」が述語である。

イ 「そこの」の「そこ」は場所を指し示す代名詞で、「そこの」という文節は下の「箱の」または「お菓子を」という文節に係る連体修飾語である。

ウ 「いくつ」は程度を表す副詞で、単独で文節をつくり、連用修飾語の働きをする。

エ この文の述語の文節に含まれる自立語は、用言である。

オ 二つ以上の文節で文の成分になっているのは「そこの箱の中のお菓子を」という部分で、これは文の修飾部である。

実力アップ問題

2章で学んだことを確かめ、実践的な力を身につけよう！

解答➡別冊 p.10

問1

次に挙げたことばの中から名詞を選び、その記号を○で囲みなさい。

ア 敬う　**イ** 登る　**ウ** 東京都　**エ** どなた
オ 七時　**カ** 朝　**キ** 戦争　**ク** 苦しみ
ケ 高い　**コ** 静かだ　**サ** 勇気　**シ** 五日
ス しみじみと　**セ** ぼく　**ソ** 幸福
タ おもしろい　**チ** これ　**ツ** 彼　**テ** 歩く
ト けれども　**ナ** すっかり　**ニ** むかし
ヌ どこ　**ネ** しばらく　**ノ** だれ

問2

次の文から名詞を抜《ぬ》き出して、普通《ふつう》名詞・代名詞・固有名詞・数詞・形式名詞に分類しなさい（一度選んだ単語は、あとで何回出ていても選ぶ必要はありません）。

山を見るのも楽しいが、山に登るのもおもしろい。山というものは、近づくほど登りたくなる。登りたくなるからといって、山は、軽はずみに登ってはならない。ことに、深い山へ登るには、じゅうぶんに注意がいる。近ごろは、山登りもスポーツの一つとなって、登り方もよく研究されているが、それだけに、険しい岩登りや、雪の深い冬山をさぐるなどの危険を伴《ともな》う。だから登るのはだれでもいいというわけにはいかないが、ただ山を見るだけなら、だれでもできるので、この意味で、山は常に万人を迎《むか》えている。

ところで、わが国には山が多く、日本列島は、まるで山岳《さんがく》から成立しているようなものだ。わが国に生まれた人の大半は、朝夕に山を見て暮らしてきた。それだけでも、われわれは、恵《めぐ》まれた環境《かんきょう》に育っているといえるであろう。

① **普通名詞**（　　）
② **代名詞**（　　）
③ **固有名詞**（　　）
④ **数詞**（　　）
⑤ **形式名詞**（　　）

問3

次の表の空欄《くうらん》に、適当な代名詞を書きなさい。また、A～E欄のうち、場所を指し示す指示代名詞を選び、その記号を○で囲みなさい。

	近称	中称	遠称	不定称
A	これ	それ	あれ	①
B	②	そちら	③	どちら
C	ここ	④	⑤	⑥
D	⑦	⑧	あっち	どっち
E	⑨	そのかた	⑩	どのかた

問4 次の各文から、複合名詞、接頭語《せっとう》・接尾語《せつび》のついた名詞を選び、――線をつけなさい。

① ぼくらの学校は、地域で二番めに野球が強い。
② よい天気だったので、素足《す》で砂遊びをした。
③ 雪あかりのさす窓ぎわに置いた鉢《はち》植えの花が一輪咲《さ》いた。

問5 次の文章中のA～Eにそれぞれ適切なものを、あとのア～クから一つずつ選び、その記号を□の中に書きなさい。

「漢字には、音を表すだけでなく、意味を表す大切な働きがある。」という文中の「働き」という語は、「が」というA□を伴《ともな》って「ある」のB□となっています。また、「大切な」というC□を受けていますから、D□といえます。しかし、この語は、もともと「働く」というE□の連用形から変わってできたものです。

ア 主語　**イ** 述語　**ウ** 連用修飾語《しゅうしょくご》
エ 連体修飾語　**オ** 名詞　**カ** 副詞
キ 動詞　**ク** 助詞

問6 次の文章を読んで、あとの問いに答えなさい。

子供《こども》が小さいうちは、たとえば太郎という名前だとしますと、「①ちゃん、②ちゃん」と呼ばれます。そうすると子供は、自分のことも「③ちゃん」といいます。太郎というのはどこにでもある名前ですが、この場合の「④ちゃん」は、その子にとっては自分だけの名前です。「⑤ちゃん」は自分に癒着《ゆちゃく》している。

ところが子供が大きくなって、幼稚園とか小学校へ行くようになると、「いつまでも⑥ちゃんではみっともないから、⑦といいなさい」といわれます。すると子供は「⑧ちゃん、⑨ちゃん」といったりする。ただこの「⑩ちゃん」は人称《にんしょう》代名詞ではありません。これは「⑪ちゃん」と同じで、まだ自分にくっついている。人称代名詞は交換《こうかん》可能性があるのに対して、「僕《ぼく》ちゃん」には交換可能性がありません。あくまで私に癒着しています。

(一) 空欄①～⑪に当てはまる言葉を書きなさい。同じ言葉を繰《く》り返し用いてもかまいません。

①（　）②（　）③（　）
④（　）⑤（　）⑥（　）
⑦（　）⑧（　）⑨（　）
⑩（　）⑪（　）

(二) ――線部のように言えるのはなぜですか。次の中から正しいものを一つ選びなさい。

ア 「僕ちゃん」の「僕」は「私」と文法的に同じ働きをもっているから。
イ 「僕ちゃん」という語は人称代名詞として使用できないから。
ウ 「僕ちゃん」の「僕」も「太郎ちゃん」の「太郎」も人称代名詞だから。
エ 「僕ちゃん」という語はもともと人称代名詞ではないから。
オ 「僕ちゃん」の「僕」は人称代名詞として使用しているのではないから。

（　）

問7 次の文章を読んで、あとの問いに答えなさい。

「自然の宝庫」として名高い①マダガスカルは、アフリカ大陸のモザンビークの沖合《おきあい》四〇〇キロの②インド洋に浮《う》かぶ③島国です。イメージ的に④アフリカ大陸の一部が切り離《はな》れたように思いますが実はそうではないのです。

十九世紀の半ば、イギリスの⑤動物学者が『キツネザル』がマダガスカルから五、〇〇〇キロも離れたスマトラ島やスリランカに⑥生息しているにも拘《かかわ》らず、⑦アフリカ大陸に居《い》ないことに気が付いたのです。それを理由にマダガスカルが元々インドやスリランカなどと陸続きであったと考えたのです。

(一) この文章中にある固有名詞をすべて抜《ぬ》き出しなさい(ただし、同じものは抜き出しません)。
（　　　）

(二) この文章中にある数詞をすべて抜き出しなさい。
（　　　）

(三) ①〜⑦の文節のうち、次の**ア**〜**ウ**の働きをしているものをそれぞれ選び、記号で答えなさい。

ア 体言を含《ふく》み、主語になっている文節（　）
イ 連体修飾語《しゅうしょくご》の働きをしている文節（　）
ウ 体言と助詞ででき、連用修飾語の働きをしている文節（　）

(四) ——線部「陸続き」と同じ成り立ちをしている名詞を次から選びなさい。
床《ゆか》そうじ　川遊び　読みやすさ　早起き（　）

(五) ===線部「それ」は何を指していますか。
（　　　）

問8 次の各文の——線部の名詞は、あとのア〜クのどれに関係が深いですか。それぞれ記号を書きなさい(各文一つずつとは限りません)。

① 彼は、朝夕新聞を配達している。（　）
② これは、私がほしいと思っていた本だ。（　）
③ ぼく、宿題を忘れました。（　）
④ 兄が家を出たのは、私が中学二年のときです。（　）
⑤ 川のそばの大きな木をご覧なさい。（　）
⑥ 姉の青白い顔に、私は母の面影《おもかげ》を見た。（　）
⑦ お母さん、ぼくも手伝うよ。（　）

ア 自立語で、単独で文節をつくっている。
イ 単独で主語になっている。
ウ 助詞を伴《ともな》って主語になっている。
エ 助詞を伴って修飾語になっている。
オ 単独で連用修飾語になっている。
カ 連体修飾語を受けている。
キ 助詞や助動詞を伴って述語になっている。
ク 独立語になっている。

3章

副詞・連体詞

——活用のない自立語

副詞・連体詞は、もっぱら単独で修飾語になる単語です。

要点のまとめ

UNIT **1**

副詞・連体詞の性質

解説ページ→p.67

- **副詞・連体詞とは**……他の文節を修飾《しゅうしょく》し、意味をくわしく定める単語。
- **副詞・連体詞の性質**……**自立語で活用がなく**、**副詞は主として連用修飾語**になり、**連体詞は単独で連体修飾語**になる。

UNIT **2**

副詞の種類と働き

解説ページ→p.68

- **状態《じょうたい》の副詞**……動作・作用の状態をくわしく表す。
  - 例 **いきなり**立ち上がった。
  - ・**擬声《ぎせい》語**（**擬音《ぎおん》語**）・**擬態《ぎたい》語**も状態の副詞に入る。
  - 例 **ザーッと**降る。（擬声語） **じろりと**にらんだ。（擬態語）
- **程度《ていど》の副詞**……物事の性質や状態などの程度を表す。
  - 例 今朝《けさ》は**かなり**暖かい。
  - ・程度の副詞は体言の文節や他の副詞を修飾することもある。
  - 例 **かなり**前の話です。 **もっと**ゆっくり読め。
- **呼応《こおう》の副詞**……下の受ける文節に**特別な言い方**を要求する。
  - ・疑問（反語）・推量・仮定条件・打ち消し・たとえ・願望などの言い方と**呼応**する。
  - 例 どうして おそらく もし まるで どうか

UNIT **3**

連体詞の種類と働き

解説ページ→p.72

- **連体詞の種類**……特に種類はないが数は少ないので、形の上で分類して覚える。
  - 例 「**――の**」…この あの どの 「**――な**」…大きな いろんな

連体詞は他の品詞と間違《まちが》いやすいので注意しよう！

UNIT

1 副詞・連体詞の性質

目標 ほかの文節を修飾する副詞・連体詞の性質を理解する。

1 副詞・連体詞とは ——ほかの文節を修飾する単語

副詞・連体詞は、ともに**ほかの文節を修飾し、文の意味をくわしく定める単語**である。

副詞	つばめが すいすいと（修飾語） 飛ぶ。（被修飾語）
	空が すっかり 晴れた。
連体詞	それは ある 日の 出来事でした。
	あらゆる 植物の 分布を 研究する。

右の例を見ると、「すいすいと」「すっかり」は、「飛ぶ」「晴れた」に係って、どのように飛ぶのか、どのように晴れたのか、ということを表している。また、「ある」「あらゆる」も、「日(の)」「植物(の)」に係って、どの日か、どのような植物か、ということを表している。

このように、副詞・連体詞はほかの文節を修飾し、くわしく説明するのである。

2 副詞・連体詞の性質 ——自立語で活用がなく、修飾語になる

(1) 副詞・連体詞は、単独でも一つの文節になることができるから、**自立語**である。しかし、**活用することはない**。

例題

次の各文中の——線部の中で副詞が一つあります。副詞を含《ふく》む文をア～オから選びなさい。 （　）

ア 結果をくわしく話した。
イ 結果をこまごまと話した。
ウ 結果を詳細《しょうさい》に話した。
エ 結果を大部分話した。
オ 結果を強調して話した。

考え方 自立語で活用がなく、単独で連用修飾語になっている語を探すとよい。

アの「くわしく」は形容詞「くわしい」の連用形。**ウ**の「詳細に」は形容動詞「詳細だ」の連用形。**エ**の「大部分」は付属語「が」をつけると主語になることから名詞。**オ**の「強調して」は動詞「強調する」の連用形に付属語「て」がついたもの。

答 イ

着目

● 副詞の見分け方
- **副詞は主語にならない。（体言文節との区別）**
- **副詞は活用しない。（用言文節との区別）**

(2) 副詞・連体詞は、主語にはならず、**単独で修飾語になる**。また、**副詞は主として連用修飾語になり、連体詞は連体修飾語になる**。

名詞も自立語で活用がなく、修飾語になるけれど、名詞は主語になることが、副詞や連体詞とは異なるよ。

UNIT

2 副詞の種類と働き

目標　副詞の種類（状態・程度・呼応）と働きを理解する。

副詞には、**状態《じょうたい》の副詞・程度《ていど》の副詞・呼応《こおう》の副詞**の三種類がある。いずれも、主として用言の文節を修飾する働きをして**単独で連用修飾語**になることができる。

① 状態の副詞 ―― 動作・作用の状態をくわしく表す

状態の副詞は、主として、用言（特に**動詞**）の文節を修飾し、その**動作・作用の状態をくわしく表す**ものである。

（副詞 → 動詞の文節）

彼は　いきなり　立ち上がった。

てのひらに　そっと　のせる。

明日《あす》　また　参りましょう。

私は　しばらく　仕事を　休む。

この芽も　やがて　大きく成長するだろう。

歩いているうちに、ふと　名案が浮《う》かんだ。

例題

次の各文中の――線部の副詞は、どの文節を修飾していますか。副詞が修飾している文節を抜《ぬ》き出し、その文節の自立語の品詞を答えなさい。

① それは、つい最近のことです。

② 期末テストは中間テストよりやや易《やさ》しかった。

③ 最後のところをもっとはっきり説明してください。

④ 先生はとても朗らかな人だ。

⑤ 駅からすこし歩くと、城あとの公園があります。

考え方　副詞は、おもに単独で用言の文節を修飾する（連用修飾語になる）が、程度の副詞は、単独で体言の文節を修飾したり（連体修飾語になる）、ほかの副詞を修飾したりする。

　程度の副詞が修飾する体言文節は場所・方向・数量・時間などを表す場合が多い。

参考

擬声語《ぎせいご》（**擬音語**《ぎおんご》）・**擬態語**《ぎたいご》…… 状態の副詞の中には、ものの音や声をまねたり、その様子を言い表したりするものも含《ふく》まれる。前者を**擬声語**（**擬音語**）、後者を**擬態語**という。擬声語・擬態語は、いずれも用言を修飾して、その感じを巧《たく》みに表現する働きをもつ語で、次のようなものがある。

① **声や音をそのまま表すもの**
例 雨がザーッと降ってくる。
雷《かみなり》がゴロゴロと鳴る。
ひよこがピヨピヨと鳴く。

② **声や音の感じをよく表すもの**
例 ざんぶと水に飛び込《こ》む。
教室でわいわい騒《さわ》ぐ。
子どもがばたばたかけてくる。

③ **様子を表すもの**
例 じろっとにらまれて、さっと顔色を変える。
ばったり会って、こそこそ逃《に》げ出す。
すやすや眠りながら、たまににこっと笑う。

擬声語・擬態語は、「ひよこがピヨピヨ鳴く。」「ひよこがピヨピヨと鳴く。」のようにそれだけでも、また「と」をつけた形でも使える。ただし、「じろっとにらむ。」から「と」をとると、「じろっにらむ。」のように意味が通らなくなるものもあるので、注意しよう。

② 程度の副詞 —— 物事の性質や状態などの程度を表す

程度の副詞は、主として用言（動詞・形容詞・形容動詞）の文節を修飾し、**物事の性質や状態などの程度を示して意味を定めるもの**である。

今朝は たいそう（副詞）→ 冷えますね。（動詞の文節）

今年の冬は、かなり → 暖かい。（形容詞の文節）

ここまで来ると、ずいぶん → 静かだ。（形容動詞の文節）

答 ①最近の（名詞） ②易しかった（形容詞） ③はっきり（副詞） ④朗らかな（形容動詞） ⑤歩くと（動詞）

着目
● 副詞の働き
単独で { **①連用修飾語になる** / **②連体修飾語になる** / **③ほかの副詞を修飾する** }
※②・③は程度の副詞のみ

練習 1
解答 ➡ 別冊 p.11

次の各文中の——線部は、A連体修飾語、B連用修飾語のどちらか、記号で答えなさい。また、——線部が副詞である文の番号を○で囲みなさい。

① 勉強に忙《いそが》しく、遊ぶ時間がない。（　）
② もっと右に寄りなさい。（　）
③ 一週間で本を二冊読みました。（　）
④ 弟はたいへん大きい魚を釣《つ》った。（　）
⑤ 完走したのは、わずか二人だった。（　）
⑥ 隣《となり》から父の声が眠たげに聞こえた。（　）
⑦ 母にすばらしい贈《おく》り物をもらった。（　）
⑧ 彼はいっそう重大な危機に直面した。（　）
⑨ 急な訪問に、私はいささかあわてた。（　）
⑩ 馬はそこでぴたりと足を止めた。（　）

程度の副詞は、**単独で場所・方向・数量・時間などを表す体言（名詞）の文節を修飾**して、**連体修飾《しゅうしょく》語になる**ことがある。また、**ほかの副詞を修飾する**こともある。

これは　かなり　前の話です。（かなり：副詞／前の：体言の文節）

あなたは　もっと　こちらへ来てください。（もっと→こちらへ：体言の文節）

これからは、よほど　しっかり勉強しなければならない。（よほど→しっかり：副詞）

今度は、もっと　ゆっくり読みなさい。（もっと→ゆっくり：副詞）

3 呼応の副詞 ——下の受ける文節に特別な言い方を要求する

呼応《こおう》の副詞は、それを受ける文節をいつも一定にして、特別な決まった言い方を要求するものである。**陳述《ちんじゅつ》の副詞**とか**叙述《じょじゅつ》の副詞**ともいう。このように、副詞を受けて一定の言い方で結ぶことを副詞の呼応という。

どうして／なぜ　そこへ行くのですか。（か：疑問の助詞）

疑問または反語と呼応

おそらく／たぶん　彼は遅《おく》れて来るだろう。（う：推量の助動詞）

推量と呼応

練習2

解答→別冊 p. 11

次の文章中から副詞を抜《ぬ》き出し、それぞれの副詞が修飾する文節と、その文節の自立語の品詞を、例にならって答えなさい。

交通事故でまた入院した。入院後の一週間、ずっと絶対安静が続いた。身の回りの世話は、母がほとんど寝《ね》ずに、やってくれた。ごくわずかからだを動かしても、痛みが全身に走った。そんなとき、母は、どうすればいいのか途方《とほう》に暮れたように、私の顔をじっとのぞきこんだ。

例　また→入院した（動詞）

例題

次の各文中の（　）にあてはまることばを、ひらがなで答えなさい。〈　〉内はそのことばの字数を示しています。

① 彼の行動は、決してよくは（　　）。〈2字〉

② （　　）早く帰ったら遊びに行こう。〈2字〉

③ 全国優勝をして、まるで夢の（　　）。〈3字〉

④ たぶん断られる（　　）。〈3字〉

⑤ よもや死ぬようなことはある（　　）。〈2字〉

たとえ
いくら
かりに
もし
→ 失敗し ても、くじけるな。（接続助詞）
（もし 失敗し たら、悲しいだろうな。）（助動詞（仮定形））

仮定条件と呼応

決して
少しも
→ 自分が悪いとは思わ ない。（打ち消しの助動詞）

打ち消しと呼応

まさか
よもや
→ 雨は降ら ない だろ う。（打ち消しの助動詞／推量の助動詞）
雨は降る まい。（打ち消しの推量の助動詞）

打ち消しの推量と呼応

まるで
ちょうど
→ りんごの ような 色だった。（たとえの助動詞）

たとえと呼応

どうか
ぜひ
→ 私の家に おいで ください。（動詞（命令形））

願望と呼応

呼応の副詞の決まった言い方をしっかりと覚えておこう！

⑥ ぜひ、その本を貸して（　　　）。〈4字〉
⑦ どうして欠席したのです（　）。〈1字〉
⑧ たとえ易しく（　　）、油断するな。〈2字〉

考え方 呼応の副詞の決まった言い方を覚えておこう。
①打ち消しと呼応…決して・とうてい・少しも、②・⑧仮定条件と呼応…もし・たとえ・かりに・いくら、③たとえと呼応…まるで・ちょうど・いかにも、④推量と呼応…たぶん・おそらく・さぞ、⑤打ち消しの推量と呼応…よもや・まさか、⑥願望と呼応…ぜひ・どうか・どうぞ、⑦疑問または反語と呼応…どうして・なぜ
なお、禁止と呼応するものに「決して」「断じて」がある。
例 決してこの約束を破るな。（「な」は禁止の助詞）

答 ①ない ②もし ③ようだ ④だろう ⑤まい ⑥ください ⑦か ⑧ても（とも）

着目
● 特別な決まりとして覚える
呼応の副詞とそれを受ける特別な言い方を合わせて覚える。

注意

「の」を伴《ともな》って連体修飾《しゅうしょく》語になる副詞 …… 程度の副詞は、単独で連体修飾語になることがあった(➡p.70)が、状態・程度・呼応の三種類の副詞の中には「の」を伴うことで連体修飾語になるものがある。しかし、その数は限られている(次の例文の赤字は副詞、青字は体言文節)。

例 そこで**しばらく**の**間**、お待ちください。〈状態の副詞〉
これには**よほど**の**決心**が必要です。〈程度の副詞〉
もしもの**こと**があってはならない。〈呼応の副詞〉

注意

「だ」「です」を伴って述語になる副詞

例 学校までもう**すぐ**だ。
ほんとうに、**そう**ですか。

注意

副詞から転成《てんせい》した接続詞・感動詞 …… 副詞には、意味や用法が変わって、接続詞や感動詞に転成するものがある。

例 雨は**なお**降り続いた。〈副　詞〉
身軽な服装で来ること。**なお**、帽子《ぼうし》も忘れないこと。〈接続詞〉
ちょっと学校まで行ってくるよ。〈副　詞〉
ちょっと、そこの人。押《お》さないでください。〈感動詞〉

UNIT

3 連体詞の種類と働き

目標 …… おもな連体詞とその働きを理解する。

連体詞は、文中で体言(名詞)の文節を修飾する働きをして、**単独で連体修飾語になる**。連体詞は特に種類があるわけではないが、覚えやすいように形の上から次のように分類することができる。

練習3

解答➡別冊p.11

次の各文中の□に、適当なひらがなを一字ずつ入れて、意味の通る文にしなさい。

① どうか、じゅうぶんにお休み□□□□。
② ちょうど雪の□□□白い。
③ おそらく交渉《こうしょう》は決裂《けつれつ》する□□□。
④ いくら走っ□□、二十分では行けないよ。
⑤ 長介《ちょうすけ》君、まさかそんなことは□□だろ□。
⑥ まさか不合格にはなる□□。

例題

次の各文中から、連体詞と、それが修飾《しゅうしょく》している文節を抜《ぬ》き出しなさい。

形	連体詞
「―が」	わが 例 わが（連体詞）→国は（体言の文節）、島国である。
「―の」	この　その　あの　どの 例 どの（連体詞）→辞書を（体言の文節）調べるのですか。
「―な」	大きな　小さな　おかしな　いろんな 例 小さな（連体詞）→おもちゃを（体言の文節）買った。
「―た」「―だ」	たいした　とんだ 例 たいした（連体詞）→事件を（体言の文節）起こしたものだ。
「―る」	ある　あらゆる　いわゆる　いかなる　来《きた》る 例 ある（連体詞）→日曜日の（体言の文節）ことだった。 あらゆる→資料を集めよう。 いわゆる→公安問題が注目されている。 いかなる→国にも主権がある。 来る→十日、合格発表を行う。

① ある個人の働きによって、わが国の産業が発達したのではない。
② 彼は、いかなる困難にも屈《くっ》しない。
③ 来《きた》る九月五日にその裁判の判決がある。

考え方 連体詞は数も少ないので、すべて一つ一つ覚えておくとよい。

ただ、①「ある個人の」の「ある」（連体詞）と③「判決がある」の「ある」（動詞）のように、ほかの品詞と語形が同じものや、語形が似たものがあるから注意する。

なお、連体詞が修飾する文節は、連体詞のすぐあとにこない場合もあるから注意しよう。

答 ①ある→個人の　わが→国の　②いかなる→困難にも　③来る→九月五日に　その→裁判の

着目

● 連体詞の見分け方

連体詞は自立語で活用がない。また、連体修飾語になるが主語にならない。

● 連体詞と紛《まぎ》らわしいことば

ある…連体詞・動詞
大きな（連体詞）・大きい（形容詞）
その（連体詞）・それ（代名詞）

実力アップ問題

3章で学んだことを確かめ、実践的な力を身につけよう！

解答→別冊 p.12

問1

次の各文の――線部のことばの中から副詞と連体詞を選び、それぞれの文の番号で答えなさい。

① 春雨《はるさめ》が静かに降る。
② これからただちに出発しなさい。
③ 夏のある真夜中のこと、家の戸をたたく音が聞こえた。
④ 国語の試験で満点をとるのは、なかなか難しい。
⑤ 春になると庭にきれいな花が咲《さ》く。
⑥ 私は、ややしばらく考えてから返事をした。
⑦ この問題をそういう方法で考えても、解けはしない。
⑧ 私の意見を主張すると、彼はあっさり賛成した。
⑨ 生まれてから、こんな経験はただ一度しかない。
⑩ 近所のどの家も、十二月になって忙《いそが》しそうだ。
⑪ 雪がものすごく積もりましたね。
⑫ 世界のあらゆる国の人々が、国際連合《こくさいれんごう》本部を見物に来る。
⑬ ことばは、ゆっくりとはっきり話すのがよい。
⑭ 大きな野球場だから、選手が小さく見えます。
⑮ ここのケーキを食べたら、その仕事を続けるよ。

副詞（　　）　連体詞（　　）

問2

次の各文の――線部の副詞は、それぞれどの文節を修飾《しゅうしょく》していますか。修飾している文節の自立語の品詞を書きなさい。

① 幼いころのことが今になってしみじみ思い出される。（　　）
② 漁業交渉《こうしょう》は、きわめて厳《きび》しいものになろう。（　　）
③ 生まれてもう一年、赤ちゃんはよちよち歩きます。（　　）
④ この花は、あの花よりずっと見事に咲いた。（　　）
⑤ 先頭の走者は、ずいぶん外側を走っている。（　　）
⑥ 机《つくえ》の前でむっつり黙《だま》り込《こ》み、腕《うで》を組んでいた。（　　）
⑦ 星の王子《おうじ》さまは、空のはるか向こうから来ました。（　　）
⑧ もう少しがんばれば、三着にはなったのに。（　　）
⑨ その川には、ごく小さい魚しかいませんでした。（　　）
⑩ 夏休みは、かなりのんびり過ごせそうだ。（　　）

問3

次の各文の――線部は、それぞれ一つの自立語です。各自立語の品詞を（　）の中に書きなさい。また、各自立語が連用修飾語になっているときはA、連体修飾語になっているときはBの記号を、それぞれの□の中に書きなさい。

① 谷あいを出たライン川は、やや川幅《かわはば》を広げながら、白い水しぶきをあげて流れていた。（　　）□

② 夜にならないうちに家に帰ろうとして、船乗りは熱心に櫓《ろ》をあやつっていた。（　　）□

③ 船がそそり立つ岩のあたりに近づいたとき、船乗りはとても不思議な歌声を聞いた。（　　）□

④ 夕暮れの大気をふるわせて漂《ただよ》う歌声は、まだ若い船乗りにとって、天使の歌声とも思われた。（　　）□

⑤ そそり立つ岩の上を見ると、そこに美しい少女がひとり立っていた。（　　）□

⑥ 少女の髪《かみ》は金色に輝《かがや》き、いろんな宝石をちりばめた髪飾《かざ》りが少女の美しさをひきたてていた。（　　）□

⑦ 船乗りがうっとりとして少女を見つめ、歌を聞いているうちに、船はそそり立つ岩に近づいていった。（　　）□

⑧ 船は急にくるくる回りだし、岩にはげしくぶつかって、くだけてしまった。（　　）□

⑨ 白くあわだつ川面《かわも》には、たった今まで見えていた船と船乗りの姿はなかった。（　　）□

⑩ 少女の歌声は、なおも、たとえようもなく美しく川面に漂っていた。（　　）□

⑪ それから毎日、少女のその美しい歌声は、ライン川をのぼりくだりする人々の心をとらえてやまなかった。（　　）□

問4

次の(1)〜(5)の各組の文の——線部は、すべて連体修飾語の働きをもつ文節です。各文節の自立語の品詞を書きなさい。

(1)
① 普段《ふだん》からまさかの時に備えておこう。（　　）
② 火事は、駅の近くの商店から起こった。（　　）

(2)
① 山の上にある白い家をご覧なさい。（　　）
② これは、近所のある人に聞いた話です。（　　）

(3)
① 彼はいつもおかしい話をして私を笑わせる。（　　）
② 彼はいつもおかしな話をして私を困らせる。（　　）

(4)
① 学校へ行く近道は、その道です。（　　）
② 学校へ行く近道は、そこの道です。（　　）

(5)
① 彼はなかなか立派《りっぱ》な人物だ。（　　）
② 彼はからだが大きな人だ。（　　）

問5

次の各文の□の中に適当なひらがなを一字ずつ入れて、意味の通る文にしなさい。なお、——線部の語は呼応《こおう》の副詞です。

① たとえ死ん□□、きっとやりとげてみせる。
② よもや交通事故を起こしたのではある□□ね。
③ たぶん、それを忘れはしない□□□。
④ どうか、そのお話をお聞かせ□□□□。
⑤ 満天の星は、まるでちりばめた宝石の□□ですね。
⑥ まさかそんな態度はとる□□。
⑦ 当日もし雨が降□□、海水浴は延期します。
⑧ そのままでは、どうも自分の考えがうまく表され□□。
⑨ それは、おそらくあの人が誤解しているの□□□□。
⑩ この本は、私にはとうてい読め□□わ。

問6 次の各文の□の中に入る語をあとのア〜クから一つずつ選び、その記号を書きなさい。

① 原始人類は、□洞窟《どうくつ》の中に動物の絵を描《えが》いたのか。
② 長い旅で、□お疲《つか》れになったでしょう。
③ 私に□のことがあったら、あとを頼《たの》むよ。
④ でも私、□そんなこと、できないわ。
⑤ □おもちゃ箱をひっくり返したように乱雑に散っていた。
⑥ □私の非礼をお許しください。

ア 決して　**イ** たった　**ウ** なぜ
エ ちょうど　**オ** なにとぞ　**カ** いくら
キ さぞ　**ク** もしも

問7 次の文章を読んで、あとの問いに答えなさい。

西洋諸国《しょこく》のことばの組み立て方にくらべて、日本のそれにはいろいろの欠点があるが、とくに、イエスかノーかが、文の最後に示されるということは、実務用の文章としてきわめて不便である。「わたしの万年筆でありません。」という文において、それが、「わたしの万年筆であります。」なのかどうかが、「ありま」までいっても、まだわからない。

しかし、この不便は、じつは、前ぶれのことばを巧《たく》みに使うことによって、ある程度、救うことができる。たとえば次のような文がある。

「彼は家のつごうで会社をやめて郷里に帰ることになろう。」

この文は、予想の文だから、予想であることを早く示すには、「家のつごうで」のあとに「①（　）」という②（　）を入れればよい。また、「この方法によれば品物が途中《とちゅう》で他《ほか》の荷物の中にまぎれこむ心配がない。」においては、「この方法によれば」のあとに「③（　）」という④（　）を入れて、最後の「ない」を予告することができるのである。こうした目的に利用できる語は、かなりある。

(一) 文章中の①③に入る適当な語を、次からそれぞれ選び、（　）の中にその記号を書きなさい。

ア かえって　**イ** 広く　**ウ** もしも
エ 決して　**オ** まさか　**カ** たぶん

(二) 文章中の②④のそれぞれに当てはまる品詞名を書き入れなさい。

問8 次の文章から連体詞と副詞をすべて抜《ぬ》き出しなさい。

この願いは聞き届けられた。老人たちは堂守として安らかに世を送り、いよいよ寿命《じゅみょう》が尽《つ》きたとき、たまたま神殿《しんでん》の前にたたずんでいた老人と老女は、相手がみるみる枝葉を生やすのを見た。二人が別れのあいさつを交《かわ》し終えたとき、ピレモンは柏《かしわ》の木に、バウキスは菩提樹《ぼだいじゅ》に変じていた。その二本の木は今も枝をつらねて、沼《ぬま》のほとりの神殿の前にそびえている。

連体詞（　　　　）
副　詞（　　　　）

4章

接続詞・感動詞

——活用のない自立語

接続詞は、前後の文節や文をつなぐ単語です。

感動詞は、「あっ」「おい」「うん」など、感動・呼びかけ・応答などを表す単語です。

要点のまとめ

UNIT 1

接続詞の性質と働き

解説ページ→p.79

- **接続詞とは**……前後の文節や文をつなぐ単語。
- **接続詞の性質**……**自立語で活用がなく、単独で接続語**になる。

UNIT 2

接続詞の種類

解説ページ→p.81

- **順接**……前の事柄《ことがら》が**原因・理由**になり、その**順当な結果があとにくる。**
  例 だから　そこで
- **逆接**……前の事柄と**逆になるような事柄があとにくる。**
  例 しかし　だが
- **累加《るいか》（添加《てんか》）**……前の事柄に、**あとの事柄をつけ加える。**
  例 なお　しかも
- **並立《へいりつ》（並列《へいれつ》）**……前の事柄とあとの事柄が**並んである。**
  例 また　および
- **対比・選択《せんたく》**……前の事柄とあとの事柄の**どちらかを選ぶ。**
  例 それとも　または
- **説明・補足**……前の事柄についての**説明や補足を表す。**
  例 つまり　なぜなら
- **転換《てんかん》**……**話題を変える。**
  例 ところで　さて

UNIT 3

感動詞の性質と働き

解説ページ→p.83

- **感動詞とは**……感動・呼びかけ・応答などを表す単語。
  例 ああ　えっ（感動）
  おい　もしもし（呼びかけ）
  いいえ　ええ（応答）
- **感動詞の性質**……**自立語で活用がなく、単独で独立語**になる。
- **感動詞の種類**……感動・呼びかけ・応答・あいさつ・かけ声を表す。

接続詞の
意味と用法を
しっかりと
押《お》さえよう！

UNIT

1 接続詞の性質と働き

目標 前後の文や文節をつなぐ接続詞の性質と働きを理解する。

1 接続詞とは ―― 前後の文節や文をつなぐ単語

接続詞は、前後の文節をつないだり、前後の文をつないだりする単語である。

京都（文節） および（接続詞） 奈良は（文節）、わが国の旧都である。［文節と文節をつなぐ］

薬は、ぬるい 湯（連文節） あるいは（接続詞） 冷たい 水で（連文節） 飲みなさい。［連文節と連文節をつなぐ］

風が ぴたりと やんだ。（文） すると（接続詞）、 雨が 降って きた。（文）［文と文をつなぐ］

右の例で、「および」は前後の文節をつなぎ、「あるいは」は前後の連文節をつないでいる。また、「すると」は前後の文をつないでいる。

2 接続詞の性質 ―― 自立語で活用がなく、単独で接続語になる

(1) 接続詞は、単独で一つの文節になることができるから**自立語**である。そして、**活用がない**。

例題

次の各文中の――線部の接続詞は、どの文節（連文節）や文をつないでいますか。接続詞がつないでいる文節（連文節）や文を抜《ぬ》き出しなさい。

① 空は晴れている。けれども波は高い。

② 天気予報は、気象庁または気象台などから出される。

③ 軽快なエンジンの響《ひび》き、そして船の汽《き》笛《てき》が、いかにも港町らしい風《ふ》情《ぜい》を漂《ただよ》わせている。

④ 君はそう言うが、しかし、ぼくの考えは違《ちが》う。

考え方 接続詞が文と文をつなぐ場合は、①のように前の文が句点で切れているから、すぐわかるだろう。文節と文節をつなぐ場合も、前後の語に注意すればよい。しかし、連文節をつないでいる場合は、意味の上からそれぞれの連文節の範囲《はんい》を、しっかり見きわめることが大切である。また、連文節といっても、④のように、ほとんど一つの文に近いような場合もあるから注意する。

なお、④の連文節「君はそう言うが」の「が」は接続助詞。「言うが」は接続語（文節）となっているので、接続詞「しかし」がなくても文の意味は同じである。この場

(2) 接続詞は、主語・述語・修飾語《しゅうしょくご》にはならないで、**単独で接続語にだけなる**(↓p.19)。

春が 来た。 しかし、まだ 寒い。
（接続語）（接続詞）

接続詞は単独で接続語になる

注意

接続語になる単語……接続詞は単独で接続語になるが、**体言や用言も、助詞(接続助詞)を伴《ともな》って、条件・原因(理由)などを表す接続語になる**(接続助詞↓p.204)。

学生 だ から、もっと勉強せよ。（名詞）（断定の助動詞）（接続語）
疲《つか》れる から、行かないよ。（動詞）
新しい から、汚《よご》れていない。（形容詞）
きれいだ から、人気がある。（形容動詞）

「から」は原因(理由)を表す接続助詞

なお、形容動詞や一部の助動詞の仮定形は、**接続助詞「ば」**(**仮定条件**)を**省略することがある**から、その場合は、仮定形のままで接続語の文節になることができる。

きれいなら (ば)、見に行こう。（形容動詞）
新しい なら (ば)、それを買おう。（形容詞）（断定の助動詞「だ」の仮定形）

接続助詞「ば」が省略されることがある

過去・完了の助動詞「た(だ)」の仮定形「**たら(だら)**」、様態の助動詞「そうだ」の仮定形「**そうなら**」なども、「**ば**」**が省略されることがある**。

合の「しかし」は、接続語「言うが」に重ねて、念を入れる意味ももっている。

答 ①空は晴れている。 波は高い。 ②気象庁 気象台などから ③軽快なエンジンの響き 船の汽笛が ④君はそう言うが ぼくの考えは違う

着目
●接続詞が前後をつなぐもの
文と文・文節と文節・連文節と連文節

練習1 解答↓別冊p.13

次の文章中の接続詞の右側に、——線をつけなさい。

わが国は、人口が一億を超《こ》えている。しかし、国土は狭《せま》く、食料や資源は乏《とぼ》しい。わが国で自給できる主要な食料は、米およびいも類くらいのものである。したがって、毎年、大量の食料や資源を輸入している。ところで、海に囲まれたわが国は、世界有数の漁業国であったが、世界の各国が沿岸から二百海里内の海を漁業水域あるいは経済水域とするようになったため、遠洋漁業は窮地《きゅうち》に追い込《こ》まれた。しかも、沿岸漁業は乱獲《らんかく》や海の汚染《おせん》のために衰微《すいび》の一途《いっと》をたどっている。

UNIT 2

接続詞の種類

目標 接続詞の七つの種類とそれぞれの表す意味を理解する。

1 順接

前の事柄《ことがら》が原因・理由となり、その順当な結果や結論があとにくること（順接）を表す。

それで　だから　すると　そこで　ゆえに　したがって　で
それゆえ　よって　など

例 熱が高い。**だから、**学校を休むことにした。
材料が全部そろった。**そこで、**いよいよ製作にかかった。

2 逆接

前の事柄と逆になるような事柄が、あとにくること（逆接）を表す。

しかし　だが　ところが　けれど（けれども）　でも　だけど
が　とはいえ　しかるに　なのに　など

例 みんなでがんばった。**しかし、**試合には負けた。
ひどく疲《つか》れていた。**けれど（けれども）、**じっと我慢《がまん》した。

3 累加（添加）

前の事柄に、あとの事柄をつけ加えること（累加《るいか》（添加《てんか》））を表す。

それから　なお　しかも　そして　それに　そのうえ　など

例題

次の各文章中から接続詞を抜《ぬ》き出し、その働きを、あとのア～キから選んで、記号で答えなさい。

① わたしは、何でも買ってもらえる。また、好きなことができる。だけど、何か足りないような気がする。それでわたしは、国内あるいは海外に旅に出ようと思った。

② 武士には、切り捨て御免《ごめん》の特権があった。つまり農工商の身分の者が無礼《ぶれい》を働けば、切り殺してもよいというのである。しかも、武士はそれらの身分の者が武器を持つことを許さなかった。

ア 累加《るいか》　**イ** 順接　**ウ** 対比・選択《せんたく》
エ 逆接　**オ** 並立《へいりつ》　**カ** 説明・補足
キ 転換《てんかん》

考え方 それぞれの接続詞が、どのような意味（働き）で、文節や文をつないでいるかを考える。また、その働きを表す**ア**～**キ**のことばの意味をよく理解しておこう。
なお、累加（添加《てんか》）と並立（並列《へいれつ》）は、どちらとも区別できないこともあるので、一種類にまとめることがある。

答 ①また…オ　だけど…エ
それで…イ　あるいは…ウ
②つまり…カ　しかも…ア

例　まず家に寄って、**それから**、買い物に出かけよう。
午後の授業はない。**なお**、午前の授業は十二時十分に終わる。

4 並立（並列）

前の事柄とあとの事柄が、**並んであること**（並立《へいりつ》（並列《へいれつ》））を表す。

また　および　ならびに　など

例　父は医者であり、**また**、小説家である。
わが国の大貿易港は、東京《とうきょう》**および**名古屋《なごや》である。

累加《るいか》と並立の接続詞は、どちらを表すかはっきり区別できないこともある。**累加・並立の接続詞**としてまとめて覚えてもよい。

5 対比・選択

前の事柄とあとの事柄の**どちらかを選ぶ**こと（対比・選択《せんたく》）を表す。

それとも　あるいは　または　もしくは　など

例　食事は、洋食にしますか、**それとも**、和食にしますか。
テレビ**または**新聞紙上でお知らせします。

6 説明・補足

前の事柄についての**説明**や**補足**を表す。

つまり　なぜなら　ただし　もっとも　すなわち　など

例　彼は立派《りっぱ》な人物だ。**なぜなら**、責任感が強いからだ。
十日で締《し》め切ります。**ただし**、十日の消印《けしいん》のものは有効《ゆうこう》です。

着目

● 接続詞の意味

接続詞の表す意味によって、文や文節どうしがどのような関係でつながっているのかがわかる。

練習2

解答 ➡ 別冊 p.13

次の各文中の（　）にあてはまる接続詞を、あとのア〜カから選んで、記号で答えなさい。

① 船長はたいへん勤勉で、（　）勇敢《ゆうかん》な男だ。
② 朝、気持ちよく起きた。（　）、学校へ行こうとすると、頭がひどく痛み始めた。
③ 私は疲《つか》れていすに腰《こし》を下ろした。（　）、やがて眠《ねむ》たくなってきた。
④ 中学生だから、酒類（　）たばこをのんではならない。
⑤ 水曜日か、（　）金曜日か、どちらかに集まりましょう。
⑥ 校庭を使ってもよい。（　）教室に入ってはならない。

ア　すると　**イ**　および　**ウ**　しかも
エ　ただし　**オ**　ところが
カ　それとも

7 転換

話題を変えること（転換《てんかん》）を表す。

ところで　さて　では　ときに　など

例　発表は終わりです。**ところで**、質問はありませんか。
この問題は解けたね。**では**、次の問題をやってみよう。

注意

接続する語句……接続詞ではないが、いくつかの単語が結びついて、接続詞と同じような働きをすることばがある。例えば、「**このため**」「**こういうわけで**」（順接）、「**そうは言っても**」「**その反面**」（逆接）、「**それと同時に**」「**これとともに**」（並立）、「**なぜかと言うと**」「**要約すると**」（説明・補足）など。

UNIT

3 感動詞の性質と働き

目標　感動詞の性質とそれぞれの種類の働きを理解する。

1 感動詞とは ―― 感動・呼びかけ・応答などを表す

感動詞は、普通《ふつう》、**文頭にあって、感動・呼びかけ・応答などを表す単語**である。

感動詞
- 感　動　おお、そうだった。忘れるところだった。
- 呼びかけ　もしもし、あなたはどなたですか。
- 応　答　はい、わかりました。

練習 3　解答 ↓ 別冊 p.13

次の各組の――線部の品詞（または品詞の組み合わせ）を答えなさい。

A
① よく遊び、また、よく学ぶことが望ましい。（　　）
② 来週も、また遊びに来てください。（　　）

B
① 一人が帰った。そこで、残りは三人になった。（　　）
② 川に浅瀬《あさせ》があり、そこで私はいつも魚を捕《と》る。（　　）

C
① この地方でもっとも広い高原へ行った。（　　）
② 広い高原だ。もっとも、かなり浸《しん》食《しょく》されている。（　　）

例題

次の各文中から、感動詞を抜《ぬ》き出しなさい。

① まあ、これはお珍《めずら》しい。
② さあ、よく見ていてください。
③ 「ぼくをだます気なんですか。」「いや、そんな気持ちはまったくありませんよ。」
④ おやおや、これはどうしたことですか。

2 感動詞の性質 ——自立語で活用がなく、単独で独立語になる

(1) 感動詞は、単独で一つの文節になることができるから**自立語**である。そして、**活用はない**。

(2) 感動詞は、主語・述語・修飾語《しゅうしょくご》・接続語になれないで、**単独で独立語**(↓p.20)になる。**独立語の文節をつくる単語は、この感動詞と体言(名詞)だけ**である。

3 感動詞の種類

(1) **感動**……**感動**(驚《おどろ》き・喜び・悲しみ・怒《いか》り・疑いなど)を表す。

例 あ　ああ　あっ　あら　あれ　えっ　おお　おや　ほら　まあ　やれやれ

(2) **呼びかけ**……**呼びかけ**(誘《さそ》いかけ)の気持ちを表す。

例 おい　こら　これ　これこれ　さあ　そら　それ　どれ　ね　ねえ　もし　もしもし　やあ　やい

(3) **応答**……相手に対する**応答**や反問を表す。

例 ああ　いいえ　いや　うん　ええ　はい

(4) **あいさつ**……**あいさつ**の気持ちを表す。

例 こんにちは　こんばんは　さようなら　おはよう(ございます)

(5) **かけ声**……**かけ声**を表す。

例 そら　どっこいしょ　よいしょ　ほいきた

考え方 ①の「まあ」、④の「おやおや」は感動、②の「さあ」は呼びかけ、③の「いや」は応答を表す。ただし、「いや、驚いた。」のように「いや」は感動を表すこともある。一つの感動詞がいろいろな意味に用いられることにも注意しよう。

答 ①まあ　②さあ　③いや　④おやおや

着目
● 感動詞がくる位置
文のはじめにくることが多い。

練習4

解答↓別冊p.13

次の文章中の感動詞の右側に、——線をつけなさい。


「山本さん、こんにちは。どこへ行くの?」

「ああ、吉田さん。プールへ行くところさ。」

「えっ、泳げるの?」

「いや、これは失礼な! もちろん泳げるさ。」

「だって、去年は泳げなかったじゃない?」

「うん。しかし、あとで練習したんだ。」

「あら、どこで?」

「風呂《ふろ》の中でさ。」

「まあ。」

実力アップ問題

4章で学んだことを確かめ、実践的な力を身につけよう！

解答➡別冊 p.13

問1

次の各文の□にあてはまる接続詞をあとから選び、さらにその接続詞の意味（働き）をあとから選び、その記号を書きなさい。

① 住所□氏名を用紙に記入する。（　　）

② 今日はとてもいい天気ですね。□お母さんは元気ですか。（　　）

③ 今年は米の生産高が平年を下回った。□、東北地方などに冷害が発生したからである。（　　）

④ 電子計算機は便利である。□、完全に人間の頭脳の代わりになるというものではない。（　　）

⑤ 一時間待ったが、彼はついに来なかった。□私は家に帰った。（　　）

⑥ 将来住むなら、札幌《さっぽろ》□京都のどちらかにするつもりだ。（　　）

⑦ 暗い空を仰《あお》ぎながら歩いていた。□、一瞬《いっしゅん》、流れ星が一条の線を描《えが》いて消えた。（　　）

〈接続詞〉

ア しかし　イ ところで　ウ すると　エ および
オ または　カ それで　キ なぜなら

〈接続詞の意味（働き）〉

ク 逆接　ケ 順接　コ 並立《へいりつ》・累加《るいか》
サ 説明・補足　シ 転換《てんかん》　ス 選択《せんたく》・対比

問2

次の会話から感動詞を抜《ぬ》き出し、あとのア〜ウの分類にしたがって書きなさい。


「おや、あそこで何か起こったな。」

「ええ、人だかりがしているわね。」

「きっと交通事故だろう。」

「ああ、嫌《いや》だわね。あそこはよく事故が起こるのよ。」

「さあ、早く行ってみようよ。」

「嫌だわ。ねえ、あなたも事故には気をつけなくちゃだめよ。」

「ああ、わかっているよ。」

ア 感動を表すもの（　　）
イ 呼びかけを表すもの（　　）
ウ 応答を表すもの（　　）

問3

次の各文の——線部は、どのような単語からできていますか。それぞれのア〜エから一つずつ選び、その記号を〇で囲みなさい。

① 今度はうまく書けましたね。ですから、稽古《けいこ》は大切です。
ア 形容動詞　イ 副詞　ウ 接続詞
エ 助動詞と助詞

② 出席者は八人です。ですが、あとから一人来るはずです。
ア 助動詞　イ 副詞　ウ 接続詞
エ 動詞と助詞

③ 学級委員に選ばれたのだから、それなりに責任を果たさなければならない。

ア 副詞　**イ** 接続詞　**ウ** 助動詞と助詞
エ 助詞

④ 筆をあげますから、それで名前をはっきり書きなさい。

ア 接続詞　**イ** 名詞と助詞　**ウ** 連体詞
エ 副詞

⑤ これは古墳《こふん》時代の土器だが、そちらにあるのはさらに古い時代のものだ。

ア 形容詞　**イ** 副詞　**ウ** 接続詞
エ 名詞と助詞

問4 次の文章を読んで、——線部についてあとの問いに答えなさい。

ここに独立した一つの国があって、その国をそのまま維持《いじ》し、①あるいはさらにいっそう立派なものにするには、ぜひとも国民の愛護していかなければならないものがたくさんあると考えます。国語というものも、国民の愛護しなければならない、もっとも大切なものの一つでしょう。

ある人は、それほど国語に重きをおかないで、われわれの重んずべきは思想である。実体である。ことばは一種の表現方式に過ぎない。このようなことに骨を折るのは愚《おろ》かなことである、と言いました。しかし、事実においては、表現すなわち実体である。ことばすなわち思想である、とさえ言ってよいかと思われます。とくに、②ことばについて見ると、ことばは、その人の人となりを表すゆえんのものであります。その人の人格・趣味《しゅみ》を表し、□その人の現在をも過去をも、時としては未来をも表すものであります。③したがって、ことばは、自分に対した他人に対して、深く大きな影響《えいきょう》をおよぼすものであります。ことばと言えば、何となく末のことのように聞こえますが、決してそうではありません。

㈠ ——線部①「あるいは」がつないでいる前とあとの連文節に、═══線をつけなさい。

㈡ ——線部②「ことばについて見ると」は、次の各文中の——線部のどれと同じような文の成分になっていますか。適当なものを選び、その文の記号に○をつけなさい。

ア 環境《かんきょう》は、その国の人々の性格に大きな影響をおよぼす。
イ そこを歩いている人、危険だから、こちらへ来なさい。
ウ 国民の愛護しなければならないものがたくさんある。
エ 君は、この問題ができれば、実力が十分ついています。
オ このようなことに骨を折るのは愚かなことである。

㈢ □の中に入れるべき接続詞を次から選び、その記号に○をつけなさい。

ア さて　**イ** それでも　**ウ** また　**エ** ただし

㈣ ——線部③「したがって」という語は、次に挙げた用法のうち、どれにあたるか、記号に○をつけなさい。

ア 複数の中から、どれか一つを選ぶ意味を含《ふく》めて接続する。
イ つけ加える意味を含めて接続する。
ウ 予想に反する結果が下に述べられることを表す。
エ 当然予想される結果が下に述べられることを表す。

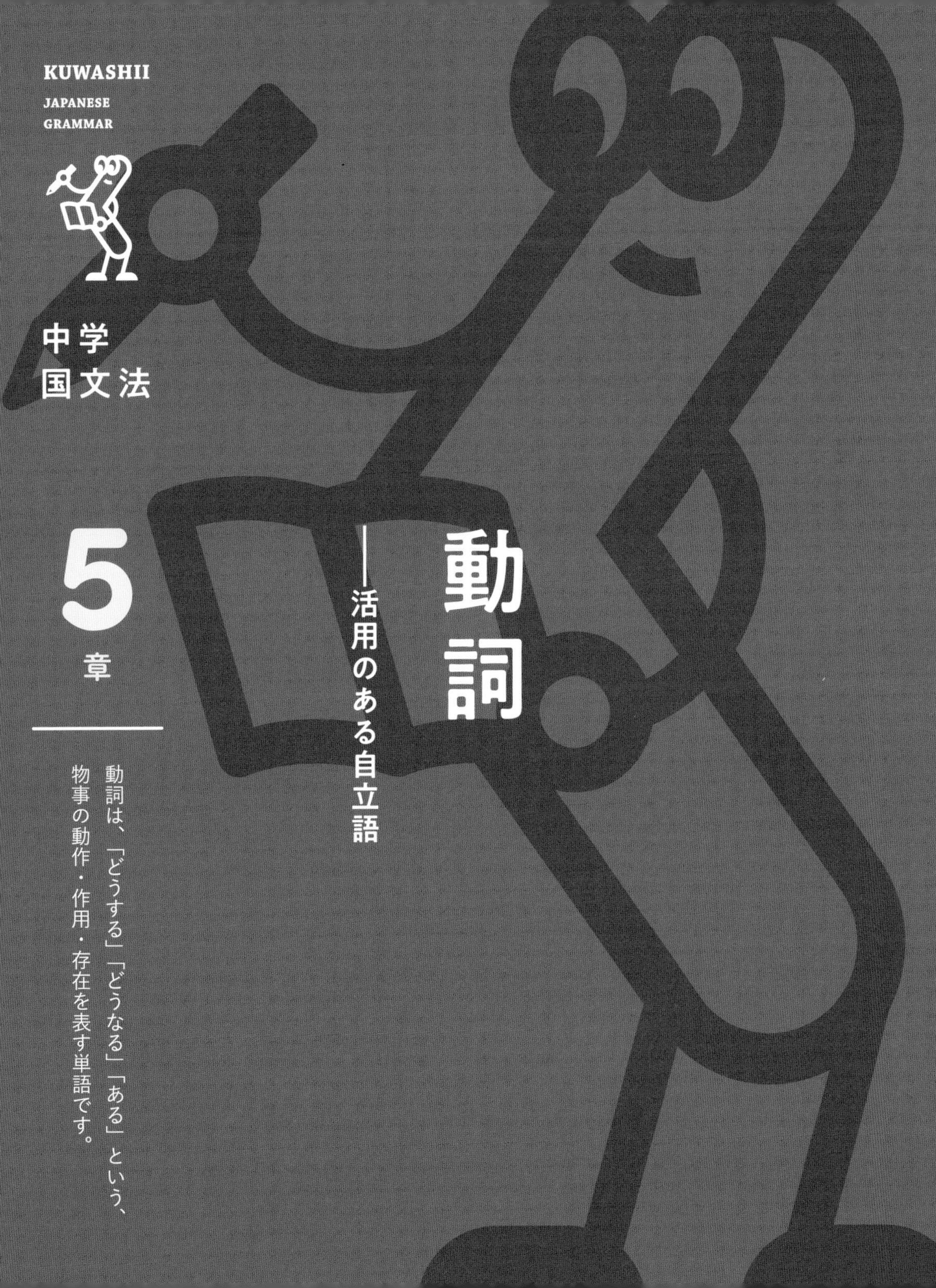

5章

動詞

―活用のある自立語

動詞は、「どうする」「どうなる」「ある」という、物事の動作・作用・存在を表す単語です。

要点のまとめ

UNIT 1 動詞の性質

解説ページ→p.90

- **動詞とは**……物事の動作・作用・存在などを表す単語。
- **動詞の性質**……①**自立語で活用がある。**
  ②**単独で述語になる。**
  ③言い切りの形が五十音図の**ウ段の音**で終わる。

例 買う（u） 遊ぶ（bu）
読む（mu）

UNIT 2 動詞の活用

解説ページ→p.91

- **活用形**……**未然《みぜん》形・連用《れんよう》形・終止《しゅうし》形・連体《れんたい》形・仮定《かてい》形・命令《めいれい》形の六つ。**
- **語幹《ごかん》**……用いられ方によらず、**常に形の変わらない部分。**
- **活用語尾《かつようごび》**……用いられ方によって、**形の変わる部分。**

語幹と活用語尾が区別できないものもある。
例 着る 寝《ね》る 来る する

UNIT 3 動詞の活用の種類

解説ページ→p.93

- **五段《ごだん》活用**……五十音図の**ア・イ・ウ・エ・オの五つの段**に活用する。連用形は、**音便《おんびん》**の形になる場合がある。
- **上一段《かみいちだん》活用**……五十音図の**イ段**に活用する。
- **下一段《しもいちだん》活用**……五十音図の**エ段**に活用する。
- **カ行変格活用（カ変）**……「**来る**」一語だけ。
- **サ行変格活用（サ変）**……「**する**」一語だけ。

音便には、**イ音便・撥《はつ》音便・促《そく》音便**がある。

「うわさする」「成功する」のような**複合動詞**も**サ行変格活用**である。

動詞の活用形とその用法、動詞の種類や働きについて押《お》さえよう。

UNIT

4 各活用形のおもな用法

解説ページ→p.102

● 未然形……「ない」「う・よう」「れる・られる」などに連なる。

● 連用形……「ます」「た」などに連なる。**中止法**として用いられる場合がある。

いったん文を中止してまた続ける用い方を**中止法**という。

例 雨が降り、風が吹《ふ》く。

● 終止形……**動詞の基本形**である。付属語に連なる場合もある。

● 連体形……体言やいろいろな付属語に連なる。

● 仮定形……助詞「ば」に連なる。

● 命令形……命令の形で言い切る。

UNIT

5 自動詞・他動詞・可能動詞・補助動詞

解説ページ→p.104

● 自動詞……**主語自身について**の動作や作用を表す動詞。

● 他動詞……**ほかのものや人に及《およ》ぶ**動作や作用を表す動詞。

例 （自動詞）集まる　人が笑う。
（他動詞）集める　人を笑う。

● 可能動詞……**「～することができる」**という意味をもつ動詞。

例 飛べる　読める

● 補助動詞……ほかの動詞について**補助的な役割**をする動詞。

例 友だちに会ってくる。一度やってみる。

UNIT

6 動詞の働き

解説ページ→p.108

● 述語になる……**単独で述語になる**ことができる。

例 試験の日は早く起きる。

● 主語になる……「のが」「のは」「のも」を伴《ともな》って主語になる。

例 早く起きるのは健康によい。

● 修飾語《しゅうしょくご》になる……**単独で連体修飾語になる。**

例 早く起きる習慣をつけなさい。

● 接続語になる……接続助詞を伴って接続語になる。

例 疲《つか》れて、もう歩けない。

UNIT

1 動詞の性質

目標 物事の動作・作用・存在などを表す品詞の性質を理解する。

1 動詞とは ――物事の動作・作用・存在などを表す単語

「私は学校へ**行く**。」「風が**吹く**。」「本が**ある**。」の太字の語は、物事の動作・作用・存在を表している。このように、**物事の動作(どうする)・作用(どうなる)・存在(ある・いる)などを表す単語**を動詞という。

例 私は　学校へ　**行く**。……動作(どうする)を表す。
風が　**吹く**。……作用(どうなる)を表す。
本が　**ある**。……存在(ある・いる)を表す。

2 動詞の性質 ――自立語で活用があり、単独で述語になる

(1) 動詞は、**自立語**である。そして、**文中での用いられ方によって、ことばがいろいろな形に変化する**。つまり、**活用をする**。

例 動詞「**読む**」の活用
本を読**ま**ない。本を読**も**う。本を読**み**ます。
本を読**む**。読**む**本。本を読**め**ばわかる。本を読**め**。

(2) 動詞は、**単独で述語となる**ことができる。

例 私は　本を　**読む**。
子どもたちが　楽しく　**遊ぶ**。

(3) 動詞は、言い切りの形が、すべて五十音図の**ウ段の音**(ウ・ク・ス……)**で終わる**。

例 買**う**　書**く**　急**ぐ**　増**す**　立**つ**　死**ぬ**　遊**ぶ**
読**む**　売**る**

例題

次の文章中から動詞をすべて抜《ぬ》き出し、言い切りの形を示しなさい。

濃《こ》い青空には、春の国から生まれてきたかと思われる白雲が、山のふところからぽっかりと顔を出す。庭では、小鳥のさえずりが朗《ほが》らかに聞こえる。

考え方 物事の動作・作用・存在を表す品詞で、活用する語を抜き出し、言い切りの形がウ段のものを選ぶ。なお、「小鳥のさえずり」は、動詞「さえずる」の連用形から転成《てんせい》した名詞である。

答 生まれ→生まれる　き→くる　思わ→思う　出す→出す　聞こえる→聞こえる

着目
●動詞の見分け方
活用する語で、言い切りの形がウ段。

練習1

解答→別冊 p. 14

次の語の中から動詞を選んで、記号を○で囲みなさい。

ア 行く　**イ** 春　**ウ** 聞こえる
エ 早い　**オ** 笑う　**カ** しばらく

UNIT

2 動詞の活用

目標 動詞には六つの活用形があることを理解する。

1 動詞の活用形 ―― 未然《みぜん》・連用《れんよう》・終止《しゅうし》・連体《れんたい》・仮定《かてい》・命令《めいれい》の六つ

(1) **未然形**……「読ま」「起き」「数え」などのように**助動詞の「ない」に連なる形**。また、「読も」のように**「う」に連なる形**。

読**ま**ない／読**も**う　起**き**ない　数**え**ない

(2) **連用形**……「読み」「起き」「数え」などのように**「ます」に連なる形**。

読**み**ます　起**き**ます　数**え**ます

(3) **終止形**……「読む。」「起きる。」「数える。」などのように**言い切る形**。これが、**動詞の基本形**である。

読**む**。　起**きる**。　数**える**。

(4) **連体形**……「読む」「起きる」「数える」などのように**「とき」「こと」などの体言に連なる形**。

読**む**とき　起**きる**とき　数**える**とき

(5) **仮定形**……「読め」「起きれ」「数えれ」などのように**「ば」に連なる形**。

読**め**ば　起**きれ**ば　数**えれ**ば

(6) **命令形**……**命令の意味で言い切る形**。

読**め**。　起**きろ**。／起**きよ**。　数**えろ**。／数**えよ**。

各活用形のおもな用法については、102ページからくわしく説明しているので、そちらもあわせて読んでいこう！

練習 2

解答 ➡ 別冊 p.14

次の①～⑦の動詞を〈　〉内に示した活用形にして、その活用形を用いて短文をつくりなさい。

① 歩く〈命令の意味で言い切る形〉（　　）
② 出す〈「ば」に連なる形〉（　　）
③ 待つ〈「こと」に連なる形〉（　　）
④ 送る〈そのままの形で言い切る形〉（　　）
⑤ 歌う〈「ます」に連なる形〉（　　）
⑥ 開く〈「ない」に連なる形〉（　　）
⑦ 学ぶ〈「う」に連なる形〉（　　）

2 語幹と活用語尾

活用する自立語で、**用いられ方によって形の変わる部分**を活用語尾《かつようごび》といい、**常に形の変わらない部分**を語幹《ごかん》という。

例えば、「読《よ》む」という動詞では、「読」の部分が語幹、「む」の部分が活用語尾になる。また、「数《かぞ》える」という動詞では、「数」の部分が語幹、「える」の部分が活用語尾になる。

ただし、動詞の中には、「似《に》る」「着《き》る」「得《え》る」「寝《ね》る」「来《く》る」「出る」「する」などのように、**語幹と活用語尾の区別がつけられないものもある。**

	語幹	活用語尾	
未然形	読	ま / も	ない / う
連用形	読	み	ます
終止形	読	む	
連体形	読	む	とき こと
仮定形	読	め	ば
命令形	読	め	

	語幹	活用語尾	
未然形	数	え	ない
連用形	数	え	ます
終止形	数	える	
連体形	数	える	とき こと
仮定形	数	えれ	ば
命令形	数	えろ / えよ	

例題

次の各語について、語幹と活用語尾を区別しなさい。（語幹には――線を、活用語尾には点「・」をつけること。また、区別できない語は、═══線をつけて示すこと）。

聞く　探す　過ぎる　用いる
似る　着る　助ける　集める
得る　出る　する　来る

考え方 まず、それぞれの語を活用させてみて、形の変わる部分と、常に形が変わらない部分とを見きわめよう。

例えば、「過ぎる」を活用させてみる。「過ぎ」が語幹だとすれば、「過ぎない」（未然形）や「過ぎます」（連用形）は、語幹のみで、活用語尾がないことになってしまう。したがって、正しくは「過」が語幹、「ぎ」以下が活用語尾となる。

また、動詞の中には、「着る」「得る」「出る」「する」「来る」などのように、語幹と活用語尾の区別がないものもある。

答 聞く　探す　過ぎる　用いる　似る　着る
助ける　集める　得る　出る　する　来る

着目

● 語幹と活用語尾

動詞の活用形は、語幹と活用語尾からなるが、その区別のないものもある。

UNIT

3 動詞の活用の種類

動詞は、活用のしかたによって、**五段《ごだん》活用・上一段《かみいちだん》活用・下一段《しもいちだん》活用**・**カ行変格活用（カ変）・サ行変格活用（サ変）**の五種類に分けられる。

目標　動詞の活用の特徴《とくちょう》とそれぞれの見分け方を理解する。

1 五段活用の動詞 ―― 五十音図の五つの段に活用する

「書く」という動詞について、先に学んだ六つの活用形をふまえると、次のようになる。

(1) **未然形**　書**か**ない　書**こ**う
(2) **連用形**　書**き**ます
(3) **終止形**　書**く**。
(4) **連体形**　書**く**とき
(5) **仮定形**　書**け**ば
(6) **命令形**　書**け**。

この場合、語幹は「書《か》」で、活用語尾は「か・こ・き・く・け」という、五十音図の**五つの段の音**になる。このような活用を**五段活用**という。

次のページで、同じようにして五段活用の動詞「読む」「買う」「貸す」を活用させたものを、表にまとめてみよう。

	書《か》	泳《およ》	貸《か》	待《ま》	死《し》	学《まな》	読《よ》	送《おく》	買《か》
ア段	か	が	さ	た	な	ば	ま	ら	わ
イ段	き	ぎ	し	ち	に	び	み	り	い
ウ段	く	ぐ	す	つ	ぬ	ぶ	む	る	う
エ段	け	げ	せ	て	ね	べ	め	れ	え
オ段	こ	ご	そ	と	の	ぼ	も	ろ	お
	カ行	ガ行	サ行	タ行	ナ行	バ行	マ行	ラ行	ワ行

（ア段〜オ段：五段）

「書く」はカ行の五つの段で活用するので、カ行五段活用というんだよ。

例題

次の文章中から、五段活用の動詞を抜《ぬ》き出しなさい。

湖畔《こはん》の道は、やわらかな霧《きり》の中に、ほの白くどこまでも続く。このような道をひとり静かに歩くのは、往来のはげしい都会などでせかせかとあわただしく歩くのにくらべると、別世界のような感じがする。しんとして清らかで、深山幽谷《しんざんゆうこく》を行く趣《おもむき》だった。

考え方　まず動詞を抜き出すことが先決。次に、それぞれの活用のしかたを考えて、五段活用のものを選ぶわけである。その場合、「ない」に連なる未然形を考えるだけで判断できる。「ない」に連なる未然形の活用語尾がア段の音の場合、五段活用の動詞である。

答　続く・歩く・歩く・行く

着目

● 五段活用の動詞の見分け方

五段活用の動詞は、未然形（「ない」に連なる形）の活用語尾がア段の音になる。

基本形	語幹	未然形	連用形	終止形	連体形	仮定形	命令形
書く	か(書)	ーか ーこ	ーき	ーく	ーく	ーけ	ーけ
読む	よ(読)	ーま ーも	ーみ	ーむ	ーむ	ーめ	ーめ
買う	か(買)	ーわ ーお	ーい	ーう	ーう	ーえ	ーえ
貸す	か(貸)	ーさ ーそ	ーし	ーす	ーす	ーせ	ーせ

右の表からわかるように、五段活用の動詞の未然形は二つの形がある。**五段活用の動詞を見分ける**には、「書**かない**」「読**まない**」などのように、打ち消しの意味をもつ**助動詞の「ない」が五十音図のア段の音につく**ことを知っておくと便利である。

注意

五段活用の動詞「ある」……「ある」は五段活用の動詞だが、未然形「あら」に「ない」(打ち消しの助動詞→p.156)をつけると「あらない」となり、不自然である。「ある」の場合は、「ない」とは別の打ち消しの助動詞「ぬ」がついて「あらぬ」となる。

2 動詞の音便 ——五段活用の連用形に現れる

五段活用の動詞の連用形には、右表で示した活用以外に次のようなものがある。

例 体育祭の作文を**書い**—た
新人作家の小説を**読ん**—だ
デパートで万年筆を**買っ**—た

動詞の音便は、五段活用動詞の連用形だけにあって、下に助動詞「た」や助詞「て」「たり」などが連なる場合に見られるよ。

練習3

次の活用表を完成させなさい(音便の形は除《のぞ》きます)。 解答→別冊p.14

基本形	語幹	未然形	連用形	終止形	連体形	仮定形	命令形
歩く	ある						
待つ	ま						
飲む	の						
返す	かえ						
おもな用法		ナイ・ウに	マスに	言い切る	トキ・コトに	バに	命令して言い切る

練習4

次の各文中の——線部の動詞の活用形を答えなさい。 解答→別冊p.14

① 奇妙《きみょう》だと思う(　　)ことがあり(　　)ます。
② 行く(　　)と決めたら、どんなことがあっても行け(　　)。
③ 歩こ(　　)うと思え(　　)ば、歩ける。

例題

次の文中の□に適当なひらがなを一字入れて音便を完成させ、さらに、あとの問いに答えなさい。

陸上の動物が、歩□たり、走□たり、飛□だり、地面をは□たりするように、魚は一生、

このように、「た」や「だ」が下につくときの、「書い」「読ん」「買っ」のような形を**音便**《おんびん》という。音便にはイ音便・撥《はつ》音便・促《そく》音便の三種類がある。

(1) **イ音便**

カ行・ガ行五段活用の動詞は、**下に連なる語が「た」「て」「たり」**などの場合、連用形の活用語尾は「―き」「―ぎ」ではなく「**―い**」となる。これを**イ音便**という。ガ行五段活用の場合は、下に連なる語は「**だ**」「**で**」「**だり**」となる。

例 手紙を**書き**ます→手紙を**書い**た(**書いて**)(**書い**たり)
道を**急ぎ**ます→道を**急い**だ(**急いで**)(**急い**だり)

(2) **撥音便**

ナ行・バ行・マ行五段活用の動詞は、**下に連なる語が「た」「て」「たり」**などの場合、連用形の活用語尾は「―に」「―び」「―み」ではなく「**―ん**」(**はねる音**)となる。これを**撥音便**という。この場合、**下に連なる語は「だ」「で」「だり」**となる。

例 空を**飛び**ます→空を**飛ん**だ(**飛んで**)(**飛ん**だり)
雑誌を**読み**ます→雑誌を**読ん**だ(**読んで**)(**読ん**だり)

(3) **促音便**

タ行・ラ行・ワ行五段活用の動詞は、**下に連なる語が「た」「て」「たり」**などの場合、連用形の活用語尾は「―ち」「―り」「―い」ではなく「**―っ**」(**つまる音**)となる。これを**促音便**という。

例 発表を**待ち**ます→発表を**待っ**た(**待って**)(**待っ**たり)
新聞を**買い**ます→新聞を**買っ**た(**買って**)(**買っ**たり)

なお、**サ行五段活用の動詞には音便形は現れない。**

水の中に住□で、水の中を泳□でいます。

(1) 右のうち、イ音便になっている動詞はどれか、基本形(終止形)で示しなさい。

(2) 右のうち、促音便・撥音便になっている動詞について、活用表をつくりなさい。

考え方 イ音便はカ行・ガ行五段活用、撥音便はナ行・バ行・マ行五段活用、促音便はタ行・ラ行・ワ行五段活用の連用形にあると覚えておく。それぞれをまず終止形に直してみよう。例えば、歩く(カ行)→歩いたり 走る(ラ行)→走ったり 飛ぶ(バ行)→飛んだり と考える。

答 い・っ・ん・っ・ん・い
(1) 歩く・泳ぐ
(2) 促音便＝右・撥音便＝左

基本形	語幹	未然形	連用形	終止形	連体形	仮定形	命令形
走る	はし	―ら ―ろ	―り ―っ	―る	―る	―れ	―れ
はう	は	―わ ―お	―い ―っ	―う	―う	―え	―え

基本形	語幹	未然形	連用形	終止形	連体形	仮定形	命令形
飛ぶ	と	―ば ―ぼ	―び ―ん	―ぶ	―ぶ	―べ	―べ
住む	す	―ま ―も	―み ―ん	―む	―む	―め	―め

着目
● 動詞の音便形
五段活用動詞の連用形(「た(だ)」「て」「たり」に連なる形)だけにある。

音便も活用の一部なので、五段活用の動詞の活用表を書くときは、次の表のように、音便も含《ふく》んだ形にする。

基本形	語幹	未然形	連用形	終止形	連体形	仮定形	命令形
書く	か(書)	ーか ーこ	ーき ーい	ーく	ーく	ーけ	ーけ
読む	よ(読)	ーま ーも	ーみ ーん	ーむ	ーむ	ーめ	ーめ
買う	か(買)	ーわ ーお	ーい ーっ	ーう	ーう	ーえ	ーえ
貸す	か(貸)	ーさ ーそ	ーし	ーす	ーす	ーせ	ーせ
おもな用法		ナイ・ウに連なる	マス・タに連なる	言い切る	トキに連なる	バに連なる	命令して言い切る

③ 上一段活用の動詞

「起きる」という動詞を活用させると、次のようになる。

(1) **未然形**　起**き**ない
(2) **連用形**　起**き**ます
(3) **終止形**　起**きる**。
(4) **連体形**　起**きる**とき
(5) **仮定形**　起**きれ**ば
(6) **命令形**　起**きろ**(起**きよ**)。

この場合、語幹は「起《お》」で、活用語尾は「き・き・きる・きる・きれ・きろ(きよ)」となる。

——活用語尾《ごび》がイ段に活用する

	ア行	カ行	ガ行	ザ行	マ行	ラ行
	報《むく》	起《お》	過《す》	感《かん》	試《こころ》	借《か》
ア段（上の段）	あ	か	が	ざ	ま	ら
イ段（上の段）	い	き	ぎ	じ	み	り
ウ段（下の段）	う	く	ぐ	ず	む	る
エ段（下の段）	え	け	げ	ぜ	め	れ
オ段（下の段）	お	こ	ご	ぞ	も	ろ

終止形・連体形に「る」、仮定形に「れ」、命令形に「ろ」「よ」がつく。

練習5

解答➡別冊 p.14

次の動詞の中から音便の形をとるものを選んで、イ音便・促《そく》音便・撥《はつ》音便に分類しなさい。

来る　飛ぶ　流れる　死ぬ　記す
出る　打つ　かつぐ　笑う　する
貸す　鳴く　過ぎる　見る　表す

イ音便(　　　　)
促音便(　　　　)
撥音便(　　　　)

練習6

解答➡別冊 p.14

次の各文中の(　)に上一段活用の動詞「落ちる」の活用語尾を入れ、活用形を答えなさい。

① 木から落(　　)ます。
② 木から落(　　)ば、大変だ。
③ お前なんか、木から落(　　)。
④ 木から落(　　)ない。

①(　　)・[　　]　②(　　)・[　　]
③(　　)・[　　]　④(　　)・[　　]

練習7

解答➡別冊 p.14

次の各文中の上一段活用の動詞の右側に、——線をつけなさい。

① 借りた物は必ず返す。
② 朝起きると、まず顔を洗う。

③ バスを降りて、歩こう。
④ その絵を見ても何も感じなかった。
⑤ 白い服を着た女の子がいる。
⑥ のど元過ぎれば熱さを忘れる。
⑦ お菓子《かし》を買うのに、お金が足りない。

活用語尾は、五十音図のイ段の音に、終止形・連体形は「る」、仮定形は「れ」、命令形は「ろ」「よ」がついている。このような活用を**上一段活用**という。**五十音図の中央（ウ段）より上の一段（イ段）だけで活用する**ので、このように呼ぶのである。

同じようにして、上一段活用の動詞「延びる」「着る」「見る」を活用させたものを、表にまとめてみよう。ただし、**「着る」「見る」は、語幹と活用語尾に分けられない**ものである。

基本形	語幹	未然形	連用形	終止形	連体形	仮定形	命令形
起きる	お(起)	―き	―き	―きる	―きる	―きれ	―きろ ―きよ
延びる	の(延)	―び	―び	―びる	―びる	―びれ	―びろ ―びよ
着る	○	き	き	きる	きる	きれ	きろ きよ
見る	○	み	み	みる	みる	みれ	みろ みよ
おもな用法		ナイ・ヨウに連なる	マス・タに連なる	言い切る	トキに連なる	バに連なる	命令して言い切る

語幹と活用語尾を区別できない。

上一段活用の動詞を見分けるには、「**起きない**」「**見ない**」などのように、打ち消しの意味の**助動詞「ない」が五十音図のイ段の音につく**かどうかを確かめるとよいだろう。

活用の種類は、助動詞「ない」をつけて見分ける。「ない」の直前の音がア段なら五段活用、イ段なら上一段活用、エ段なら下一段活用だよ。

例題

次の動詞の活用の種類を答えなさい。また、それぞれの動詞について活用表をつくりなさい。

① 用いる　② 助ける　③ 寄せる
④ 似る　⑤ 経る　⑥ 試みる

考え方 それぞれの動詞について、「ない」に連なる未然形を考えて、活用の種類を押《お》さえるとよい。ただし、語幹と活用語尾の区別ができないものに注意する。

答 ①④⑥＝上一段活用　②③⑤＝下一段活用

基本形	語幹	未然形	連用形	終止形	連体形	仮定形	命令形
用いる	もち	―い	―い	―いる	―いる	―いれ	―いろ ―いよ
助ける	たす	―け	―け	―ける	―ける	―けれ	―けろ ―けよ
寄せる	よ	―せ	―せ	―せる	―せる	―せれ	―せろ ―せよ
似る	○	に	に	にる	にる	にれ	にろ によ
経る	○	へ	へ	へる	へる	へれ	へろ へよ
試みる	こころ	―み	―み	―みる	―みる	―みれ	―みろ ―みよ

4 下一段活用の動詞 ——活用語尾がエ段に活用する

「集める」という動詞を活用させると、次のようになる。

(1) **未然形**　集**め**ない
(2) **連用形**　集**め**ます
(3) **終止形**　集**める**。
(4) **連体形**　集**める**とき
(5) **仮定形**　集**めれ**ば
(6) **命令形**　集**めろ**(集**めよ**)。

この場合、語幹は「集《あつ》」で、活用語尾《ごび》は「め・め・める・める・めれ・めろ(めよ)」となる。活用語尾は、五十音図のエ段の音に、終止形・連体形は「る」、仮定形は「れ」、命令形は「ろ」「よ」がついている。**五十音図の中央(ウ段)より下の一段(エ段)だけで活用する**ので、このような活用を**下一段活用**という。**下一段活用の動詞を見分ける**には、「**受けない**」「**寝《ね》ない**」などのように、**助動詞の「ない」がエ段の音につく**かどうかを確かめるとよい。次に、四つの下一段活用の動詞を活用させたものを、表にまとめてみよう。

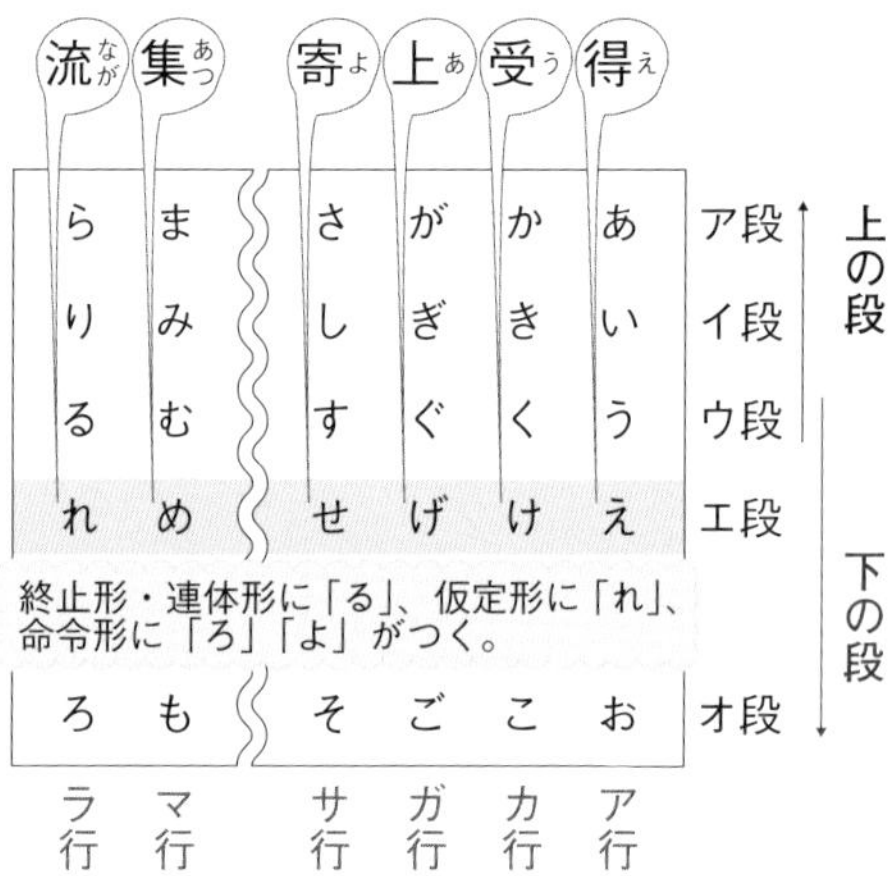

基本形	語幹	未然形	連用形	終止形	連体形	仮定形	命令形
受ける	う(受)	—け	—け	—ける	—ける	—けれ	—けろ —けよ
集める	あつ(集)	—め	—め	—める	—める	—めれ	—めろ —めよ

着目

●上一段・下一段活用の動詞の見分け方

未然形の活用語尾が、上一段活用はイ段の音、下一段活用はエ段の音。

練習 8

解答 ➡ 別冊 p.14

次の各文中の——線部の動詞の、活用の種類と活用形を答えなさい。

① 卒業式の日、校庭に記念の木を植えた。
(　　　)(　　　)

② 水を浴びれば、気持ちもさっぱりするよ。
(　　　)(　　　)

③ 潮が満ちる海岸では、波がしぶきを上げていた。
(　　　)(　　　)

④ もう少し貯金ができたら、家を建てよう。
(　　　)(　　　)

⑤ 隊列を乱さずに、まっすぐに並べ。
(　　　)(　　　)

⑥ 学生服を着るのは、学校へ行くときだけだ。
(　　　)(　　　)

⑦ そこへマッチを捨てると、火事になるよ。
(　　　)(　　　)

基本形	語幹	未然形	連用形	終止形	連体形	仮定形	命令形
得る	○	え	え	える	える	えれ	えろ えよ
寝る	○	ね	ね	ねる	ねる	ねれ	ねろ ねよ
おもな用法		ナイ・ヨウに連なる	マス・タに連なる	言い切る	トキに連なる	バに連なる	命令して言い切る

語幹と活用語尾を区別できない。

5 カ行変格活用の動詞 ──「来る」一語だけ

「来る」という動詞を活用させると、次のようになる。

(1) 未然形　**こ**ない
(2) 連用形　**き**ます
(3) 終止形　**くる**。
(4) 連体形　**くる**とき
(5) 仮定形　**くれ**ば
(6) 命令形　**こい**。

この場合、**語幹と活用語尾の区別はない**。カ行に活用するが、その活用のしかたは五段活用や上一段・下一段活用と違《ちが》って変則的である。このような活用を**カ行変格活用**(略して**カ変**)という。

カ行変格活用の動詞は、「**来る**」**一語だけ**である。

基本形	語幹	未然形	連用形	終止形	連体形	仮定形	命令形
来る	○	こ	き	くる	くる	くれ	こい
おもな用法		ナイ・ヨウに連なる	マス・タに連なる	言い切る	トキに連なる	バに連なる	命令して言い切る

練習9　解答 ➡ 別冊 p.15

次の各文中の──線部の動詞の、活用の行と種類を答えなさい。

① きれいな白い歯を見せて笑った。（　　）
② さびしい墓地で、しばらく黒い十字架《じゅうじか》を見つめていた。（　　）
③ 老いた母を見たとき、彼の心は痛んだ。（　　）
④ 働いているように見える。（　　）

練習10　解答 ➡ 別冊 p.15

次の各文中の──線部の動詞の活用形と、「来」の読み方を答えなさい。

① こんなに遅《おく》れて来るから、先生にしかられるのだ。（　　）（　　）
② 山本さんは病気だから来ないよ。（　　）（　　）
③ こんど来るときは、もう少し早く来てください。（　　）（　　）
④ ぼくの家に来れば、いろいろな本を見せてあげる。（　　）（　　）
⑤ 今日は早く来たので一緒《いっしょ》に遊べたね。（　　）（　　）
⑥ 来ようと思えば、いつでも来られる。（　　）（　　）

6 サ行変格活用の動詞 ——「する」一語だけ（複合動詞は多い）

「する」という動詞を活用させると、次のようになる。

(1) **未然形**　**し**ない　**せ**ぬ（**せ**ず）　**さ**れる（**さ**せる）
(2) **連用形**　**し**ます
(3) **終止形**　**する**。
(4) **連体形**　**する**とき
(5) **仮定形**　**すれ**ば
(6) **命令形**　**しろ**（**せよ**）。

この場合も、**語幹と活用語尾の区別はない**。サ行に活用するが、その活用のしかたは五段活用や上一段・下一段活用、カ行変格活用とも違《ちが》って変則的である。このような活用を**サ行変格活用**（略して**サ変**）という。

サ行変格活用の動詞には未然形が三つあるので、注意しよう！
下に続くことばが、それぞれ異なるよ。

基本形	語幹	未然形	連用形	終止形	連体形	仮定形	命令形
する	○	し せ さ	し	する	する	すれ	しろ せよ
おもな用法		ナイ・ヌ・レルに連なる	マス・タに連なる	言い切る	トキに連なる	バに連なる	命令して言い切る

サ行変格活用の動詞は、「**する**」**一語だけ**であるが、「**する**」**と複合した動詞もサ行変格活用をする**。次におもな例を挙げてみよう。

① うわさする　いたずらする　お供する　お返しする
② 成功する　運動する　旅行する　命令する　保存する
　発明する　感心する
③ 達する　決する　罰《ばっ》する　察する　有する
④ 愛する　解する　服する　訳する　略する
（「愛す」「解す」……の形でサ行五段にも活用する。）

例題

次の各文中からサ行変格活用の動詞を抜《ぬ》き出し、活用形を答えなさい。

① 文化財を保存するため、博物館を建設する。
② 校長先生は熱心に話したが、話を聞かないで、いたずらしている生徒もいた。

考え方 サ行変格活用の活用のしかたと、下への連なり方を確認《かくにん》しておきたい。
①の「保存する」は「ため」（体言・形式名詞）に続いている。②の「話し」は「話す」（サ行五段活用）の連用形で、サ変ではない。「いたずらし」は言い切りの形が「いたずらする」となるサ変の複合動詞。「――し」の形を言い切りの形に直して確かめよう。ただし、「愛し」などは、「愛する」（サ変）か「愛す」（五段）か区別できない。

答 ①保存する（連体形）　建設する（終止形）
②いたずらし（連用形）

着目
●サ行変格活用とサ行五段活用
連用形は同じ「し」の形になるので、言い切りの形に直して確かめる。

練習11

解答→別冊 p.15

次の各文中の□に動詞「する」を活用させて入れ、活用形を答えなさい。

⑤ 感ずる　禁ずる　信ずる　通ずる　命ずる　論ずる
（「感じる」「禁じる」……の形でザ行上一段にも活用する。）
⑥ 重んずる　軽《かろ》んずる　そらんずる　甘《あま》んずる
（「重んじる」「軽んじる」……の形でザ行上一段にも活用する。）
⑦ ドライブする　スケッチする　タッチする　リードする

右の②③④⑤のように、漢語と結びついた複合動詞（漢語サ変動詞）が非常に多い。

7 動詞の活用表のまとめ ―― 五種類の活用表

次に、動詞の活用表をまとめておこう。

活用の種類	基本形	語幹	未然形	連用形	終止形	連体形	仮定形	命令形
五段活用	**書く**	か（書）	―か ―こ	―き ―い	―く	―く	―け	―け
上一段活用	**起きる**	お（起）	―き	―き	―きる	―きる	―きれ	―きろ ―きよ
下一段活用	**受ける**	う（受）	―け	―け	―ける	―ける	―けれ	―けろ ―けよ
カ行変格活用	**来る**	○	こ	き	くる	くる	くれ	こい
サ行変格活用	**する**	○	し せ さ	し	する	する	すれ	しろ せよ
あとに続くおもな語			ナイ・ヌ・ウ・ヨウ・レル	マス・タ	言い切る	トキ	バ	命令して言い切る

① 私にもお手伝いを□せてください。（　）
② 勉強を□ときは、もっとまじめにやらなければいけない。（　）
③ 私もお手伝いを□ます。（　）
④ きみはもっと注意を□。（　）
⑤ 勉強も□ずに、よい成績をあげることはできない。（　）
⑥ 彼はいつも欠席を□。（　）
⑦ 規則正しい生活を□ば、健康になる。（　）

練習12

解答→別冊 p. 15

次の各文から動詞を抜き出し、その活用の種類を答えなさい。

① 二人はよく似た服を着て、登校をする。〔　〕
② あるアメリカ人が、本場の英語を教えるために日本に招かれ、奈良の高校に来た。〔　〕
③ 酒屋の店先に酒の販売《はんばい》機を据《す》えつけると、若い人は機械の方を使う。閉店後の客のために置いた設備が、意外にも昼間から繁盛《はんじょう》して、売り上げが伸《の》びた。〔　〕

UNIT

4 各活用形のおもな用法

目標 六つの活用形のおもな用法を理解する。

1 未然形の用法 ——「ない」などに連なる

(1) 助動詞「**ない**」に連なる形である。

(2) そのほか、「**う・よう**」「**れる・られる**」「**せる・させる**」などの助動詞に連なることもある。

例

〔五段〕	〔上一段〕	〔下一段〕	〔カ変〕	〔サ変〕
読ま**ない**	起き**ない**	集め**ない**	こ**ない**	し**ない**
読も**う**	起き**よう**	集め**よう**	こ**よう**	し**よう**
読ま**れる**	起き**られる**	集め**られる**	こ**られる**	さ**れる**
読ま**せる**	起き**させる**	集め**させる**	こ**させる**	さ**せる**

2 連用形の用法 —— 中止法として用いられる場合がある

(1) 助動詞「**ます**」に連なる形である。

(2) そのほか、「**た(だ)**」「**たい**」などの助動詞や、「**て(で)**」「**たり(だり)**」「**ながら**」などの助詞にも連なる。この場合、**五段活用の動詞は音便の形をとる**ことがある（↓p. 94）。

例

〔五段〕	〔上一段〕	〔下一段〕	〔カ変〕	〔サ変〕
読み**ます**	起き**ます**	集め**ます**	き**ます**	し**ます**
読ん**だ**	起き**た**	集め**た**	き**た**	し**た**
読み**たい**	起き**たい**	集め**たい**	き**たい**	し**たい**
読ん**で**	起き**て**	集め**て**	き**て**	し**て**
読ん**だり**	起き**たり**	集め**たり**	き**たり**	し**たり**

音便の形（読んだ・読んで・読んだり）

例題

次の文章中の——線部の動詞の活用形を答えなさい。

午後の日光は、玄関をおおったすいかずらの茂《しげ》みをもれて、見上げる私の顔にふりそそいでいました。もう芽ばえそめた、その懐《なつ》かしい葉や花の上を、私の指は、まったく我を忘れてなでていきました。私は、どのような驚《おどろ》きと不思議が私を待っているのか少しも知りませんでした。

考え方 「見上げる」は、体言「私」に続く連体形。「おおっ」「ふりそそい」「待っ」は、音便《おんびん》形の連用形。「もれ」「芽ばえそめ」「忘れ」「なで」「いき」「知り」は、「て」「た」「ます」といった語に続く連用形。「いる」は、「の」に続く連体形となる。

答 おおっ＝連用形　もれ＝連用形　見上げる＝連体形　ふりそそい＝連用形　芽ばえそめ＝連用形　忘れ＝連用形　なで＝連用形　いき＝連用形　待っ＝連用形　いる＝連体形　知り＝連用形

着目

● 動詞の活用形

語形や、下に続く語をもとに判断する。

(3) **中止法**……動詞の連用形は、**いったん文を中止してまた続ける**場合に用いることがある。このような用い方を**中止法**という。ただし、連用形でも、**五段活用の動詞の音便形は中止法に使えない。**

例 野を歩き、山に登る。

3 終止形の用法 ――言い切る形（付属語に連なることもある）

(1) 文をそこで**言い切る形**である。**動詞の基本形**である。

(2) 言い切るほかに、**「と」「けれど（けれども）」「が」「から」**などの付属語（助詞）に連なる場合もある。

例 よい詩を読む**と**、心が洗われる。
ぼくは起きる**けれど（けれども）**、君は寝《ね》ていたまえ。
たくさん集める**けれども（けれど）**、がらくたばかりだ。
たびたびくる**が**、すぐ帰って行く。
そんなことをする**から**、みんなに憎《にく》まれるのだ。

4 連体形の用法 ――体言などに連なる

(1) **「とき」「こと」「人」「もの」などの体言**に連なる形である。

(2) そのほか、助動詞**「ようだ」**や助詞**「の」「のに」「ので」「ばかり」「ほど」「くらい」**などに連なる場合もある。

例 本を読む**時間**がない。
夜更《よふ》かししたので、朝は遅《おそ》く起きる**ようだ**。
学級費を集める**の**は、会計係の役目だ。
たびたびくる**のに**、あいさつもしない。
人のまねをする**ばかり**では、進歩しない。

例題

次の文章中から、中止法として使われている動詞を抜《ぬ》き出しなさい。

私たちは、それぞれ異なった土地に住んでいる。太平洋の水しぶきを浴びながら育っている人もあれば、一年のなかば近くを、雪の中で暮らす人もあろう。それが農村であっても、海辺であっても、山国であっても、私たちがそこで働き、そこで育ち、そこから学び、そこから喜びを、はげましを、なぐさめを得てきたふるさとである。私たちは、海の生活、山の生活の中にこもる豊かな意味を理解し、さらに、私たちの美しい環境《かんきょう》をより美しくするために、工夫《くふう》していきたいものである。

考え方 中止法は、用言の連用形それだけで、文をいったん言いさす（中止する）ときに用いられる。
連用形で付属語を伴《ともな》っている場合は、たとえ文を中止しているように見えても、中止法ではない。

答 働き・育ち・学び・理解し

着目
●中止法
連用形を用い、多くは下に読点（、）がつく。

5 仮定形の用法 ―― 助詞「ば」に連なる

（例）早く
- 読め**ば**
- 起きれ**ば**
- 集めれ**ば**
- くれ**ば**
- すれ**ば**

よい。

6 命令形の用法 ―― 命令の形で言い切る

（例）早く読め。　早く起きろ（起きよ）。
早く集めろ（集めよ）。　早くこい。　早くしろ（せよ）。

練習 13　解答 ➡ 別冊 p. 15

次の各文中の――線部の動詞の活用形を答えなさい。

① 早く実が熟すればよい。（　　）
② 道路が通じると、便利がよくなる。（　　）
③ 近づいてくる足音が聞こえた。（　　）
④ 母が昔話を聞かせてくれた。（　　）
⑤ 「掃除《そうじ》しろ」と父がどなった。（　　）
⑥ みんなで一緒《いっしょ》に登ろうよ。（　　）

UNIT

5 自動詞・他動詞・可能動詞・補助動詞

目標　自動詞・他動詞・可能動詞・補助動詞について理解する。

1 自動詞と他動詞 ―― 動作や作用が主語以外に及《およ》ぶかどうか

ア 人が　**集まる。**
イ 人を　**集める。**

人が（主語）　集まる。（自動詞）
人を（修飾語）　集める。（他動詞）

右の例で、**ア**「**集まる**」は、**主語である「人」についての動作や作用**を表している。このような動詞を**自動詞**という。

また、**イ**「**集める**」は、その**主語**（ここでは省略されている）**が、ほか**

例題

次の――線部の動詞は、自動詞・他動詞のどちらか、答えなさい。

① 電車のドアが、開く。
② 駐車場《ちゅうしゃじょう》に車を、止める。
③ スープが、冷める。
④ 子どもが車を、汚《よご》す。
⑤ 手紙を家族に、届ける。
⑥ 窓が開いています。寒いので閉めてください。
⑦ ぷいと横を向く。

のもの、すなわち「人」に及ぼす動作や作用を表している。このような動詞を**他動詞**という。

注意

「〜を」を伴《ともな》う他動詞……他動詞が述語になる場合は、その上に動作や作用が及ぶものを表す**目的語**（「〜を」という形の**修飾語《しゅうしょく》**）**を伴《ともな》うことが多い。**

例 手紙**を** 届ける。（「〜を」という目的語を伴い、他動詞）

ただし、次のような「〜を」の場合は、「〜を」を伴っていても他動詞とはならないので注意したい。

例 駅**を** 出た。（動作・作用の起点を示す「を」）
道路**を** 走る。（経過する場所・時間を示す「を」）

2 対になる自動詞と他動詞の活用

「集まる」と「集める」は、対《つい》になる自動詞と他動詞である。この二つの動詞は、語幹の一部は共通しているが、活用の行と種類は違《ちが》っている。

次に、対になる自動詞と他動詞の活用を分類してみよう。

(1) 同じ活用をするもの

例
人が 笑う。（自動詞・ワ行五段活用）
人を 笑う。（他動詞・ワ行五段活用）

火が ふく。（自動詞・カ行五段活用）
火を ふく。（他動詞・カ行五段活用）

(2) 活用の種類が同じで行の違うもの

例
火が おこる。（自動詞・ラ行五段活用）
火を おこす。（他動詞・サ行五段活用）

湯が わく。（自動詞・カ行五段活用）
湯を わかす。（他動詞・サ行五段活用）

考え方 自動詞・他動詞の区別をするには、まず「〜が」に続くか、「〜を」に続くかを考えてみるとよい。

⑤は「手紙を」の部分が、動詞「届ける」と離《はな》れている。⑥は「窓を」の部分が省略されている。また、⑦の「横を」の「を」は、〈方向を示す「を」〉なので、他動詞とは限らない。「向く」「向ける」の対《つい》を頭に置いて他動詞かどうかを決める。

答 ①自動詞 ②他動詞 ③自動詞 ④他動詞 ⑤他動詞 ⑥他動詞 ⑦自動詞

着目

● 自動詞・他動詞の見分け方

他動詞は「〜を」という目的語をとるが、自動詞はとらない。

練習 14

解答 ↓ 別冊 p.15

次の動詞は、A自動詞・B他動詞のどちらか、記号で答えなさい。また、それと対になる他動詞・自動詞を答えなさい。どちらか決められない場合は、〇と答えなさい。

① 変える（　　　　） ② 集まる（　　　　）
③ 続ける（　　　　） ④ 負ける（　　　　）
⑤ 沈める（　　　　） ⑥ 出る（　　　　）
⑦ 並ぶ（　　　　） ⑧ 残す（　　　　）
⑨ 届く（　　　　） ⑩ 増す（　　　　）
⑪ 閉じる（　　　　） ⑫ 笑う（　　　　）

(3) **活用の行が同じで種類の違うもの**

例 **学問が　進む。**（自動詞・マ行五段活用）
　 学問を　進める。（他動詞・マ行下一段活用）

　 手紙が　届く。（自動詞・カ行五段活用）
　 手紙を　届ける。（他動詞・カ行下一段活用）

(4) **活用の種類も行も違うもの**

例 **人が　集まる。**（自動詞・ラ行五段活用）
　 人を　集める。（他動詞・マ行下一段活用）

　 列が　乱れる。（自動詞・ラ行下一段活用）
　 列を　乱す。（他動詞・サ行五段活用）

なお、すべての動詞に自動詞・他動詞の対応があるとは限らないので注意する。例えば、自動詞の「ある」「来る」「あこがれる」などは対応する他動詞がなく、他動詞の「殺す」「読む」「投げる」などは対応する自動詞がない。

3 可能動詞 ――「～することができる」という意味をもつ

「飛ぶ**ことができる**」という意味で「**飛べる**」、「読む**ことができる**」という意味で「**読める**」と表すことができる。これは五段活用の動詞の未然形に、可能の助動詞「れる」をつけて、「飛ばれる」「読まれる」というべき形から転化したものと考えられる。

このような動詞を**可能動詞**といい、次のような性質をもっている。

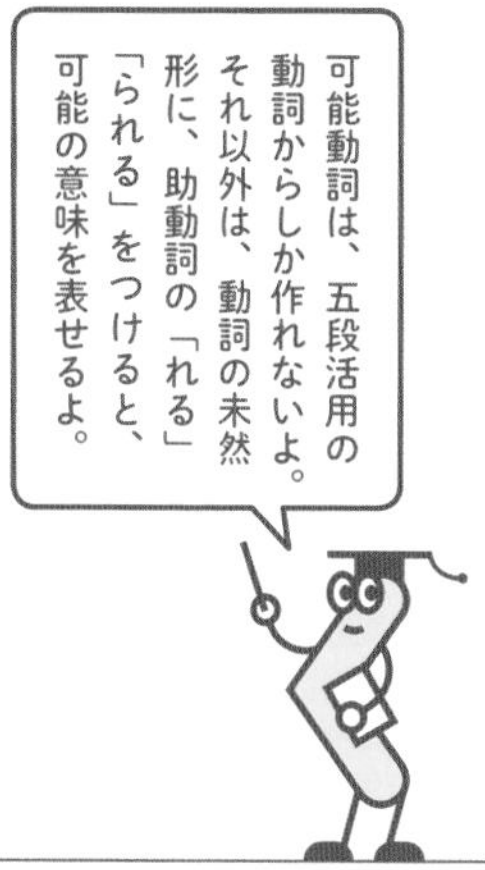
可能動詞は、五段活用の動詞からしか作れないよ。それ以外は、動詞の未然形に、助動詞の「れる」「られる」をつけると、可能の意味を表せるよ。

練習15

解答 ➡ 別冊 p.16

次の――線部の動詞と対《つい》になる自動詞か他動詞を答えなさい。

［自動詞］	［他動詞］
① 風が吹く。	笛《ふえ》を（　　）。
② 枝が（　　）。	枝を折る。
③ 火が（　　）。	火を消す。
④ 戸が（　　）。	戸をあける。
⑤ たまがあたる。	たまを（　　）。
⑥ 鐘《かね》が鳴る。	鐘を（　　）。
⑦ 目が覚める。	目を（　　）。
⑧ 胸が（　　）。	胸を痛める。
⑨ 花が散る。	花を（　　）。
⑩ 傷がつく。	傷を（　　）。

例題

次の動詞の中から対応する可能動詞のあるものを選んで、可能動詞をつくりなさい。

① 買う　② 着る　③ 来る
④ 見る　⑤ 死ぬ　⑥ する
⑦ 取る　⑧ 言う　⑨ 寝《ね》る

考え方 可能動詞は、五段活用の動詞から転じたものであるので、まず五段活用の動詞かどうかを調べる。
　①～⑨のうち、①⑤⑦⑧が五段活用の動詞なので、可能動詞をつくることができるはずである。なお、可能動詞をまねた使い方で「見れる」などという使い方をする人

(1) 可能動詞は、**五段活用**の動詞から転じたものである。したがって、可能動詞に対応する五段活用の動詞がある。

例 (**可能動詞**)　**飛べる**　**読める**　**話せる**　**書ける**
(五段活用の動詞)　飛ぶ　読む　話す　書く

(2) 可能動詞はすべて**下一段活用**となるが、**命令形はない**。

基本形	語幹	未然形	連用形	終止形	連体形	仮定形	命令形
書ける	か(書)	―け	―け	―ける	―ける	―けれ	○
書く	か(書)	―か ―こ	―き ―い	―く	―く	―け	―け

4 補助動詞(形式動詞) ―「ある」「くる」「おく」など

他の語について補助的《ほじょ》な役割で使われる動詞を、**補助動詞**または**形式動詞**という。

ア　ここに　本が　ある。
（主語：本が　述語：ある。　動詞）

イ　これは　本で　ある。
（主語：これは　述部(連文節)：本で―ある。　補助動詞）
述語「本だ」とも言える。
(補助動詞は上の文節と連文節になって、述部の働きをしている。)

右の文で、**ア**の「ある」は本来の動詞として存在の意味を表すが、**イ**の「ある」には本来の意味はなく、上の文節「本で」について**補助的に用いられている**だけである。

がいるが、これは文法上は誤りとされている。「ら抜《ら》き言葉」といわれ、「見る」は上一段活用の動詞なので、「見られる」という言い方が正しい(「られる」は可能を表す助動詞)。

答　①買える　⑤死ねる　⑦取れる　⑧言える

着目
●可能動詞
五段活用の動詞に対応し、活用の種類は下一段活用である。

例題

次の各文中から、補助動詞を抜《ぬ》き出しなさい。

① 二人の似ている点を、まとめてみよ。
② 交通は便利であるが、老いてくると、生活していくのには適しない。
③ 教科書をなくしてしまった。
④ テレビで旅行番組をみたら、どこかに行ってみたくなった。
⑤ この弁当を作ってくれたのは母である。
⑥ 両者の顔を立てて、そうしておこう。

考え方　補助動詞は、動詞の連用形に「て(で)」(助詞)のついた形や、形容動詞の連用形の活用語尾「で」などに連なる。
補助動詞は、普通の動詞と同じように活用するから、活用形にも注意する。

すなわち、「**本である**」は「本**だ**」と同じような意味だから、「**である**」が一語の助動詞「**だ**」のような働きをしているわけである。

このように補助動詞は、助動詞（付属語）と同じような働きをするが、**動詞**であり、**単独で文節をつくることができる**ので、**自立語**として扱《あつか》う。

そのため、**文節に区切る**とき（➡p.13）は、**補助動詞を必ず一文節として数える**。

また、補助動詞は普通《ふつう》、**ひらがな**で書き、その上の文節は、「〜て（で）」の形になる。

① 本の 表紙に 名前が 書い**て** ある。
② 先が 曲がっ**て** いる ペン。
③ 行くのを やめ**て** おく。
④ 友人に 会っ**て** くる。
⑤ 静かに 暮らし**て** ゆく（いく）。
⑥ もう 一度 やっ**て** みる。
⑦ 手紙を 書い**て** しまう。
⑧ 妹に 本を 読ん**で** やる。

補助動詞の数は少ないので、ここで取り上げたおもなものは覚えよう。
補助動詞と補助形容詞（➡p.124）を合わせて、補助用言と呼ぶよ。

答 ①いる・みよ（みる） ②ある・くる・いく ③しまっ（しまう） ④み（みる） ⑤くれ（くれる）・ある ⑥おこ（おく）

着目
● 補助動詞
「〜て（で）」の形の文節に連なる。

練習16
解答➡別冊p.16

次の各文を文節に区切りなさい。

① 昨日スーパーで買ってきたものだ。
② 冷蔵庫に入れておくとよいでしょう。
③ 早く宿題をしてしまいましょう。
④ 注意しようと大きな字で書いてある。
⑤ まっすぐ歩いていくとパン屋がある。
⑥ よく考えてみると答えがわかった。

UNIT

6 動詞の働き

目標 単独や付属語を伴った動詞の働きを理解する。

1 述語になる ——単独で述語になることができる

動詞は、**単独で**、または、**いろいろな付属語を伴《ともな》って述語となる**。単独で述語となって文を言い切る場合は、**終止形・命令形**である。

例題

次の各文中の——線部の文節の働きを答えなさい。

① 一すじに 流れるのは、飛行機雲だ。
② 白い 雲が 流れ、空は どこまでも

主語 述語 修飾語 述語
花が 咲《さ》く。（終止形） 本を 読め。（命令形）

単独で述語

主語 述語 修飾語 述語
花が 咲いた。 本を 読めよ。

付属語を伴う

中止法の場合は、**連用形**が用いられる（➡p.103）。

主語 述語 主語 述語
花が 咲き、（連用形） 鳥が 鳴く。（終止形）

中止法

動詞が述語になる場合の文は、「何が」→「どうする」（「ある・いる」）の文型である（➡p.16）。

注意

述語になる単語……述語になるのは動詞のほか、形容詞・形容動詞もある。つまり用言は、単独で述語になることができる。なお、名詞も述語になるが（➡p.60）、その場合、普通、付属語がつく。

2 主語になる ――「の」と「が」「は」「も」などを伴う

動詞は、**助詞の「の」に助詞の「が」「は」「も」などがついて、主語になることができる。** この場合、動詞は**連体形**である。

青い。

③ 流れる 雲は 白銀のように 輝《かがや》く。

④ 雲が 東に 流れると、明日は 晴れる。

⑤ 雲は、流れるように 空を 横切る。

考え方 動詞は、付属語を伴《ともな》わずに単独で、述語・連体修飾語《しゅうしょくご》になることができる。このことをよく覚えておこう。

述語になる場合、②の「流れ」のような中止法にも注意する。③の「流れる」は、単独で体言の文節「雲は」に係る連体修飾語である。

動詞に付属語がついた文節は、①のような主語（助詞「の」「は」がつく）や、④のような接続語（助詞「と」がつく）の働きをすることがある。

また、⑤のように、「ように」（助動詞「ようだ」の連用形）などの付属語がついて連用修飾語の文節をつくることもできる。

答 ①主語 ②述語 ③連体修飾語 ④接続語 ⑤連用修飾語

着目

● 動詞の働き

単独で述語・連体修飾語になることができる。

朝早く　起きる（動詞・連体形）―の―は／が／も　健康的だ。
（主語：起きるのは／が／も　述語：健康的だ。）

3 修飾語になる ―― 単独で連体修飾語《しゅうしょくご》になることもできる

動詞は、**単独で連体修飾語になる**ことができる。この場合、連体形が用いられる。

また、**いろいろな助詞**（「に」「より」「さえ」など）**や助動詞**（「ようだ」など）**がついて連用修飾語になる。**

朝早く　起きる（動詞・連体形）［連体修飾語］→　習慣を（名詞）［体言文節］　つけなさい。

朝早くから、魚を　釣《つ》り（動詞）に［連用修飾語］→　行った。［用言文節］

4 接続語になる ―― 接続助詞を伴う

動詞は、**いろいろな接続助詞**（➡p.204）**を伴って接続語になる。**

疲《つか》れて、［接続語］もう歩けない。

疲れる（動詞）が（接続助詞）、我慢《がまん》しよう。

練習 17　解答➡別冊 p.16

次の各文中の――線部の文節の働きを説明し、その文節中の動詞の活用形を答えなさい。

① この問題を解けば、お茶にしましょう。
（　　　　　）（　　　　　）

② 動詞についての勉強も、これで終わりにしよう。
（　　　　　）（　　　　　）

③ だいぶ実力がつき、自信がわいてきた。
（　　　　　）（　　　　　）

④ 復習は、よく理解するために必要だ。
（　　　　　）（　　　　　）

⑤ 推理小説を読むのも、国語の勉強になる。
（　　　　　）（　　　　　）

⑥ 本質を理解すると、わかったという感じをもてる。
（　　　　　）（　　　　　）

⑦ 普段《ふだん》から新聞の社説を読む習慣を身につけよう。
（　　　　　）（　　　　　）

実力アップ問題

5章で学んだことを確かめ、実践的な力を身につけよう！

解答→別冊p.16

問1

次の①②の文中にある動詞に――線をつけ、それぞれの動詞の基本形（言い切りの形）を書きなさい。

① 学校から帰ると、私は、人々が夕げのしたくでせわしく働いているすきに、かけすててあったはしごから、そっと、おもやの屋根に登っていった。

（　　　　　）

② 科学ということばは、このごろ、ひじょうに広い意味に使われているが、もとは、自然科学をさしたことばである。自然科学はわれわれの住んでいる、この自然界の中にあるものの本態を見きわめ、その間に存在する法則を知る学問である。

（　　　　　）

問2

次の動詞の語幹と活用語尾《ごび》との間に／を入れて区別しなさい。また、それぞれの活用の種類を書きなさい。なお、語幹と活用語尾の区別のつかないものは、番号を○で囲みなさい。

① 過ごす（　　　）　② 見る（　　　）

③ 始める（　　　）　④ 信ずる（　　　）

⑤ 飛ぶ（　　　）　⑥ 起きる（　　　）

⑦ 上げる（　　　）　⑧ 来る（　　　）

⑨ 育てる（　　　）　⑩ 出る（　　　）

⑪ あける（　　　）　⑫ 思う（　　　）

⑬ 知る（　　　）　⑭ 注意する（　　　）

問3

次の動詞の活用表を完成させなさい。

基本形	語幹	未然形	連用形	終止形	連体形	仮定形	命令形
①泣く							
②泳ぐ							
③行く							
④落ちる							
⑤借りる							
⑥煮《に》る							
⑦まぜる							
⑧比べる							
⑨来る							
⑩愛する							

問4

次の――線部の動詞の活用形を（　　）に書きなさい。

① 早く行かないと、学校に遅《おく》れますよ。　（　　　　）
② 洞窟《どうくつ》で生きる動物には、大きな特徴《とくちょう》がある。　（　　　　）
③ 本を読むのをやめないで、続けよ。　（　　　　）
④ 妹は泣きながらお菓子《かし》を食べていた。　（　　　　）
⑤ 学校に遅れるから、早く行こう。　（　　　　）
⑥ 意見があるのだったら、書いてみよ。　（　　　　）
⑦ みんな、次の駅で降りようぜ。　（　　　　）
⑧ 長い坂道をのぼって、頂上に近づいた。　（　　　　）
⑨ 努力すればこそ、報《むく》われる。　（　　　　）

問5

次の文中の（　）に、それぞれはじめに示した動詞を、文が続くような形に直して書きなさい。

(1) 急ぐ

① 出発の時刻に遅れそうになったので、道を（　　　　）だ。
② 雨が降るかもしれないから、（　　　　）う。
③ （　　　　）ば、電車の時刻に間に合うでしょう。
④ そんなに（　　　　）ないで、お茶でも飲んでください。
⑤ （　　　　）ので、その話はあとにしてほしい。

(2) 持てる

① その重い荷物を（　　　　）ますか。
② やはり重くて（　　　　）ないので、手伝ってください。
③ 自分で（　　　　）のに、人に持たせている。
④ 軽い荷物だから、子どもでも（　　　　）よう。
⑤ （　　　　）ものは、全部持って行ってしまった。

問6

次の(1)～(5)の各組の動詞の中には、ことばの決まりからみて、一つだけほかの三つと違《ちが》うものがあります。それを説明した各文について、（　）内には四つの中から適当な語を選び、□内にはあとの語群から適当なものを選び、その記号を書きなさい。

(1) 感動《かんどう》する　成功《せいこう》する　通《つう》じる　通《つう》ずる
（　　　）だけはA□、ほかの三つはB□である。

(2) 入《い》れる　捨《す》てる　投《な》げる　燃《も》える
（　　　）だけはC□、ほかの三つはD□である。

(3) 寝《ね》る　乗《の》る　減《へ》る　漏《も》る
（　　　）だけはE□、ほかの三つはF□である。

(4) 枯《か》れる　消《き》える　食《く》える　肥《こ》える
（　　　）だけはG□、ほかの三つはそうでない。

(5) 交《まじ》わる　ゆれ動《うご》く　近寄《ちかよ》る　飛《と》び立《た》つ
（　　　）を除いて、ほかの三つはH□である。

〈語群〉
ア 五段活用の動詞　**イ** 上一段活用の動詞
ウ 下一段活用の動詞　**エ** カ行変格活用の動詞
オ サ行変格活用の動詞　**カ** 可能動詞
キ 複合動詞　**ク** 自動詞　**ケ** 他動詞

問7

次の文章を読んで、あとの問いに答えなさい。

その町に新幹線が通った。休日になると、都会から人々が来て、森を歩いたり、山菜を摘《つ》んだり、川で魚を釣《つ》ったり、泳いだりして、豊かな自然を楽しんだ。

(一) 活用語尾《ごび》が音便《おんびん》の形になっている動詞を、次の三つに分類して書き出しなさい。

① イ音便になっているもの（　　　　）
② 撥《はつ》音便になっているもの（　　　　）
③ 促《そく》音便になっているもの（　　　　）

(二) (一)で書き出した動詞について、その活用の種類と活用形を書きなさい。
（　　　　活用）（　　　　形）

(三) (一)で書き出した動詞を、言い切りの形(基本形)にして、次の二つに分類して書きなさい。

① 自動詞（　　　　）
② 他動詞（　　　　）

問8 次の文章を読んで、あとの問いに答えなさい。

今日、言葉づかいの問題として挙げられるものの一つが、いわゆる「ら抜《ぬ》き言葉」である。これは、本来 A 活用の動詞のみがつくることのできる B 動詞をまねて、「見られる」を「見れる」、「食べられる」を「食べれる」というように「ら」を抜いて使うものである。「見る」は C 活用、「食べる」は D 活用の動詞で、 B 動詞はなく、文法的には正しい使い方と言えないのである。しかし、「ら抜き言葉」を多くの人が使い、耳慣れたことで、使う人が増えてきている。

(一) 空欄《くうらん》A～Dに入れるのに適切な語を書きなさい。

A（　　　　）　B（　　　　）　C（　　　　）
D（　　　　）

(二) 次の各文中の——線部の語のうち、誤った使い方のものをすべて選び、番号を○で囲みなさい。

① その本は一か月間借りれる。
② その日なら、これといった予定もなく、時間が空いているので会議に出れる。
③ これで安心して眠《ねむ》れる。
④ 一昨日の台風の影響《えいきょう》で増えた水かさが減り、ようやく歩いて川を渡《わた》れる。
⑤ これだけ広いと、全員が座《すわ》れる。
⑥ 次の駅で降りれるように、到着《とうちゃく》予定時刻の五分前に荷物を棚《たな》から下ろした。

問9 次の文章を読んで、あとの問いに答えなさい。

動詞の音便は、 A 活用の動詞の B 形にだけあり、下に連なる語が「た」「て」「たり」などの場合にみられる。活用語尾が「―い」となる C 、「― D 」となる撥音便、「―っ」となる E の三種類がある。

(一) 空欄A～Eに入れるのに適切な語を書きなさい。

A（　　　　）　B（　　　　）　C（　　　　）
D（　　　　）　E（　　　　）

(二) 次に挙げた動詞の中から、撥音便になるものをすべて選び、○で囲みなさい。

飛ぶ　笑う　行く　囲む　泣く　曲がる
読む　座る　悲しむ　言う　怒《おこ》る　沈《しず》む

問10 次の①と②の文の「ある」は使い方が異なります。②の文の「ある」と同じ使い方の動詞を、ア〜ケの文の――線部の動詞からすべて選び、記号を○で囲みなさい。

① 庭に池がある。
② 庭に木が植えてある。

ア 幼い日に習った歌を、みんなで歌ってみる。
イ 決められた時刻にくるようにしなさい。
ウ みかんが熟したとみえて、だいぶ色づいた。
エ 壁《かべ》に落書きをしているのは、だれだ。
オ 生長するときの変化をよくみることが大切である。
カ 倉庫にしまっておいたのに、いつの間にかなくなった。
キ 古い日記を読むと、当時のことが思い出されてくる。
ク 動物園にいる象《ぞう》は、インドから輸入されたものである。
ケ 線で円形に囲っていき、その中を赤で塗《ぬ》りつぶした。

問11 次のA君とB君の会話を読んで、あとの問いに答えなさい。

A「君は速く走れるそうだね。」
B「二年生になってからは、百メートルで十三秒をきれるよ。」
A「君は熱心に練習しているからね。練習と勉強の両立は難しいのに、よく続けられるね。」
B「みんなと練習するのは楽しいよ。充実《じゅうじつ》した学校生活を送れて幸福だと思う。」
A「今度、陸上競技大会に出れるのだろう？」
B「うん。優勝できるといいのだが。」

(一) 上の会話文にある可能動詞をすべて選び、その右側に――線をつけなさい。

(二) (一)で選んだ可能動詞の活用の種類を書きなさい。（　　）

(三) (一)で選んだ可能動詞にそれぞれ対応する五段活用の動詞を書きなさい。
（　　）

(四) ＝＝線部の「出れる」は可能動詞ではなく、誤った表現です。正しい言い方に直しなさい。（　　）

問12 次の文章を読んで、あとの問いに答えなさい。

動詞の活用の種類は、平安時代には九種類あったが、①現在は五種類である。このうち、サ変とカ変は、将来消滅《しょうめつ》すると思われる。

a「そうしることだね」　b「そうしればいい」
c「きない」　d「行ってきよう」

サ変についてはa・bのような言い方が、東京の周辺に方言的な活用として現れ、カ変についてはc・dのような言い方が、東京の周辺の出身者のあいだで見られる。このようにして、サ変もカ変も②上一段化に向かうが、サ変の変化が完成するのは二百年ぐらいのうちに、カ変はそれに何百年か遅《おく》れるだろう。

（大野晋《おおのすすむ》『日本語の文法を考える』より）

(一) ――線部①の五種類のうち、文章中に示されていない二種類の動詞の活用の種類を書きなさい。
（　　）（　　）

㈡ 次の、現在のサ変「する」とカ変「来る」の動詞の活用表を完成させなさい。

基本形	語幹	未然形	連用形	終止形	連体形	仮定形	命令形
する	○	し					しろ
来る							

㈢ ――線部②「上一段化」とありますが、現在の上一段活用の動詞を文中から一つ抜《ぬ》き出し、次の活用表を完成させなさい。

基本形	語幹	未然形	連用形	終止形	連体形	仮定形	命令形
	○						

㈣ ――線部②のように、カ変が上一段化した場合、その活用はどうなりますか。次の活用表を完成させなさい。

基本形	語幹	未然形	連用形	終止形	連体形	仮定形	命令形
来る	○						きい

㈤ aの「しる」、bの「しれ」の活用形をそれぞれ書きなさい。

a（　　　）　b（　　　）

問13

次の各文は、ことばの決まりについての説明です。それぞれの用例として適当なものを、ア～エの文中の――線部から一つずつ選び、記号を○で囲みなさい。

① 動詞の終止形は、ウ段の音で終わる。

ア 全校生徒が集合すると、体育館は満員になる。

イ そんなに働けば、からだをこわすよ。

ウ 食べ物をよくかめ。

エ そこに物を置かないでください。

② 一つの動詞で自動詞にも他動詞にもなるものがある。

ア 新しい家が建ったので、私たちは大喜びだった。

イ 母は夕食のために魚を焼いている。

ウ 小さい子どもでも、この本を読む。

エ そっとドアを開いて、暗い外へ出た。

③ 五段活用動詞から転じた可能動詞は、下一段活用である。

ア 頭が痛くて、起き上がれなかった。

イ こんな難しい本は読まれません。

ウ 望遠鏡があれば、もっとよく見えるのだが。

エ 頭がさえて、なかなか寝《ね》られない。

④ 動詞の中止法の場合は、連用形が用いられる。

ア そんな遊びをすると、しかられますよ。

イ 時報が鳴りはじめる、ちょうどその時、地震《じしん》が起きた。

ウ 旅の疲《つか》れも忘れ、さっそく調査にかかろうとした。

エ 早くいらっしゃい、おやつですよ。

⑤ 動詞は、助詞を伴《ともな》って、主語になることができる。

ア 長い間待っているのに、まだ始まりません。

イ いつも思い出すのは、明子さんのことです。

ウ 森田君と一緒《いっしょ》に海へ泳ぎに行きます。

エ 今日、巨人《きょじん》軍が勝てば、優勝が決まるよ。

問14　次の文章を読んで、――線部や＝＝線部の語についてあとの問いに答えなさい。

ビリー＝バックは約束を忘れないで、秋になるとまもなく調教を始めてくれた。調教はまず端綱《はづな》に慣らすことから始まったが、なにぶんにもいちばん最初の仕事なので、これが最も難しい。ジョウディはにんじんを手にし、優《やさ》しくことばをかけたり、にんじんで誘《さそ》ったりなどして、端綱を A引っぱる。小馬は、強く B引っぱられると、＊バローのように力いっぱい足を踏《ふ》んばる。だが、そのうちに慣れてくる。そこでジョウディは、端綱で小馬を C引っぱりながら、牧場のそこここを歩きまわる。そして、少しずつ端綱をゆるめ始めていくと、やがて小馬は、端綱で D引っぱらなくても、ジョウディの行く所へは、どこへでもついてくるようになった。

（スタインベック作・西川正身《にしかわまさみ》訳「赤い小馬」より）

＊注……ろば。アメリカ西南部に多く、荷物を運ぶのに用いる。

(一) ――線部の中で、動詞でないものが一つあります。その語を書きなさい。また、その語は文の成分として次のどれに当たるか、記号を○で囲みなさい。

語（　　　）

ア 主語（主部）　イ 述語（述部）　ウ 修飾語《しゅうしょくご》（修飾部）
エ 接続語（接続部）

(二) ＝＝線部A～Dの語の活用の行と種類を書きなさい。また、A～Dのそれぞれの活用形を書きなさい。

（　　行　　活用）

A（　　）　B（　　）　C（　　）
D（　　）

(三) ――線部の中で、補助動詞になっているものが三つあります。その語の言い切りの形と活用の種類を書きなさい。

（　　）―（　　活用）（　　）―（　　活用）
（　　）―（　　活用）

(四) ――線部の中で、音便の形で次の語に続いている動詞が三つあります。それらを使われている形のまま書き、また、イ音便・撥《はつ》音便・促《そく》音便のどれであるか書きなさい。

（　　）（　　）（　　）
音便の種類（　　）

(五) ――線部の中で、対《つい》になる自動詞と他動詞が二組あります。言い切りの形で、自動詞・他動詞の順に書きなさい。

（　　・　　）（　　・　　）

(六) ――線部の中で、中止法になっている動詞が一つあります。その活用の種類と活用形を書き、また、その動詞の言い切りの形を書きなさい。

（　　活用　　形）　言い切りの形（　　）

(七) ――線部の中で、単独で文節をつくり、連体修飾語になっている動詞を二つ書きなさい。

（　　）（　　）

(八) 次の文の――線部①～⑥は、それぞれどんな文の成分になっているか書きなさい。

①小馬は、②強く引っぱられると、③バローのように④力いっぱい⑤足を⑥踏んばる。

①（　　）　②（　　）　③（　　）
④（　　）　⑤（　　）　⑥（　　）

6
章

形容詞・形容動詞

——活用のある自立語

形容詞・形容動詞は、「どんなだ」という、物事の性質・状態を表す単語です。

要点のまとめ

UNIT **1**

形容詞・形容動詞の性質

解説ページ→p.120

- **形容詞・形容動詞とは**……物事の性質・状態を表す単語。
- **形容詞・形容動詞の性質**……**自立語で活用があり、単独で述語になる。**
- **言い切りの形**……形容詞は「**い**」、形容動詞は「**だ**」「**です**」で終わる。
  - 例 美しい（**形容詞**）
  きれいだ（**形容動詞**）
  きれいです（**形容動詞**）

形容詞と形容動詞の区別ができるように、言い切りの形に注目しよう！

UNIT **2**

形容詞の活用

解説ページ→p.121

- **活用形**……**未然形・連用形・終止形・連体形・仮定形の五つ。**
  命令形はない。
- **活用の種類**……活用のしかたは**一種類**しかない。連用形は、「ございます」などに連なるとき、**ウ音便**の形になる。
  - 例 おもしろうございます。

UNIT **3**

形容詞の各活用形のおもな用法

解説ページ→p.124

- **未然形**……「う」に連なる。
- **連用形**……用言やいろいろな付属語に連なる。
  - **中止法**としても用いられる場合がある。→「～く」の形
  - 例 室内は明るく、外は寒い。
- **終止形**……言い切る形。**形容詞の基本形**である。
  - 付属語に連なる場合もある。
- **連体形**……体言やいろいろな付属語に連なる。
- **仮定形**……助詞「ば」に連なる。
- **語幹《ごかん》**……**単独で述語になる。**「そうだ（様態）」に連なる。
  - 例 おお、寒。外は寒そうだ。

UNIT 4
形容動詞の活用
解説ページ→p.127

● 活用形……「だ」で終わる形容動詞は、**未然形・連用形・終止形・連体形・仮定形の五つ**。「です」で終わる形容動詞は、**未然形・連用形・終止形・連体形の四つ**。
● 「だ」…命令形はない。「です」…仮定形・命令形はない。

● 活用の種類……「だ」と「です」で終わるものの**二種類**ある。
● 「こんなだ」など、連体形がなく、体言に連なるときは**語幹**を用いるものもある。
例 こんな本を読んではいけない。

UNIT 5
形容動詞の各活用形のおもな用法
解説ページ→p.131

● 未然形……「う」に連なる。
● 連用形……「だ」で終わる形容動詞は、用言やいろいろな付属語に連なる。
● **中止法**として用いられる場合がある。→「〜で」の形
例 彼は元気で、頭もいい。
● 終止形……言い切る形。**形容動詞の基本形**である。
● 付属語に連なる場合もある。
● 連体形……体言やいろいろな付属語に連なる。
● 「です」で終わるものは、「ので」「のに」だけに連なる。
● 仮定形……「だ」で終わる形容動詞は、助詞「ば」に連なるが、「ば」が省略されることもある。
● 「です」で終わる形容動詞には、仮定形がない。
● 語幹……**単独で述語になる。**「そうだ（様態）」などに連なる。
例 まあ、きれい。元気そうだ。

UNIT 6
形容詞・形容動詞の働き
解説ページ→p.135

● 単独で……**述語・修飾語《しゅうしょくご》になる**ことができる。
● 付属語を伴《ともな》って……述語・修飾語のほか、主語・接続語にもなる。

UNIT 1

形容詞・形容動詞の性質

目標　物事の性質・状態を表す単語の性質について理解する。

1 形容詞・形容動詞とは ——物事の性質・状態を表す単語

形容詞・形容動詞は、**物事の性質・状態を表す**単語である。

動詞	花が 咲《さ》く。	実が なる。	← 動作・作用を表す
形容詞	花が 美しい。	実が 大きい。	← 性質・状態を表す
形容動詞	花が きれいだ。	実が 軟《やわ》らかだ。	← 性質・状態を表す
	花が きれいです。	実が 軟らかです。	← 性質・状態を表す

右の例で、動詞「咲く」「なる」は、花や実が「どうするか」という動作・作用を表し、物事の「変動する姿」を述べている。これに対して、形容詞「美しい」「大きい」、形容動詞「きれいだ」「きれいです」「軟らかだ」「軟らかです」は、花や実が**どんなであるか**という**性質・状態**を表し、物事の「静止した姿」を述べている。

2 形容詞・形容動詞の性質 ——自立語で活用がある

(1) 形容詞・形容動詞は、先の例文でもわかるように、ともに**自立語**であり、**単独で述語となる**ことができる。

(2) 形容詞・形容動詞は、ともに**活用がある**。

① **形容詞の活用**

例題

次の各文章中の——線部から形容詞と形容動詞を選んで、言い切りの形を示しなさい。

① 柔《やわ》らかい草の上に寝《ね》ころんで、生まれて覚えもないほど、ぐっすりと眠った。

② 清らかな古寺をひとり静かに鑑賞《かんしょう》した。

③ 都会を遠く離《はな》れて、山の中に来ました。夕日が真っ赤で きれいでした。

考え方　物事の性質・状態を表す語を選んで、言い切りの形を確かめるとよい。なお、「ない」は形容詞と助動詞(付属語)の場合があるので注意する。

答　形容詞＝①柔らかい→柔らかい　ない→ない　③遠く→遠い
形容動詞＝②清らかな→清らかだ　静かに→静かだ　③真っ赤で→真っ赤だ　きれいでし→きれいです

着目

● 形容詞・形容動詞の見分け方

言い切りの形が
「い」で終われば形容詞。
「だ」「です」で終われば形容動詞。

例 花が 美し**かろ**う。
花が とても 美し**かっ**た。
花が 美し**く**、実も 大きい。
花が 美し**い**。
美し**い** 花が 咲く。
花が 美し**けれ**ば 見に 行こう。

② **形容動詞の活用**

例 水が きれい**だろ**う。　水が きれい**でしょ**う。
水が きれい**だっ**た。　水が きれい**でし**た。
水が きれい**で**ある。　水が きれい**です**。
水が きれい**に** 流れる。　水が きれい**です**ので 飲みます。
水が きれい**だ**。
きれい**な** 水だ。
水が きれい**なら**ば 飲もう。

(3) **形容詞**は、「美しい」「大きい」などのように、言い切ったとき、すべて「**い**」で**終わる**。**形容動詞**は、「きれいだ」「きれいです」「軟らかだ」「軟らかです」などのように、すべて「**だ**」「**です**」(丁寧《ていねい》な言い方)で終わる。

練習1
解答→別冊 p.19

次の文中の形容詞の右側に、——線をつけなさい。

雨だけでなく、猛烈《もうれつ》な雷《かみなり》でも加わると、すごいことになるから、早く小屋へ帰って、途中《とちゅう》のおもしろかったことや、怖《こわ》かったことなどの話をしながら、夕立のやむのを待つことにする。

練習2
解答→別冊 p.19

次の各文中の形容動詞の右側に、——線をつけなさい。

① この菊《きく》の花のほとりには、菊みずからがつくり出すと思われるような、清らかでつつましい、ほのかな光が漂《ただよ》います。

② まだ大丈夫《だいじょうぶ》だろうと思っていたお天気が、夕方から急に崩《くず》れだした。

UNIT 2
形容詞の活用

目標　形容詞の五つの活用形について理解する。

1 形容詞の活用形 ——命令形はない

形容詞は、**未然形・連用形・終止形・連体形・仮定形の五つ**に活用し、**命令形にあたるものはない。**

(1) **未然形**「よかろ」「美しかろ」のように**「う」に連なる形。**

よ**かろ**う　美し**かろ**う

(2) **連用形**「よかっ」「美しかっ」のように**「た」「たり」に連なる形**と、「よく」「美しく」のように**「なる」などの動詞や補助形容詞「ない」**(↓p.124)**などに連なる形**の二つがある。

{よ**かっ**た／よ**く**なる}　{美し**かっ**たり／美し**く**ない}

(3) **終止形**「よい。」「美しい。」のように、**言い切る形。**

よ**い**。　美し**い**。

(4) **連体形**「よい」「美しい」のように**体言の「とき」「こと」などに連なる形。**

{よ**い**とき／よ**い**こと}　{美し**い**とき／美し**い**こと}

(5) **仮定形**「よけれ」「美しけれ」のように**「ば」に連なる形。**

よ**けれ**ば　美し**けれ**ば

形容詞の場合、下に「ない」がつくのは、連用形。動詞とは異なるので注意しよう。

② 形容詞の活用の種類 ――活用のしかたは一種類

右で挙げた「よい」「美しい」の二つの語は、同じように活用している。このように、**形容詞の活用のしかたは一種類しかない。**

ただし、**語幹**《ごかん》は、「よ」「美し」となって、**「し」のつくものとつかないものとがある。**

「よい」「美しい」を活用させて表にまとめると、次のようになる。

練習3 解答↓別冊p.19

次の各文中の(　)に形容詞「おもしろい」を活用させて入れ、活用形を答えなさい。

① その計画は、とても(　　)。　活用形(　　)
② この童話の本はずいぶん(　　)た。　活用形(　　)
③ そんなに(　　)ば、ぼくも行くよ。　活用形(　　)
④ だんだん(　　)なってきた。　活用形(　　)
⑤ それは、きっと(　　)う。　活用形(　　)
⑥ これは(　　)本だ。　活用形(　　)

練習4 解答↓別冊p.19

次の活用表を完成させなさい。

基本形	語幹	未然形	連用形	終止形	連体形	仮定形	命令形
早い							
長い							
美しい							
正しい							

基本形	語幹	未然形	連用形	終止形	連体形	仮定形	命令形
よい	よ	—かろ	—かっ —く	—い	—い	—けれ	○
美しい	美し	—かろ	—かっ —く	—い	—い	—けれ	○
おもな用法		ウに連なる	タ・ナイ・ナルに連なる	言い切る	トキ・コトに連なる	バに連なる	

注意

形容詞の音便《おんびん》

① **連用形の変化**　「ございます」「存ずる」などの語が続くときは、形容詞は連用形になるが、その連用形は音便の形をとることがある。

例　おもしろ**う**　ございます。（おもしろく）　よ**う**　存じて　おります。（よく）

右の例で、「う」は連用形の活用語尾《ごび》「く」が転じたものである。このように、**形容詞の連用形「—く」は「—う」に変化する**ことがある。これを**ウ音便**という。

② **語幹の一部も変化するもの**　ウ音便では、連用形の活用語尾が語幹の一部とともに変化するものがある。

例（語幹｜語尾）

あぶ**のう**　ございます。（あぶなく）

ありが**とう**　ございます。（ありがたく）

うれ**しゅう**　存じます。（うれしく）

練習5　解答 ➜ 別冊 p. 19

次の各組の形容詞に「ございます」が続くときは、どのようになりますか。それぞれの語に「ございます」を続けなさい。

① ア　よい（　　）
　 イ　ひろい（　　）

② ア　あさい（　　）
　 イ　たかい（　　）

③ ア　大きい（　　）
　 イ　正しい（　　）

注意

補助形容詞（形式形容詞）……動詞には、ほかの語について補助的な役割に使われる補助動詞（形式動詞）（➡p.107）があったが、形容詞にも同じような役割で使われる**補助形容詞**（形式形容詞ともいう）がある。補助形容詞も、上の文節が「**〜て（で）**」の形になることが多い。

ア
（主語）（述語）
ここに　本が　ある。（動　詞）
ここに　本が　ない。（形容詞）

イ
（主語）（述部）
これは　本で　**ある**。（補助動詞）
これは　本で　**ない**。（補助形容詞）

右のアやイの文からわかるように、補助動詞・補助形容詞は単独で述語や修飾語《しゅうしょくご》などにはならず、**上の文節と連文節をつくって**述部や修飾部などになる。

補助形容詞は「**ない**」「**ほしい**」など、その数は少ない。

(1)　本の　表紙に　名前が　書い**て**　**ない**。
(2)　そこへ　行っ**て**　**ほしい**。

補助動詞と補助形容詞を、あわせて**補助用言**または**形式用言**という。

UNIT

3 形容詞の各活用形のおもな用法

目標　形容詞の各活用形の用法について理解する。

1 未然形の用法 ― 助動詞「う」に連なる

例　今年の夏は暑かろ**う**。

2 連用形の用法 ― 中止法として用いられる場合がある

(1)「**―かっ**」の形は助動詞「**た**」や助詞「**たり**」に連なる。

例　木の緑が美しかっ**た**。寒かっ**たり**、暑かっ**たり**する。

練習 6

解答➡別冊p.19

次の各文中から、文の成分の述語（述部）を抜《ぬ》き出しなさい。また、それが連文節になっている文の番号を答えなさい。

①　忙《いそが》しいので、眠《ねむ》る時間もなかった。
②　その夜、ぼくは眠くなかった。

述語①（　　　　）②（　　　　）
連文節（　　　　）

例題

次の文章中の――線部の形容詞の活用形を答えなさい。

風も　①暖かく、のどかな　お天気だ。昨日も　②暖かかったが、今日は　いっそう③暖かい。日増しに　④暖かく　なる。よくもこう　⑤暖かい　お天気が　続く　ことだ。たぶん　明日も　⑥暖かかろうし、こんなに　⑦暖かければ、ほどなく　桜も　咲《さ》くだろう。

(2)「―く」の形は「**なる**」などの動詞、補助形容詞「**ない**」やその他の形容詞、「きれいだ」などの形容動詞に連なる。すなわち、いろいろな**用言**に連なる。

例 室内が暗く**なる**。
少しも美しく**ない**。
すばらしく**きれいだ**。

(3)「**―く**」の形は「**て**」「**ても**」「**は**」「**も**」などの助詞にも連なる。

例 美しく**て**清らかな感じだ。
おもしろく**ても**笑わない。
おかしく**は**ない。
おもしろく**も**ない。

(4)「**―く**」の形は、**文をいったん中止してまた続ける中止法**として用いられる。

例 花が美しく、実もおいしい。
力が強く、重い荷物を運ぶことができる。

打ち消しを表す「ない」には、補助形容詞(➡p.156)と助動詞(➡p.124)の二種類がある。「美しくはない」や「おもしろくもない」のように、「ない」の前に助詞を入れられるならば、補助形容詞。形容詞を打ち消す場合は、連用形に補助形容詞の「ない」をつけるんだよ。

3 終止形の用法 ——付属語に連なることもある

(1) 文をそこで**言い切るときの形**で、**形容詞の基本の形**である。

(2) 助動詞の「**そうだ**(**伝聞の意味**)」「**らしい**」や助詞の「**と**」「**けれど**(**けれども**)」「**が**」「**な**(**なあ**)」などにも連なる。

例 庭が美しい**そうだ**。 庭が美しい**らしい**。
建物が美しい**と**いうことだ。 遠い**けれど**(**けれども**)、歩こう。
寒い**が**、出かけよう。 あの車は、とても速い**な**(**なあ**)。

考え方 まず、言い切りの形か、下に続く形かを考える。下に続く形ならば、その下に続く語から活用形を判断する。なお、連用形の中止法や終止形に付属語がついたものには十分注意すること。
①は中止法、②は「た」に連なる、③は言い切りの形、④は「なる」に連なる、⑤は「お天気」という体言に連なる、⑥は「う」、⑦は「ば」に連なる形。

答 ①連用形 ②連用形 ③終止形 ④連用形 ⑤連体形 ⑥未然形 ⑦仮定形

着目
● 形容詞の活用形の見分け方
・**言い切りの形は終止形だけ。**
・**仮定形は助詞「ば」に連なるものだけ。**
・**未然形は助動詞「う」に連なるものだけ。**

練習7 解答➡別冊p.19

次の①・②のそれぞれの二つの文を、中止法を用いて一つの文にまとめなさい。

① 山ははるかに遠い。海はとても近い。
(　　　)

② 顔つきが愛らしい。まゆがすんなりとして美しい。
(　　　)

4 連体形の用法 ―― 体言などに連なる

(1) **体言**に連なって、その体言を修飾《しゅうしょく》する。

例 美しい**花**だ。
　 よい**行い**をする。

(2) 助動詞「**ようだ**」や助詞「**のに**」「**ので**」「**だけ**」などに連なる。

例 帯には短い**ようだ**。
　 若い**のに**、しっかり者だ。
　 美しい**ので**、見とれていた。
　 美しい**だけ**ではいけない。

形容詞には、命令形がない。だから、命令の意味を表す場合には、形容詞の連用形に動詞の命令形をつける。例えば、次のようにね。
●正しく＋しろ
●正しく＋せよ
●正しく＋なさい
(「しろ」「せよ」は、サ変動詞「する」の命令形。「なさい」は五段動詞「なさる」の命令形。)

5 仮定形の用法 ―― 助詞「ば」に連なる

例 美しけれ**ば**、見に行こう。

注意

形容詞の語幹《ごかん》の注意すべき用法

① **言い切る形で用いられ、単独で述語になる。**

例 おお、**寒**。　ああ、**うれし**。
　 この場合、「寒」「うれし」は、形容詞として扱《あつか》う。

② **助動詞「そうだ(様態の意味)」**(➡p.170)**に連なる。**

例 外は**寒**そうだ。
　 優勝して、ほんとうに**うれし**そうだ。

③ **単独で、または重複して副詞になる。**

例 はや出発した。　軽々と持ち上げる。(　部が副詞)
右の例では、「はやい」「軽い」という形容詞の語幹が、単独で、または重複して、一つの副詞となっている。

練習8　解答➡別冊p.19

次の文章には、形容詞が八つあります。それらを抜き出し、活用形を答えなさい。

いかにも寂《さび》しい海岸であった。波の音は絶え間もなく、風の音が死者のささやきのように悲しい。西の空はまだ明るいが、海上は夕やみが濃《こ》くなっていく。広いばかりの砂浜に、小さくて、近寄らないと花の色さえ判別できない草花が、風に厳しく吹《ふ》きつけられていた。

(　　)(　　)
(　　)(　　)
(　　)(　　)
(　　)(　　)

練習9　解答➡別冊p.19

次の各文中の――線部の語の品詞を、順に答えなさい。

① 勉強する気持ちをなくし、家にいてもおもしろくなかったので、だれもいない遠いところへ行きたくなった。
(　　)(　　)(　　)

② ひとりで細々と暮らしている母は、それでも新しい服を送ってきて、親心の深さを私に思い知らせた。
(　　)(　　)(　　)

UNIT

4 形容動詞の活用

目標 形容動詞の活用形と活用の種類について理解する。

形容動詞には、「だ」で終わる形のものと、「です」で終わる形のもの（丁寧《ていねい》な言い方）がある。

参考

「です」で終わる形容動詞 …… 古い文法の本では、形容動詞の言い切りの形は「〜だ」で終わるものだけと考えていた。それに従えば、「きれいです」は、形容動詞「きれいだ」の語幹「きれい」に丁寧な断定を表す助動詞「です」（➡p.183）がついたものということになる。しかし、最近の学説では「きれいです」を「きれいだ」より丁寧な言い方の一語の形容動詞としている。

1 「だ」で終わる形容動詞の活用形

「だ」で終わる形容動詞は、**未然形・連用形・終止形・連体形・仮定形の五つ**に活用する。**命令形にあたるものはない。**

(1) **未然形**……「きれいだろ」「元気だろ」のように**「う」に連なる形**。

きれい**だろ**う　元気**だろ**う

(2) **連用形**……「きれいだっ」「元気だっ」のように「た」**に連なる形**、「きれいで」「元気で」のように**「ない」「ある」などの特別な用言に連なる形**、「きれいに」「元気に」のように**「なる」などの各種の用言に連なる形**の三つがある。

きれい**だっ**た　元気**だっ**た

きれい**で**ない　元気**で**ある

きれい**に**なる　元気**に**なる

(3) **終止形**……「きれいだ。」「元気だ。」のように、**言い切る形。**

きれい**だ。**　元気**だ。**

例題

次の各文中の——線部から形容動詞を選んで、活用形を答えなさい。

① 自然は、人間の想像をはるかに超《こ》えた姿を見せる。
② よいことはただちに実行すべきである。
③ 真実を見きわめるのは容易ではない。
④ 私は試験の結果について悲観的だった。
⑤ 科学者が追い求めてきたものは真理だ。
⑥ 今年《ことし》の天候は異常だ。
⑦ 昨年の天候は異常でした。

考え方 形容動詞の連用形（特に「—に」の形）は、副詞と混同しやすいが、語幹と思われる部分に「—だ」「—な」をつけることができれば形容動詞である。例えば、①の「はるかに」は「はるかだ」「はるかな」と言えるから形容動詞、②の「ただちに」は副詞なので「ただち」に「だ」「な」をつけると、意味が通らなくなる。

また、名詞に助動詞「だ」のついた形が形容動詞とよく似ていることにも注意したい（➡p.181下段）。この場合、「真に」「ほんとうに」などの連用修飾語を入れて意味が通れば形容動詞である。例えば、⑤ 科学者が追い求めてきたものは「ほんとうに」真理だ。

(4) **連体形**……「きれいな」「元気な」のように各種の**体言に連なる形**。
きれい**な**花　元気**な**子ども

(5) **仮定形**……「きれいなら」「元気なら」のように**「ば」に連なる形**。
「ば」がなくても、仮定形だけで使われることがある。
きれい**なら**(ば)　元気**なら**(ば)

2 「です」で終わる形容動詞の活用形

「です」で終わる形容動詞は、丁寧《ていねい》な断定を表す助動詞「です」(↓p.183)と同じような活用をする。つまり、**未然形・連用形・終止形・連体形の四つ**に活用する。**仮定形・命令形にあたるものはない**。

(1) **未然形**……「きれいでしょ」「元気でしょ」のように**「う」に連なる形**。
きれい**でしょ**う　元気**でしょ**う

(2) **連用形**……「きれいでし」「元気でし」のように**「た」に連なる形**。
きれい**でし**た　元気**でし**た

(3) **終止形**……「きれいです。」「元気です。」のように、**言い切る形**。
きれい**です**。　元気**です**。

(4) **連体形**……「きれいです」「元気です」のように、助詞の「ので」「のに」**に連なる場合だけに用いられる形**。
きれい**です**ので　元気**です**のに

3 形容動詞の活用の種類 ――活用のしかたは二種類

右で挙げた「きれいだ」「きれいです」のように、**形容動詞の活用のしかたは二種類**である。
「きれいだ」「きれいです」を活用させ、表にまとめてみよう。

---

⑥ 今年の天候は「ほんとうに」異常だ。としてみると、⑤は意味が通らず⑥は意味が通るので、⑥「異常だ」は形容動詞である。また、⑦「異常です」が活用した「異常でし」も形容動詞である。
なお、形容動詞には、④の「悲観的だ」のように「―的」を語幹とするもの、また、「スマートだ」のように外来語を語幹とするものもあるので注意する。

答 ①連用形　③連用形　④連用形　⑥終止形　⑦連用形

着目

●形容動詞と副詞・名詞文節の見分け方
「―だ」「―な」の形にできない。
→副詞
前に連用修飾語を入れられない。
→名詞文節(名詞＋助動詞「だ」)

練習 10　解答↓別冊 p.20

次の各文中の(　)に形容動詞「丈夫《じょうぶ》だ」を活用させて入れ、活用形を答えなさい。

① そんなに(　　)、きっと行けるよ。［　　］
② もっと(　　)体になりたいなあ。［　　］
③ 私の父は、そんなに(　　)はない。［　　］

基本形	語幹	未然形	連用形	終止形	連体形	仮定形	命令形
きれいだ	きれい	—だろ	—だっ —で —に	—だ	—な	—なら	○
おもな用法		ウに連なる	タ・ナイ・ナルに連なる	言い切る	トキ・コトに連なる	バに連なる	

基本形	語幹	未然形	連用形	終止形	連体形	仮定形	命令形
きれいです	きれい	—でしょ	—でし	—です	(—です)	○	○
おもな用法		ウに連なる	タに連なる	言い切る	ノデ・ノニに連なる		

注意

形容詞と語幹が同じもの …… 形容詞と形容動詞には語幹が同じものがある。次の例で——線部が語幹である。

細かい・暖かい・真っ黒い・軟《やわ》らかい・まんまるい → **形容詞**

細かだ・暖かだ・真っ黒だ・軟らかだ・まんまるだ
細かです・暖かです・真っ黒です・軟らかです・まんまるです } → **形容動詞**

形容詞と形容動詞の活用のしかたを覚え、その活用語尾《ごび》で品詞を判断する。

次に、語幹が「暖か」の形容詞・形容動詞の活用表を示しておこう。

基本形	語幹	未然形	連用形	終止形	連体形	仮定形	命令形
暖かい	暖か	—かろ	—かっ —く	—い	—い	—けれ	○
暖かだ	暖か	—だろ	—だっ —で —に	—だ	—な	—なら	○
暖かです	暖か	—でしょ	—でし	—です	(—です)	○	○

④ 彼は少しも病気をしないのだから、きっと、体は（　　　）う。［　　］

⑤ ぼくも、そのころは（　　　）た。［　　］

⑥ 私の母は、たいへん（　　　）。［　　］

⑦ もっと（　　　）なりたい。［　　］

練習11 解答 ➡ 別冊 p. 20

次の各文中の——線部の形容動詞の活用形を答えなさい。

① 外はうららかな（　　　）初夏だ。屋根ですずめが鳴いている。あのすずめはのんきで（　　　）いいなあ。

② その話がほんとうなら（　　　）、彼《かれ》がよい人間であることは確かだろ（　　　）う。

③ 彼は、生まれつき素直で（　　　）、とてもハンサムでし（　　　）た。

④ 穏《おだ》やかに（　　　）話す口調から推測するに、あちらの男性はとても誠実《せいじつ》でしょ（　　　）う。

⑤ 簡単な（　　　）ことなのですが、実はとても重要です（　　　）。

4 特別な活用をする形容動詞 ——連体形だけが違《ちが》う

(1) **「こんなだ」の活用**……「こんなだ」「そんなだ」「あんなだ」「どんなだ」という形容動詞には**連体形がなく**、**体言などに連なる場合は語幹そのものを用いる。**
次の例の□は語幹である。
例 こんな **とき**、なぜ来たの。　そんな **話**があるものか。
(2) **「同じだ」の活用**……「同じだ」も、「こんなだ」などと同じように、**体言などに連なる場合は語幹そのものを用いる**が、助詞「**の**」「**ので**」「**のに**」に連なるときだけ「**―な**」という連体形が現れる。

例 二人は同じ **日**に生まれた。
ぼくも同じ**な の**がほしい。
身長が同じ**な のに**、体重は重い。
クラスが同じ**な ので**、仲がよい。

次の例の□は語幹、□は連体形である。

基本形	語幹	未然形	連用形	終止形	連体形	仮定形	命令形
こんなだ	こんな	―だろ	―だっ ―で ―に	―だ	○	―なら	○
同じだ	同じ	―だろ	―だっ ―で ―に	―だ	(―な)	―なら	○
おもな用法		ウに連なる	タ・ナイ・ナルに連なる	言い切る	ノ・ノデ・ノニに連なる	バに連なる	命令して言い切る

ただし「こんな」「そんな」「あんな」「どんな」を連体詞、「同じ」を副詞とする説もある。

練習12
解答➡別冊 p.20

次の活用表を完成させなさい。

基本形	語幹	未然形	連用形	終止形	連体形	仮定形	命令形
なだらかだ							
静かです							
あんなだ							
立派だ							
どんなだ							
同じだ							

練習13
解答➡別冊 p.20

次の各文中の形容動詞の活用が正しければ○と答え、誤っていれば正しく直しなさい。

① これと同じなのを持っている。（　　）
② それとこれとは、同じなものです。（　　）
③ この服は、前に買ったのと同じのに、少し安い。（　　）

UNIT 5

形容動詞の各活用形のおもな用法

目標 形容動詞の各活用形の用法について理解する。

「です」で終わる形容動詞の各活用形の用法は、128ページに挙げたものくらいしかない。ここでは、「だ」で終わる形容動詞の各活用形のおもな用法を示そう。

1 未然形の用法 ――助動詞「う」に連なる

例 夜はとても静かだ**ろう**。

2 連用形の用法 ――中止法として用いられる場合がある

(1) 「**―だっ**」の形は助動詞「**た**」や助動詞「**たり**」に連なる。

例 室内は、わりに静かだっ**た**。

日によって、静かだっ**たり**、にぎやかだっ**たり**する。

(2) 「**―で**」の形は、補助動詞「**ある**」や補助形容詞「**ない**」に連なる。

例 彼《かれ》は健康で**ある**。

この計算は正確で**ない**。

(3) 「**―で**」の形は、「**は**」「**も**」「**さえ**」などの助詞にも連なる。

例 そこは静かで**は**ない。

思ったほど安全で**も**ない。

場内は厳《おごそ》かで**さえ**あった。

(4) 「**―で**」の形は、動詞・形容詞と同じように、**文をいったん中止してまた続ける中止法**として用いられる。

例 波が静かで、風もない。　入道雲は壮大《そうだい》で、強烈《きょうれつ》であった。

例題

次の各文中の――線部に含《ふく》まれる品詞を答え、用言については活用形も答えなさい。

① 原稿《げんこう》用紙を広げたが、一行も書けない。

② 駅から図書館まであまり遠くなかった。

③ 今日、買った果物は、新鮮《しんせん》ではない。

考え方 打ち消しの語「ない」がつくときの、用言の活用形は何か、また、「ない」の品詞が何であるかを、理解しておこう。また、形容詞・形容動詞は、「ない」との間に「は」「も」などの助詞を入れることができる。

例 あまり遠くはない。　新鮮でもない。

答 ①「書け」＝動詞の未然形　「ない」＝助動詞　②「遠く」＝形容詞の連用形　「なかっ」＝形容詞の連用形　③「新鮮で」＝形容動詞の連用形　「は」＝助詞　「ない」＝形容詞の終止形

着目

● 用言の打ち消しの形

動詞の未然形＋助動詞「ない」

形容詞・形容動詞 ｝の連用形＋補助形容詞「ない」

(5) 「―に」の形は、いろいろな**用言**に連なる。

例 室内が静かに**なる**。（**動詞**）
左手より右手がわずかに**長い**。（**形容詞**）
彼の生活はこんなに**質素だ**。（**形容動詞**）

3 終止形の用法 ―― 付属語に連なることもある

(1) 文をそこで言い切るときの形で、**形容動詞の基本の形**である。

(2) 助動詞の「**そうだ**(**伝聞の意味**)」や助詞の「**と**」「**けれど**(**けれども**)」「**が**」「**し**」「**な**(**なあ**)」などにも連なる。

例 彼はとても元気だ**そうだ**。
それは同じだ**と**思う。
わずかだ**けれど**(**けれども**)、あげる。
これは便利だ**が**、危険だ。
そこは静かだ**し**、空気もよい。
ほんとうに親切だ**な**(**なあ**)。

4 連体形の用法 ―― 体言などに連なる

(1) **体言**に連なって、その体言を修飾《しゅうしょく》する。

例 静かな**夜**であった。
親切な**人**である。

(2) 助動詞の「**ようだ**(**たとえ・推定・例示の意味**)」や助詞の「**ので**」「**のに**」「**だけ**」などにも連なる。

形容動詞も形容詞と同じく、命令形がない。だから、命令の意味を表す場合には、形容動詞の連用形に動詞の命令形をつけなくちゃならない。
例えば、
●静かに＋しろ
●静かに＋せよ
●静かに＋なさい
というふうにね。

例題

次の各文中の―線部の中止法を用いた語の品詞・活用形を答えなさい。

① 修学旅行は楽しく、私たちのよい思い出になります。
② 急いで部屋を片付け、電灯を消して外へ出た。
③ 試験問題は簡単で、満点をとれる自信があった。

考え方 品詞も活用形もすぐわかるだろう。

答 ①形容詞・連用形 ②動詞・連用形 ③形容動詞・連用形

着目
● 用言の中止法
連用形にあり、形容詞は「―く」、形容動詞は「―で」の形になる。

練習 14

解答 ➡ 別冊 p.20

次の各章中の――線部に含《ふく》まれている品詞を答え、用言については活用形も答えなさい。なお、補助用言があれば、その品詞と活用形も答えなさい。

厚化粧《あつげしょう》の女性は、少しも①きれいではない。また、自分で②美しいことを鼻にかけている女性も、けっして③美しくない。女性はその素肌《すはだ》が④魅力《みりょく》的であり、ひたむきに生きているときこそ⑤きれいである。

例 波は穏《おだ》やかな**ようだ**。
彼は親切な**ので**、人に好かれる。
静かな**のに**勉強できない。
彼は元気な**だけ**に、よく働く。

5 仮定形の用法 ―― 助詞「ば」を伴《ともな》わないことがある

普通《ふつう》、**「ば」**に連なるが、**仮定形だけでも使われる。**

例 めんどうなら**ば**、この次に行こう。
そこが静かなら、移ってもよい。

注意

形容動詞の語幹の注意すべき用法

① **体言(名詞)と考えられるものがある。**

例 **正直**は一生の宝。
健康が第一の条件だ。

右の例の「正直」「健康」は、「正直だ」「健康だ」という形容動詞の語幹とも考えられるが、この場合、助詞「は」「が」を伴《ともな》って主語になっている。これは体言(名詞)で、形容動詞の語幹ではない。

② **言い切る形で用いられ、単独で述語になる。**

例 まあ、**すてき**。
さあ、**たいへん**。

この場合、「すてき」「たいへん」は、形容動詞の語幹として扱《あつか》う。

③ **「そうだ(様態の意味)」**(→p.170)、**「らしい」**(→p.178)**などの助動詞に連なる。**

例 彼は元気**そうだ**。
そこは静か**らしい**。

①(　　) ②(　　) ③(　　) ④(　　) ⑤(　　)

練習15 解答→別冊p.20

次の各文中の――線部は、それぞれ一つの単語です。[　]にあてはまる活用語尾《ごび》を答えなさい。

① 仕事はめんどうだが、丁寧《ていねい》[　　]仕上げよう。
② 海は穏《おだ》やか[　　]ので、船はすべるように進む。
③ 水がきれい[　　]、底まではっきり見える。
④ 君は不愉快《ふゆかい》[　　]うが、自分の失敗を認めるべきだ。
⑤ もし君の意見が正当[　　]、ぼくはそれに従うよ。
⑥ 父は果物が好き[　　]、いつも買ってくる。
⑦ 荷物が重[　　]ば、ぼくも一緒《いっしょ》に運んであげる。
⑧ 吉野山の桜は満開で、その風景はみごと[　　]そうだ。

注意

形容詞・形容動詞・動詞の活用と用法の違い

	形容詞	形容動詞	動詞
活用	命令形がない。	命令形がない。「です」で終わるものには仮定形もない。	未然形・連用形・終止形・連体形・仮定形・命令形の六つ。
活用の種類	一種類。	二種類（「だ」と「です」）。	五段・上一段・下一段・カ変・サ変の五種類。
未然形	「う」だけに連なる。	「う」だけに連なる。	五段は「う」「ない」に連なる二つ、サ変は「ない」「ぬ」「れる」などに連なる三つ、ほかの活用は「ない」などに連なる形がある。
連用形	「た」「なる」などに連なる二つ。打ち消しは補助形容詞「ない」を使う。	「だ」で終わるものは「た」「ある」「なる」に連なる三つ。打ち消しは補助形容詞「ない」を使う。	五段は「ます」「た」に連なる二つ、ほかの活用は「ます」などに連なる形がある。
連体形	体言などに連なる。	「です」で終わるものは「ので」「のに」だけに連なる。また連体形のないものがある。	体言などに連なる。
仮定形	「ば」に連なる。	「ば」が省略されることがある。	「ば」に連なる。
音《おん》便《びん》	ウ音便のみ。	音便はない。	五段のみ、イ音便・促《そく》音便・撥《はつ》音便の三種類。

例題

次のア〜クの中から、形容動詞の語幹と考えられるものを選びなさい。

ア 有益　**イ** 利益　**ウ** 天気
エ 陰気《いんき》　**オ** 仕事　**カ** 勇気
キ 勇敢《ゆうかん》　**ク** 同様

考え方 体言とも形容動詞の語幹とも区別しにくい語がある。ただし、形容動詞の語幹であるものは、形容動詞の連体形の活用語尾「な」をつけることができる。例えば**ア**は「有益な」ということはできるが、**イ**は「利益な」ということはできない。

また、「な」をつけることができても、念のために、適当な体言に続けることができるかどうかも確認《かくにん》しておこう。例えば、**ア**は「有益な発明」（――線部は体言）とできるが、**オ**は「仕事な時間」とは言えず、「仕事の時間」というように、「の」をつけなければ体言に続かない。

答 ア・エ・キ・ク

着目

● 形容動詞の語幹

「な」をつけて、体言に続けることができる。

UNIT

6 形容詞・形容動詞の働き

目標 形容詞・形容動詞の働きについて理解する。

1 述語になる ── 単独でも述語になる

形容詞と形容動詞は、動詞と同じように**単独**で、または、**いろいろな付属語を伴《ともな》って**、「**何が**」→「**どんなだ**」**の文型**に当たる**述語**になる。単独で述語になる場合は、普通《ふつう》、**終止形で文を言い切る**が、**中止法**のときは**連用形**になる(「です」で終わる形容動詞には、中止法はない)。

形容詞

日ざしが(主語) 暖かく(述語)(連用形)、春は(主語) 近い(述語)(終止形)。 ──中止法／単独で述語

日ざしが(主語) 暖かかった(述語)。 ──付属語／付属語を伴う

形容動詞

日ざしが(主語) 暖かで(述語)(連用形)、風も(主語) 穏《おだ》やかだ(述語)(終止形)。 ──中止法／単独で述語

日ざしが(主語) 暖かでしたよ(述語)(連用形)。 ──付属語／付属語を伴う

2 主語になる ── 「の」と「が」「は」「も」などを伴う

形容詞と「だ」で終わる形容動詞は、動詞と同じように、助詞の「**の**」に助詞の「**が**」「**は**」「**も**」などがついて、**主語になる**ことができる。この場合の形容詞・形容動詞の活用形は**連体形**である。

例題

次の各文中の――線部の語の品詞と活用形を答え、それぞれの文節の働きを説明しなさい。

① 彼の態度は立派だ。
② 話し声がうるさく聞こえる。
③ その処置は適切で、問題は解決した。
④ 駅からしばらく行くと、さびしい通りに出た。
⑤ 嫌《きら》いなら、食べなくてもいいよ

考え方 ――線部の語は、形容詞か形容動詞で、付属語がつかないで一文節になっていることがわかる。そこで、形容詞や形容動詞が単独でどんな働きをしているか調べてみよう。

まず、形容詞や形容動詞だけの文節は、主語にはならないが、述語や修飾《しゅうしょく》語になることができる。

修飾語になる場合、②のように単独で連用修飾語になるのが副詞法(➡p.137)である。また、単独で述語になる場合、普通は①のように終止形を用いるが、③のように連用形を用いて中止法になることもある。なお、⑤は「嫌いならば」の助詞「ば」を省略した形で、形容動詞の仮定形がそのまま接続語(仮定の条件を表す)となっている。

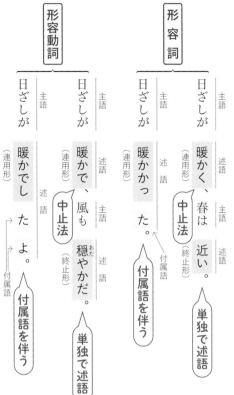

形容詞 | 主語：小さい（連体形） の ／ が・は・も ｜ よい。（述語）

形容動詞 | 主語：きれいな（連体形） の ／ が・は・も ｜ ここに ある。（述語）

③ 修飾語になる ——単独で修飾語《しゅうしょくご》になる

形容詞と「だ」で終わる形容動詞は、**単独**で、または、**いろいろな付属語を伴《ともな》って**、連体修飾語にも連用修飾語にもなることができる。

(1) **連体修飾語になる場合**……単独で連体修飾語になる場合は、連体形が用いられる。

形容詞
- 大きい（連体形）〔連体修飾語〕 百貨店が〔体言文節・名詞〕 ある。 ——単独で連体修飾語
- 小さかっ（連用形） た〔連体修飾語〕 城下町が〔体言文節・名詞〕 大都市になった。 ——付属語を伴う

答 ①形容動詞・終止形・述語 ②形容詞・連用形・連用修飾語 ③形容動詞・連用形・述語 ④形容詞・連体形・連体修飾語 ⑤形容動詞・仮定形・接続語

着目
● 形容詞・形容動詞の働き
単独で述語・修飾語になることができる。

例題

次の各文中の——線部から自立語を抜《ぬ》き出し、品詞とその活用形を答えなさい。また、——線部（文節）の働きを答えなさい。

① ここは学校に近いし、環境《かんきょう》もよい。
② 今度の試験はたいへん難しかった。
③ 必要なのは、根性《こんじょう》と努力だ。
④ ぼくに大きいのをください。
⑤ 弟は眠《ねむ》そうに大きなあくびをした。
⑥ この情報は、やはり確からしい。
⑦ そこの池は、ずいぶん深いらしい。
⑧ 新しいのに、もう壊《こわ》してしまった。
⑨ 遠いので、歩いて行くのは無理です。
⑩ 不愉快《ふゆかい》だろうが、争ってはいけないよ。

考え方 ——線部は、形容詞や形容動詞に付属語がついて一文節になっていることがわかるだろう。したがって、形容詞・形容動詞のどんな活用形が使われているかを確かめなければ、それを抜き出すことができ

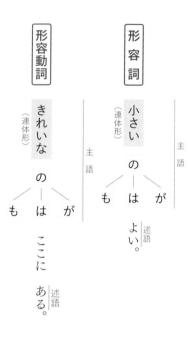

形容動詞

- にぎやかな（連体修飾語・連体形）→ 商店街を（体言文節・名詞）歩く。　単独で連体修飾語
- 元気だっ（連体修飾語・連用形）た → 先生が（体言文節・名詞）重病だ。　付属語を伴う

(2) 連用修飾語になる場合……単独で連用修飾語になる場合を副詞法と言い、**連用形（形容詞は「—く」、形容動詞は「—に」）**が用いられる。また、いろいろな付属語を伴って連用修飾語になる。

形容詞

- 花が 美しく（連用修飾語・連用形）→ 咲《さ》く。（用言文節・動詞）
- 花が すばらしく（連用修飾語・連用形）→ 美しい。（用言文節・形容詞）　単独で連用修飾語
- これ以上 短く（連用修飾語・連用形）は → 切れない。（用言文節・動詞）　付属語を伴う

形容詞と形容動詞は、単独で連体修飾語にも連用修飾語にもなることができるんだ。同じ用言でも、動詞は、単独で連用修飾語になることができないよ。

ない。特に、形容詞・形容動詞は語幹に付属語がつく場合があるので注意する。

答
①近い・形容詞（終止形）・述語
②難しかっ・形容詞（連用形）・述語
③必要な・形容動詞（連体形）・主語
④大きい・形容詞（連体形）・連用修飾語
⑤眠・形容詞（語幹）・連用修飾語
⑥確か・形容動詞（語幹）・述語
⑦深い・形容詞（終止形）・述語
⑧新しい・形容詞（連体形）・接続語
⑨無理です・形容動詞（終止形）・述語
⑩不愉快だろ・形容動詞（未然形）・接続語

着目
●形容詞・形容動詞の語幹につく助動詞
形容詞・形容動詞の語幹＋「そうだ（様態）」
形容動詞の語幹＋「らしい」

形容動詞

もっと　穏《おだ》やかに（連用形）　話せ。
（穏やかに＝連用修飾語 → 話せ。＝用言文節・動詞）

あの選手が　わずかに（連用形）　速かった。
（わずかに＝連用修飾語 → 速かった。＝用言文節・形容詞）

今年は　異常な（連体形）　ほど　暑い。
（異常なほど＝連用修飾語 → 暑い。＝用言文節・形容詞）

単独で連用修飾語

付属語を伴う

④ 接続語になる ——接続助詞を伴う

形容詞・形容動詞は、動詞と同じように、**接続助詞**（➡p.204）を伴《ともな》って**接続語**になる。

形容詞

忙《いそが》しければ、無理は言わないよ。
（忙しけれ＝接続語　ば＝接続助詞）

形容動詞

便利なので、よく使う商品だ。
（便利な＝接続語　ので＝接続助詞）

静かですが、さびしい町ですね。
（静かです＝接続語　が＝接続助詞）

練習16

解答➡別冊p.20

次の各文中の——線部の文節の働きを答えなさい。

① 恐《おそ》ろしいのは、この川に有毒な工場排《はい》水《すい》が含《ふく》まれていることだ。昔、この川はとてもきれいだったそうだ。

（　　）（　　）（　　）

② 彼は元気そうに働いていたのに、急に病気になった。病状はひどく重いそうだ。

（　　）（　　）（　　）

③ 小さかった子どもたちも、今では立派に成長して、君もきっと満足だろう。

（　　）（　　）（　　）

④ 親《しん》戚《せき》中《じゅう》が集まってお節《せち》料理を食べると、温かく幸せな気分になる。いつもは静かなこの部屋もにぎやかだ。

（　　）（　　）（　　）
（　　）

⑤ ぼくにとって大切なのは、やさしい心と正直に話す態度だ。

（　　）（　　）（　　）

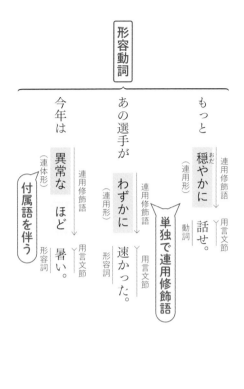

実力アップ問題

6章で学んだことを確かめ、実践的な力を身につけよう！

解答↓別冊 p.21

問1 次の各文に、形容詞または形容動詞があれば――線をつけ、それぞれの基本形(言い切りの形)を書きなさい。

① この果物を一口食べてみたが、少しも甘味《あまみ》がない。（　　）

② この子を知っていますが、ほんとうは正直なのです。（　　）

③ この小説はおもしろくないから読まないつもりです。（　　）

④ その魚、たいそう大きゅうございますね。（　　）

⑤ 私の話を素直《すなお》に聞いて、じゅうぶん考えてください。（　　）

⑥ 北海道の冬は、こちらと比べてずいぶん寒かろうね。（　　）

⑦ ぼくが見てきた風景の美しさをことばで表現できない。（　　）

⑧ 頑固《がんこ》なのが、父の長所であり、欠点でもあるのです。（　　）

⑨ 慈照寺銀閣《じしょうじぎんかく》は、簡素ではあるが、深い趣《おもむき》のある建物である。（　　）

⑩ 性格が弱いばかりに、自分にも他人にも余計な不幸を招いている人が少なくない。（　　）

問2 次の文中の（　）に、それぞれはじめに示した「涼《すず》しい」「まじめだ」を、文が続くような形にして書きなさい。

(1) 涼しい

① あの木かげが（　　）ば、そこへ行ってみよう。

② 氷のそばにいたら、とても（　　）た。

③ 夜になると、だんだん（　　）なってくる。

④ 山の頂上は（　　）うな。

⑤ 夕立のあとは、とても（　　）。

⑥ 今年の夏休みは、家族と（　　）ところへ行ってみたいなあ。

(2) まじめだ

① もう少し（　　）勉強すれば、もっと高い点数が取れるのだが。

② 校長先生は、実に（　　）方《かた》です。

③ 山田君より鈴木《すずき》君のほうが（　　）らしい。

④ うわさのとおり、彼は（　　）た。

⑤ 疑ってはいけないが、彼はほんとうに（　　）うか。

⑥ 彼がもっと（　　）、今よりも信頼できる友人になれるのだが。

⑦ 勉強の態度は（　　）あるし、性格も素直だ。

問3 次の文章中の——線部の形容詞について、その活用形を書きなさい。

風は①冷たいし、あたりは②薄暗《うすぐら》いので歩くことも③危なく、からだは綿のように疲《つか》れていた。しかし、どんなに④歩きづらかろうと、私の心は⑤軽かった。もし、そのとき、⑥楽しい夢に対する期待が⑦なければ、私は道端《みちばた》に行き倒《だお》れていただろう。ただ⑧苦しいばかりであったなら、けっして目的地には着けなかっただろう。

①（　　）②（　　）③（　　）
④（　　）⑤（　　）⑥（　　）
⑦（　　）⑧（　　）

問4 次の各文の——線部が形容動詞であるものを選び、それぞれの（　）の中にその活用形を書きなさい。なお、形容動詞でないものには×を書きなさい。

① 今日《きょう》は、よいお天気だね。（　　）
② 母の病気が心配なので郷里へ行きます。（　　）
③ 教室のガラスを破ったのはだれなのか。（　　）
④ もっと具体的に説明してください。（　　）
⑤ 日曜になると、父は盆栽《ぼんさい》いじりに精を出す。（　　）
⑥ 甘《あま》くて、まるで砂糖のようだ。（　　）
⑦ 妹はそそっかしいが、母もそんなだった。（　　）
⑧ 君は恋愛をロマンチックに考えすぎる。（　　）
⑨ からだが丈夫《じょうぶ》なのは、なによりです。（　　）
⑩ この問題は複雑だが、ぼくは解ける。（　　）
⑪ これが本物ならば、それは偽物《にせもの》だ。（　　）
⑫ 彼は試験に合格して、とても幸福だろう。（　　）

問5 次の各文中から、形容詞または形容動詞を一つずつ選び、——線をつけなさい。またその活用形と基本形を書きなさい。

① ことばがなければ、自分の意志は伝わらない。
② 自分のつとめを正確に果たせるように心がけよ。

①活用形（　　）基本形（　　）
②活用形（　　）基本形（　　）

問6 次の文章を読んで、あとの問いに答えなさい。

二字の漢字からできている漢語の中には、
① 名詞としてだけ用いられるもの
のほかに、名詞としてつかわれるだけでなく、
② 「する」をつけて複合動詞として用いられるもの
③ 「だ」をつけて形容動詞として用いられるもの
などがある。この中で、形容動詞の場合をみてみると、たとえば、

健康だ。

ということばは、これだけでは「健康」が名詞であるか、形容動詞の語幹であるかはわからない。

だいじなのは㋑健康だ。
わたしは㋺健康だ。

となっていたらどうだろう。前の文は、「何が　なんだ。」の型であり、㋑は、その「なんだ」の部分にあたる。これに対して、後の文は、「何が　（　A　）。」の型であり、㋺は、その「（　A　）」の部分にあたるので、㋑は名詞に「だ」がついた

ものであり、㋺は形容動詞であると考えることができよう。このことは、これらの語に、修飾語《しゅうしょくご》をつけてみるとはっきりする。
だいじなのは（Ｂ）健康だ。
わたしは（Ｃ）健康だ。
となると、「（Ｂ）」は連体修飾語であるから、「健康」は名詞であり、「（Ｃ）」は連用修飾語であるから、「健康」は（Ｄ）ということになる。

㈠ 空欄《くうらん》Ａ～Ｄに入る適当なことばを書きなさい。

Ａ（　　　）　Ｂ（　　　）　Ｃ（　　　）
Ｄ（　　　）

㈡ 次の二字の漢語を、右の文でいう①②③に分類して、その記号を書きなさい。

ア 信頼《しんらい》　**イ** 正義　**ウ** 愛情　**エ** 幸福
オ 便利　**カ** 現実　**キ** 習慣　**ク** 誠実《せいじつ》
ケ 結果　**コ** 計画　**サ** 残念　**シ** 純情

①（　　　）　②（　　　）　③（　　　）

㈢ 漢字三字からできている形容動詞を考え、それを使い、形容動詞であることがわかるような短文をつくりなさい。（その際、「的」「不」「無」「非」のつく三字漢語を使うとよい。）

（　　　）

㈣ 次の各文の中から、——線部が形容動詞の語幹《ごかん》である文を選び、記号を○で囲みなさい。

ア いま重要なのは勉強だ。
イ 家の前に車をおくのは迷惑《めいわく》だ。
ウ 人を動かすのは真実だ。

問7 次の文章を読んで、あとの問いに答えなさい。

「昭和三十二年四月二十四日」私の十一才の誕生日である。父は私の誕生日に、この背負い台を作ってくれた①らしい。のこぎりで木を縦に挽《ひ》いて、のみで穴を彫《ほ》り、横木を通し、藁縄《わらなわ》を巻き、秋に刈《か》り取っておいたＡ柔《やわ》らかなミョウガの茎《くき》を編んで背負い紐《ひも》をつけ……②無器用だった父が、③粗末《そまつ》な道具で④これだけのものを作るのに、どれだけ日にちをかけたことだろう。

木は朴《ほお》の木を使ってあった。朴の木は⑤枯《か》れると非常に軽くなり、⑥丈夫という点には⑦少し欠けるが、感触《かんしょく》は⑧暖かく、下駄《げた》や木版画に使われていた木である。使っていた時は、何の木で出来ているかなどは考えもしなかったが、私が薪《たきぎ》を背負って⑨長い山道を歩く時に、少しでもＢ軽く柔らかく背中に当たるよう心を配ってくれたのである。

敗戦の⑩傷《いた》みを⑪ずっと背負い続けてきた⑫ような人で、⑬無口で頑《がん》固《こ》で、子供《こども》たちと⑭和《なご》やかに話など⑮出来ない父だったが、私もあの頃《ころ》の父の年齢《ねんれい》に⑯近づき、その無器用だった愛情に、今さらながら気づかされている。

（星野富弘《ほしのとみひろ》「背負い台」より）

㈠ ＝＝線部ＡＢの違《ちが》いを、文法的に説明しなさい。

（　　　）

㈡ 文章中の——線部①～⑯の語の中から、動詞・形容詞・形容動詞を番号で選び、さらにそれぞれの活用形を書きなさい。

動　　詞（　　　）
形 容 詞（　　　）
形容動詞（　　　）

問8　次の文章を読んで、あとの問いに答えなさい。

①ある停留所でバスを待っている。ようやく来たバスに乗り込《こ》もうとすると、入り口がいっぱいで乗り込め②ない。あきらめて次のバスを待つ。通り過ぎるバスを見送ると、何と後部はがら空きだった。空席さえある。入り口だけ学生に占拠《せんきょ》されて③いたのだ。その話を、④ある会合でするると、「実は私も……」と、日ごろのうっぷんが次々と飛び出した。電車で足を広げて二人分の席を占拠している無神経な輩《やから》。歩道いっぱいに広がって歩く無法な連中。ぶつかって⑤きても無言、無表情の無礼者。教室を私語でかき乱す大学生。最初のバスの話については、⑥ある人がこう付け足した。「彼らは、自分たちの仲間だと、すきまをつくってバスに乗せる。仲間以外の人間は、彼らには見え⑦ないらしい。ぼくらは透明《とうめい》人間なんだ」。バスや電車や道路、教室という公共の空間が、私物化されて⑧いる。彼らには、自分とその仲間しか視野に入らない。これはひょっと⑨したら現代病の一種では⑩ないか。目に見えるのは「私」の延長線上だけで、その向こうはといえば、濃霧《のうむ》の中にかすんで⑪しまうというわけだ。背景には、「私」とか自己というものがあいまいになってきて⑫いることがあるといえそうだ。

（「朝日新聞・社説」より・一部改）

(一)　――線部①④⑥⑫の「ある」の中で、文法的に見て一つだけ性質の違うものはどれですか。また、どう違うのかを説明しなさい。

（　　）

(二)　――線部②⑦⑧⑩の「ない」の中で、文法的に見て一つだけ性質の違うものはどれですか。また、どう違うのかを説明しなさい。

（　　）

(三)　――線部③⑤⑨⑪の動詞のうち、文法的に見て一つだけ性質の違うものはどれですか。また、どう違うのかを説明しなさい。

（　　）

(四)　文章中から形容動詞をすべて抜《ぬ》き出し、さらにそれぞれの活用形を書きなさい。

（　　）

7章

助動詞

―活用のある付属語

助動詞は、用言・体言だけでは十分に表せない、いろいろな意味を添《そ》える単語です。

要点のまとめ

UNIT 1 助動詞の性質

解説ページ→p.147

● **助動詞とは**……用言・体言などについて、いろいろな意味を添《そ》える働きをする単語。

● **助動詞の性質**……**付属語で活用がある。用言や体言のあとにつき、述語の一部になることが多い。**

UNIT 2 助動詞の分類

解説ページ→p.148

次の三つの方法がある。

● **意味による分類**……添える意味によって分類する。

・**受け身・可能・自発・尊敬・使役《しえき》・丁寧《ていねい》・希望・打ち消し・断定・過去・完了《かんりょう》・推量・意志・たとえ・例示・推定・伝聞《でんぶん》・様態《ようたい》**など、いろいろな意味をもつ。

● **活用による分類**……活用のしかたによって分類する。

・**動詞型活用・形容詞型活用・形容動詞型活用・特殊《とくしゅ》型活用・無変化型**（**語形変化のないもの**）がある。

● **接続による分類**……接続のしかたによって分類する。

・**活用語の未然形**に接続するもの・**活用語の連用形**に接続するもの・**活用語の終止形**に接続するもの・**活用語の連体形**に接続するもの・**いろいろな品詞**に接続するものがある。

二つ以上の意味をもつ助動詞もある。

おおまかには左の表のようになるが、例外もあるので、それぞれの助動詞の解説で確認《かくにん》するとよい。

UNIT	語	意味	活用	接続	例	解説ページ
3	**れる** **られる**	**受け身** **可能** **自発** **尊敬**	動詞型	れる：未然形(五段・サ変) られる：未然形(上一段・下一段・カ変・「せる」「させる」)	友人に笑わ**れる**。(受け身) いくつも重ね**られる**。(可能) 子どものことが案じ**られる**。(自発) 先生が話さ**れる**。(尊敬)	➡ p.150
4	**せる** **させる**	**使役**	動詞型	せる：未然形(五段・サ変) させる：未然形(上一段・下一段・カ変)	荷物を運ば**せる**。 黒板を見**させる**。	➡ p.154
5	**ない** **ぬ(ん)**	**打ち消し**	ない：形容詞型 ぬ(ん)：特殊《とくしゅ》型	未然形(動詞・「れる」「られる」「せる」「させる」「たがる」など)	本を読ま**ない**。 少しも勉強せ**ぬ(ん)**。	➡ p.156
6	**う** **よう**	**推量** **意志**	無変化型	う：未然形(五段・形容詞・形容動詞・助動詞) よう：未然形(五段以外の動詞・助動詞)	距離《きょり》は五キロあろ**う**。(推量) 私も行ってみ**よう**。(意志)	➡ p.158
7	**まい**	**打ち消しの推量** **打ち消しの意志**	無変化型	終止形(五段) 未然形(五段以外の動詞)など	雨は降る**まい**。(打ち消しの推量) 失敗を繰《く》り返す**まい**。(打ち消しの意志)	➡ p.161
8	**たい** **たがる**	**希望**	たい：形容詞型 たがる：動詞型	連用形(動詞・「れる」「られる」「せる」「させる」)	私は本を読み**たい**。 妹は本を読み**たがる**。	➡ p.164
9	**ます**	**丁寧《ていねい》**	特殊型	連用形(動詞・助動詞)	本を読み**ます**。	➡ p.166

UNIT	助動詞	意味	活用の型	接続	例文	解説ページ
10	た（だ）	過去 完了《かんりょう》 存続《そんぞく》 確認《かくにん》（想起《そうき》）	特殊《とくしゅ》型	連用形（用言・助動詞）	昨夜、九時に寝《ね》**た**。（過去） 勉強が今、すん**だ**。（完了） 白く塗《ぬ》っ**た**壁《かべ》。（存続） そうだ、今日は誕生日だっ**た**。（確認）	解説ページ → p.168
11	そうだ そうです	様態《ようたい》	形容動詞型（「そうです」は特殊型）	連用形（動詞・助動詞）・形容詞・形容動詞の語幹	雨が降り**そうだ**。（様態）	解説ページ → p.170
		伝聞《でんぶん》		終止形（用言・助動詞）	雨が降る**そうだ**。（伝聞）	
12	ようだ ようです	たとえ 推定 例示	形容動詞型（「ようです」は特殊型）	連体形（用言・助動詞）・助詞「の」	まるで雪の**ように**白い。（たとえ） 彼《かれ》にもわからない**ようだ**。（推定） 彼の**ように**正直な人は少ない。（例示）	解説ページ → p.175
13	らしい	推定	形容詞型	終止形（動詞・形容詞・助動詞）・形容動詞の語幹・体言・一部の助詞	彼はまもなく出かける**らしい**。	解説ページ → p.178
14	だ	断定	形容動詞型	体言・一部の助詞	これは科学の本**だ**。	解説ページ → p.180
15	です	丁寧《ていねい》な断定	特殊型	体言・一部の助詞	これは科学の本**です**。	解説ページ → p.183

UNIT 16

助動詞と同様の働きをすることば

解説ページ ↓ p.186

- **二つ以上の単語のまとまり**……一語の助動詞と同じような働きをするものがある。
- **補助用言**……補助動詞と補助形容詞をあわせていう。助動詞と同じような働きをする。

UNIT

1 助動詞の性質

目標 用言・体言などに意味を添《そ》える単語の性質を理解する。

1 助動詞とは ——用言・体言などに意味を添《そ》える単語

助動詞は、用言・体言・その他について、**いろいろな意味を添える働きをする単語**である。

花が	咲《さ》い（用言）	た。（完了）助動詞		彼は	中学生（体言）	だ。（断定）助動詞
花が（主語）	咲い	た	そうだ。（伝聞）助動詞	彼は（主語）	中学生	だっ
	述語（文節）				述語（文節）	た。（過去）助動詞

右の例文で、助動詞「た」「そうだ」「だ（だっ）」は、用言・体言にそれぞれ完了（過去）・伝聞・断定などの意味を添えている。

ところで、**日本語は、文の終わりの文節（言い切る文節）で、初めて文の意味が決まることが多い。助動詞**は、そのような文の終わりの文節に加わることも多く、**文の意味を決めるのに大切な働きをする。**

2 助動詞の性質 ——付属語で活用がある

(1) 助動詞は、**単独で文節をつくることができず、**常に用言や体言などの自立語について文節をつくるので、**付属語**である。普通《ふつう》、文の終わりの文節は述語の文節で、述語になるのはおもに用言や体言である。

助動詞は**用言や体言について**述語の**一部**になることが多い。

(2) 助動詞は、付属語であるが、**活用する。**

例題

次の各文の——線部の述語に、（　）内の助動詞をつけて、文の意味を変えなさい。

① 国語の 試験が ある。
〔た…過去・完了を表す〕
（　　　　）

② 一緒《いっしょ》に 旅行に 行く。
〔う…意志を表す〕
（　　　　）

③ 明日は きっと 晴れる。
〔です…丁寧《ていねい》な断定を表す。う…推量を表す〕
（　　　　）

考え方 用言に助動詞がつく場合は、用言の活用形を考える必要がある。また、助動詞は自立語にいくつも重ねてつく場合があるので注意する。そして、助動詞自身の活用にも気をつけたい。例えば、③の助動詞「です」に「う」をつける場合、「です」は「でしょ」（未然形）となる。

答 ①あった　②行こう　③晴れるでしょう

着目
● 用言と助動詞の接続
助動詞をつけるとき、用言の活用形に注意する。

UNIT

2 助動詞の分類

目標　助動詞を三つの方法により分類し、それぞれを理解する。

助動詞の分類においては、**意味による分類、活用による分類、接続による分類**の三つの方法がある。

1 意味による分類 ——教科書もこの分類によることが多い

意味		助動詞
受け身	人からされる	**れる・られる**
可能	～できる	**れる・られる**
自発	自然に起こる	**れる・られる**
尊敬	敬意を表す	**れる・られる**
使役《しえき》	人にさせる	**せる・させる**
丁寧《ていねい》	聞き手に対して丁寧に言う	**ます**
希望	望む	**たい・たがる**
打ち消し	動作などを打ち消す	**ない・ぬ(ん)**
断定	確かだと言い切る	**だ・です**
過去・完了《かんりょう》	過去、動作・作用の完結、状態の継続《けいぞく》	**た(だ)**
推量	物事を推《お》し量って言う	**う・よう・まい**
意志	話し手の意志、人を誘《さそ》う	**う・よう・まい**
たとえ	たとえて言う	**ようだ・ようです**
例示	例を挙げて言う	**ようだ・ようです**
推定	何らかの根拠《こんきょ》に基《もと》づいて推し量る	**ようだ・ようです・らしい**

例題

次の各文中から助動詞を抜《ぬ》き出し、意味を答えなさい。

① 夏休みには、富士山に登りたい。
② 高原では、もう秋の気配《けはい》が感じられる。
③ 今年の梅雨《つゆ》は長びくらしい。
④ 春になったら、京都へ旅行しよう。
⑤ まだ、会議は始まらない。
⑥ 私は中学二年生だ。
⑦ 先生が来られる。
⑧ 一人で買い物に行かせる。

考え方　助動詞の表す意味は、基本的には、その文全体からとらえるしかない。問題は、その意味がどのように言い表されているか、である。すなわち、「受け身」や「自発」という文法用語を、どうしても覚えておかなければならないことになる。

また、二つ以上の意味をもつ助動詞もあるから注意する。

例えば、②・⑦の用言についてる助動詞「られる」は同じ助動詞であるが、②は「自発」の意味を表し、⑦は「尊敬」の意味を表している。

答　①たい・希望　②られる・自発　③らしい・推定　④たら・完了　よう・意志　⑤ない・打ち消し　⑥だ・断定　⑦られる・尊敬　⑧せる・使役

伝《でん》聞《ぶん》	人から聞いた様子	そうだ・そうです
様《よう》態《たい》	そういう様子にある	そうだ・そうです

2 活用による分類

	活用	助動詞
動詞型	動詞と同じような活用をする。いずれも「—る」の形。	れる・られる・せる・させる・たがる
形容詞型	形容詞と同じような活用をする。いずれも「—い」の形。	ない・たい・らしい
形容動詞型	形容動詞と同じような活用をする。いずれも「—だ」の形。	そうだ・ようだ・だ
特《とく》殊《しゅ》型	特殊な活用をする。	そうです・ようです・ます・です・た（だ）・ぬ（ん）
無変化型	語形変化のないもの。	う・よう・まい

3 接続による分類

接続	助動詞
活用語の未然形に接続する	れる・られる・せる・させる・ない・ぬ（ん）・う・よう・まい
活用語の連用形に接続する	たい・たがる・ます・た（だ）・そうだ（様態）・そうです（様態）
活用語の終止形に接続する	そうだ（伝聞）・そうです（伝聞）・まい・らしい
活用語の連体形に接続する	ようだ・ようです
いろいろな品詞に接続する	らしい・だ・です・ようだ・ようです

着目

● 助動詞の意味

二つ以上の意味をもつ助動詞もあるので注意する。

UNIT

3 「れる」「られる」

目標 助動詞「れる」「られる」の意味・活用・接続を理解する。

1 意味 ― 受け身・可能・自発・尊敬

「れる」「られる」には、次の四つの意味用法がある。

(1) **受け身……他から動作を受ける**意味を表す。

例
友人**が** 私**を** 笑う。
友人**に** 私**が** 笑わ**れる**。（**直接的な受け身**）
友人**が** 私**に** 住所を 尋《たず》ねる。
友人**に** 私**が** 住所を 尋ね**られる**。（**間接的な受け身**）
友人**が** 私**の** 机を 壊《こわ》す。
友人**に** 私**が** 机を 壊さ**れる**。（**持ち主の受け身**）

注意

右の例文の受け身の文と、そうでない文を比較《ひかく》してみると、次のようなことが言える。

① 受け身でない文の**主語**は、受け身の文では「～に」「～から」などの**修飾《しゅうしょく》語《ご》**の文節になる。

② 受け身でない文の「～を」「～に」「～の」**などの文節**は、受け身の文では**主語**になる。

●受け身でない文	●受け身の文
主語	→ 「～に」「～から」など
「～を」「～に」「～の」	→ 主語

例題

次の各文中の――線部が、助動詞であれば意味を、助動詞でなければ×と答えなさい。

① 体育祭は、来月三日に開催《かいさい》される。
② 私は百メートルを十三秒台で走れる。
③ 空気が澄《す》み、富士山の姿が望まれる。
④ 冬になり、母の病気が案じられる。
⑤ 棒が倒《たお》れるまで、相手を攻《せ》める。
⑥ 記念式典に、市長も来られるだろう。

考え方 助動詞「れる」はラ行下一段活用の動詞（特に可能動詞）の活用語尾《ごび》と紛《まぎ》らわしいから注意する。ラ行下一段の動詞の場合、「れる」を除くと活用語尾がなくなってしまうことから判断できる。

例えば、②の「走れる」から「れる」を除くと「走《はし》」だけになるから、「走れる」は下一段活用の可能動詞である。⑤の「倒れる」は下一段活用の動詞である。

また、「れる」「られる」の四つの意味用法は確実に覚えたい。①の「れる」は受け身を表すが、この文のように、「～に」「～から」「～によって」などの、動作を起こす側を示す修飾《しゅうしょく》語《ご》(修飾部)がない場合がある。④の「られる」は自発を表すが、受け身・尊敬・可能の他の三つの用法にあたらない点から判断することもできる。

注意

受け身の文で主語になるもの……受け身の文では、主語が無生物や人間以外のものになる場合がある。

例 屋根は太い柱で支えられている。（「太い柱が屋根を支える」と言える。支えるのが太い柱、支えられるのが屋根。）
あじさいの花が雨に打たれている。（「雨があじさいの花を打つ」と言える。打つのが雨、打たれるのがあじさいの花。）

(2) **可能**……**「できる」**という意味を表す。

例
速く　歩く。
速く　歩か**れる**。←歩ける（可能動詞 ➡p.106）との混同に注意する。
いくつも　重ねる。
いくつも　重ね**られる**。

注意

「歩かれる」のように、五段活用の動詞に可能の助動詞「れる」がつく形はあまり使わず、「歩ける」のような可能動詞を用いることが多い。

(3) **自発**……**動作が自然に起こる**意味を表す。

例
去年の　ことを　思い出す。
去年の　ことが　思い出さ**れる**。

例
子どもの　ことを　案じる。
子どもの　ことが　案じ**られる**。

(4) **尊敬**……**動作を高めて敬意**を表す。

例
私が　話す。
先生が　話さ**れる**。

例
よく　知って　いる。
よく　知って　い**られる**。

「自発」は少し難しいかもしれないけれど、はじめは受け身・尊敬・可能にあてはまらないものから考えてみよう。

答 ①受け身　②×　③可能　④自発　⑤×　⑥尊敬

着目
● 助動詞「れる」「られる」
下一段活用の動詞の活用語尾と混同しないこと。

練習1

解答➡別冊 p.22

次の各文中の——線部の文節にある助動詞は、受け身・可能・尊敬のうち、どれにあたりますか。意味別に分類しなさい。

① 研究発表は、なるべく片寄らぬよう、できるだけ大勢の人にさせようというお考えから、今度はおまえを指名されなかったのだろう。

② 優《やさ》しい母に育てられ、人間はみな兄弟であると教えられたザメンホフの胸の中には、早くから、人類に対する愛情がはぐくまれていた。

③ 私たちが忙《いそが》しくてかまっていられないときでも、りすどうしが勝手に遊びたわむれていられるような、ゆったりしたかごをあてがった。

受け身（　　）
可能（　　）
尊敬（　　）

② 活用 ―― 動詞型活用

「れる」

未然形……笑わ**れ**ない
連用形……笑わ**れ**ます
終止形……笑わ**れる**。
連体形……笑わ**れる**とき
仮定形……笑わ**れれ**ば
命令形……笑わ**れろ**（**れよ**）。

「られる」

未然形……助け**られ**ない
連用形……助け**られ**ます
終止形……助け**られる**。
連体形……助け**られる**とき
仮定形……助け**られれ**ば
命令形……助け**られろ**（**られよ**）。

基本形	未然形	連用形	終止形	連体形	仮定形	命令形
れる（受け身）	れ	れ	れる	れる	れれ	れろ れよ
られる（受け身）	られ	られ	られる	られる	られれ	られろ られよ
れる（可能・自発・尊敬）	れ	れ	れる	れる	れれ	○
られる（可能・自発・尊敬）	られ	られ	られる	られる	られれ	○
おもな用法	ナイに連なる	マスに連なる	言い切る	トキに連なる	バに連なる	命令して言い切る

「れる」「られる」の活用表には、語幹がないね。これは、用言と違《ちが》って、助動詞には語幹と活用語尾《ごび》の区別がないからなんだ。それに、可能・自発・尊敬には、命令形がないんだよ。

練習2

解答 ↓ 別冊 p.22

次の各文中の――線部の意味を答えなさい。

① もうすぐお客さんが帰られるよ。
② 映画の主人公が気の毒に思われた。
③ 後ろを走る友人に、追い越《こ》される。
④ トラックには大きな荷物も載《の》せられる。
⑤ あの小説を、もう読まれましたか。
⑥ いくらでも食べられます。

①（　　）②（　　）③（　　）
④（　　）⑤（　　）⑥（　　）

練習3

解答 ↓ 別冊 p.22

次の各文中から、助動詞「れる」「られる」をそのままの形で抜《ぬ》き出し、意味と活用形を答えなさい。

① 父にしかられれば、反抗《はんこう》したものだ。（　　）
② これは、校長先生が書かれた文章です。（　　）
③ 部屋の掃除《そうじ》をしたら、広くなったように感じられます。（　　）
④ 君、五時に起きられるかね。（　　）
⑤ 先生は、こんなくだらない本を読まれないだろう。（　　）

右の活用表からわかるように、「れる」「られる」は動詞の下一段活用と同じような活用をする。ただし、可能・自発・尊敬の意味を表す場合の「れる」「られる」には、命令形がないことに注意しておこう。

3 接続 ── おもに動詞の未然形につく

動詞の活用の種類は五つあり、そのうち「れる」は二つに、「られる」は四つに接続する。（サ変動詞は「さ」「せ」の二つに分かれる）

また、「られる」は、助動詞「せる」「させる」にも接続する。

動詞
- 五段活用の未然形 ─┐
- サ行変格活用の未然形 「さ」 ─┘ → **「れる」**
- サ行変格活用の未然形 「せ」 ─┐（← 「せ」＋「られる」は古い言い方。）
- 上一段活用の未然形
- 下一段活用の未然形
- カ行変格活用の未然形

助動詞
- 「せる」の未然形「**せ**」
- 「させる」の未然形「**させ**」 ─┘ → **「られる」**

〔**五　段**〕父が **呼ぶ**。 → 父に **呼ば**れる。
〔**サ　変**〕弟が **相談する**。 → 弟に **相談さ**れる。
〔**サ　変**〕根本問題を **論ずる**。 → 根本問題が **論ぜ**られる。
〔**上一段**〕少女が **見る**。 → 少女に **見**られる。
〔**下一段**〕人が **話しかける**。 → 人から **話しかけ**られる。
〔**カ　変**〕友人が **来《く》る**。 → 友人に **来《こ》**られる。
〔**助動詞**〕〔せる〕読ま**せ**られる。 → 〔させる〕教え**させ**られる。

⑥ 大雨で山が崩《くず》れ、川の流れがせき止められた。（　　）
⑦ 彼の悲しみが察せられ、私の目からも涙が流れた。（　　）

練習 4
解答 ➡ 別冊 p.23

次の各文をもとにして、受け身の助動詞を用い、受け身の文をつくりなさい。ただし、人間以外のものを主語にしないこと。

① 父が　弟を　呼んだ。（　　）
② 先生は　生徒たちに　号令を　かけた。（　　）
③ ぼくは　弟に　荷物を　運ばせた。（　　）

練習 5
解答 ➡ 別冊 p.23

次の各文をもとにして、受け身の助動詞を用い、二通りずつ受け身の文をつくりなさい。

① 弟は、妹の　おもちゃを　壊《こわ》した。
（　　）
（　　）
② その　少年を　美しい　少女に　紹介《しょうかい》した。
（　　）
（　　）

UNIT
4 「せる」「させる」

目標 助動詞「せる」「させる」の意味・活用・接続を理解する。

1 意味 ―― 使役《しえき》

「せる」「させる」は、**他に動作させる**意味、すなわち**使役**を表す。これらの助動詞が述語(述部)に加わる場合、使役でない言い方の文に対し、文の組み立てが変わる。この場合、述語(述部)が自動詞か他動詞(➡p.104)かによって、文の組み立ての変わり方が異なる。

自動詞

主語	修飾語	修飾語	述語
友人が			集まる。
私が		友人を	集まら**せる**。(助動詞)

使役でない文の主語を「―を」とする。

他動詞

主語	修飾語	修飾語	述語
私が		友人を	集める。
母が	私に	友人を	集め**させる**。(助動詞)

使役でない文の主語を「―に」とする。

2 活用 ―― 動詞型活用

「せる」
- 未然形……知ら**せ**ない
- 連用形……知ら**せ**ます
- 終止形……知ら**せる**。
- 連体形……知ら**せる**とき
- 仮定形……知ら**せれ**ば
- 命令形……知ら**せろ**(**せよ**)。

「させる」
- 未然形……見**させ**ない
- 連用形……見**させ**ます
- 終止形……見**させる**。
- 連体形……見**させる**とき
- 仮定形……見**させれ**ば
- 命令形……見**させろ**(**させよ**)。

例題

次の文について、あとの各問いに答えなさい。

弟は、みんなと仲よく遊びます。

(1) 「私は」を主語とし、述語に使役の助動詞を用いた文に改めなさい。

(2) (1)でできた文の述語となる動詞の活用の種類と活用形を答えなさい。

(3) (1)でできた文の使役の助動詞の活用形を答えなさい。

考え方 述語「遊びます」の「遊ぶ」は自動詞で、これを使役の意味にすると、主語「弟は」は「弟を」という修飾語《しゅうしょくご》になる。次に、五段活用の動詞「遊び」は、未然形「遊ば」となって「せる」に接続する。また、助動詞「せる」は、あとに助動詞「ます」がつく場合、連用形「せ」になる。

答 (1)私は、弟を、みんなと仲よく遊ばせます。 (2)五段活用・未然形 (3)連用形

着目

● 使役の文にしたときの、もとの文の主語

もとの文の主語が
(述語が自動詞の文)「―を」になる。
(述語が他動詞の文)「―に」になる。

基本形	未然形	連用形	終止形	連体形	仮定形	命令形
せる	せ	せ	せる	せる	せれ	せろ せよ
させる	させ	させ	させる	させる	させれ	させろ させよ
おもな用法	ナイに連なる	マスに連なる	言い切る	トキに連なる	バに連なる	命令して言い切る

「せる」「させる」は、活用表からわかるように、「れる」「られる」と同じ、下一段動詞型の活用をする。

3 接続 ——どちらも動詞の未然形につく

動詞の活用の種類は五つあるが、そのうち「せる」は二つに、「させる」は三つに接続する。

動詞
- 五段活用の未然形 / サ行変格活用の未然形「さ」 → **「せる」**
- 上一段活用の未然形 / 下一段活用の未然形 / カ行変格活用の未然形 → **「させる」**

〔五　段〕 絵を**描く**。 → 絵を**描か**せる。
〔サ　変〕 **勉強する**。 → **勉強さ**せる。
〔上一段〕 朝**起きる**。 → 朝**起き**させる。
〔下一段〕 家を**建てる**。 → 家を**建て**させる。
〔カ　変〕 家に**来《く》る**。 → 家に**来《こ》**させる。

練習6
解答→別冊 p.23

次の各文中の——線部の文節に使役の助動詞を加え、さらに、□に「母が」または「母は」ということばを入れて、文を改めなさい。

① □、私たちは、一枚の紙でも無駄《むだ》に捨てない。
（　　　　）

② □、私たちの行動については私たちが責任を持ちます。
（　　　　）

③ □、私たちが笑うので、家はいつもにぎやかだ。
（　　　　）

練習7
解答→別冊 p.23

次の各文中の使役の助動詞の右側に——線をつけ、それがつく動詞の活用の種類と助動詞の活用形を答えなさい。

① 運動させれば元気になる。（　　・　　）
② 子どもには、もっと苦労させろ。（　　・　　）
③ 早く来させることが大事だ。（　　・　　）
④ 子どもを道路で遊ばせないこと。（　　・　　）
⑤ おもしろい本を読ませた。（　　・　　）
⑥ 無謀《むぼう》な運転をやめさせる。（　　・　　）

UNIT

5 「ない」「ぬ(ん)」

目標 助動詞「ない」「ぬ(ん)」の意味・活用・接続を理解する。

1 意味 ― 打ち消し

「ない」「ぬ(ん)」は、**打ち消し**の意味を表す。

例 {本を 読む。／本を 読ま**ない**。} {よく 勉強する。／少しも 勉強せ**ぬ(ん)**。}

2 活用 ― 「ない」は形容詞型活用、「ぬ(ん)」は特殊《とくしゅ》型活用

「ない」
未然形……読め**なかろ**う
連用形……読め**なかっ**た／読め**なく**なる
終止形……読め**ない**。
連体形……読め**ない**とき
仮定形……読め**なけれ**ば

基本形	未然形	連用形	終止形	連体形	仮定形	命令形
ない	なかろ	なかっ なく	ない	ない	なけれ	○
おもな用法	ウに連なる	タ・ナルに連なる	言い切る	トキに連なる	バに連なる	

「ぬ(ん)」
連用形……雨も降ら**ず**、風も吹《ふ》かない。
終止形……雨が降ら**ぬ(ん)**。
連体形……雨の降ら**ぬ(ん)**ときは、ほこりがひどい。
仮定形……雨が降ら**ね**ば、作物が枯《か》れる。

助動詞「ない」と紛《まぎ》らわしいものに、形容詞「ない」と、「はかない」のように形容詞の中に「ない」を含《ふく》むものがあるので注意しよう。

例題

次の文章中の――線部「ない」から、助動詞「ない」を選んで、番号で答えなさい。

ひまがない①から書物が読めない②と言う人があるが、この言い方は、必ずしも正しくない③。ありていを言えば、多くは、読むひまをつくらない④のである。それほどには読みたくない⑤のである。あまり読もうとしない⑥のである。つまりは、読めない⑦のではない⑧、読まない⑨のである。さきの言い方は、つまらない⑩弁《べん》解《かい》である。

考え方 助動詞「ない」と紛《まぎ》らわしいものに、打ち消しの意味をもつ形容詞「ない」(補助形容詞➡p.124)と、「情《なさ》けない」「はかない」「さりげない」などのように、形容詞の中に「ない」を含《ふく》むものがある。

形容詞「ない」との区別は、文節に区切ってみて、付属語か自立語かどうかで判断すればよい。また、接続の点から、動詞に続く「ない」は助動詞であると考えて、間違《ちが》いない。

したがって、動詞以外の語に接続し、しかも自立語である①③⑤⑧は形容詞「ない」である。

なお、⑩「つまらない」は、動詞「詰《つ》まる」に助動詞「ない」がついてできたことばであるが、「ささいである(おもしろくな

基本形	未然形	連用形	終止形	連体形	仮定形	命令形
ぬ(ん)	○	ず	ぬ(ん)	ぬ(ん)	ね	○
おもな用法		中止法	言い切る	トキに連なる	バに連なる	

右のように、「ない」は、形容詞と同じような活用をする。また、「ぬ(ん)」は、特殊な活用をし、未然形と命令形はない。

3 接続 ―― 動詞及《およ》び助動詞の未然形につく

動　詞の未然形
助動詞(動詞型活用) 「れ　る」「られる」「せ　る」「させる」「たがる」の未然形 → **「ない」「ぬ(ん)」**

助動詞(特殊型活用) 「ます」の未然形 → **「ぬ(ん)」**

参考

「ない」「ぬ」は動詞の未然形に接続するが、五段活用動詞「ある」は、「ない」とは接続しない。つまり、「ある」の未然形「あら」に「ない」をつけた「あらない」という言い方はなく、「あらぬ」のみとなる。

〔五　段〕 高く **飛ぶ。** → 高く **飛ば**ない。／高く **飛ば**ぬ(ん)。

〔上一段〕 すぐ **起きる。** → すぐ **起き**ない。／すぐ **起き**ぬ(ん)。

い)」の意味をもつ、一つの形容詞と考えるのがよい。

答 ②④⑥⑦⑨

着目

●助動詞「ない」の見分け方

動詞に接続する「ない」は助動詞。

練習8

解答 ↓ 別冊 p.23

次の各文中の――線部の語から助動詞「ない」を選んで、文の記号を○で囲みなさい。

ア 昨夜から降り続いている雨は、もう、あまりひどくない。

イ 人生というものは、ほんとうにはかないものだ。

ウ 幼なじみの一郎君は、今学期はもう学級委員長ではない。

エ 昨日から少し熱があるので、遠足には行かない。

オ この花は、色は鮮《あざ》やかだが、君が言うほど美しくはない。

カ 割引シールのついた弁当を買ったが、腐《くさ》っていて食べられなかった。

〔下一段〕星が**出る**。→ 星が**出**ない。星が**出**ぬ(ん)。

〔カ変〕人が**来《く》る**。→ 人が**来《こ》**ない。人が**来《こ》**ぬ(ん)。

〔サ変〕運動を**する**。→ 運動を**し**ない。運動を**せ**ぬ(ん)。

〔助動詞〕
〔れる〕思わ**れ**ない。→ 思わ**れ**ぬ(ん)。
〔られる〕見**られ**ない。→ 見**られ**ぬ(ん)。
〔せ　る〕行か**せ**ない。→ 行か**せ**ぬ(ん)。
〔させる〕来《こ》**させ**ない。→ 来《こ》**させ**ぬ(ん)。
〔たがる〕行き**たがら**ない。→ 行き**たがら**ぬ(ん)。
〔ま　す〕→ 遊び**ませ**ぬ(ん)。

注意

「ない」の識別……「ない」には、**助動詞の「ない」と形容詞の「ない」**がある。

例 兄は全く本を読ま**ない**。（**助動詞「ない」**）
帽子《ぼうし》に名前が書いて**ない**。（**形容詞「ない」**）

●「ない」を「ぬ」「ず」に言いかえられる→**助動詞の「ない」**
●「ない」の直前に「は」「も」が入れられる（文節が切れる）→**形容詞の「ない」**

UNIT

6 「う」「よう」

目標 助動詞「う」「よう」の意味・活用・接続を理解する。

1 意味 ―― 推量・意志

「う」「よう」には、次の**二つの意味用法**がある。

(1) **推量** **話し手が推し量《お》って言う**意味を表す。

練習 9 解答 ↓ 別冊 p.23

次の各文中の――線部の助動詞「ない」の活用形を答えなさい。

① とても追いつけなかった。（　）
② 来ない人はだれですか。（　）
③ 朝食を食べなくなった。（　）
④ 辞書が買えなければ、借りて写そう。（　）
⑤ 君が行かないので、みんな困っている。（　）

練習 10 解答 ↓ 別冊 p.23

次の文中の――線部の助動詞に共通する基本形と、それぞれの活用形を答えなさい。

当分の間は、どこにも行かず①、この仕事をやってしまわねば②なりません③。

基本形（　）
①（　）②（　）③（　）

例題

次の各文中の――線部の助動詞「う」「よう」の意味について、意志・推量のどちらかを答えなさい。また、それが接続している語の品詞を答えなさい。

例
距離《きょり》は　五キロ　ある。
距離は　五キロ　あろう。
すぐ　月も　出る。
すぐ　月も　出よう。

(2) **意志**　**話し手の意志**を表す。
相手に誘《さそ》いかける意味も表す。

例
立派《りっぱ》な　ものを　書く。
立派な　ものを　書こう。
私も　行って　みる。
私も　行って　みよう。

意志を表す場合は、その文の主語は必ず「私(が)」などの第一人称《にんしょう》になるよ。また、意志を表す用法の中で、相手に対して誘いかける意味のものを、「勧誘《かんゆう》」ということもある。
● さあ、遊びに　行こう。
● 一緒《いっしょ》に　勉強を　しよう。
のように、「～しませんか」と誘う形だよ。

2 活用 ── 無変化型（終止形だけ）

「う」「よう」は、**ともに終止形だけしかない**無変化型の助動詞である。ただし、「**こと**」「**もの**」「**はず**」などの限られた体言に連なる場合にだけ、**連体形**が用いられる。

例 あろ**う**ことか、不用意な発言で汚名《おめい》を着せられたのだ。
この雨では、出かけられ**よう**はずもない。

基本形	未然形	連用形	終止形	連体形	仮定形	命令形
う	○	○	う	(う)	○	○
よう	○	○	よう	(よう)	○	○
おもな用法	／	／	言い切る	コトに連なる	／	／

① さあ、これから練習しよう。
② お父さんは遅《おそ》いから、先に食事をすませましょう。
③ 朝寝坊《ねぼう》の彼《かれ》が、こんなに早く起きようはずがない。
④ なるほど、それはよかろう。
⑤ 十時までに行こうとしても、たぶん無理だろう。
⑥ だれがなんと言おうと、ぼくはやるぜ。

考え方 「う」「よう」の意味は、特に推量の意味のときに判断に迷いやすい。この場合、「だろう」「でしょう」を代わりに入れてみて適当な形に直し、文の意味が通るかどうかを調べるとよい。
例えば、③の「よう」が意志か推量か判断に迷った場合、「早く起きるだろうはずがない」としても、文の意味は通るから、「よう」は推量の意味と判断できる。

答 ①意志・動詞 ②意志・助動詞 ③推量・動詞 ④推量・形容詞 ⑤推量・形容動詞 ⑥推量・動詞

着目
● 助動詞「う」「よう」の意味
動詞・形容詞の未然形 ＋ {「う」「よう」} を、
動詞・形容詞の終止形 ＋ {「だろう」「でしょう」} に
置きかえられれば、推量の意味を表す。

3 接続——用言と一部の助動詞の未然形につく

動詞（五段活用の動詞だけ）の未然形
形容詞の未然形
形容動詞の未然形
助動詞
（動詞型活用）「たがる」の未然形
（形容詞型活用）「ない」「たい」の未然形
（形容動詞型活用）「だ」「ようだ」「そうだ」の未然形
（特殊《とくしゅ》型活用）「た（だ）」「ます」「です」「そうです」「ようです」の未然形
→「う」

〔**五段動詞**〕本を**読む**。 → 本を**読も**う。
〔**形容詞**〕花が**美しい**。 → 花が**美しかろ**う。
〔**形容動詞**〕夜は**静かだ**。 → 夜は**静かだろ**う。
〔**助動詞**〕
〔**たがる**〕読み**たがろ**う。 〔**たい**〕読み**たかろ**う。
〔**ない**〕読め**なかろ**う。 〔**ようだ**〕読む**ようだろ**う。
〔**だ**〕読む**だろ**う。 〔**そうだ**〕読み**そうだろ**う。
〔**た（だ）**〕読ん**だろ**う。 〔**ます**〕読み**ましょ**う。
〔**です**〕読む**でしょ**う。 （「そうです」「ようです」は省略）

動詞（五段活用以外の動詞）の未然形
助動詞（動詞型活用）「れる」「られる」「せる」「させる」の未然形
→「よう」

〔**上一段**〕階段を**下りる**。 → 階段を**下り**よう。
〔**下一段**〕紙を**集める**。 → 紙を**集め**よう。

練習11

解答→別冊 p.23

次の文中の＝＝線部の「よう」と同じ意味のものを、あとのア～エの文中の——線部から二つ選んで、文の記号を○で囲みなさい。

木の葉が落とされようとしている。

ア みんなで出かけよう。
イ もうすぐ月も出よう。
ウ あまりよく知らないようだ。
エ 仕事は、今日のうちにできよう。

練習12

解答→別冊 p.23

次の各語に助動詞「う」「よう」のどちらかをつけて書きかえなさい。また、書きかえた語について、あとの問いに答えなさい。

① 書く（　　）
② 晴れる（　　）
③ 来る（　　）
④ よい（　　）
⑤ 静かだ（　　）
⑥ 行かれる（　　）
⑦ 来させる（　　）
⑧ 知らない（　　）

⑴ 「う」「よう」は、動詞・形容詞・形容動詞・助動詞のどの活用形につくか、答えなさい。（　　）

〔**カ変**〕 また **来《く》る**。 ──→ また **来《こ》よう**。
〔**サ変**〕 よく **勉強する**。 ──→ よく **勉強しよう**。
〔**助動詞**〕 〔**れる**〕 出席さ**れ**よう。 〔**られる**〕 進め**られ**よう。
〔**せる**〕 読ま**せ**よう。 〔**させる**〕 受け**させ**よう。

注意

「う」「よう」を使って推量の意味を表す場合、動詞・形容詞の未然形に「う」「よう」をつけた言い方よりも、動詞・形容詞の終止形に断定の助動詞「だ」の未然形「だろ」と推量の助動詞「う」を加えた「**だろう**」や「**でしょう**」をつけた言い方のほうを用いることが多い。

〔動　詞〕 月も 出よう。
月も 出るだろう(でしょう)。

〔形容詞〕 外は 寒かろう。
外は 寒いだろう(でしょう)。

(2) 動詞型活用の助動詞「れる」「られる」「せる」「させる」に接続するのは、「う」「よう」のどちらか、答えなさい。（　　）

(3) 形容詞型活用の助動詞「ない」「たい」、形容動詞型活用の助動詞「だ」「ようだ」「そうだ」に接続するのは、「う」「よう」のどちらか、答えなさい。（　　）

UNIT

7 「まい」

目標 助動詞「まい」の意味・活用・接続を理解する。

1 意味 ── 打ち消しの推量・打ち消しの意志

「まい」には、**打ち消しの推量・打ち消しの意志**という二つの意味用法がある。「う」「よう」が肯定《こうてい》の推量・意志を表すのと対応している。

(1) **打ち消しの推量** **打ち消しの意味と、物事を推《お》し量る意味とを兼《か》ねる**。「**〜ないだろう**」と同じような意味になる。

例 雨は 降る。
たぶん 雨は 降る**まい**。

(2) 打ち消しの意志　打ち消しの意味と、話し手の意志とを兼《か》ねる。

「〜ないことにしよう」「〜ないつもりだ」と同じような意味になる。

例 ｛失敗を　繰《く》り返す。
　 ｛失敗を　繰り返す**まい**。

注意

普通《ふつう》の話しことばでは、「まい」の代わりに、**打ち消しの推量**の意味で「**ないだろう**」、**打ち消しの意志**の意味で「**ないことにしよう**」などの言い方がよく使われる。

例 ｛雨は　降る**まい**。
　 ｛雨は　降ら**ないだろう**。
　 ｛道路で　遊ぶ**まい**。
　 ｛道路で　遊ば**ないことにしよう**。

2 活用 ―― 無変化型（終止形だけ）

「まい」は、「う」「よう」と同じく、**終止形だけしかない**無変化型の助動詞である。ただし、「**こと**」「**もの**」などの限られた体言に連なる場合にだけ、**連体形**が用いられる。

例 あろうことか、ある**まい**ことか、私に疑いがかかったのだ。

基本形	未然形	連用形	終止形	連体形	仮定形	命令形
まい	○	○	まい	（まい）	○	○
おもな用法			言い切る	コトに連なる		

3 接続 ―― 動詞と一部の助動詞につく

動詞 ｛五段活用の終止形――
　　　｛五段活用以外の未然形――

例題

次の各文中の――線部の言い方のうち、同じ意味を表すものを二つずつ組にして、文の番号で答えなさい。

① 父はおそらく五時までに帰らないだろう。
② 私はもう二度とあの人に頼《たの》むまい。
③ きっと九州は桜の花が咲《さ》いていよう。
④ この仕事は、すぐには終わるまい。
⑤ あの人のことを考えないことにしよう。
⑥ 明日《あす》は晴れるだろうか。

考え方 推量の「う」「よう」は「だろう」と同じ意味で、「まい」は、打ち消しの「ない」と推量・意志の「う」「よう」を合わせたことばに相当する。

したがって、打ち消しの推量を表す「まい」は「ないだろう」、打ち消しの意志を表す「まい」は「ないことにしよう」などと言いかえることができる。

③と⑥は、打ち消しの意味がないから、単なる推量を表している。①と④は、打ち消しの推量である。②と⑤は、話し手の意志が含《ふく》まれていることがわかるだろう。

答 ①と④　②と⑤　③と⑥

着目

● 助動詞「まい」の意味

打ち消しの「ない」＋推量・意志の「う」「よう」

助動詞（特殊型活用）「ます」の終止形——
助動詞（動詞型活用）「れる」「られる」の未然形——
「せる」「させる」の未然形——
「たがる」の終止形——
→「まい」

右のように、「まい」は語によって接続する活用形が異なるので、注意しよう。

〔五段〕すぐ**終わる**。 → すぐ**終わる**まい。
〔上一段〕背が**伸《の》びる**。 → 背が**伸び**まい。
〔下一段〕家を**建てる**。 → 家を**建て**まい。
〔カ変〕彼は**来《く》る**。 → 彼は**来《こ》**まい。
〔サ変〕母は**安心する**。 → 母は**安心し**まい。

〔助動詞〕
〔ます〕すぐ 終わり**ます**まい。
〔れる〕笑わ**れ**まい。 〔られる〕見**られ**まい。
〔せる〕書か**せ**まい。 〔させる〕見**させ**まい。
〔たがる〕書き**たがる**まい。

注意

「まい」の接続……「まい」の接続としては、普通、右に挙げたものを覚えておけば大丈夫《だいじょうぶ》だが、それ以外に次のように接続することもある。

① **五段活用以外の動詞の終止形**
例 伸びるまい（上一段） 建てるまい（下一段） 来るまい（カ変）
安心するまい（サ変）
カ変の場合「来《く》まい」「来るまい」、サ変の場合「すまい」「するまい」となることもある。

② **助動詞「れる」「られる」「せる」「させる」の終止形**
例 笑われるまい 見られるまい 書かせるまい 見させるまい

練習13

解答→別冊 p. 24

次の各文中の——線部の助動詞の意味を答えなさい。

① 次郎は道の中央に立ち、三郎を通すまいとした。（　　）
② 病気だから、彼はどこにも行かないだろう。（　　）
③ つい先刻起きたばかりだから、お前の頭がすっきりしているはずがあるまい。（　　）
④ 疲《つか》れているようだから、この荷物はだれかに家まで届けさせようか。（　　）
⑤ ぼくも中学生になったのだから、母に心配をかけないようにしようと思う。（　　）

練習14

解答→別冊 p. 24

次の各文中の□に、適当なひらがなを一字ずつ入れなさい。

① 今度は、たぶん失敗□まい。
② 彼は、もうなまけは□まい。
③ めったにそんなことはあ□まい。
④ 橋の下に魚はお□まい。
⑤ 今後は、道ばたにごみを捨てさ□まい。
⑥ おじさんは、たぶん今日は来《こ》□□まい。
⑦ 庭に藤《ふじ》の木は植□まい。

UNIT

8 「たい」「たがる」

目標 助動詞「たい」「たがる」の意味・活用・接続を理解する。

1 意味 ― 希望

「たい」「たがる」は、ともに希望の意味を表すが、**「たい」は、話し手が希望する場合**に用い、**「たがる」は、話し手以外の人が希望している場合**に用いる。

例
- 本を読む。 → 私は 本を 読み**たい**。
- 本を読む。 → 妹は 本を 読み**たがる**。

2 活用 ― 「たい」は形容詞型活用、「たがる」は動詞型活用

「たい」
- 未然形……行き**たかろ**う
- 連用形……行き**たかっ**た / 行き**たく**なる
- 終止形……行き**たい**。
- 連体形……行き**たい**とき
- 仮定形……行き**たけれ**ば

注意

「たい」の未然形「たかろ」に推量の助動詞「う」のついた「たかろう」よりも、「**たいだろう**」という言い方がよく使われる。これは、「たい」の終止形に助動詞「だ」の未然形「だろ」と「う」がついたものである。

例
- 遊びに 行き**たかろう**。
- 遊びに 行き**たいだろう**。

例題

次の□に「たい」か「たがる」のどちらかを、ふさわしい活用に改めて入れなさい。

① 私はそんなところに行き□ないよ。
② 彼女はやたら外国人と話し□た。
③ みんなの前には、出□ない子どもだった。
④ そんなに故郷に帰り□ば、帰ればいいさ。

考え方 話し手が希望する場合は「たい」、話し手以外の人が希望している場合は「たがる」を入れる。
また、直後に来る語にあわせて、活用形を決める。
③④はやや難しい。④は「あなたが帰りたいと思うのなら」の意味あいで、「たい」が入る。

答 ①たく ②たがっ ③たがら ④たけれ

着目
● 「たい」と「たがる」の違《ちが》い
「たい」は話し手の希望、「たがる」は話し手以外の希望を表す。

基本形	未然形	連用形	終止形	連体形	仮定形	命令形
たい	たかろ	たかっ たく	たい	たい	たけれ	○
おもな用法	ウに連なる	タ・ナルに連なる	言い切る	トキに連なる	バに連なる	

「たがる」

未然形……行き**たがら**ない
　　　　　行き**たがろ**う
連用形……行き**たがり**ます
　　　　　行き**たがっ**た
終止形……行き**たがる**。
連体形……行き**たがる**とき
仮定形……行き**たがれ**ば

「たがる」の活用語尾《ごび》として、命令形に「たがれ」を入れる考え方もあるよ。
!?

基本形	未然形	連用形	終止形	連体形	仮定形	命令形
たがる	たがら たがろ	たがり たがっ	たがる	たがる	たがれ	○
おもな用法	ナイ・ウに連なる	マス・タに連なる	言い切る	トキに連なる	バに連なる	

右のように、「たい」は、形容詞と同じような活用をする。また、「たがる」は、動詞の五段活用と同じような活用をする。

3 接続 ——動詞及《およ》び助動詞（動詞型活用）の連用形につく

動詞の連用形
助動詞（動詞型活用）{「れる」「られる」の連用形 / 「せる」「させる」の連用形}
→ **「たい」「たがる」**

練習15

解答→別冊 p.24

次の各文中の——線部の助動詞「たい」「たがる」の活用形を答えなさい。

① ゆっくり考えたいから、せかさないでください。（　）
② そんなに食べたければ、全部食べていいですよ。（　）
③ 弟は外で遊びたがらない。（　）
④ あの山に登りたくなった。（　）
⑤ 君も行きたかろうね。（　）
⑥ 彼女が行きたがれば、一緒《いっしょ》に連れていってもいいよ。（　）
⑦ そんな話をしたら、子どももしたがります。（　）
⑧ 見たい人は見なさい。（　）
⑨ 妹が一緒に来たがる。（　）
⑩ 私も聞きたかったよ。（　）

練習16

解答→別冊 p.24

次の各文中の希望の意味を表す助動詞の右側に、——線をつけなさい。

① 君には仕事があるはずだ。しかし、そんなに帰りたければ、勝手にお帰りなさい。私はこれ以上、何も言いたくはない。
② 眠《ねむ》たいのに朝早く起こしたので、弟は眠りたがっている。ここで休ませてくれたらありがたいが。

〔五　段〕学校へ　**行く。**　→　学校へ　**行き**たい。／学校へ　**行き**たがる。

〔上一段〕映画を　**見る。**　→　映画を　**見**たい。／映画を　**見**たがる。

〔下一段〕早く　**寝《ね》る。**　→　早く　**寝**たい。／早く　**寝**たがる。

〔カ　変〕こっちへ　**来《く》る。**　→　こっちへ　**来《き》**たい。／こっちへ　**来《き》**たがる。

〔サ　変〕仕事を　**修得する。**　→　仕事を　**修得し**たい。／仕事を　**修得し**たがる。

〔助動詞〕
- 〔れ　る〕呼ば**れ**たい。　→　呼ば**れ**たがる。
- 〔られる〕ほめ**られ**たい。　→　ほめ**られ**たがる。
- 〔せ　る〕思わ**せ**たい。　→　思わ**せ**たがる。
- 〔させる〕試み**させ**たい。　→　試み**させ**たがる。

練習 17　解答↓別冊 p.24

次の各文中の——線部の助動詞の活用形を答えなさい。

① よく寝たから、起きよう。（　　）
② 自動車が故障していて、すぐには乗られないのだ。（　　）
③ 雨が降らねばいいのだが。（　　）
④ 君が行かなければ、明日、ぼくが行くとしよう。（　　）
⑤ 星ひとつ見えず、暗い夜だった。（　　）
⑥ 君が行こうと行くまいと、ぼくは学校へ行くつもりだ。（　　）
⑦ 人に褒《ほ》められることを期待してはいけない。（　　）

UNIT

9 「ます」

目標　助動詞「ます」の意味・活用・接続を理解する。

1 意味 ——丁寧《ていねい》

「ます」は、**丁寧に言う**意味を表し、丁寧な断定を表す助動詞「です」（↓p.183）とともに、敬語の丁寧語（↓p.253）をつくることができる。

例　本を　読む。
　　本を　読み**ます**。

例題

次の各文中の——線部の助動詞「ます」の活用形を答えなさい。

① 昨日、海へ行きました。
② 一緒に勉強しましょう。
③ 残念ながら、山田さんにはお目にかかれませんでした。
④ どうぞ、ご来場くださいませ。

2 活用——特殊《とくしゅ》型活用

「ます」
- 未然形……書き**ませ**ん／書き**ましょ**う
- 連用形……書き**まし**た
- 終止形……書き**ます**。
- 連体形……書き**ます**とき
- 仮定形……書き**ますれ**ば
- 命令形……お書きください**ませ**（**まし**）。

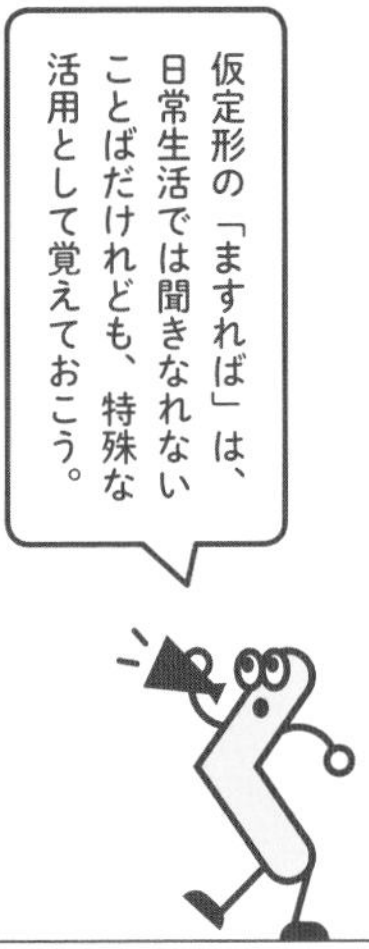

仮定形の「ますれば」は、日常生活では聞きなれないことばだけれども、特殊な活用として覚えておこう。

基本形	未然形	連用形	終止形	連体形	仮定形	命令形
ます	ませ ましょ	まし	ます	ます	ますれ	ませ まし
おもな用法	ン・ウに連なる	タに連なる	言い切る	トキに連なる	バに連なる	命令して言い切る

右のように、「ます」は、部分的には五段活用の動詞の活用に似ているものもあるが、全体としては、どの活用型にも合わないような特殊な活用をする。

3 接続——動詞及《およ》び助動詞（動詞型活用）の連用形につく

- **動詞**の連用形
- **助動詞**（動詞型活用）
  - 「れる」「られる」の連用形
  - 「せる」「させる」の連用形
  - 「たがる」の連用形

→「**ます**」

⑤ よくお聞きください。そのことについては、ただいま申しあげます。
⑥ あの山を越《こ》えますれば、まもなくでございます。
⑦ ここはあぶのうございますので、おやめなさいまし。

考え方 丁寧《ていねい》の意味を表す助動詞「ます」は、特殊《とくしゅ》な活用をする助動詞の一つだが、ほかの特殊型助動詞とは違って、活用形が未然形から命令形まで六つともそろっている。

活用形を見分ける場合には、同形で活用形の異なるものに注意し、これらを正しく識別《しきべつ》することが大切である。「ませ」の形は未然形と命令形、「まし」の形は連用形と命令形、「ます」の形は終止形と連体形で、それぞれ同形となっている。

なお、⑥の仮定形を用いた「ますれば」は、あまり用いられず、「ます」の連用形「まし」に助動詞「た」の仮定形「たら」がついた「ましたら」を用いることが多い。

答 ①連用形 ②未然形 ③未然形 ④命令形 ⑤終止形 ⑥仮定形・終止形 ⑦連体形・命令形

着目
● 助動詞「ます」の活用形の識別
複数の活用形に同じ形があるので注意する。

〔五　段〕学校へ　**行く**。　→　学校へ　**行き**ます。
〔上一段〕映画を　**見る**。　→　映画を　**見**ます。
〔下一段〕試験を　**受ける**。　→　試験を　**受け**ます。
〔カ　変〕弟が　**来**《く》**る**。　→　弟が　**来**《き》ます。
〔サ　変〕いたずらを　**する**。　→　いたずらを　**し**ます。
〔助動詞〕〔れ　る〕行か**れ**ます。〔られる〕見**られ**ます。
　　　　　〔せ　る〕読ま**せ**ます。〔させる〕着**させ**ます。
　　　　　〔たがる〕行き**たがり**ます。

なお、命令形「ませ（まし）」の接続は特殊で、尊敬の意味を含《ふく》む動詞（→p.248）だけについて、一般《いっぱん》の動詞にはつかない点に注意する。

UNIT

10 「た（だ）」

目標　助動詞「た（だ）」の意味・活用・接続を理解する。

1 意味 ——過去・完了《かんりょう》・存続《そんぞく》・確認《かくにん》（想起《そうき》）

「た（だ）」には、次の**四つの意味用法**がある。

(1) **過去**　すでに**動作がすんだ**意味を表す。

例　九時に　寝《ね》る。
　　昨夜、九時に　寝**た**。

(2) **完了**　**ちょうど動作が終わった**という意味を表す。

例　勉強が　すむ。
　　勉強が　今　すん**だ**。

(3) **存続**　動作はすでに終わっているが、**その結果が、状態として現在も引き続き存在している**という意味を表す。「**〜てある**」「**〜ている**」

練習18　解答→別冊p.24

次の各文中の——線部を、助動詞「ます」を使って、丁寧《ていねい》な言い方に改めなさい。

① 国語の授業は、もう終わった。（　　）
② あなたとは、今後、二度と一緒《いっしょ》に遊ばぬ。（　　）
③ そのことについて、私はだれにも話さなかった。（　　）
④ 日曜日には、みんなで動物園へ行こう。（　　）

例題

次の各文は、「時の表し方」からみて、どのような違《ちが》いがあるかを答えなさい。

① 仕事が忙《いそが》しかった。
② 仕事が忙しい。
③ 明日は仕事が忙しかろう。

考え方　①は「忙しかった」と助動詞「た」がついて過去の意味を表している。②の「忙しい」は形容詞の言い切りの形で、現在のことを表している。③は「忙しかろう」と助動詞「う」がついて推量（未来の推量）の意味を表す。

で置きかえられるような用法である。

例 ｛壁《かべ》を 白く 塗《ぬ》る。
　 ｛白く 塗った 壁。

(4) **確認（想起）　その事実を、そうだったと確認し、思い出していると**いう意味を表す。

例 そうだ、今日はぼくの誕生日だった。

2 活用 ―― 特殊《とくしゅ》型活用

「た(だ)」｛
未然形……帰ったろう
終止形……帰った。
連体形……帰ったとき
仮定形……帰ったらば ←―― **「ば」なしでも用いられる。**

基本形	未然形	連用形	終止形	連体形	仮定形	命令形
た(だ)	たろ(だろ)	○	た(だ)	た(だ)	たら(だら)	○
おもな用法	ウに連なる		言い切る	トキに連なる	(バに連なる)	

右のように、「た(だ)」は、連用形と命令形がない特殊な活用をする。

なお、仮定形の「たら」は、「ば」を伴《ともな》わないでも用いられる。

注意

「た」が、ガ・ナ・バ・マ行の五段活用動詞に続くときは、「**だ**」となる。

その場合の五段活用動詞は、**音便《おんびん》の形**をとる。

例
泳ぐ(ガ行)……泳い**だ**　(**イ音便**)
死ぬ(ナ行)……死ん**だ**
飛ぶ(バ行)……飛ん**だ**　(**撥《はつ》音便**)
読む(マ行)……読ん**だ**

ただし、これは「時の表し方」という観点から言えることで、助動詞「た(だ)」が現在の状態を表すことや、助動詞「う」「よう」が現在の推量を表すこともある。

例えば、次の文は現在の推量を表している。

例 彼は、今、仕事で忙しかろう。

答 ①は過ぎ去ったこと(過去)、②は今のこと(現在)、③はこれから先のこと(未来)を、それぞれ表した文である。

着目

● 時を表す助動詞

た(だ)……過去を表す。

う・よう……未来を表す。

練習19

解答 ➡ 別冊 p.24

次の文章中で、助動詞「た」を含む文節をすべて抜《ぬ》き出し、それぞれの活用形を答えなさい。

この前の日曜日に、いなかのおじさんの家に行った。その日は朝から蒸《む》し暑かったが、さらに汽車が満員だったせいで、ずいぶん辛《つら》かった。

汽車が着いたら、どやどやと乗客が降りた。あの客たちはどこへ行ったろうか。

（　　）（　　）　（　　）（　　）

（　　）（　　）　（　　）（　　）

（　　）　（　　）

3 接続 ―― 用言及《およ》び大部分の助動詞の連用形につく

用言（動詞・形容詞・形容動詞）の連用形
助動詞（「ぬ（ん）」「う」「よう」「まい」を除く）の連用形
→「た（だ）」

〔動詞〕朝 **起きる**。→ 朝 **起き**た。

〔形容詞〕ゲームは **楽しい**。→ ゲームは **楽しかっ**た。

〔形容動詞〕父は **元気だ**。→ 父は **元気だっ**た。

〔助動詞〕

（**れる**）聞か**れ**た。　（**られる**）見**られ**た。

（**せる**）聞か**せ**た。　（**させる**）見**させ**た。

（**ます**）聞き**まし**た。　（**たい**）聞き**たかっ**た。

（**たがる**）聞き**たがっ**た。　（**ない**）聞か**なかっ**た。

（**です**）聞くの**でし**た。　（**だ**）聞くの**だっ**た。

（**そうだ**）聞き**そうだっ**た。　（**ようだ**）聞く**ようだっ**た。

（**らしい**）聞く**らしかっ**た。　（「そうです」「ようです」は省略）

練習 20

解答 ➡ 別冊 p.24

次の各文中の――線部の助動詞「た」の活用形を答えなさい。また、意味をあとのア～エから選んで、記号で答えなさい。

① 彼女《かのじょ》はちょうど家に着いたろう。
② 箱に入ったサクランボをもらった。
③ その日はとても暑かった。
④ きちんと手入れをした日本庭園をぼんやりと眺《なが》めていた。

〔意味〕**ア** 過去　**イ** 完了　**ウ** 存続　**エ** 確認（想起）

①（　・　）　②（　・　）
③（　・　）　④（　・　）

UNIT

11 「そうだ」「そうです」

目標 助動詞「そうだ」「そうです」の意味・活用・接続を理解する。

1 意味 ―― 様態《ようたい》・伝聞《でんぶん》

「そうだ」「そうです」には、次の**二つの意味用法**がある。

(1) 様態　**そういう様子だ**という意味である。

例
雨が　降る。→ 雨が　降り**そうだ**。
今年の　夏は　暑い。→ 今年の　夏は　暑**そうです**。

例題

次の各文中の――線部の助動詞は、様態と伝聞のどちらの意味か答えなさい。

① 定期代が来月から上がるそうだ。
② 雪が降りそうで降らないなあ。
③ 明日の試合には勝てそうです。
④ 台風が近づいているそうです。

(2) **伝聞** **人から聞いた**という意味である。

例 雨が 降る。
雨が 降る**そうだ**。
今年の 夏は 暑い。
今年の 夏は 暑い**そうです**。

参考

「そうだ」の丁寧《ていねい》な言い方「そうです」……古い文法の本では、様態・伝聞を表す助動詞は「そうだ」だけと考えていた。それに従えば、「そうです」は「そうだ」の語幹に相当する部分「そう」に丁寧な断定を表す助動詞「です」(➡p.183)がついたものということになる。しかし、最近の学説では、「そうです」を「そうだ」より丁寧な言い方の一語の助動詞としている。

2 活用 ――「そうだ」は形容動詞型活用、「そうです」は特殊《とくしゅ》型活用

「そうだ」(様態)
未然形……降り**そうだろ**う
連用形……降り**そうだっ**た
　　　　　降り**そうで**ある
　　　　　降り**そうに**なる
終止形……降り**そうだ**。
連体形……降り**そうな**とき
仮定形……降り**そうなら**ば ←「ば」なしでも用いられる。

基本形	未然形	連用形	終止形	連体形	仮定形	命令形
そうだ(様態)	そうだろ	そうだっ そうで そうに	そうだ	そうな	そうなら	○
おもな用法	ウに連なる	タ・アル・ナルに連なる	言い切る	トキに連なる	(バに連なる)	

右のように、様態の「そうだ」は、形容動詞と同じような活用をする。

考え方 「そうだ」「そうです」には、そういう様子だということを表す「様態」と、人から聞いたということを表す「伝聞」とがある。様態と伝聞を見分けるには、直前にある動詞の活用形に着目するとよい。

答 ①伝聞 ②様態 ③様態 ④伝聞

着目
● 動詞につく「そうだ」「そうです」
①直前が動詞の連用形……様態
②直前が動詞の終止形……伝聞

練習 21 解答➡別冊p.25

次の各文中の――線部の助動詞「そうだ」の意味は、A様態、B伝聞のどちらか、記号で答えなさい。

① あの人は、いかにも偉《えら》そうだ。( )
② ここは、夏はとても暑いそうだ。( )
③ いまにも飛び出しそうな様子だ。( )
④ なんだかよくわからないそうだ。( )
⑤ 皆《みな》さん、お元気だそうで、何よりです。( )
⑥ 天気が崩《くず》れそうになってきた。( )
⑦ 具合が悪そうなら、行ってみよう。( )

仮定形の「そうなら」は、「ば」を伴《ともな》わないでも用いられる。

「**そうです**」（**様態**）
- 未然形……降り**そうでしょ**う
- 連用形……降り**そうでし**た
- 終止形……降り**そうです**。
- 連体形……降り**そうです**ので

基本形	未然形	連用形	終止形	連体形	仮定形	命令形
そうです（様態）	そうでしょ	そうでし	そうです	（そうです）	○	○
おもな用法	ウに連なる	タに連なる	言い切る	ノデ・ノニに連なる	／	／

右のように様態の「そうです」は、丁寧《ていねい》な断定を表す助動詞「です」（↓p.183）と同じような活用をする。また、**仮定形・命令形がなく、連体形の「そうです」は、助詞の「ので」「のに」に連なる場合にしか用いられない。**

「**そうだ**」（**伝聞**）
- 連用形……富士《ふじ》山は見えない**そうで**ある。
- 終止形……富士山は見えない**そうだ**。

基本形	未然形	連用形	終止形	連体形	仮定形	命令形
そうだ（伝聞）	○	そうで	そうだ	○	○	○
おもな用法	／	アルに連なる	言い切る	／	／	／

伝聞の「そうだ」の活用は不完全で、様態の「そうだ」の活用のうち**連用形の一部・終止形の二つしかない。**

助動詞「そうだ」「そうです」は上にくる語の活用形によって、意味が違《ちが》ってくるんだよ。

練習22

解答↓別冊p.25

次の各組の――線部の語の中には、一つだけほかと使い方の違《ちが》うものがあります。その文の記号を○で囲みなさい。

①
- **ア** 山では雪が降っているそうだ。
- **イ** 彼《かれ》は、どうしても行くそうだ。
- **ウ** 見ただけでも冷たそうだ。
- **エ** 今度の新幹線は、たいへん速いそうだ。

②
- **ア** 午後は、風が吹《ふ》くそうだ。
- **イ** この毛糸は暖かそうだ。
- **ウ** 明日、おじさんが来るそうだ。
- **エ** 彼は東京へ行くそうだ。

練習23

解答↓別冊p.25

次の各文中に助動詞「そうだ」「そうです」があれば、右側に――線をつけ、伝聞・様態のどちらの意味かを答えなさい。なければ×と答えなさい。

① いかにも眠《ねむ》そうな目をしている。（　）
② みんなが君をすっかり信頼《しんらい》している証《しょう》拠《こ》だそうだ。（　）
③ この服は、とても暖かそうです。（　）
④ 比べてみると、こちらのほうがよさそうに思う。（　）
⑤ 夏も、たいへん涼《すず》しそうである。（　）

「そうです」（伝聞）
- 連用形……降る**そうでし**た
- 終止形……降る**そうです**。
- 連体形……降る**そうです**ので

基本形	未然形	連用形	終止形	連体形	仮定形	命令形
そうです（伝聞）	○	そうでし	そうです	（そうです）	○	○
おもな用法		タに連なる	言い切る	ノデ・ノニに連なる		

右のように伝聞の「そうです」の活用は、様態の「そうです」の活用のうち、**連用形・終止形・連体形しかない。**また、**連体形の「そうです」は、助詞の「ので」「のに」に連なる場合にしか用いられない。**

3 様態の「そうだ」「そうです」の接続 —— 動詞の連用形などにつく

- **動詞**の連用形
- **助動詞**（動詞型活用）
  - 「れる」「られる」の連用形
  - 「せる」「させる」の連用形
  - 「たがる」の連用形
- **形容詞**の語幹
- **形容動詞**の語幹
- **助動詞**（形容詞型活用）
  - 「ない」の語幹相当部分「な」
  - 「たい」の語幹相当部分「た」

→ **「そうだ」「そうです」（様態）**

（「そうです」の場合は省略する）

⑥ 近く帰国されるそうで、おめでとうございます。（　　）
⑦ 山田君の練習ぶりを見ると、やる気がなさそうだ。（　　）
⑧「本当に、そうだろうか？」（　　）

練習24
解答 ➡ 別冊 p. 25

次の各文中の——線部の助動詞「そうだ」の活用形を答えなさい。

① 彼《かれ》の意見が採用されそうな予感がする。
② 私の話を聞いて、父は今にも怒《おこ》り出しそうだった。
③ 今年の冬は大雪が降るそうである。
④ そんなに楽しそうならば、一度参加してみよう。
⑤ 午後は抜《ぬ》き打ちで国語の試験があるそうだ。

①（　　）　②（　　）
③（　　）　④（　　）
⑤（　　）

〈五　段〉雨が**降る**。→雨が**降り**そうだ。
〈上一段〉荷物が**落ちる**。→荷物が**落ち**そうだ。
〈下一段〉汗《あせ》が**流れる**。→汗が**流れ**そうだ。
〈カ　変〉台風が**来《く》る**。→台風が**来《き》**そうだ。
〈サ　変〉けんかを**する**。→けんかを**し**そうだ。
〈助動詞〉〈**れる**〉笑**われ**そうだ。〈**られる**〉来《こ》**られ**そうだ。
〈**せる**〉笑わ**せ**そうだ。〈**させる**〉来《こ》**させ**そうだ。
〈**たがる**〉行き**たがり**そうだ。
〈形容詞〉（語幹）花が**美しい**。→花が**美し**そうだ。
〈形容動詞〉（語幹）父は**元気だ**。→父は**元気**そうだ。
〈助動詞〉〈**ない**〉（語幹相当部分）知ら**な**そうだ。
〈**たい**〉（語幹相当部分）走り**た**そうだ。

注意
様態の「そうだ」は、形容詞の語幹につくが、「**ない**」「**よい**」の場合に限って、「**なさそうだ**」「**よさそうだ**」のように、語幹と「そうだ」との間に「さ」が入る。

4 伝聞の「そうだ」「そうです」の接続 ―― 用言などの終止形につく

用言（**動詞・形容詞・形容動詞**）の終止形
助動詞
（動詞型活用）「れる」「られる」の終止形／「せる」「させる」の終止形／「たがる」の終止形
（形容詞型活用）「ない」「たい」の終止形
（形容動詞型活用）「だ」の終止形
→「そうだ」「そうです」（伝聞）

例題
次の各組の―線部の助動詞の意味を答えなさい。

① ア 先生は、奈良《なら》へ行かれるそうだ。
　 イ 彼の行きそうな場所を探してみる。
② ア あなたのご恩を決して忘れまい。
　 イ おせじを言われても彼は喜ぶまい。
③ ア 風が強いから、海が荒《あ》れよう。
　 イ 泥棒《どろぼう》にはみんな用心しようぜ。
④ ア この春に姉は結婚した。
　 イ 紅葉した山腹に寺の塔《とう》が見える。

考え方 助動詞「そうだ」「まい」「よう」「た」が挙げられている。これらの助動詞には、それぞれ二つ以上の意味用法がある。
「そうだ」は、様態の意味用法のときは、活用語の連用形および語幹（相当部分）に接続するが、伝聞の意味用法のときは、終止形につく。「そうだ」以外は、意味用法が違《ちが》っても接続のしかたが変わることはないので、文脈から意味用法を考えてみる。

答 ①ア伝聞　イ様態　②ア打ち消しの意志　イ打ち消しの推量　③ア推量　イ意志（勧《かん》誘《ゆう》）　④ア過去　イ存続

着目
● 助動詞の意味用法の見分け方
①文脈上から考えてみる。
②「そうだ」のように接続から判断できるものもある。

（特殊型活用）｛「ぬ（ん）」の終止形——
「た（だ）」の終止形——

（「そうです」の場合は省略する）

〔**動　詞**〕家が　**建つ**。 → 家が　**建つ**そうだ。

〔**形 容 詞**〕答えは　**正しい**。 → 答えは　**正しい**そうだ。

〔**形容動詞**〕海は　**静かだ**。 → 海は　**静かだ**そうだ。

〔**助 動 詞**〕｛
〔**れ　る**〕笑わ**れる**そうだ。　〔**られる**〕見**られる**そうだ。
〔**せ　る**〕行か**せる**そうだ。　〔**させる**〕見**させる**そうだ。
〔**たがる**〕行き**たがる**そうだ。　〔**た　い**〕行き**たい**そうだ。
〔**な　い**〕行か**ない**そうだ。
〔**　だ　**〕それは事実**だ**そうだ。
〔**ぬ（ん）**〕行か**ぬ（ん）**そうだ。
〔**た（だ）**〕行っ**た**そうだ。　読ん**だ**そうだ。

UNIT

12 「ようだ」「ようです」

目標　助動詞「ようだ」「ようです」の意味・活用・接続を理解する。

① 意味 ——たとえ・推定・例示

「ようだ」「ようです」には、次の**三つの意味用法**がある。

(1) **たとえ**……「**まるで～のようだ**」と、似通った**物事をたとえて言う**意味を表す。

例　この　白さは、雪の**ようだ**。
　　妹の　笑顔は　太陽の**ようです**。

練習 25

解答→別冊 p.25

次の各文中の——線部について、〔　〕内の意味をもつように、あとのア～クから適当な助動詞を二つずつ用いて改めなさい。

① 琵琶湖《びわこ》の水はきれいだ。〔過去・伝聞〕（　　）
② 今夜はよく眠《ねむ》るよ。〔可能・様態〕（　　）
③ 明日、学校へ行く。〔丁寧・打ち消し〕（　　）
④ 学級委員に推薦《すいせん》する。〔受け身・希望〕（　　）

ア れる　**イ** た　**ウ** たい
エ ぬ（ん）　**オ** う　**カ** ない
キ ます　**ク** そうだ

練習 26

解答→別冊 p.25

次の各文中の——線部の助動詞「ようだ」の意味は、ア推定、イたとえ、ウ例示のどれか、記号で答えなさい。

① そのような話は聞かなかった。（　　）
② 月日は水の流れのようだ。（　　）
③ ずいぶん暑いようだった。（　　）

(2) **推定**……不確かだが、**何らかの根拠《こんきょ》に基《もと》づいて推《お》し量る**意味を表す。

例 兄にも わからない**ようだ**。 母は 迷っている**ようです**。

(3) **例示**……**例を挙げて言う**意味を表す。

例 彼の**ように** 正直な 人は 少ない。

参考 **「ようだ」の丁寧《ていねい》な言い方「ようです」**…… 古い文法の本では、たとえ・推定・例示を表す助動詞は「ようだ」だけと考えていた。しかし、最近の学説では、「そうだ」における「そうです」と同じように、「ようです」を「ようだ」より丁寧な言い方の一語の助動詞としている。

2 活用 ――「ようだ」は形容動詞型活用、「ようです」は特殊型活用

「ようだ」
- 未然形……行く**ようだろ**う
- 連用形……行く**ようだっ**た／行く**ようで**ある／行く**ように**なる
- 終止形……行く**ようだ**。
- 連体形……行く**ような**とき
- 仮定形……行く**ようなら**ば←「ば」なしでも用いられる。

基本形	未然形	連用形	終止形	連体形	仮定形	命令形
ようだ	ようだろ	ようだっ ようで ように	ようだ	ような	ようなら	○
おもな用法	ウに連なる	タ・アル・ナルに連なる	言い切る	トキに連なる	（バに連なる）	

右のように、「ようだ」は、形容動詞と同じような活用をする。なお、**仮定形の「ようなら」は、「ば」を伴《ともな》わずに用いることができる。**

例題

次の各文中の――線部の語から助動詞「ようだ」を選んで、意味を答えなさい。

① もし東京へ帰るようなら、これを持って行ってください。

② 彼の考えは、私と同じようだ。

③ 彼が賛成しようとしまいと、結論は一つだ。

④ 形はまくわうりのようで、味は熟し柿《がき》そっくりのマンゴー。

⑤ 音楽が、流れるように聞こえてきた。

⑥ 木村君のような人は、学生の模範《もはん》だ。

考え方 まず助動詞「ようだ」でないものを見つけよう。そのために、活用のしかたを確かめるとよい。

③の「ようと」は「ようだ」のどの活用形にもあたらない。これは推量の「よう」に助詞「と」がついたものである。

次に助動詞「ようだ」は、三つの意味用法があるので、各文の文脈上から意味を正しく見分ける。

①は「東京へ帰る」ということを推し量って言っている。

②は同じであると推し量るのである。「同じ」は形容動詞の語幹(➡p.130)で、それに「ようだ」がついていることに注意しよう。

④は「マンゴー」＝「まくわうり」ではなく、マンゴーの形をまくわうりにたとえて説明している。

「ようです」
- 未然形……行くようでしょう
- 連用形……行くようでした
- 終止形……行くようです。
- 連体形……行くようですので

基本形	未然形	連用形	終止形	連体形	仮定形	命令形
ようです	ようでしょ	ようでし	ようです	(ようです)	○	○
おもな用法	ウに連なる	タに連なる	言い切る	ノデ・ノニに連なる		

右のように「ようです」は、丁寧な断定を表す助動詞「です」(↓p.183)と同じような活用をする。**仮定形・命令形がなく、連体形の「ようです」は、助詞の「ので」「のに」に連なる場合にしか用いられない。**

3 接続 ——用言や一部の助動詞の連体形などにつく

用言(**動詞・形容詞・形容動詞**)の連体形——

助動詞
- (動詞型活用)「れる」「られる」の連体形 / 「せる」「させる」の連体形 / 「たがる」の連体形——
- (形容詞型活用)「ない」「たい」の連体形——
- (特殊型活用)「ぬ(ん)」「た(だ)」の連体形

助詞「の」——

連体詞「この」「その」「あの」「どの」——

→「ようだ」「ようです」

(「ようです」の場合は省略する)

⑤は音楽の聞こえる様子を水の流れにたとえている。⑥は模範《もはん》学生の例として木村君を挙げているのである。

答 ①推定 ②推定 ④たとえ ⑤たとえ ⑥例示

着目
●「よう」がつく助動詞
- **未然形につく＝推量・意志を表す「よう」**
- **連体形につく＝たとえ・推定・例示を表す「ようだ」**

練習27 解答↓別冊p.25

次の各文中の——線部の助動詞「ようだ」の活用形を答えなさい。

① あの県境にある雪渓《せっけい》は、銀色の大河のようで(　　)、きらきらと日に輝《かがや》いて、その美しさはたとえようもない。

② 二年生の小さい男の子が、上手な平泳ぎで五十メートルを泳いだときは、われるような(　　)拍手《はくしゅ》がおこった。私もあんなに泳げるように(　　)なりたいと、しみじみ思った。

〈動　詞〉母が　**起きる**。 ―→ 母が　**起きる**ようだ。

〈形 容 詞〉景色が　**美しい**。 ―→ 景色が　**美しい**ようだ。

〈形容動詞〉波は　**静かだ**。 ―→ 波は　**静かな**ようだ。

〈助動詞〉
- 〈れ　る〉行か**れる**ようだ。　〈られる〉受け**られる**ようだ。
- 〈せ　る〉行か**せる**ようだ。　〈させる〉受け**させる**ようだ。
- 〈たがる〉行き**たがる**ようだ。　〈た　い〉行き**たい**ようだ。
- 〈な　い〉知ら**ない**ようだ。
- 〈ぬ(ん)〉知ら**ぬ(ん)**ようだ。
- 〈た(だ)〉行っ**た**ようだ。　読ん**だ**ようだ。

〈助　詞〉―〈の〉花**の**ようだ。

〈連 体 詞〉―〈この・その・あの・どの〉**この**ような　本が　ある。

UNIT

13 「らしい」

目標　助動詞「らしい」の意味・活用・接続を理解する。

1 意味 ― 推定

「らしい」は、**物事を何らかの根拠《こんきょ》に基《もと》づいて推《お》し量る**意味、すなわち**推定**を表す。

例
- 彼は　まもなく　出かける。
- 彼は　まもなく　出かける**らしい**。

注意

推定と推量……「**推定**」は**確かな根拠をもって推量する場合**をいい、「ようだ」「ようです」「らしい」がその意味をもつ。一方、「推量」の意味を表す助動詞「う」「よう」は、根拠があるなしを問わず推し量る場合に用いる。

練習 28

解答 ↓ 別冊 p. 25

次の各語に助動詞「ようだ」をつけなさい。

① 飛ぶ（　　　）
② 冷える（　　　）
③ 研究する（　　　）
④ 暗い（　　　）
⑤ きれいだ（　　　）
⑥ 改めさせる（　　　）
⑦ 取られる（　　　）
⑧ 行かない（　　　）

例題

次の各組の――線部の「らしい」を、文法的に説明しなさい。

A
- ① あそこに立っているのは男らしい。
- ② 彼のとる態度は、いつも男らしい。

B
- ① 父はお酒がとても好きらしい。
- ② 彼は本当にすばらしいことを言う。

考え方　「らしい」には、推定の助動詞と、形容詞をつくる接尾語《せつびご》とがあり、混同しやすいから注意する。

問題文の「らしい」の上に「である」を入れてみよう。

② 活用 ―― 形容詞型活用（未然形・命令形はない）

「らしい」
- 連用形…
  - 行く**らしかっ**た
  - 彼はどこかへ行く**らしく**、駅へ向かった。
- 終止形……行く**らしい**。
- 連体形……行く**らしい**とき
- 仮定形……行く**らしけれ**ば

基本形	未然形	連用形	終止形	連体形	仮定形	命令形
らしい	○	らしかっ らしく	らしい	らしい	らしけれ	○
おもな用法		タに連なる	言い切る	トキに連なる	バに連なる	

右の活用表のように、「らしい」は、形容詞型の活用をする。ただし、**未然形はない**。形容詞型活用なので、もちろん、**命令形もない**。

「らしい」には、特定の体言につく接尾語《せつび》もあるので、注意しよう。

③ 接続 ―― 動詞・形容詞や一部の助動詞の終止形などにつく

動詞・形容詞の終止形

助動詞
- （動詞型活用）「れる」「られる」の終止形 / 「せる」「させる」の終止形 / 「たがる」の終止形
- （形容詞型活用）「ない」「たい」の終止形
- （特殊型活用）「ぬ（ん）」「た（だ）」の終止形

→「らしい」

A
- ①あそこに立っているのは男（である）らしい。
- ②彼のとる態度は、いつも男（である）らしい。

B
- ①父はお酒がとても好き（である）らしい。
- ②彼は本当にすば（である）らしいことを言う。

A・Bいずれの②の文も、意味が通らなくなってしまうから、②の文の「らしい」は助動詞ではない。

なお、接尾語と助動詞との違《ちが》いとして、助動詞が自由にどんな語にもつくことができるのに対して、接尾語は、特定のものにつくという点がある。この「らしい」というのも、主として体言のうちの特定のものにつく。ここでは、「男」（体言）に「らしい」（接尾語）がついて「男らしい」という形容詞になっている。

答 A①推定の助動詞 ②体言について形容詞をつくる接尾語
B①推定の助動詞 ②形容詞の一部

着目

● 助動詞「らしい」の見分け方

「らしい」の上に「である」を入れて、意味が変わらなければ、その「らしい」は助動詞である。

〔**動　詞**〕学校へ **行く**。 → 学校へ **行く**らしい。

〔**形容詞**〕色が **美しい**。 → 色が **美しい**らしい。

〔**助動詞**〕
- 〔**れ　る**〕行か**れる**らしい。　〔**られる**〕見**られる**らしい。
- 〔**せ　る**〕行か**せる**らしい。　〔**させる**〕見**させる**らしい。
- 〔**たがる**〕行き**たがる**らしい。　〔**た　い**〕行き**たい**らしい。
- 〔**な　い**〕行か**ない**らしい。
- 〔**ぬ(ん)**〕知ら**ぬ(ん)**らしい。
- 〔**た(だ)**〕行っ**た**らしい。　読ん**だ**らしい。

形容動詞の語幹
体言(名詞)
一部の**助詞**「の」「から」「まで」「ばかり」など
→ **「らしい」**

〔**形容動詞**〕(語幹) 波が **静か**だ。 → 波が **静か**らしい。

〔**体　言**〕あれは **教会**だ。 → あれは **教会**らしい。

〔**助　詞**〕試験は 明日**から**だ。 → 試験は 明日**から**らしい。

練習29

解答 ↓ 別冊 p.25

次の各文中の――線部の助動詞「らしい」の活用形を答えなさい。

① そこにいるのは村田君らしい。(　)

② 彼《かれ》も行きたいらしい様子だ。(　)

③ これは、本物らしく見える。(　)

④ 今は、もっとにぎやからしかった。(　)

⑤ その話は本当らしいから、行ってみよう。(　)

⑥ 父はゴルフに行くらしく、道具を自動車に積み込んでいた。(　)

UNIT

14 「だ」

目標　助動詞「だ」の意味・活用・接続を理解する。

1 意味 ―― 断定

「だ」は、**断定する意味**を表す。

例
- あれは　桜の　木か。
- あれは　桜の　木**だ**。

例題

次の各文中の――線部から断定の助動詞「だ」を選んで、記号で答えなさい。

① ここは、片いなかで(A)、交通が不便だ(B)。

② 君は最後までこの本を読んだ(A)か。最後の部分がいちばんおもしろいところだ(B)。

② 活用 —— 形容動詞型活用

「だ」
- 未然形……事実**だろ**う
- 連用形……事実**だっ**た／事実**で**ある
- 終止形……事実**だ**。
- 連体形……事実**な**ので
- 仮定形……事実**なら**ば ←「ば」なしでも用いられる。

助動詞「だ」の連体形の「な」の下につくのは体言ではなく、助詞の「の」「ので」「のに」に限られるんだ。

基本形	未然形	連用形	終止形	連体形	仮定形	命令形
だ	だろ	だっ で	だ	(な)	なら	○
おもな用法	ウに連なる	タ・アルに連なる	言い切る	ノ・ノデ・ノニに連なる	(バに連なる)	

右のように、「だ」は、形容動詞型の活用をする。ただし、**連用形が「だっ」「で」の二つしかない**ことに注意しよう。また、**仮定形の「なら」は、「ば」を伴《ともな》わないでも用いられる。**

「だ」の活用形の用法では、特に気をつけておきたいものがある。

(1) **連用形**「で」の形は、用言と同じように、**文をいったん中止してまた続ける中止法**としても用いられる。

例 ここは 病院**で、** 遊ぶ ところでは ない。

(2) **連体形**「な」の形は、**助詞の「の」「ので」「のに」に連なる場合にだけ用いられ、下に体言がつくことはない。**

例 それが 事実**なの**だ。
病気**なので** 学校を 休む。
春**なのに** 寒い。

---

③ 彼は病気だAが、病状はよさそうだB。

考え方 助動詞「だ」はいろいろな語と混同されやすい。形容動詞の活用語尾《ごび》、過去などを表す助動詞「た(だ)」などとの見分け方を理解しておこう。

形容動詞の連体形は、活用語尾が「な」で、体言に連なる。一方、助動詞「だ」の連体形も「な」であるが、体言に連ならず、「の」「ので」「のに」にのみ連なる。

例えば、①Bの「だ」を「な」に置きかえて、「不便な土地」と体言に連なるから、この「だ」は形容動詞「不便だ」の活用語尾である。

助動詞「そうだ」「ようだ」も、形容動詞に準じる。③Bの「だ」を「な」に置きかえて、「病状がよさそうな人」と体言に連なることができるから、「そうだ」の「だ」とわかる。

次に、助動詞「た(だ)」との見分け方だが、この助動詞が「だ」と濁《にご》るのは、上につく五段活用動詞がガ行(イ音便《おんびん》)とナ・バ・マ行(撥《はつ》音便)に活用するものだけである。

例えば、②Aの「読んだ」は、五段活用の動詞「読む」の連用形「読み」の撥音便「読ん」に、過去を表す助動詞「た」が「だ」と濁って連なったものである。断定の助動詞「だ」は、①Aの「片いなかで」、③Aの「病気だ」、②Bの「ところだ」のように、体言につくことが多い。上の語が体言

③ 接続 ―― 体言や一部の助詞などにつく

体言
一部の**助詞**「の」「から」「だけ」「ばかり」「ほど」など
→ **「だ」** すべての**活用形**

〈**体　言**〉それは　**事実**だ。
〈**助　詞**〉それは　私**の**だ。

動詞・形容詞の終止形
助動詞
(動詞型活用) 「れる」「られる」の終止形 ／ 「せる」「させる」の終止形 ／ 「たがる」の終止形
(形容詞型活用) 「ない」「たい」の終止形
(特殊型活用) 「ぬ(ん)」「た(だ)」の終止形 ／ 「ます」の終止形 → 仮定形「なら」
→ 未然形「だろ」　連用形「で」　仮定形「なら」

＊連用形「で」は、「で―あろ―う」と続く場合だけに限られる。

〈**動　詞**〉彼《かれ》が　**笑う**。
→ (未然形)彼が　**笑う**だろう。
　(連用形)彼が　**笑う**で　あろう。
　(仮定形)彼が　**笑う**なら(ば)成功だ。

〈**形容詞**〉足が　**痛い**。
→ (未然形)足が　**痛い**だろう。
　(連用形)足が　**痛い**で　あろう。
　(仮定形)足が　**痛い**なら(ば)休もう。

(以下の例では連用形「で」に連なる場合は省略する。)

で、「だ」を「な」に言いかえられないものは、断定の助動詞「だ」と考えられる。

答　①A　②B　③A

着目

●「だ」の見分け方①
「だ」を「な」に置きかえて、体言に続けることができれば形容動詞の活用語《ご》尾《び》、できなければ助動詞。

●「だ」の見分け方②
上に五段活用の音便形がついていれば、過去などを表す助動詞「た(だ)」。それ以外は断定の助動詞「だ」。

練習 30

解答 ↓ 別冊 p. 26

次の各文中に断定の助動詞「だ」があれば、右側に――線をつけ、活用形を答えなさい。なければ×と答えなさい。

① 交渉《こうしょう》は困難だったが、ついに条約を結んだ。（　　）
② 春なので、野原一面に花が咲《さ》いている。（　　）
③ 先生は、明日は来られないそうだ。（　　）
④ 今夜は冷えて、雪が降るだろう。（　　）

〈助動詞〉

〈れる〉	行か**れる**だろう。	行か**れる**なら(ば)
〈られる〉	見**られる**だろう。	見**られる**なら(ば)
〈せる〉	行か**せる**だろう。	行か**せる**なら(ば)
〈させる〉	見**させる**だろう。	見**させる**なら(ば)
〈たがる〉	行き**たがる**だろう。	行き**たがる**なら(ば)
〈ない〉	行か**ない**だろう。	行か**ない**なら(ば)
〈たい〉	行き**たい**だろう。	行き**たい**なら(ば)
〈ぬ(ん)〉	行か**ぬ(ん)**だろう。	行か**ぬ(ん)**なら(ば)
〈た(だ)〉	行っ**た**だろう。	行っ**た**なら(ば)
〈ます〉		行き**ます**なら(ば)

UNIT

15 「です」

目標 助動詞「です」の意味・活用・接続を理解する。

1 意味 ―― 丁寧《ていねい》な断定

「です」は、「だ」と同じように、断定する意味を表すが、「だ」よりも**丁寧な断定**である。

例
これは　科学の　本だ。
これは　科学の　本**です**。

2 活用 ―― 特殊《とくしゅ》型活用

「です」
未然形……天気**でしょ**う
連用形……天気**でし**た
終止形……天気**です**。
連体形……天気**です**ので

助動詞「です」の連体形の下につくのは、助詞の「ので」「のに」に限られるんだ。
例を挙げておこう。
●雨ですので、家の中にいます。
●正午ですのに、まだ寝《ね》ています。

⑤ 中学生なら、こんなことは知っている。（　　　　）
⑥ 今や、彼がこの町の町長である。（　　　　）
⑦ 騒《さわ》いだから、先生にしかられたのよ。（　　　　）
⑧ なんという麗《うるわ》しい友情だったろう。（　　　　）
⑨ 暑さのあまり、プールに飛び込《こ》んだ。（　　　　）

例題

次の各文中から文の成分の述語《じゅつご》(述部)を抜き出し、その述語(述部)に断定の意味をもつ助動詞があれば、右側に――線をつけなさい。

① あそこに見えるのが中学校だ。
② 教室にいるのはだれですか。
③ 苦しいが、私は練習をやめません。
④ 学校の先生になることが私の夢だった。
⑤ 先生もここへ来られるでしょう。

考え方 まず述語を考えよう。①②④は「何が→何だ」の文型、③⑤は「何が→どうする」の文型である。文型がわかれば、述語も簡単に判断できるはずである。

基本形	未然形	連用形	終止形	連体形	仮定形	命令形
です	でしょ	でし	です	(です)	○	○
おもな用法	ウに連なる	タに連なる	言い切る	ノデ・ノニに連なる		

右のように、「です」は、どの活用型にも合わない特殊《とくしゅ》な活用をする。仮定形・命令形もないし、**連体形の「です」は、助詞の「ので」「のに」に連なる場合だけ用いられ、下に体言がつくことはない。**

3 接続 ——体言や一部の助詞などにつく

体言
一部の**助詞**「の」「から」「だけ」「ばかり」「ほど」など
→ **「です」**

〈**体言**〉これは **絵**だ。→ これは **絵**です。
〈**助詞**〉映画会は 七時**から**だ。→ 映画会は 七時**から**です。

動詞・**形容詞**の終止形
助動詞
(動詞型活用)「れる」「られる」の終止形
「せる」「させる」の終止形
「たがる」の終止形
(形容詞型活用)「ない」「たい」の終止形
(特殊型活用)「ぬ(ん)」「た(だ)」の終止形
「ます」の終止形
→ **未然形「でしょ」**

〈**動詞**〉家へ **帰る**。→ 家へ **帰る**でしょう。
〈**形容詞**〉問題が **易しい**。→ 問題が **易しい**でしょう。

次に、各文の述語はどんな語からできているだろうか。「何が→何だ」の文型の文は、①「中学校」、②「だれ」、④「夢」といった体言を中心として、それらの体言に助動詞「だ」や「です」がついている。

「だ」「です」は断定の助動詞で、丁寧《ていねい》に言う場合に「です」を用いる。もちろん、体言を中心とした述語は、これらに限らず、「あれは中学校らしい」のように体言のあとに別の語が連なることもある。

なお、④は「夢」という体言を中心にまとまった連文節の述部である。

③の述語は「やめ—ませ—ん」(動詞—助動詞—助動詞)、⑤の述語は「来—られる—でしょ—う」(動詞—助動詞—助動詞—助動詞)というしくみになっている。「ます」は丁寧の意味。

答 ①中学校だ ②だれですか ③やめません ④私の夢だった ⑤来られるでしょう

着目
● 体言を中心とした述語(述部)
「〜だ」「〜です」の形が基本。

練習31

解答 ➡ 別冊 p.26

次の文章中にある断定の助動詞「だ」を、丁寧な断定の助動詞「です」にかえて、全文を改めなさい。

〔助動詞〕
- 〔れる〕行か**れる**でしょう。
- 〔せる〕行か**せる**でしょう。
- 〔たがる〕行き**たがる**でしょう。
- 〔ない〕行か**ない**でしょう。
- 〔ぬ(ん)〕行か**ぬ(ん)**でしょう。
- 〔た(だ)〕行っ**た**でしょう。
- 〔ます〕行き**ます**でしょう。
- 〔られる〕見**られる**でしょう。
- 〔させる〕見**させる**でしょう。
- 〔たい〕行き**たい**でしょう。

話しことばでは、形容詞を丁寧に言う時、「とてもすばらしいです」や「寒いですね」のように、形容詞の終止形に「です」をつけることがあるよ。

注意

打ち消しの助動詞「**ぬ(ん)**」には、右で学んだように「です」の未然形「でしょ」がつくが、ほかに、過去の打ち消しの丁寧な言い方として、連用形「**でし**」が用いられることがある。

(例) 彼には、話しませ**ん**でした。

参考

この本では、「きれいです」を一つの形容動詞、「そうです」「ようです」を一つの助動詞として扱《あつか》ったが、古くは、「きれいです」は、形容動詞「きれいだ」の語幹「きれい」に助動詞「です」がついたものと考えられていた。「そうです」「ようです」も同様に、助動詞「そうだ」「ようだ」の語幹に「です」がついたものと考えられていた。

さて、これで、助動詞の一つ一つについてのくわしい研究は終わった。すべて覚える必要はないが、いろいろなことを知っておくと便利である。

誕生日には、友だちを呼んで、大いに騒《さわ》ごうというのだ。友だちといっても、ほんの四、五人だけだ。忙《いそが》しいだろうが、君も来てくれるだろうね。

練習32

解答→別冊 p. 26

次の各文中から助動詞をすべて抜《ぬ》き出し、その意味を答えなさい。

① 彼はきっと、喜ぶでしょう。（　　）
② 運動会は雨で延期になったそうです。（　　）
③ このことは、だれにも聞かれるまい。（　　）
④ その洋服を、娘に着させたがっていた。（　　）
⑤ 今日の日のことを忘れずにいよう。（　　）
⑥ お父さまは何時頃お宅を出られましたか。（　　）
⑦ 鳥のように、空を飛んでみたいなあ。（　　）
⑧ 楽しそうに遊んでいるらしい。（　　）

UNIT

16 助動詞と同様の働きをすることば

目標 助動詞と同じような働きをすることばについて理解する。

1 二つ以上の単語のまとまり

一語（単語）の助動詞ではないが、二つ以上の単語が一まとまりになって、一語の助動詞と同じような働きをするものがある。次に挙げた、一語の助動詞による言い方と、二つ以上の単語が一まとまりになった場合の言い方を比べてみよう。

例 彼は　あとで　悲しも　う。（**推量**）

→彼は　あとで　悲しむ
- だろ｜う。（推量）　［だろ：助動詞／う：助動詞］
- か｜も｜しれ｜ない。（不確かな推量）　［か：助詞／も：助詞／しれ：動詞／ない：助動詞］
- に｜ちがい｜ない。（確信のある推量）　［に：助詞／ちがい：名詞／ない：形容詞］

例 何か　いい　ことが　あった　らしい。（**推定**）

→何か　いい　ことが　あった
- はず｜だ。（推定）　［はず：名詞／だ：助動詞］
- と｜みえる。（推定）　［と：助詞／みえる：動詞］

次のように、一つの助動詞だけではなかなか表現できない微妙《びみょう》な言い方もある。

例題

次の各文中から文の成分の述語（述部）を抜《ぬ》き出しなさい。

① 試験の問題は全部で五問だ。
② 問題練習をするとき、すぐ解答を見てしまうのは安易である。
③ 君にはこの問題は易しいであろう。
④ 最初の問題は、だれでも解けるにちがいない。
⑤ こんな奇妙《きみょう》な話があるであろうか。

考え方 助動詞は、文の終わりの文節に加わって、文の意味を決めるのに大切な働きをする。補助《ほじょ》用言も、文の意味を決めたり、微妙な意味を添《そ》えたりするが、助動詞とは違《ちが》って自立語であり、単独で文節をつくることができる。そして、普通《ふつう》、上の文節と結びついて連文節となる。

文の終わりの文節を調べよう。①は断定の助動詞「だ」が文の意味を決めている。②は補助動詞「ある」で一文節になり、上の文節「安易で」（形容動詞の連用形）に断定の意味を添える。③は補助動詞「ある」に推量の助動詞「う」がついて、上の文節「易しいで」（形容詞の終止形＋助動詞「だ」の連用形）に強意と推量の意味を添える。⑤は「あろうか」が上の文節「あるで」に強意・推量・反語の意味を添える。

例 大いに 勉強し なければ ならない。（必要の意味をもつ断定）
助動詞 助詞 動詞 助動詞

大いに 勉強す べきだ。（当然の意味をもつ断定）
助動詞
助動詞（文語）

２ 補助用言 ―― 補助動詞・補助形容詞

補助用言とは、**補助動詞**（→p.107）及《およ》び**補助形容詞**（→p.124）のことである。これらについてはすでに学習したが、補助用言は助動詞と同じような働きをするので、ここでまとめておこう。上が助動詞を使った言い方、→の下が補助用言を使った言い方である。

(1) 補助動詞（形式動詞）

例 これは 本だ。 → これは 本**で** **ある**。（断定）
とがった 鉛筆《えんぴつ》。 → とがっ**て** **いる** 鉛筆。（存続）
ごみを 捨てた。 → ごみを 捨て**て** **しまう**。（完了）

このほか、接続助詞「**て**（**で**）」を伴《ともな》う動詞の文節には、「**おく**」「**くる**」「**ゆく**」「**みる**」「**やる**」などの補助動詞がつくことがある。

(2) 補助形容詞（形式形容詞）

例 まだ 起きない。 → まだ 起き**て** **ない**。（打ち消し）
早く 食べたい。 → 早く 食べ**て** **ほしい**。（希望）

補助用言の「**ある**」「**ない**」などは、**形容詞や形容動詞の文節**に続けてよく用いられる。

例 **きれいで** **ある**。 → **きれいでは** **ありません**。
きれいで **ない**。 → **きれいでは** **なかった**。

④は「解けるに ちがい ない」と文節に分けられるが、――線部は助動詞「よう」「だろ―う」などと同じ働きをする一まとまりのことばと考えてよい。

答 ①五問だ ②安易である ③易しいであろう ④解けるにちがいない ⑤あるであろうか

着目
● 補助用言の性質
自立語であり、単独で文節をつくることができるが、上の文節と結びついて連文節となる。

練習 33

解答 → 別冊 p.26

次の各文中の――線部について、（ ）内に示した意味の助動詞を加えて改めなさい。

① あの人は君の先生か。〔丁寧《ていねい》・推量〕
（　　　）

② きっとあなたも来る。〔希望・過去・丁寧な断定・推量〕
（　　　）

③ そのことで彼《かれ》はしかる。〔受け身・打ち消し・過去・伝聞〕
（　　　）

④ 私は重い荷物を運んだので、とても疲《つか》れました。〔使役・受け身・丁寧〕
（　　　）

実力アップ問題

7章で学んだことを確かめ、実践的な力を身につけよう！

解答→別冊 p.26

問1 **次の文章から助動詞を選び、その右側に――線をつけなさい。**

ノーベル賞は、その　年に、人類の　文化や　平和の　ために、大きな　功績を　残した　人に　おくられる、もっとも名誉《めいよ》の　ある　賞です。これを　もらった　人は、世界的に偉大《いだい》な　人と　認められた　ことに　なる　わけです。

問2 **次のA群の各文中の助動詞「れる」「られる」と同じ意味で使われているものを、B群の各文中から探し、その文の記号をそれぞれの（　）の中に書きなさい。**

〈A群〉

① 諸君《しょくん》も、ときには考えられたことがおありでしょう。（　）

② 私には、どうも疑わしく思われる。（　）

③ 白い蝶《ちょう》が一匹《いっぴき》、風にまきあげられてゆく紙片のように、とめどなく舞《ま》い上がっていった。（　）

④ じっとしていられぬものだ。（　）

〈B群〉

ア 雨に降られる。

イ この種のきのこは食べられる。

ウ 社長は、海外の視察に出かけられた。

エ 修学旅行の当時が思い出される。

問3 **次の各文中で、使役《しえき》や受け身の言い方のある文節に――線をつけなさい。また、使役や受け身でない言い方に書き直しなさい。**

① 不気味な沈黙《ちんもく》の中で、私は恐怖《きょうふ》に襲《おそ》われた。
（　）

② 最後まで残しておいたパンを、子どもに食べさせる。
（　）

③ 議長は出席者全員から議事の進行を任せられていた。
（　）

④ あの選手は、ゆっくり休ませれば回復するはずだ。
（　）

⑤ 聖書は、古い昔から世界中の人々に読まれている。
（　）

⑥ 重大な問題だから、学級委員長を来させるべきである。
（　）

⑦ 彼のことばに、私は気持ちをひどく傷つけられた。
（　）

⑧ 寒い冬でも、犬の散歩をさせられる日が続いた。
（　）

⑨ ぼくたちは先生に、昨日のいたずらを白状《はくじょう》させられた。
（　）

問4 次の各文について、文法上正しい場合は○を、正しくない場合は、誤った文節を正しく直したものを（　）に書きなさい。

① 君は五時間続けて走れますか。（　　）
② ドイツ語は読めれません。（　　）
③ ここからは、外へ出れません。（　　）
④ 体が熱っぽくて起き上がれなかった。（　　）
⑤ 起きれなければ、先に行くよ。（　　）
⑥ あの人は何も知らなそうです。（　　）
⑦ ここへはだれも来なかったそうです。（　　）
⑧ 彼はすぐにもやめたさそうに見えた。（　　）
⑨ これ以上質問はなさそうです。（　　）
⑩ 母も一緒《いっしょ》に行きたそうだった。（　　）

問5 次の各組の――線部の助動詞は意味に違《ちが》いがあります。それぞれの意味を書きなさい。

(1)
① この本はおもしろそうだ。（　　）
② 君は強いそうだから、勝つだろう。（　　）

(2)
① ぼくでもその石を持ち上げられるよ。（　　）
② 互《たが》いに助けたり助けられたりする。（　　）

(3)
① 失敗しようとも、くじけるな。（　　）
② 風邪《かぜ》をひくから、早く服を着よう。（　　）

(4)
① 夏休みには、みんなで山に登ろう。（　　）
② 彼が死のうとは夢にも思わなかった。（　　）

(5)
① 祖母の優《やさ》しさのしのばれる絵。（　　）
② 健康を回復されてなによりです。（　　）

(6)
① 最近の暖かさは春のようだ。（　　）
② 赤ちゃんはもう寝《ね》たようだね。（　　）

(7)
① 工場の騒音《そうおん》で私の声は聞こえまい。（　　）
② 彼を傷つけまいと心をくばった。（　　）

(8)
① この本はもう読んだよ。（　　）
② 彼はなかなかの努力家だな。（　　）

問6 次の各組の――線部の語の中で、一語の助動詞であるものをそれぞれ一つずつ選び、その文の記号を○で囲みなさい。

(1)
ア 雨はもうあまりひどくない。
イ 腹立たしく感じないではいられない。
ウ つたない文章になってしまいました。

(2)
ア だれにも干渉《かんしょう》されず、自由に暮らしたい。
イ 人間の尊厳に必要なものは自由である。
ウ 私は子どものころから自由な環境《かんきょう》で育てられた。

(3)
ア 老人に席をゆずったのは、元気な中学生らしい。
イ 彼は、いかにもアメリカ人らしい身ぶりをした。
ウ 隣《となり》の家の赤ちゃんは、ほんとうに愛らしい。

(4)
ア すぐ行かせなければ、間に合わないだろう。
イ 母は自分で仕立てた服を私に着せた。
ウ 彼が見せてくれた写真は、よくとれていた。

(5)
ア この松は害虫のために枯《か》れるだろう。
イ 先生にはずいぶんしかられました。
ウ 君はこの程度しか走れないのか。

問7

次の各文中で――線をつけた助動詞の意味を、あとの語群から選び、その記号を書きなさい（重複解答可）。

① 彼は昔から頭のきれる人物でした。（　）
② ここへは、以前から来たく思っていた。（　）
③ 昨夜降った雨は、空気をすがすがしくした。（　）
④ 午後はどこへも行かずに、昼寝《ひるね》をした。（　）
⑤ もう帰りましょうか。（　）
⑥ 明日は雨らしく、空気が湿《しめ》っぽい。（　）
⑦ 家にはだれもいなかった。（　）
⑧ 彼は寒そうに、がたがたとふるえていた。（　）
⑨ 大人なのだから、自分の意見を言いたまえ。（　）
⑩ 彼《かれ》は試験中だから、遊ばないだろう。（　）

〔語群〕
ア 受け身　イ 完了（または過去）　ウ 希望
エ 様態　オ 可能　カ 意志　キ 打ち消し
ク 断定　ケ 打ち消しの推量　コ 推定
サ 丁寧《ていねい》　シ 丁寧な断定　ス 使役

問8

次の各文中の――線を引いた部分の活用形を、あとのア～カから一つずつ選び、その記号を書きなさい。

① 鉄鋼はアメリカへも輸出される。（　）
② 休日なのでとても混雑している。（　）
③ 期限の切れないうちに申し込《こ》む。（　）
④ 波も静かで、よい船旅です。（　）
⑤ とても元気そうでした。（　）
⑥ 急げば間に合うだろう。（　）
⑦ そんなことを言うと笑われますよ。（　）
⑧ 美しい山を眺《なが》めたければ、信州へ行こう。（　）
⑨ 暗くなって、本が読めなくなる。（　）
⑩ 会議には、彼女を出席させるそうだ。（　）

ア 未然形　イ 連用形　ウ 終止形
エ 連体形　オ 仮定形　カ 語幹

問9

次のそれぞれの問いに答えなさい。

㈠ 次の――線部「た」と同じ意味用法のものを、あとのア～オから一つ選び、その記号を○で囲みなさい。

白い煙《けむり》が切り立った山の闇《やみ》をはい登っていた。

ア そこから射《さ》して来る光が、道の上に押《お》し被《かぶ》さった竹藪《たけやぶ》を白く光らせている。
イ 今が今まで私の心を占《し》めていた煮《に》え切らない考えが、結論を先のばしにする原因となっていた。
ウ 振《ふ》るい落としてしまったように感じるのだ。
エ 異様な感動をもって眺めていた。
オ 大工とか左官とかそういった職業の人は、仲間意識が強いと言える。

㈡ 次の――線部「そうだ」と同じ意味用法のものを、あとのア～エから一つ選び、その記号を○で囲みなさい。

雨が降りそうだから、家で読書することに決めた。

ア　午後から雨になるそうだ。
イ　この木は今にも倒《たお》れそうだ。
ウ　そうだとしても信じられない。
エ　病気の弟がかわいそうだ。

㈢　次の各文中にある「ない」の中に、一つだけ品詞の異なるものがあります。その記号を○で囲みなさい。
ア　ぼくは、正直に言えば、それが子どもたちのお気に入りの質問の型の一変形にすぎないと思った。
イ　屈折《くっせつ》した大人の心理が、作家なんて現実には存在しないと、ぼくに考えさせていた。
ウ　書くことだけは続けるかも知れない。
エ　現代の作家、とくにぼくみたいな人間に責任があるんじゃないか、と考えたのだ。
オ　わたしも作家になれないでしょうか。

㈣　次の各文中にある「た」の中に、一つだけ活用形の異なるものがあります。その記号を○で囲みなさい。
ア　ぼくの、そのような態度は、同人誌時代の仲間からも批判されたものだ。
イ　書く人間をたまたま作家と呼ぶので、作家になったから書けるようになるというわけではない、と答えるつもりだったからだ。
ウ　ぼくは、そう言われて、頭をなぐられるのを注意していたら、すねを思いきり、けとばされたような気がした。
エ　「先生は作家になられたんでしょう。」
オ　「先生が作家になったとおりのことをしたら、わたしも作家になれないでしょうか。」

問10　**次の文章中の——線部の助動詞について、それぞれが使われている「意味」と「活用形」を、あとに挙げたものの中から一つずつ選び、その番号と記号を書きなさい。**

スキー場は、いっぱいの人だった(A)。初心者の私は、「早く上達したけれ(B)ば、転ぶのを恐《おそ》れていてはだめだ。」という先輩《せんぱい》のことば通り、まわりの人々に笑われ(C)ても気にはしまい(D)と覚悟《かくご》をきめて、練習を始めた。それにしても、よく転んだ(E)ものである。友人たちは私を「ダルマさんのようだ(F)な。」と言って冷やかした。

はじめこそうまく滑《すべ》れなかっ(G)たが、何度も転んでいるうちに、しだいに滑るときの調子がわかってきた。しかし、スピードを出して滑ろう(H)とすると、今度は止まるのが難しい。人にぶつかりそう(I)になっても、急には止まれず(J)、自分で倒《たお》れて止まるしかない。

〔意　味〕
①　たとえ　②　様態　③　過去　④　断定
⑤　使役　⑥　希望　⑦　打ち消しの意志
⑧　意志　⑨　打ち消し　⑩　受け身

〔活用形〕
ア　未然形　イ　連用形　ウ　終止形
エ　連体形　オ　仮定形　カ　命令形

A（　・　）　B（　・　）　C（　・　）
D（　・　）　E（　・　）　F（　・　）
G（　・　）　H（　・　）　I（　・　）
J（　・　）

問11

次の各組の語の中に、一つだけ品詞の異なるものがあります。その記号を○で囲み、その語の品詞名を（　）の中に書きなさい。

(1) ア です　イ しかし　ウ らしい
　 エ よう　オ ます　（　　　）

(2) ア ゆかいだ　イ あたたかだ　ウ これだ
　 エ ほがらかだ　オ おだやかだ　（　　　）

問12

次の①～④の各文の――線部（述語）の中心になっている語の品詞名を、それぞれ（　）の中に書きなさい。また、それぞれのあとに示した意味をもつ助動詞を、意味の順に使って、各文の――線部（述語）を書き直しなさい。

① 彼は中学生だ。（　　　）
　ア 推定……………（　　　）
　イ 丁寧《ていねい》な断定・推量……（　　　）
　ウ 断定・過去……………（　　　）
　エ 推定・（打ち消しの形容詞）…（　　　）

② 寒さはとくに厳しい。（　　　）
　ア 過去・推定……………（　　　）
　イ 断定・推量……………（　　　）
　ウ 様態・過去……………（　　　）

③ 仕事はたいへん困難だ。（　　　）
　ア （打ち消しの形容詞）・伝聞…（　　　）
　イ 過去・伝聞……………（　　　）
　ウ 過去・丁寧な断定・推量……（　　　）

④ 父はすぐ家に帰る。（　　　）
　ア 推量……………（　　　）
　イ 打ち消しの推量…………（　　　）
　ウ 打ち消し・過去…………（　　　）
　エ 丁寧・打ち消し…………（　　　）
　オ 可能・打ち消し・推定………（　　　）

問13

次の文章を読んで、あとの問いに答えなさい。

母が死んでから六年めの正月に、おやじも卒中で①なくなった。その年の四月に、おれはある私立の中学校を卒業する。六月に兄は商業学校を卒業した。兄はなんとか会社の九州の支店に口があって行か②なければなら③ん。おれは東京でまだ学問をしなければなら④ない。兄は家を売って財産をかたづ⑤けて任地へ出立《しゅったつ》すると言いだした。おれはどうでもするがよかろ⑥うと返事をした。どうせ兄のやっかいになる気は⑦ない。世話をしてくれ⑧るにしたところで、けんかをするから、むこうでも何とか言いだすに決まって⑨いる。なまじい保護を受けれ⑩ばこそ、こんな兄に頭を下げなければならない。牛乳配達をしても食ってAられると覚悟《かくご》をした。兄はそれから道具屋を呼んで⑪きて、先祖代々のがらくたを二束三文に売った。家屋敷《やしき》はある人の周旋《しゅうせん》で、ある金満家に譲《ゆず》った。このほうはだいぶ金になった⑫ようだが、くわしいことはいっこう知ら⑬ぬ。おれは一か月以前から、しばらく前途《ぜんと》の方向のつくまで、神田《かんだ》の小川町《おがわまち》へ下宿して⑭いた。清は十何年⑮いたうちが人手にわたるのを大いに残念がっ⑯たが、自分のもの⑰でないから、しよう⑱がなかった。あなたがもう少し年をとっていらっしゃれば、ここがご相続できます⑲ものをと、しきりにくどいていた。もう少し年をとって相続ができるものなら⑳、今でも相続ができるはずだ㉑。ばあさんはなんにも知らないから、年さえとれば兄の家がもらえると信じている。

（夏目漱石《なつめそうせき》『坊《ぼ》っちゃん』より）

㈠ ①～㉑の――線部のうち、次のア～ケの意味や活用形で使われている助動詞を選び、その番号を書きなさい。

ア 推定（　）　**イ** 丁寧（　）

ウ 推量（　）　**エ** 過去（　）

打ち消し｛**オ** 仮定形（　）　**カ** 終止形（　）（　）（　）

断定｛**キ** 連用形（　）　**ク** 終止形（　）　**ケ** 仮定形（　）

㈡ ㈠で選んだ助動詞のうち、次の品詞に接続しているものを選び、その番号を書きなさい。

ア 体言（　）（　）（　）（　）　**イ** 形容詞（　）

ウ 上一段活用の動詞（　）

㈢ ――線部**A**の助動詞「られる」は、もともと接続しないはずの助動詞についています。これは、その助動詞の上に入るべき語が省略されたものと考えられます。どんな語が省略されたか、言い切りの形を書きなさい。

（　）

問14 次の和歌およびその現代語訳を読んで、あとの問いに答えなさい。

・熟田津《にきたつ》に船乗りせむ①と月待てば潮もかなひぬ②今はこぎ出でな

〔現代語訳〕熟田津で船に乗って出発しようと月を待っていると、（月も出て）潮もちょうどよい具合になった。さあ、こぎ出そう。

・春過ぎて夏来たるらし③白妙《しろたへ》の衣《ころも》ほしたり天《あめ》の香具山《かぐやま》

〔現代語訳〕春が過ぎて、夏が来たらしい。（青葉の中に）白い布の衣が干してある。天の香具山に。

㈠ 次の文は和歌の中の助動詞について述べています。空欄《くうらん》**A**～**F**にあてはまる適当な語を答えなさい。

「熟田津に」の和歌の「船乗りせむと」の部分は、現代語訳を見ると、「船に乗って出発しようと」となっている。現代語訳中の助動詞「（ **A** ）」は、（ **B** ）の意味の助動詞なので、――線部①の助動詞「む」も（ **B** ）の助動詞だとわかる。

同様に考えると、――線部②の助動詞「ぬ」は、現代語訳中の助動詞「（ **C** ）」から、（ **D** ）の意味の助動詞であり、「春過ぎて」の和歌の――線部③の助動詞「らし」は、現代語訳中の助動詞「（ **E** ）」から、（ **F** ）の意味だとわかる。

A（　）　**B**（　）

C（　）　**D**（　）

E（　）　**F**（　）

問15 次の詩を読んで、あとの問いに答えなさい。

私は言葉を「物」として選ばなくてはならない。
それは最もすくなく語られて
深く天然のように含蓄《がんちく》を持ち、
それ自身の内から花と咲《さ》いて、
私をめぐる運命のへりで①
暗く甘《あま》く熟すようで②なくてはならない。

それがいつでも百の経験の
ただひとつの要約で③なくては——
一滴《いってき》の水の雫《しずく》が
あらゆる露点《ろてん》の実りであり、
夕暮《ゆうぐ》れの一点のあかい火が
世界の夜であるように。

そうしたら私の詩は、
まったく新鮮《しんせん》な事物のように、
私の思い出から遠く放たれて、
朝の野の鎌《かま》として、
春のみずうみの氷として、
それ自身の記憶《きおく》からとつぜん歌を始めるだろう。

（尾崎喜八「言葉」）

㈠ 「選ばなくてはならない」の「ない」と同じ用法のものは次のどれですか。その記号を○で囲みなさい。

ア 蛍《ほたる》の命は、はかないものだね。
イ この庭に梅の木は似あわないと思う。
ウ この家には、塀《へい》も門もない。
エ 期待はずれで、つまらない映画だった。

㈡ ——線部①〜③の「で」は、それぞれ次のどれですか。一つずつ選び、その記号を（　）の中に書きなさい。

ア 形容動詞の活用語尾　イ 断定の助動詞
ウ 接続助詞　エ 格助詞
オ たとえの助動詞の一部

①（　　）②（　　）③（　　）

㈢ 「世界の夜であるように」の「ように」と同じ意味・用法のものは、次のどれですか。その記号を○で囲みなさい。

ア 風邪《かぜ》をひいて熱が出たように思う。
イ 前よりも顔色が明るいように感じる。
ウ 寒風で手足は氷のように冷えきった。
エ あなたのように親切な人はいま少ない。

㈣ 「放たれて」の「れ」の品詞と意味、活用形について、文法的に説明しなさい。

（　　　　　　　　　　　　）

㈤ 「始めるだろう」の「う」と同じ意味・用法のものは、次のどれですか。その記号を○で囲みなさい。

ア ぼくがやろう。
イ さあ、元気を出して走ろう。
ウ きみならできるだろう。
エ 次郎君、遊ぼう。

問16 次の文章を読んで、あとの問いに答えなさい。

湿原《しつげん》のキタヨシが黄色に枯《か》れていた。その中で㋐親子のタンチョウが餌《えさ》をついばんで㋑いる。子の羽毛が、腹と翼《つばさ》のへりを除いてすっかり白くなっていた。

不思議な明るさが漂《ただよ》うそんな風景を横目で㋒見ながら、私は駄《だ》じゃれを連発してSさんを笑わせた①。湿原の道に入ってから、自分で㋓も見違《みちが》えるほど元気になっているのが分かった。

考えてみれば、熊《くま》に咬《か》まれて②からの私は、日頃《ひごろ》の私らしく③なかった。執着《しゅうちゃく》しないと覚悟《かくご》していたものを呼び戻《もど》したり、体の変調に甘《あま》えてしまい［A］なった。うじうじと悩《なや》み、自分で㋔自分に弱音を吐《は》いた。

私は再度決意した。

——何もかも自然の成行きに任せよう④。それで㋕いいじゃないか。行けるところまで㋖行こうじゃないか。

もう一度腹をくくったので㋗ある。すると四囲がまた明るくなり、腕《うで》に力が戻ってきた。

（畑正憲《はたまさのり》『さよなら　どんべえ』より）

㈠ ——線部㋐〜㋗の「で」のうち、断定の助動詞「だ」の活用形であるのはどれですか。記号を書きなさい。
（　　　）

㈡ ——線部①「笑わせた」の「せ」の品詞と意味、活用形について、文法的に説明しなさい。
（　　　）

㈢ ——線部②「咬まれて」の「れ」と同じ意味・用法のものは、次のうちのどれですか。記号を○で囲みなさい。

ア 行方不明のポチのことが思い出されて、眠《ねむ》れない。
イ 彼《かれ》はだれからも尊敬されている。
ウ 彼女《かのじょ》は、好きな短歌について話された。
エ 毎日遊ばれて、君がうらやましいよ。

㈣ ——線部③「私らしく」とは、文法的に異なるものを次から二つ選び、記号を書きなさい。
（　・　）

ア 彼女の動きは、バレリーナらしくとても優美《ゆうび》だ。
イ それは彼女らしく、真紅《しんく》のワンピースだった。
ウ バスが遅《おく》れているらしく、バス停《てい》は人でいっぱいだ。
エ 彼は男らしく、あやまちを認めた。
オ 大雨が降っているらしく、西の空はまっ暗だ。

㈤ ［A］には、「様態」の意味の助動詞が入ります。適当な形に活用させて書きなさい。
（　　　）

㈥ ——線部④「任せよう」の「よう」と同じ意味・用法のものは、次のうちのどれですか。記号を○で囲みなさい。

ア このぶんだと明日《あす》は、晴れよう。
イ もうすぐ彼も来ようから、落ち着いてください。
ウ 夏休みには、本を三十冊読んでみよう。
エ 来月には新築工事も終わっていよう。

問17 次の文章を読んで、あとの問いに答えなさい。

俗《ぞく》にいう「若者ことば」は即《そく》「間違《まちが》い」であり「言葉の乱れ」だとすぐに大人たちはやり玉にあげる。その典型例は、次のような、いわゆる「ら抜《ぬ》き言葉」であろう。従来の規則に従うと、

1　この映画は　日本中　どこでも　見られる。

というべきところを「見れる」という人が多くなってきているという現象である。

　ら抜《ぬ》き言葉を非難する人々が主張するのは、次のような「学校文法的説明」によるものである。…助動詞が動詞に接続する際には、一定の規則に従わなければならない。この場合（**ア**）活用と（**イ**）活用動詞の（**ウ**）形には助動詞「れる」が、それ以外の動詞には助動詞「られる」が接続しなければならない。だから**1**で「見れる」は間違いである。

　しかし、最近ではこの「ら抜き言葉」を擁護《ようご》する動きも一方では起きている。それは逆にいえば、これだけ「ら抜き」が浸《しん》透《とう》したことの理由でもある。

　一つは助動詞の抱《かか》える文法的意味の多さである。前述の「れる」「られる」にもさまざまな文法的意味があるとされるが、これを整理する動きが「ら抜き」なのである。一例を挙げよう。次の例**2**は少なくとも①三通りの解釈が出来るが、傍線部《ぼうせんぶ》を「食べれなかった」とすると、「食べることが出来なかった」の意であることがはっきりする。

2　先生は　お寿司《すし》を　全部は　食べられなかった。

　そうすると「れる」「られる」の文法的意味は絞《しぼ》られることになり、今ほどの負担の大きさはなくなる。そのための現象が「ら抜き」だというのである。

　もう一つの理由は、可能動詞の存在である。可能動詞とは（**ア**）活用動詞を（**エ**）活用動詞にすることで、「見られる」などと同様、一語で「～することができる」の意味を表すものだ。これは昔から普通《ふつう》の動詞と並存《へいぞん》していたわけではない。室町《むろまち》時代にその祖と思われる例が出て、江戸《えど》後期から明治にかけて、この新しい可能の言い方が発生した、といわれている。となると、同じような現象が（**ア**）活用以外の動詞におこっても不思議ではない。この他、方言など、いろいろな要素が絡《から》まって「ら抜き」は発生したのだといわれている。こうしてみると、ら抜き言葉は決して一時発生的なものではなく、歴史的な背景を持って登場してきたことがわかるだろう。

㈠　空欄《くうらん》**ア**～**エ**に入る最も適切なことばをそれぞれ書きなさい。ただし、同じ記号には同じ語句が入るものとします。

ア（　　　）　**イ**（　　　）　**ウ**（　　　）

エ（　　　）

㈡　――線部①「三通りの解釈が出来る」とありますが、一つは「食べることができなかった(可能)」の意味です。では、残りの二つはどのようなものか、それぞれわかりやすく説明しなさい。

（　　　）

（　　　）

KUWASHII
JAPANESE
GRAMMAR

中学国文法

8章

助詞

――活用のない付属語

助詞は、語の関係を示したり、細かい意味を添《そ》えたりする単語です。

要点のまとめ

UNIT 1
助詞の性質
解説ページ→p.201

- **助詞とは**……語と語の関係を示したり、細かい意味を添《そ》えたりする単語。
- **助詞の性質**……**付属語で、活用がない。**
- **助詞の分類**……**格《かく》助詞・接続《せつぞく》助詞・副《ふく》助詞・終《しゅう》助詞**の四種類に分類される。

UNIT 2
助詞の種類と働き
解説ページ→p.202

- **格助詞**……おもに**体言**について、**文節と文節の関係を示す。**
  - ・主語であることを示す。　例 校長先生**が** 話を される。
  - ・連体修飾語《しゅうしょくご》であることを示す。　例 校長先生**の** お話が ある。
  - ・連用修飾語であることを示す。　例 校長先生の お話**を** 聞く。
  - ・並立《へいりつ》の関係であることを示す。　例 バス**や** 電車に 乗る。
  - ・体言に準ずる文節であることを示す。　例 勉強する**の**が 嫌《きら》いだ。
- **接続助詞**……**用言や助動詞**などについて、**その文節（連文節）の意味をあとの文節（連文節）に続ける。**
  - ・接続語になる。　→ **仮定《かてい》の順接《じゅんせつ》・仮定の逆接《ぎゃくせつ》・確《かく》定《てい》の順接・確定の逆接**の四種類がある。
  - ・連用修飾語になる。
  - ・並立の関係になる。
- **副助詞**……**いろいろな語**について、**さまざまな意味を添える。**
- **終助詞**……**文末や文節の切れ目**について、**いろいろな意味を添える。**

UNIT 3

格助詞の意味と接続

語	意味
が	その文節が主語や対象であることを示す
の	その文節が連体修飾語であることを示す その文節が主語であることを示す その文節が並立の関係であることを示す それのついた語を体言と同じ資格にする
を	対象　場所　時間　起点(出発点)　方向
に	場所　時間　目的　帰着点　相手　状態 結果　動作の出所(受け身)や目標(使《し》役《えき》) 原因・理由　比《ひ》較《かく》の基準　並立

語	意味
へ	方向　帰着点
と	共同の相手　結果　対象　比較の基準 引用　並立
から	起点　原因・理由
より	比較の基準　限定
で	場所　手段・材料　原因・理由　時限
や	並立

解説ページ
→ p.208

UNIT 4

接続助詞の意味と接続

語	意味
ば	仮定の順接　確定の順接　並立
と	仮定の順接　確定の順接　仮定の逆接
ても(でも)	仮定の逆接　確定の逆接
けれど(けれども)	確定の逆接　単純な接続　並立・対比
が	確定の逆接　単純な接続　並立・対比
のに	確定の逆接
ので	確定の順接(原因・理由)

語	意味
から	確定の順接(原因・理由)
し	並立
て(で)	確定の順接(原因・理由)　並立　単純な接続 動詞・助動詞と補助用言をつなげる
ながら	確定の逆接　同時
たり(だり)	並立　例示
ものの	確定の逆接
ところで	仮定の逆接

解説ページ
→ p.215

UNIT 5

副助詞の意味と接続

は	特に取り出す　強調　繰《く》り返し　題目《だいもく》
も	同類の一つ　強調　並立《へいりつ》
こそ	強調
さえ	他を類推《るいすい》　限定　添加《てんか》
でも	他を類推　だいたいの事柄《ことがら》
しか	限定
まで	終点（極限《きょくげん》）　程度・限度　他を類推
ばかり	程度　限定　完了《かんりょう》まもないこと
だけ	程度　限定
ほど	程度
くらい（ぐらい）	程度　限度
など	例示
きり（ぎり）	限定
なり	例示　並立
やら／か	不確か　並立
だの	並立

解説ページ
➜ p.223

UNIT 6

終助詞の意味と接続

か	疑問・質問　反語　感動・詠嘆《えいたん》
な	禁止
な（なあ）	感動・詠嘆　念を押《お》す
や	感動　念を押す　呼びかけ
ぞ	念を押す
とも	強調
よ	感動　念を押す　呼びかけ
の	疑問　軽い断定
わ	感動・詠嘆　軽く念を押す
ね（ねえ）	感動・詠嘆　相手の注意を引く
さ	念を押す　軽く言い放す　強調　相手の注意を引く

解説ページ
➜ p.231

UNIT

1 助詞の性質

目標 助詞の性質や分類について理解する。

1 助詞とは ——語の関係を示したり意味を添《そ》えたりする単語

助詞は、用言・体言その他の語について、**語と語との関係を示したり、いろいろな細かい意味を添えたりする**ものである。

文節		文節		文節		文節	
ぼく	は	東京	と	横浜	へ	行く。	
ぼく	が	東京	から	横浜	まで	行く	よ。
ぼく	も	東京	か	横浜	に	行く	ぞ。
体言	助詞	体言	助詞	体言	助詞	用言	助詞

右の例で、「ぼく」「東京」「横浜」「行く」などの用言・体言だけでは、文が成り立たない。いろいろな助詞がついて、語と語との関係が明らかになり、細かい意味も添えられて、まとまった意味をもつ文になる。

2 助詞の性質 ——付属語で活用がない

(1) 助詞は**単独で文節をつくることができず**、常に用言や体言などの自立語のあとについて文節の一要素になるので、**付属語**である。

(2) 助詞は、同じ付属語の助動詞とは異なり、**活用しない**。

3 助詞の分類 ——格《かく》助詞・接続《せつぞく》助詞・副《ふく》助詞・終《しゅう》助詞

助詞は四十以上あるが、その働きによって、次の四種類に分けられる。

例題

次の各文中から付属語を選んで、そのうち助動詞には——線を、助詞には点「、」をつけなさい。

① 三月になると、学校の前を流れる川は、山の雪どけ水でしだいに水かさを増し、春が来ることを告げる。

② 彼《かれ》はもともと健康で、しかも秀才《しゅうさい》であったらしいが、二年間ばかり猛烈《もうれつ》に勉強したので、病気になり、目立った成果をあげられずに終わった。

考え方 付属語は助動詞と助詞である。助詞の中には「で」や「に」など、助動詞やほかの品詞の単語の一部と同形のものがあるので注意する。なお、①の文に助動詞はなく、付属語は全て助詞である。
また、助詞どうしでも、一字の助詞か二字の助詞か紛《まぎ》らわしいものがあるので気をつけたい。

答 ①三月に、 なると、 学校の、 前を、 流れる 川は、 山の 雪どけ水で しだいに 水かさを 増し、 春が 来る ことを 告げる。
②彼は もともと 健康で、 しかも 秀才であったらしいが、 二年間ばかり 猛烈に 勉強したので、 病気に なり、 目立った 成果を あげられずに 終わった。

(1) **格助詞**……〔が　の　を　に　へ　と　から　より　で　や〕など

(2) **接続助詞**…〔ば　と　ても(でも)　けれど(けれども)　が　のに　ので　から　し　て(で)　ながら　たり(だり)　ものの　ところで〕など

(3) **副助詞**……〔は　も　こそ　さえ　でも　しか　まで　ばかり　だけ　ほど　くらい(ぐらい)　など　きり(ぎり)　なり　やら　か　だの〕など

(4) **終助詞**……〔か　な　な(なあ)　や　ぞ　とも　よ　の　わ　ね(ねえ)　さ〕など

UNIT

2 助詞の種類と働き

目標　格助詞・接続助詞・副助詞・終助詞の働きを理解する。

1 格助詞 ── おもに体言について文節関係を示す

格助詞は、主として体言について、その体言の文節が同じ文中のほかの文節に対してどのような資格(関係)にあるかという、**文節と文節との関係を示す**。どんな格助詞が、どんな文節関係を示す働きをするか、次にあらましをまとめてみよう。

(1) **主語**であることを示す……「**が**」「**の**」

富士山**が**（主語）　きれいだ。（述語）

着目

●「で」の識別

①助詞
②助動詞「だ」「そうだ」の連用形
③形容動詞の活用語尾《ごび》(連用形)

●「に」の識別

①助詞　②副詞の一部（例）しだいに
③形容動詞の活用語尾(連用形)

●紛《まぎ》らわしい助詞

・**「の」「で」「に」「て」「も」(一字)**
・**「ので」「のに」「ても」「でも」(二字)**

例題

次の各文中から格助詞のついた文節を抜《ぬ》き出し、どんな資格(関係)にあるかを答えなさい。

① 山々のもみじが、きれいな色になった。
② 朝から英語と数学を勉強し、午後は学校へ行って、みんなで遊んだ。
③ 年の暮れも近い、雪の降る晩、貧乏神《びんぼうがみ》がその家を訪れたのを、だれも知りませんでした。

主語　述語
先生の　描《えが》いた　絵。

主語に対する述語「描いた」は、連体修飾語として下に連なり、体言「絵」を修飾する。

(2) **連体修飾語《しゅうしょくご》**であることを示す……**「の」**

連体修飾語
これは　先生の　自動車だ。

(3) **連用修飾語**であることを示す……**「を」「に」「へ」「と」「から」「より」「で」**など

連用修飾語
先生は　自動車に　乗った。
先生は　自動車を　運転する。

連用修飾語
先生は　自動車から　降りた。
先生は　自動車で　帰った。

(4) **並立《へいりつ》の関係**であることを示す……**「と」「や」「の」**など

並立の関係　並立の関係
先生と　ぼくは、一緒《いっしょ》に　電車や　バスに　乗った。
主部（連文節）　修飾部（連文節）　述語

右の文中の「と」「や」のついた文節は、それぞれすぐ次の文節と同じ資格で対等に並んでいることを示している。このように、同じ資格で並んでいる二つ以上の文節の関係を**並立の関係**（➡p.21）という。

(5) **体言に準ずる文節**であることを示す……**「の」**

これは文節関係を示す働きではないが、用言に格助詞「の」がつくと、

考え方 文節に分ける↓文節中の付属語のうち助詞を見分ける↓助詞のうち格助詞とその資格を判断する、という手順で考える。ただし、③の「訪れたのを」の「の」は、その文節を体言と同じ資格にするものである。この「の」は準体言助詞（準体助詞）と呼ばれ、「もの」や「こと」などの体言に言いかえることができる。

また、③「雪の降る晩」の「の」は、「雪の」が主語であり、述語「降る」が連体修飾語として下の体言「晩」に係る。

なお、②「午後は」の「は」、③「暮れも」「だれも」の「も」は副助詞。

答 ①山々の（連体修飾語）　もみじが（主語）　色に（連用修飾語）　②朝から（連用修飾語）　英語と（並立の関係）　数学を（連用修飾語）　学校へ（連用修飾語）　みんなで（連用修飾語）　③年の（連体修飾語）　雪の（主語）　貧乏神が（主語）　家を（連用修飾語）　訪れたのを（「の」は体言と同じ資格にする、「を」は連用修飾語）

着目

● 格助詞の働き

その文節の、ほかの文節に対する資格（関係）を示す。

● 準体言助詞「の」

「もの」や「こと」などの体言に言いかえることができる。

その文節は**体言と同じ資格のもの**、つまり**体言に準ずるもの**となる。この体言に準ずる文節にさらに助詞がついて、主語・修飾語などになるわけである。

体言に準ずる
勉強する の が　嫌《きら》いだ。
主語　　　　述語

体言に準ずる
新しい の を　買った。
連用修飾語　　述語

② 接続助詞 ——用言や助動詞などについて意味をあとに続ける

接続助詞は、主として用言または助動詞について、その文節（連文節）の意味をあとの文節（連文節）に続け、**前後の文節（連文節）をつなぐ**働きをする。

接続助詞のついた文節（連文節）は、おもに**接続語（接続部）になる**ことが大きな特徴《とくちょう》である。この場合、接続助詞は、それぞれ次のような意味（条件や接続の関係）を示す。

(1) **仮定の順接**　**「ば」「と」**
(2) **仮定の逆接**　**「と」「ても（でも）」「ところで」**など
(3) **確定の順接**　**「ば」「と」「ので」「から」「て（で）」**
(4) **確定の逆接**　**「ても（でも）」「けれど（けれども）」「が」「のに」「ながら」「ものの」**など

仮定とは、**その事柄《ことがら》が想像上のことである場合**をいい、確定とは、**その事柄が事実である場合**をいう。

また、順接とは、前の事柄に対して**順当な事柄があとにくる接続の関係**をいい、逆接とは、前の事柄に対して**逆（反対）の事柄があとにくる接続の関係**をいう（→p.81）

練習 1

解答→別冊p.30

次の——線部「の」と同じ資格の助詞を、あとのア〜ウから選んで、○で囲みなさい。

理科の勉強をするのが得意だ。

ア　このテレビゲームは私の弟のだ。
イ　これから校長先生のお話があります。
ウ　富士山の見える場所に行こう。

例題

次の各文中から接続助詞のついた文節を抜《ぬ》き出し、その接続助詞が、どんな意味で前後の文節（連文節）をつないでいるかを答えなさい。

① どこへ行こうと、私の勝手だ。
② よく見ると、新しい芽が出ていた。
③ 疲《つか》れたので、練習を休みたい。
④ みんなが賛成すれば、すぐ実行します。
⑤ 雨が降りそうだが、やはり出かけよう。
⑥ いくら働いても、生活は苦しかった。
⑦ 快晴だし、風もさわやかだ。
⑧ 読んだり書いたりして、一日を過ごす。

考え方　接続助詞のついた文節のあとには読点《とうてん》（、）がつくことが多い。

①②の接続助詞「と」は、使われ方によって順接にも逆接にもなり、仮定も確定も表す。したがって、接続助詞の意味をつかむには、まず文全体の意味をとらえることが大切である。そのうえで、接続助詞のついた文節があとの文節と順接・逆接・そ

(1) **仮定の順接**
晴れれ**ば**、星を 観測しよう。
（接続語／連用修飾語／述語）

(2) **仮定の逆接**
たとえ 苦しく**ても**、ぼくは がんばります。
（接続部(連文節)／接続語／主語／述語）

(3) **確定の順接**
雨が 降った**ので**、運動会は 中止に なった。
（接続部(連文節)／接続語／主語／連用修飾語／述語）

(4) **確定の逆接**
風は ない**が**、花が 散る。
（接続部(連文節)／接続語／主語／述語）

参考

確定の順接には、その事柄がまだ事実ではないが、そのことが事実になれば、自然や世の中の常として必ず定まった結果が現れるような関係の場合も含《ふく》まれている。このような接続の関係を確定の順接と区別して、**一般《いっぱん》条件**ということがある。

例 春に なれ**ば**、桜が 咲《さ》く。
春に なる**と**、桜が 咲く。

接続助詞のついた文節(連文節)は、前の(1)〜(4)の意味で用いられる場合以外は**連用修飾語**(**修飾部**)や**並立の関係**などになる。

道を 歩き**ながら** 食べるな。
（修飾部(連文節)／連用修飾語／述語）

先生は 優《やさ》しい**し**、親切だ。
（主語／述部(連文節)／並立の関係）

の他の、どの接続の関係でつながっているかを判断する。そして、その接続の関係が、順接・逆接のどちらかであれば、接続助詞のついた文節が仮定・確定のどちらの条件を表しているかを考える。

⑧の「読んだり」「書いたり」の「たり(だり)」は、並立を示す接続助詞、その下の「して」の「て」は単純な接続を示していて、「読んだり書いたりして」という連文節が、接続語ではなく、修飾語となっている。

なお、③の「ので」のように、確定の順接は原因・理由を表す場合も多い。

答 ①行こうと(仮定の逆接) ②見ると(確定の順接) ③疲れたので(確定の順接＝原因・理由) ④賛成すれば(仮定の順接) ⑤降りそうだが(確定の逆接) ⑥働いても(確定の逆接) ⑦快晴だし(並立) ⑧読んだり・書いたり(並立) して(単純な接続)

着目

● 接続助詞の意味のとらえ方

①接続の関係を判断する。
→順接・逆接・その他
②条件を判断する。(順接・逆接ならば)
→仮定条件・確定条件

3 副助詞 ―― いろいろな語についてさまざまな意味を添《そ》える

副助詞は、用言や体言だけでなく、いろいろな語について、**さまざまな意味を添えるもの**である。

格助詞や接続助詞は、これを省くと文の意味がわからなくなるが、**副助詞を省いても文の意味に変わりがない場合がある。**また、副助詞は、**ほかの種類の助詞や同じ副助詞にもつく**ことがある。

主語	連用修飾語	述語
私 だけ しか	そこ へ は	行かない。

（副助詞　ほかの種類の助詞）

次に、おもな副助詞を使った文を並べておこう。ただし、同形のものが、別の意味に使われることもある。〔 〕内はそれぞれの文で使われている場合の意味である。

勉強をした。（「を」は格助詞）
勉強**は**した。……〔他と区別して、**特に取り出す**〕
勉強**も**した。……〔**同類の一つ**であることを示す〕
勉強**こそ**大事だ。……〔**強調する**〕
勉強**さえ**する時間がない。……〔一例を挙げて**他を類推**《るいすい》させる〕
勉強**でも**しよう。……〔**だいたい**の事柄を示す〕
勉強**しか**しない。……〔それと限る＝**限定**する〕
宿題以外の勉強**まで**できない。……〔**程度・限度**を示す〕
勉強**ばかり**している。……〔それと限る＝**限定**する〕

副助詞の「副」には「添える」という意味がある。「か」以外の副助詞は、ほかの種類の助詞に同形のものがないから、おもなものは覚えておこう。

例題

次の文中の～～線部を、あとの①～⑧のように改めると、どんな意味が添えられますか。①～⑧の――線部の助詞に注意して答えなさい。

彼が欠席した理由を、私が知っている。

① 私だけが知っている。
② 私しか知らない。
③ 私は知っている。
④ 私が知っているよ。
⑤ 私も知っている。
⑥ 私でも知っている。
⑦ 私が知るものか。
⑧ 私か彼が知っている。

考え方 副助詞や終助詞の意味を考えるには、副助詞や終助詞を取り去った文と比較《ひかく》するか、または、副助詞や終助詞の代わりに格助詞などを入れた文と比較してみるのがよい。

この問題では、「私が」と格助詞を使った文との比較をすればよい。

副助詞・終助詞の意味は、文全体の意味からおぼろげにわかるだろうが、ことばによる表し方が難しい。文法上、強調・限定・程度・例示・疑問・呼びかけなどに用いられるこれらのことばにある程度慣れておくことが必要だろう。

答 ①限定 ②限定 ③特に取り出す ④念を押す ⑤同類の一つ ⑥一例を挙げて他を類推させる ⑦反語 ⑧並立

勉強**だけ**している。……………〔それと限る＝**限定**する〕
勉強する**ほど**実力がつく。……〔**程度**を示す〕
勉強**くらい**嫌《いや》なものはない。……〔**限度**を示す〕
勉強**など**やめて遊ぼう。……〔**例示**の意味を示す〕
十分間勉強した**きり**だ。……〔それと限る＝**限定**する〕
勉強**なり**手伝い**なり**せよ。……〔決まらないことを**並立**《へいりつ》で示す〕
どんな勉強**やら**わからない。……〔**不確か**なことを示す〕
勉強**か**クラブ活動をする。……〔**並立**を示す〕

4 終助詞 ―― 文末などについていろいろな意味を添える

終助詞は、**文の終わりや文節の切れ目について**、疑問・感動・禁止など、**いろいろな意味や気持ちを添える**。終助詞は、特に文の終わり、すなわち**述語**（**述部**）**につく**ことが多く、話し手の気持ちを表す働きをしている。次に、おもな終助詞とその意味を挙げよう。

その人はだれな**の**。／その人はだれ**か**。〔**疑問**〕
そんなこと知るもの**か**。〔**反語**〕
道路で遊ぶ**な**。〔**禁止**〕
すばらしい**な**（**なあ**）。／すばらしい**や**。〔**感動**〕
出発だ**よ**。／出発だ**ぞ**。〔**念を押**《お》**す**〕
出発だ**ね**。〔**注意を引く**〕
太郎**よ**、行こう。／太郎**や**、行こう。〔**呼びかけ**〕
失敗もある**さ**。〔**軽い断定**〕

ここまでで、助詞についてのあらましはつかめただろう。このあとの助詞一つ一つについては、必要に応じて学習すればよい。

着目

●副助詞・終助詞の意味のとらえ方
・**副助詞や終助詞を取り去った文と比較する。**
・**代わりに格助詞などを入れた文と比較する。**

練習2

解答→別冊 p.30

次の各文中の――線部の助詞の意味を、ア〜ケから選んで、記号で答えなさい。

① 駅で一時間ばかり待ちました。（　）
② 彼がどこにいるか、知らない。（　）
③ そればかりはやめてください。（　）
④ 私の成績はよくも悪くもない。（　）
⑤ 生命の安全をこそ守らなければならない。（　）
⑥ 君にまで迷惑《めいわく》をかけたくない。（　）
⑦ 問題が易しいから、彼さえ満点だった。（　）
⑧ 午後からは英語の授業もある。（　）
⑨ 地震《じしん》が起きても、あわてるな。（　）

〔意味〕
ア 禁止を示す　**イ** 強調する
ウ 並立を示す　**エ** 疑問を示す
オ 一例を挙げて他を類推させる
カ 同類の一つであることを示す
キ 程度・限度（極限《きょくげん》）を示す
ク だいたいの程度を示す
ケ それと限る（限定）

UNIT

3 格助詞の意味と接続

目標 格助詞のそれぞれの意味と接続について理解する。

が　の　を　に　へ　と　から　より　で　や

が

● **その文節が主語や対象であることを示す。**

左の下の例文で、「これ**が**」は「これ**を**」とも言いかえることができ、述語「ほしい」の**対象**を表している(連用語)。

例 花**が**(主語) 咲《さ》く。　これ**が**(対象) ほしい。(対象)

接続

体言に……………………**色**が きれいだ。
用言(連体形)に…………**泳ぐ**が よい。
助動詞(連体形)に………泳が**せる**が よい。
助詞「の」(準体言助詞)に……泳ぐ**の**が 上手だ。

右の格助詞「の」は、それがついた語を体言と同じ資格にする準体言助詞(準体助詞)である。

の

● **その文節が連体修飾《しゅうしょく》語《ご》であることを示す。**

例 来年**の**(連体修飾語) 春には、高等学校**の**(連体修飾語) 入学試験を 受ける。

格助詞と接続動詞の中で、●印のついているものは、文節と文節との関係を示している。●印のついているものは、文節関係の働きではないものだよ。

例題

次の各文中から格助詞のついた文節を抜《ぬ》き出し、その格助詞がどんな資格(関係)を示すかを答えなさい。

① 自転車に乗った中学生が、ふたりづれで麦畑を学校のほうへ横切っていく。

② 彼女の歌った「海は荒海《あらうみ》、向こうは佐《さ》渡《ど》よ。」という歌は、どんな題名ですか。

③ 家に着いてから冷たいお茶を飲もうと思い、のどが渇《かわ》くのを我慢《がまん》して、道を急いだ。

考え方 格助詞は、主として体言について、その文節が文中のほかの文節に対してどんな資格(関係)にあるかを示す。格助詞のついた文節が主語の場合を主格、連体修飾語の場合を連体格、連用修飾語の場合を連用格、並立の関係の場合を並立格という。

このうち、主格の「の」がついた文節は、決して文全体の主語にはならない。これについて、次の三つを比較してみよう。

● 雪が(主語) 降る。(述語)
● 雪の(主語) 降る。(述語) ……×
● 雪の(主語) 降る(述語)〔連体修飾部〕 晩は、(主語) 寒い。(述語)

● **その文節が主語であることを示す。** この場合、それに対する**述語**は、**連体修飾語**として下に連なる形（連体形）になる。

例　森林**の**（主語）　燃えさかる（述語（連体修飾語））　炎《ほのお》は、山腹《さんぷく》を　上へと　向かった。

● **その文節が並立《へいりつ》の関係であることを示す。**

例　行く**の**　行かない**の**と、いつまでも　すねて　いる。（並立の関係）

● それのついた語を**体言と同じ資格（体言に準ずるもの）にする。** この場合の「の」を**準体言助詞（準体助詞）**と呼ぶことがある。

例　走る**の**が（体言に準ずる）　速い。　この　本は　友人**の**（体言に準ずる）だ。

接続

- **体言**に……**来年**の　春、高校へ　進学する。
- **用言**（連体形）に……**にぎやかな**のが、好きだ。
- **助動詞**（連体形）に……行け**ない**のは、病気だからです。
- **助詞**に……それは、ぼく**だけ**の　秘密だ。

を

● **その文節が連用修飾語であることを示す。**

(1) **動作・作用の対象**を示す。

例　父は、新聞**を**　読んで　いる。

(2) **経過する場所・時間**を示す。

例　自動車で　高速道路**を**　走る。　一日**を**　読書で　過ごす。

(3) **動作・作用の起点（出発点）**を示す。

例　懐《なつ》かしい　故国《ここく》**を**　離《はな》れる。

「雪の降る。」では文にならないが、そのあとに「晩」という体言がくると、「雪の降る」は主・述の関係をもつ連文節として連体修飾部になり、文節「晩は」に係る。このような連文節の中の主語・述語を、部分の主語、部分の述語ということがある。

②の「彼女の歌った」についても理解できただろう。また、②③にある「と」は引用を示す格助詞で、文を受ける。

なお、②の「海は」などの「は」は、副助詞。③の「のどが渇くのを」の「の」は準体言助詞で、文節の資格（関係）を示すものではない。

答　①自転車に（連用格）　中学生が（主格）　ふたりづれで（連用格）　麦畑を（連用格）　学校の（連体格）　ほうへ（連用格）
②彼女の（主格）　佐渡よ。」と（連用格）
③家に（連用格）　着いてから（連用格）　お茶を（連用格）　飲もうと（連用格）　のどが（主格）　渇くのを（「の」は体言と同じ資格にする、「を」は連用格）　道を（連用格）

着目

● 格助詞の示す資格

「が」「の」…主格／「の」…連体格／「を」「に」「へ」「と」「から」「より」「で」など…連用格／「と」「や」「の」…並立格

● 主格を示す「の」

文全体ではなく、部分の主語を示す。

(4) **動作・作用の方向**を示す。

例 みんな、右**を** 見ろ。

接続
- 体言に……………新聞**を** 読む。
- 助詞「の」（準体言助詞）に……大きい**の**を ください。

に

● **その文節が連用修飾語《しゅうしょくご》であることを示す。**

(1) **場所**を示す。

例 生徒が 運動場**に** 集合する。

(2) **時間**を示す。

例 私は、毎夜、十時**に** 寝《ね》る。

(3) **動作の目的**を示す。

例 魚を 釣《つ》り**に** 行く。

(4) **動作の帰着点**を示す。

例 私たちは、東京**に** 着いた。

(5) **動作・作用の相手**を示す。

例 この 仕事を 君**に** 頼《たの》もう。

(6) **動作・作用の状態**を示す。

例 髪《かみ》を 長め**に** 伸《の》ばす。

(7) **作用や変化の結果**を示す。

例 すべてが 失敗**に** 終わった。

(8) **受け身での動作の出所、使役《しえき》での動作の目標**を示す。

格助詞を語呂《ごろ》合わせで覚えてみよう。

「鬼が戸より出、空の部屋」

ひらがなにすると、

「を・に・が・と・より・で・から・の・へ・や」になるね。

頭の中で場面の様子をイメージすると覚えやすいよ。

練習3 解答➡別冊 p.30

次の各文中の格助詞の右側に、——線をつけなさい。

① 空が高い。煙突《えんとつ》やアンテナが、背伸《せの》びをしている。

② おばあさんの予想どおり、今年は冬の来るのが早く、十月末にもう雪が降りました。

③ 全員の集まる総会では、賛成と反対に、議論が分かれてなかなかまとまらない。

練習4 解答➡別冊 p.30

次の各文中の——線部の格助詞について、どんな資格（関係）を示すか答えなさい。

① よく晴れた空を、渡《わた》り鳥が飛んでいく。
（　　）（　　）

② 兄の使っていた万年筆で、手紙を書いた。
（　　）（　　）（　　）

③ 新聞や雑誌を読むのが、本当の読書と言えるのだろうか。
（　　）（　　）（　　）（　　）

④ 五時から始まる公会堂での音楽会へ行くことを、友人と約束した。
（　　）（　　）（　　）（　　）

(例) 犬**に** かまれた。(受け身) 赤子**に** 乳を 飲ませる。(使役)

(9) **動作・作用の原因・理由**を示す。

(例) 人々は ひどい 災害**に**、打ちひしがれた。

(10) **比較《ひかく》の基準**を示す。

(例) 彼《かれ》は 私**に** 比べて 体が 丈夫《じょうぶ》だ。

(11) 二つ以上の文節が同じ資格で並んでいる。

● **その文節が並立《へいりつ》の関係であることを示す。**

(例) 明日は、国語**に** 数学**に** 英語の 試験が ある。

接続
- **体言**に…………**体育館**に 集まれ。
- **用言**
  - (連用形)に…………野球を **見**に 行く。
  - (連体形)に…………**見る**には お金が 必要だ。
- **助動詞**
  - (連用形)に…………事件を 調べ**させ**に 行く。
  - (連体形)に…………歩き**たい**にも 歩けない。
- **助詞「の」**(準体言助詞)に…………見る**の**に お金が 必要だ。

へ

● **その文節が連用修飾語であることを示す。**

(1) **動作の方向**を示す。

(例) 探検隊は、一路 東**へ** 向かった。

(2) **動作の帰着点**を示す。

(例) 向こう**へ** 着いたら 手紙を くださいね。

接続
- **体言**に…………荷物を **家**へ 運ぶ。
- まれに**助詞「の」**(準体言助詞)に……ぼく**の**へ 入れて ください。

例題

練習 5 解答 ↓ 別冊 p. 30

次の各文中の――線部の格助詞の意味を答えなさい。

① 生徒は、みんな教室に集まった。 (　　)

② 彼は、努力して音楽家になった。 (　　)

③ ぼくは、父を迎えに行くところだ。 (　　)

④ そのことは、先生に教えていただこう。 (　　)

次の文中の――線部から、格助詞「に」を選んで、その文節を抜《ぬ》き出しなさい。

自然にできた言語の中に、不規則に、不完全に働いている力を、これからつくり出す言語のために完全に使うことは、どれほど意義があるかということを理解しました。

考え方 格助詞「に」は、形容動詞の活用語尾《ごび》(連用形)と混同しやすいので気をつけよう。形容動詞の活用語尾ならば、「に」を「な」に置きかえて適当な体言に続け、上に連用修飾語をつけることができる。問題文では、例えば、「真に自然な姿」「とても不規則なできばえ」「ほんとうに完全な答え」などと言えるので、これらは形容動詞の活用語尾であることがわかる。

答 中に・ために

と

● **その文節が連用修飾語《しゅうしょくご》であることを示す。**

(1) 「～とともに」という意味で、**共同の相手**を示す。

例 母**と** 買い物に 出かける。

(2) **動作や作用の結果**を示す。

例 氷が 水**と** なる。

(3) 「～を相手にして」という意味で、**動作の対象**を示す。

例 君**と** けんかを しても しかたが ない。

(4) **比較《ひかく》の基準**を示す。

例 あの 山は、この 山**と** 岩石の 成分が 違《ちが》う。

(5) **引用**を示す。

例 父は、顔さえ 見れば、「がんばって いるか。」**と** 言う。
外国へ 行った**と** いう ことだ。
海**と** 思ったのは、間違《まちが》いだった。

引用を示す格助詞「と」は、いずれも文を受ける。右の例文「海と」の「海」も、「海である」「海だ」という意味を含《ふく》むので、文と考える。

● **その文節が並立《へいりつ》の関係であることを示す。**

(6) **並立**を示す。

例 鉛筆《えんぴつ》**と** ノートを 買う。

接続

- **体言**に……………**弟と** 一緒《いっしょ》に 遊ぶ。
- **助詞「の」**(準体言助詞)に……君**のと** 私**のと**を 買おう。
- **文**に……………「**どこへ 行くのですか。**」と 尋《たず》ねられた。

着目

● 格助詞「に」と形容動詞との見分け方

・**形容動詞の活用語尾は、「に」を「な」に置きかえて体言に続けることができる。また、上に連用修飾語をつけることができる。**

練習6 解答 → 別冊 p. 30

次の文章中から格助詞がつく文節を抜《ぬ》き出し、格助詞の意味を答えなさい。

男は、笛を吹《ふ》きながら、表通りから裏通りへと、町の中をすみずみまで歩きました。その音色《ねいろ》は、美しくあたりに流れました。すると、音色にひかれたのか、どこの家からも、ねずみがちょろちょろ出てきました。

〔　　　〕

練習7 解答 → 別冊 p. 30

次の各文中の——線部の格助詞の意味を答えなさい。

① 新しい生活が いよいよ 始まる。（　　）

から

● **その文節が連用修飾語であることを示す。**

(1) **動作・作用の起点**を示す。

例 父**から** 手紙が 来た。

仕事が すんで**から** 休みます。

(2) **動作・作用の原因・理由**を示す。

例 風邪《かぜ》**から** 肺炎《はいえん》に なる。

接続

体言に……私は **東京**から 帰った。

接続助詞「て(で)」に……店を 閉め**て**から 帰る。

助詞「の」(準体言助詞)に……古い**の**から 捨てよう。

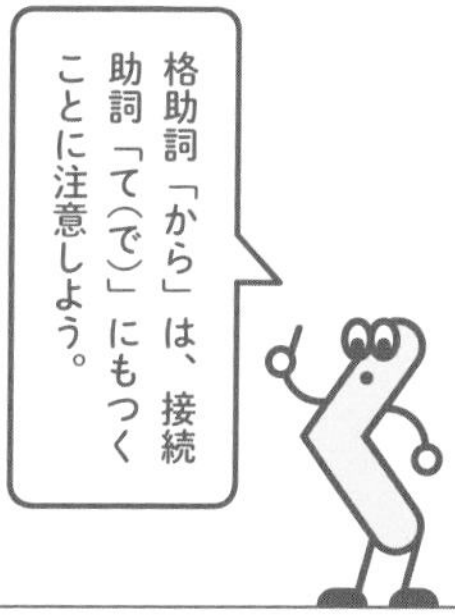
格助詞「から」は、接続助詞「て(で)」にもつくことに注意しよう。

より

● **その文節が連用修飾語であることを示す。**

(1) **比較の基準**を示す。

例 これ**より** あれが よい。

(2) それと限る意味で、**限定**を示す。**あとに、打ち消しの語がくる。**

例 試合に 勝つには、練習する**より** ほかは ない。

接続

体言に……兄は **父**より 背が 高い。

用言(連体形)に……**眠《ねむ》る**より ほかは ない。

助動詞(連体形)に……眠ら**せる**より ほかは ない。

助詞「の」(準体言助詞)に……君**の**より 私のが 大きい。

---

② 海を渡って、アメリカへ行く。（　）

③ 明日は天気だろうと思う。（　）

④ 水泳大会は、午後四時に開始された。（　）

⑤ 幼虫を殺してしまうよりほかはない。（　）

例題

次の各組の――線部の語の品詞と意味用法を説明しなさい。

A
① ちらちらと雪が降る。
② 雪と雨が降る。
③ もっと勉強しろとしかられた。

B
① 私は、あちらにおります。
② 廊下《ろうか》は、静かに歩きましょう。
③ 天気が崩《くず》れそうになった。

C
① ひどい寒さで苦しみました。
② 彼は学級委員長で、人望もある。
③ 練習をどこでやりますか。

考え方 まず品詞を見分け、ついで同じ品詞のものがあればその意味用法を比べる。**A**では、副詞(状態の副詞)に「と」がつくものが多く、これと格助詞「と」とが紛《まぎ》らわしいことに注意する。**B・C**では、助詞「に」「で」がほかの品詞やその一部と識別できるように、改めて確認しよう(➡p.202下段)。

で

● **その文節が連用修飾語《しゅうしょくご》であることを示す。**

(1) **場所**を示す。

例 今夜、公園**で** 音楽会が 開かれる。

(2) **手段・材料**を示す。「〜によって」という意味。

例 東京まで 飛行機**で** 行く。
紙**で** 人形を 作る。

(3) **原因・理由**を示す。「〜のために」という意味。

例 ぼくは 今 試験勉強**で** 忙《いそが》しい。

(4) **時限**を示す。

例 来年**で** 父は 還暦《かんれき》を 迎《むか》える。

接続
- **体言**に……………………彼と **音楽会**で 会った。
- **副助詞「だけ」「ほど」**などに……人形を 紙**だけ**で 作る。
- **助詞「の」**(準体言助詞)に ………電車の 速い**の**で 行こう。

や

● **その文節が並立《へいりつ》の関係であることを示す。**

(1) 二つ以上の文節が同じ資格で並んでいる。

例 電車**や** バスが 通って いる。

接続
- **体言**に…………………………**米**や 麦の 産地で ある。
- **助詞「の」**(準体言助詞)に ………高い**の**や 安いのが ある。

答 A ①副詞の一部 ②格助詞で並立を示す ③格助詞で引用を示す
B ①格助詞で場所を示す ②形容動詞の連用形の活用語尾 ③助動詞「そうだ」の連用形の一部
C ①格助詞で原因・理由を示す ②助動詞「だ」の連用形 ③格助詞で場所を示す

着目
● 「と」がつく副詞に注意
擬《ぎ》声《せい》語(擬音語)・擬態語につく「と」は、状態の副詞の一部。

練習8
解答→別冊 p.30

次の各文中の——線部の格助詞の意味を答えなさい。

① 昨日は、あらしで帰れなかった。( )

② 私の兄は、都会で育った。( )

③ その書類は、筆で書くのがよかろう。( )

④ 今日で申し込《こ》みは締《し》め切ります。( )

UNIT

4 接続助詞の意味と接続

ば　と　ても（でも）　けれど（けれども）　が　のに　ので　から
し　て（で）　ながら　たり（だり）　ものの　ところで

目標　接続助詞のそれぞれの意味と接続について理解する。

ば

● **その文節が接続語になる。**

(1) **仮定の順接**を示す。

例　もし　明日　晴れれ**ば**　行こう。

(2) **確定の順接**を示す。

この場合の確定の順接は、まだ事実ではないが、そのことが事実になれば、自然や世の中の常として必ず定まった結果が現れることを示す（**一般《いっぱん》条件**）。

例　風が　吹《ふ》け**ば**、波が　立つ。

仮定の順接…想像上の事柄《ことがら》に対して、その順当な事柄があとにくる。
仮定の逆接…想像上の事柄に対して、その逆（反対）の事柄があとにくる。
確定の順接…事実に対して、その順当な事柄があとにくる。**原因・理由**になる場合が多い。
確定の逆接…事実に対して、その逆（反対）の事柄があとにくる。

品詞の中で活用するものは、動詞・形容詞・形容動詞・助動詞。これらを「活用語」と呼ぶ。「ながら（➡p.221）」以外の接続助詞はこの活用語だけに接続するんだよ。

例題

次の各文中から、接続助詞を抜き出しなさい。

① 七月から二か月も雨が降らなかったから、この雨を農家の人たちは大変喜んだ。
② その方法はまことによいが、だれがその鈴《すず》をつけに行くのかね。
③ 目には見えないのに、耳で聞くことができる。
④ 犬も歩けば、棒にあたる。
⑤ 友人に笑われようと、ぼく自身の考えで行動したいと思う。
⑥ 長時間本を読んで、目が疲《つか》れました。

考え方　接続助詞は、格助詞とは異なり、主として用言・助動詞につき、上の文節（連文節）の意味を、接続詞のように下の文節（連文節）に続けるものである。したがって、どんな語についているかによって、格助詞と接続助詞とを区別することができる。

①の「七月から」の「から」は体言（名詞）につくから格助詞であり、「降らなかったから」の「から」は「た」という過去の意味の助動詞につくから接続助詞である。

このように、格助詞と接続助詞の中には、同じ形のものがあるので注意する。

⑤の「笑われようと」と「行動したいと」も区別が必要。

● **その文節が並立《へいりつ》の関係になる。**

(1) **並立**を示す。「〜も……ば」などの形で用いられる。

例 馬も いれ**ば**、牛も いる。

接続 {用言(仮定形)に……雨が **降れ**ば、中止する。
助動詞(仮定形)に……雨**なら**ば、中止する。

と

● **その文節が接続語になる。**

(1) **仮定の順接**を示す。

例 早く 行かない**と**、母に しかられる。

(2) **確定の順接**を示す。「そのとき・その場合」といった条件を示して、下に続く。

例 窓を 開ける**と**、夜風が 吹《ふ》き込《こ》んだ。

また、まだ事実ではないが、そのことが事実になれば、自然や世の中の常として必ず定まった結果が現れることを示す(**一般《いっぱん》条件**)。

例 春に なる**と**、桜が 咲《さ》く。

(3) **仮定の逆接**を示す。

例 なんと 言われよう**と**、私は 平気だ。

接続 {用言(終止形)に……山に **登る**と、海が 見える。
助動詞(終止形)に……早く 行か**ない**と、遅《おく》れる。

ても(でも)

● **その文節が接続語になる。**

なお、接続助詞「ので」「のに」「ても(でも)」は、格助詞「の」「で」「に」や副助詞「も」などが組み合わさった場合と混同しないよう注意したい(➡p.202下段)。

答 (——線部が接続助詞) ①降らなかったから ②よいが ③見えないのに ④歩けば ⑤笑われようと ⑥読んで

着目

● 接続助詞と格助詞の見分け方

・**接続助詞…主として用言・助動詞につく。**

・**格助詞…主として体言につく。**

● 接続助詞にも格助詞にもある語

「と」「が」「から」「で」

練習 9 解答➡別冊 p.31

次の各文中の——線部の助詞を、A体言についているものと、B用言や助動詞についているものとに分類しなさい。

① 昔からの古い町を訪れると、職人の仕事の名をとった町名の多いのに気づく。

A( )
B( )

② テレビは、政治や経済などの大事なニュースについて解説したり、国会の開会中であれば、その審議《しんぎ》の様子を実況《じっきょう》放

(1) **仮定の逆接**を示す。

例 たとえ　失敗し**ても**、へこたれは　しません。

(2) **確定の逆接**を示す。

例 いくら　呼ん**でも**、返事は　なかった。

接続
- **用言**（連用形）に……**寒く**ても、我慢《がまん》しよう。
- **助動詞**（連用形）に……走ら**なく**ても、間に合う。

注意　「ても」は、ガ行五段動詞のイ音便《おんびん》形、ナ行・マ行・バ行五段動詞の撥《はつ》音便形につくとき、「**でも**」になる。また、「ても」の改まった言い方に「**とも**」がある。**仮定の逆接**を示し、「寒く**とも**、我慢しよう。」のように用いる。

けれど（けれども）

● **その文節が接続語になる。**

(1) **確定の逆接**を示す。

例 雨が　降った**けれど**（**けれども**）、ひどくは　なかった。

● **その文節が連用修飾語《しゅうしょくご》になる。**

(2) **単純な接続**（**前置きなど**）を示す。

例 その　話です**けれど**（**けれども**）、私も　聞きました。

● **その文節が並立の関係になる。**

(3) **並立・対比**を示す。

例 君も　健康だ**けれど**（**けれども**）、ぼくも　丈夫《じょうぶ》だ。

接続
- **用言**（終止形）に……**寒い**けれど、我慢しよう。
- **助動詞**（終止形）に……行き**たい**けれど、行けない。

送したりして、国民に世の中の動きを知らせる。

A（　　）
B（　　）

練習10

解答→別冊 p.31

次の各文中の――線部の「と」について、接続助詞である場合は、○を□内に記入し、さらに、それが順接を示すものであれば「順」を、逆接を示すものであれば「逆」を（　）内に記入しなさい。また、接続助詞でない場合は、×を□内に記入しなさい。

① 彼は、堂々と戦った。□（　）
② 生産高が少ないと、価格は高くなる。□（　）
③ 君も帰ると言ったではないか。□（　）
④ 今日は、早く帰らないと、母が心配するだろう。□（　）
⑤ 電報がKの手に渡《わた》された。と、見るまにKの顔が生き生きしてきた。□（　）
⑥ ふと外を見ると、いつのまにか雨が降り出していた。□（　）
⑦ 行こうと行くまいと、ぼくの勝手だ。□（　）
⑧ だれにとめられようと、ぼくの決心は変わらない。□（　）

が

● (1) その文節が接続語になる。

確定の逆接を示す。

例 雨は 降ったが、少しだった。

● (2) その文節が連用修飾語《しゅうしょくご》になる。

単純な接続（前置きなど）を示す。

例 その 話ですが、私も 聞きました。

● (3) その文節が並立《へいりつ》の関係になる。

並立・対比を示す。

例 君も 健康だが、ぼくも 丈夫《じょうぶ》だ。

接続
- 用言（終止形）に……寒いが、外へ 出よう。
- 助動詞（終止形）に……行きたいが、行けない。

注意 「が」は「けれど（けれども）」と意味用法や接続がほぼ同じである。

のに

● (1) その文節が接続語になる。

確定の逆接を示す。

例 彼は、何も 知らないのに、知った ふりを する。

接続
- 用言（連体形）に……静かなのに、勉強が できない。
- 助動詞（連体形）に……行きたいのに、行かなかった。

形容動詞・助動詞「だ」（断定）の終止形につくこともある。

例題

次の各文中の——線部について、どんな文の成分になっているか答えなさい。

① 雨の 降る 日に、私は 展覧会へ 出かけた。

② 雨が 降っても、私は 展覧会へ 出かける。

③ 雨が 降って いるので、私は 展覧会へ 出かけない。

考え方 ①は、「日に」の「に」は格助詞である。「日に」という文節に「雨の降る」が係って、「雨の降る日に」という連文節になり、文の成分の修飾部になる。

②の「降っても」の「ても」は仮定の逆接を示す接続助詞である。「雨が」という主語が「降っ（降る）ても」という述語と連文節となり、文の成分の接続部になる。

雨が（主語） 降っても、（述語）〔接続語／接続部〕 私は（主語） 展覧会へ（修飾語） 出かける。（述語）

③の「降って」の「て」は、あとに補助用言「いる」がついているため、「降って」という文節は接続語ではない。「いる」につく「ので」は確定の順接を示す接続助詞で、接続語（接続部）にする働きをもつ。

雨が（主語） 降って いるので、（述部）〔接続語／接続部〕 私は（主語） 展覧会へ（修飾語） 出かけない。（述部）

例　**静かだ**のに、勉強が　できない。
学校が　休み**だ**のに、彼は　登校した。

ので

● **その文節が接続語になる。**

(1) **確定の順接（原因・理由）**を示す。

例　あまりに　寒い**ので**、風邪《かぜ》を　ひいた。

接続 { **用言**（連体形）に………**静かな**ので、よく　眠《ねむ》れる。
　　 { **助動詞**（連体形）に……行け**ない**ので、残念だ。

から

● **その文節が接続語になる。**

(1) **確定の順接（原因・理由）**を示す。

例　機械が　古い**から**、たびたび　故障する。

接続 { **用言**（終止形）に………**静かだ**から、よく　眠れる。
　　 { **助動詞**（終止形）に……行け**ない**から、残念だ。

し

● **その文節が並立の関係になる。**

(1) **並立**を示す。

例　雨が　降る**し**、風も　吹《ふ》く。

接続 { **用言**（終止形）に………彼女《かのじょ》は、**きれいだ**し、優《やさ》しい。
　　 { **助動詞**（終止形）に……何も　食べ**ない**し、飲まない。

答　①修飾部　②接続部　③接続部

着目

● 接続語（接続部）になる文節

「仮定・確定」の「順接・逆接」を示す接続助詞がついた文節。

練習 11　解答 ➡ 別冊 p. 31

次の各文中に接続部があれば、右側に──線をつけなさい。

① どこへ行こうと、君の勝手だ。
② 午後からは雨が降るということだ。
③ 卵から幼虫になるのに、七日かかった。
④ このことは事実なのに、彼は認めようとしない。
⑤ もうすぐ日が暮れるから、仕事をすませてしまおう。
⑥ 彼が熱心なのには感心した。
⑦ 彼は手伝いをしてから、ぼくたちと遊ぶそうだ。
⑧ よく勉強しているが、成績は中程度だ。

て（で）

● **その文節が接続語になる。**

(1) **確定の順接（原因・理由）**を示す。

例 体が　疲《つか》れ**て**、返事が　書けません。

● **その文節が連用修飾語《しゅうしょくご》になる。**

(2) **単純な接続**を示す。

この場合、あとの事柄《ことがら》より**先行**することを示し、「（～て）から」（起点を示す）と同じような意味を表す。

例 長い　冬が　過ぎ**て**、春が　来た。

● **その文節が並立《へいりつ》の関係になる。**

(3) **並立**を示す。

例 海は　広く**て**　大きい。

● **その文節のあとに補助用言がくる。**

(4) **動詞・助動詞について補助用言をあとに続ける。**

例 姉は　本を　読ん**で**　いる。（「いる」は補助動詞）
本当に　しかられ**て**　しまった。（「しまう」は補助動詞）

接続
- **用言**（連用形）に……その　山は　**高くて**　険しい。
- **助動詞**（連用形）に……行き**たくて**、泣きわめいた。

注意
「て」が、ガ行五段活用動詞のイ音便《おんびん》形、ナ行・マ行・バ行の五段活用動詞の撥《はつ》音便形につくとき、**「で」**となる。

例 忘れ物を急いで取りに行った。（ガ行五段・イ音便）
彼は知り合いの手品師を呼んできた。（バ行五段・撥音便）

練習 12

解答 ➡ 別冊 p.31

次の各組の――線部の助詞を比べ、種類と意味用法を説明しなさい。

A
ア どこへ行くのがいいかしら。（　　）
イ 父は行くが、ぼくは行かないよ。（　　）

B
ア 勉強を終えてから、一緒《いっしょ》に遊ぼう。（　　）
イ 勉強を終えたから、一緒に遊ぼう。（　　）

C
ア 授業が終わると、野球の練習をした。（　　）
イ 姉は今年の春、大学生となった。（　　）

D
ア 今度買った新しいので、サイクリングに行った。（　　）
イ 今度の自転車は新しいので、軽やかに走れる。（　　）

E
ア 今度買った新しいのに乗り、サイクリングに行った。（　　）
イ 今度の自転車は新しいのに、もう故障してしまった。（　　）

ながら

● (1) **その文節が接続語になる。**

確定の逆接を示す。「〜にもかかわらず」のような意味。

例 悪いと知り**ながら**、改めない。

● (2) **その文節が連用修飾語になる。**

二つの動作が**同時**に起こる意味を示す。

例 先生は　にこにこ　笑い**ながら**、おっしゃった。

「ながら」の接続は、他の接続助詞とは異なるので注意しよう。体言や形容動詞の語幹にも接続するよ。

接続

動詞（連用形）に……**歩き**ながら、考える。
動詞型活用の**助動詞**（連用形）に……笑わ**せ**ながら、話した。
形容詞（終止形）に……**遅**《おそ》**い**ながら、走る。
形容詞型活用の**助動詞**（終止形）に……知ら**ない**ながら、言う。
体言に……**子ども**ながら、感心だ。
形容動詞の語幹《ごかん》に……**派手**《はで》ながら、似合《にあ》う。

注意

名詞につく「ながら」には、次のような多様な意味・用法がある。

(1) **そのままの状態を続けることを表す。**
例 昔ながらの町並みが残っている。　涙ながらに語る。

(2) **マイナス状態を一応容認**《ようにん》**することを表す。**
例 我《われ》ながらそそっかしい。　薄給《はっきゅう》ながら子どもを大学までやった。

(3) **その同類がそろってそのまま同じ状態であることを表す。**
例 兄弟三人ながら背が高い。

この「ながら」を接続助詞ではなく、「**接尾**《せつび》**語**」とする説もある。
また、「ながら」と同じような意味用法の接続助詞に「**つつ**」がある。「つつ」は動詞及《およ》び動詞型活用の助動詞の連用形につく。

例題

次の各文中の――線部の接続助詞の意味を答えなさい。

① そのことだが、山本君は知っているよ。
② 天気が悪ければ、行くのはやめるよ。
③ お正月はきたが、楽しくもない。
④ いくら呼んでも、返事がない。
⑤ 地図がないから、道がわからない。
⑥ もう、どうなろうとかまわない。
⑦ 道が悪くて、先へ進めない。
⑧ 東京は大都市だが、パリも大都市だ。

考え方 接続助詞の意味用法では、まず順接・逆接・並立といった接続の関係をとらえ、次に、順接か逆接の場合は、接続助詞のついた文節（連文節）が仮定・確定のどちらの条件を示すかを考える（➡p.205下段）。しかし、接続助詞は、順接・逆接・並立以外の意味を示す場合もある。
例えば①の「そのことだが」という連文節は、あとの「山本君は知っているよ」に対する前置きの意味をもっていて、順接・逆接・並立のどの関係にもあたらない。また、⑧の「東京は大都市だが」という連文節は並立の関係であとに続いている。
接続助詞の意味をとらえるには、前後の関係を理解することが大切なのである。

答 ①単純な接続（前置き）を示す　②仮定の順接を示す　③確定の逆接を示す　④確定の逆接を示す　⑤確定の順接（原因・理由）を示す　⑥仮定の逆接を示す　⑦確定の順接（原因・理由）を示す　⑧並立を示す

たり(だり)

● **その文節が並立《へいりつ》の関係になる。**

(1) **並立**を示す。「**〜たり、〜たり(する)**」の形をとる。

例 病人は、寝《ね》**たり** 起き**たり** して いる。

● **その文節が連用修飾語《しゅうしょくご》になる。**

(2) 同じような事柄《ことがら》の中から一つを選んで**例示**する意味を示す。

例 悪口を 言っ**たり** するな。

接続 **用言**(連用形)に……**暑かっ**たり **寒かっ**たり する。
助動詞(連用形)に……父に よく しから**れ**たり した。

参考 「たり」は、ガ行五段動詞のイ音便《おんびん》形、ナ行・マ行・バ行五段動詞の撥《はつ》音便形につくとき、「**だり**」となる。

「ものの」「ところで」は、形式名詞(↓p.57)の「もの」「ところ」に、格助詞の「の」「で」がついてできた接続助詞だよ。

ものの

● **その文節が接続語になる。**

(1) **確定の逆接**を示す。

例 そうは 言う**ものの**、実行しない。

接続 **用言**(連体形)に……昼は **暖かな**ものの、夜は 寒い。
助動詞(連体形)に……待っ**た**ものの、だれも 来ない。

「ところで」は転換《てんかん》の意味の接続詞にもあったね(↓p.83)。

ところで

● **その文節が接続語になる。**

着目

● 接続助詞の注意すべき意味

単純な接続……**が・て(で)・けれど(けれども)**
同時……**ながら**
例示……**たり** など

練習13 解答↓別冊 p.31

次の各文中の——線部の接続助詞について、順接・逆接・並立のどれを示すか分類し、文の番号で答えなさい。

① これなら、少し考えてもわかるまい。
② 暖かいので、散歩に出かける。
③ 行けば、すぐにわかる。
④ 夕暮れになると、なんだか悲しくなる。
⑤ 苦しくても、仕事は絶対にやめない。
⑥ ここは風が入らないし、光も入らない。
⑦ 父にしかられたり、どなられたりした。
⑧ 自分ながら、悪かったと思っている。
⑨ 朝早く出発したけれど、まだ着かない。
⑩ 夏は、山にも登れば、海でも泳ぐよ。

順接(　　　)
逆接(　　　)
並立(　　　)

(1) **仮定の逆接**を示す。

例 今から 行った**ところで**、間に合わないだろう。

接続 **助動詞「た」**(連体形)に……争った**ところ**で、何も ならない。

UNIT

5 副助詞の意味と接続

目標 副助詞のそれぞれの意味と接続について理解する。

は も こそ さえ でも しか まで ばかり だけ ほど くらい(ぐらい) など きり(ぎり) ※なり やら か だの

※「なり」は接続助詞に含《ふく》めることもある。

は

(1) ほかと区別して、**特に取り立てて言う**意味を示す。

例 私**は** 行きません。

(2) **強調**して言う意味を示す。

例 ぼくは 泣き**は** しない。

(3) **繰《く》り返し**を示す。

例 公園へ 行って**は** 遊ぶ。

(4) **題目《だいもく》**を示す。

例 富士《ふじ》山**は**、姿が 美しい。

接続 体言その他いろいろな語に接続する。用言・助動詞には、その連用形に接続する。(次の例は体言と用言の場合)

例 **太陽**は、東から 出る。 ひとりでも **さびしく**は ない。

副助詞は、だいたいどんな語にも接続するので、接続については軽く考えよう。

例題

次の各文中から、副助詞を抜《ぬ》き出しなさい。

① どこからか聞こえてくるのは、カナリアのさえずりであろうか。

② やがて、そのてっぺんは、雲に届くばかりになりました。

③ 弟は、背中のあたりまで泥《どろ》をはねあげて、三百メートルぐらい走りました。

④ 一国の中央銀行は一つだけしかなく、通貨の発行ばかりでなく、「政府の銀行」としての役割なども果たしている。

考え方 主として体言につく格助詞や、主として用言・助動詞につく接続助詞と違《ちが》って、副助詞は、いろいろな語につく。例えば、④の「一つだけ|しか」や「役割など|も」のように、副助詞どうしが続く場合がある。

このように、副助詞はいろいろな語につくので、これを接続や文中での位置などから判断するのは難しい。よって、副助詞に属する語を覚えて、その用法に慣れていきた

も

(1) **同類**の一つであることを示す。

例 私**も** 行きます。

(2) **強調**して言う意味を示す。

例 雪が 一メートル**も** 積もった。

(3) **並立**《へいりつ》を示す。

例 日に 焼けて、顔**も** 手足**も** 真っ黒に なった。

接続 体言その他いろいろな語に接続する。用言・助動詞には、その連用形に接続する。(次の例は体言と用言の場合)

例 彼は、**数学**も よく できる。 まだ そんなに **暑く**も ない。

こそ

(1) **強調**して言う意味を示す。

例 今年**こそ** がんばって 優勝するぞ。

接続 体言その他いろいろな語に接続する。用言・助動詞には、その連用形に接続する。(次の例は体言と用言の場合)

例 **今度**こそ 弟を 連れて 参ります。 **痛み**こそ するが、歩く ことは できる。

さえ

(1) **一例を挙げて他を類推**《るいすい》**させる**意味を示す。

例 みんな、驚《おどろ》きの あまり、口**さえ** きけなかった。

い。「こそ」「さえ」「しか」「まで」「ばかり」など、格助詞や接続助詞と混同するおそれのない形の語が多いので、多少の覚えやすさはあるだろう。

答 ①どこからか聞こえてくるのは、カナリアのさえずりであろうか。
②やがて、そのてっぺんは、雲に届くばかりになりました。
③弟は、背中のあたりまで泥をはねあげて、三百メートルぐらい走りました。
④一国の中央銀行は一つだけしかなく、通貨の発行ばかりでなく、「政府の銀行」としての役割なども果たしている。
(——線部が副助詞)

着目
● 副助詞の接続
副助詞は、重複接続する(副助詞どうしが続く)ことがある。※終助詞も同様

練習 14
解答→別冊 p.31

次の各文中の副助詞の右側に、——線をつけなさい。

① だれでも、幼いころのことは懐《なつ》かしい。

② 安全ということさえも考えない人が多いのには、ただもう、あきれるばかりである。

③ ペンなり鉛筆《えんぴつ》なり、何か書く道具だけは持ってきなさい。

(2) **それと限って、ほかは考えない**意味（**限定**）を示す。

例 それを 見つけ**さえ** すれば よい。

(3) **添加**《てんか》を示す。「そのうえに」のような意味。

例 暗い うえに、あかり**さえ** ついて いない。

接続 体言その他いろいろな語に接続する。用言・助動詞には、その連用形に接続する。（次の例は体言と用言の場合）

例 **水**さえ のどを 通らない。
定期券を **見せ**さえ すれば 電車に 乗れる。

「さえ」と同じような意味の副助詞に「すら」があるよ。

でも

(1) **一例を挙げて他を類推させる**意味を示す。

例 犬**でも** 恩は 知って いる。

(2) **例示としてだいたいの事柄**《ことがら》を示す。

例 疲《つか》れたから、お茶**でも** 飲もうか。

接続 体言その他いろいろな語に接続する。用言・助動詞には、その連用形に接続する。（次の例は体言と用言の場合）

例 そんな ことは、**子ども**でも 知って いる。
大切な ことを **忘れ**でも すると 困る。

しか

(1) **それと限る**意味（**限定**）を示す。**下に、打ち消しの語がくる。**

例 背が 低いので、相手の 頭**しか** 見えません。

④ あまり広くもない道の両側の土塀《どべい》の上から、槐《えんじゅ》や、柳《やなぎ》や、ねむの木の枝などが、ずっと伸《の》び出ている。

⑤ その古い土器を目《ま》のあたりに見ているばかりでも、慰《なぐさ》めになった。しかし、自分の発見を、得意になって、一生懸命《いっしょうけんめい》説明を引き受けているのさえある。

例題

次の各文中の――線部の「でも」を、文法的に説明しなさい。

① わずかでもよいから、お金を渡《わた》しておいたら、こんなことにはならなかったろうに。

② この傘《かさ》は、君のものでもないとすると、いったいだれのだろう。

③ 私の家でも、朝、ラジオ体操をしている。

④ 何度呼んでも、返事がない。

⑤ 大きな声で騒《さわ》いでもかまいません。

⑥ 彼に聞けば、なんでもわかる。

考え方 副助詞には、ほかの語と混同しやすいものは少ないが、やっかいなものに「でも」がある。

そこで、文中に「でも」の形があれば、それが一語の「でも」か、副助詞「も」のついた「(…)で＋も」かを考える。副助詞「も」のついた場合は、〈副助詞を除いても文意が変わらないことがある〉という副助詞の性質を利用して、「も」を除いてみる。①②③⑤は、「も」を除いても文意が通じ

接続 体言その他いろいろな語に接続する。動詞・助動詞には、その連体形、形容詞・形容動詞には、その連用形に接続する。（次の㊞は、体言・動詞・形容詞の場合）

㊞ 発車までに **十分**しか 時間が **ない**。
駅までは **歩く**しか 方法が **ない**。
これでは **短く**しか 切れ**ない**。

まで

(1) 動作・作用の及《およ》ぶ**終点**（**極限**《きょくげん》）を示す。

㊞ 線路は、一直線に 地平線**まで** 続いて いる。

(2) **程度・限度**を示す。

㊞ 行けば よかったのにと 思った**まで**さ。

(3) **一例を挙げて他を類推させる**意味を示す。

㊞ 子どもに**まで** 笑われる 始末だった。

接続 体言その他いろいろな語に接続する。用言・助動詞には、その連体形に接続する。（次の㊞は体言と用言の場合）

㊞ 道は **どこ**まで 続くのだろう。
君が **来る**まで、ここで 待って いるよ。

ばかり

(1) **程度**を示す。

㊞ 費用は 五百円**ばかり** かかった。

「ばかり」には、いろいろな意味があるけれど、特に重要なこの三つの意味をしっかり覚えよう！

るから、これらの「でも」は副助詞「も」のついた形と考えられる。あとは「で」を識別すればよい。

「でも」が一語の場合は、接続助詞か副助詞であるから、意味や接続から見分ける。

なお、接続助詞「て」「ても」は動詞の音便《おんびん》形に続く場合は、「で」「でも」になる。

答 ①形容動詞「わずかだ」の連用形の活用語尾＋副助詞「も」 ②断定の助動詞「だ」の連用形＋副助詞「も」 ③格助詞「で」＋副助詞「も」 ④接続助詞「でも（ても）」 ⑤接続助詞「で（て）」＋副助詞「も」 ⑥副助詞「でも」

着目

● 「でも」の識別

①「でも」の「も」を除いても文意が通じるかを確かめる。

②-1：通じないもの…一語の「でも」である。
→副助詞と接続助詞のどちらかを、意味や接続から見分ける。

②-2：通じるもの…副助詞「も」に別の語「で」がついたものである。
→「で」が何かを識別する。
・形容動詞の連用形の活用語尾「で」
・助動詞「だ」の連用形「で」
・格助詞「で」
・接続助詞「で」

(2) **それと限る**意味(**限定**)を示す。

例 あの 人は、大きな こと**ばかり** 言って いる。

(3) **動作が完了してまもない**ことを示す。

例 ぼくは、学校から 今 帰った**ばかり**です。

接続 体言その他いろいろな語に接続する。用言・助動詞には、その連体形に接続する。(次の例は体言と用言の場合)

例 目先の **こと**ばかり 考えて いては だめだ。

夕方から 降り出した 雨は、ひどく **なる**ばかりだった。

だけ

(1) **程度**を示す。

例 それ**だけ** わかれば、問題は ない。

(2) **それと限る**意味(**限定**)を示す。

例 聴《き》く**だけ**で 踊《おど》らずに 帰ります。

接続 体言その他いろいろな語に接続する。用言・助動詞には、その連体形に接続する。(次の例は体言と用言の場合)

例 **私**だけ あとに 残ります。

見るだけなら 行って いらっしゃい。

ほど

(1) **程度**を示す。

例 この 本は、読めば 読む**ほど** おもしろい。

接続 体言その他いろいろな語に接続する。用言・助動詞には、その

練習 15

解答 ↓ 別冊 p.31

次の各文中の――線部の「でも」の文法的な説明について、あとのア〜カから適当なものを選んで記号で答えなさい。

① 遊んでばかりいないで、少しは本でも読みなさい。

② 雑誌でもなく、新聞でもない。

③ このパンフレットは、どこの本屋でも売っている。

④ いくら読んでも、難しくて意味がわからない。

⑤ 読んでもみないで本の批評をするのはよくない。

⑥ 彼は毎朝青汁ドリンクを飲んでいるが、思ったほど健康でもなかった。

①( ) ②( ) ③( ) ④( ) ⑤( ) ⑥( )

ア 形容動詞の連用形の活用語尾「で」+副助詞「も」

イ 格助詞「で」+副助詞「も」

ウ 接続助詞「ても(でも)」

エ 接続助詞「て(で)」+副助詞「も」

オ 断定の助動詞「だ」の連用形+副助詞「も」

カ 副助詞「でも」

連体形に接続する。（次の例は体言と用言の場合）

例 **三日**ほど かかって、仕事は 完成した。
車に **乗る**ほど 遠くは ない。

くらい（ぐらい）

(1) およその**程度**を示す。

例 夏休みには、本を 三冊**くらい（ぐらい）** 読みたい。

(2) **限度**を示す。

例 先生に 呼ばれたら、返事**ぐらい（くらい）** しなさい。

接続 体言その他いろいろな語に接続する。用言・助動詞には、その連体形に接続する。（次の例は体言と助動詞の場合）

例 私でも **絵**ぐらいは 描けます。
みんなに 笑わ**れる**くらい（ぐらい） 嫌《いや》な ことは ない。

など

(1) **例示**の意味を示す。

例 山には、松や 杉や ひのき**など**が 生えて いる。

接続 体言その他いろいろな語に接続する。用言・助動詞には、その終止形に接続する。また、文に接続する場合もある。（次の例は体言・用言・文の場合）

例 みんなで **影絵**《かげえ》などを して 遊ぶ。
忙《いそが》しくて、**眠**《ねむ》**い**などと 言っては いられない。
「**速く 走れ。**」などと 無理を 言う 監督《かんとく》。

例題

次の各組の——線部の助詞の意味を答えなさい。また、それぞれの助詞のついた文節について、文中でどんな資格（関係）にあるかを答えなさい。

A
① りんごが 好きだ。
② りんごも 好きだ。
③ りんごは 好きだ。
④ りんごだけ 好きだ。
⑤ りんごこそ 好物だ。

B
① 父は みかんを 食べる。
② 父は みかんも 食べる。
③ 父は みかんは 食べる。
④ 父は みかんだけ 食べる。
⑤ 父は みかんしか 食べない。

考え方 副助詞は、各語がいろいろな意味を示すから、一つ一つ考えよう。

——線部の助詞のうち、**A**・**B**それぞれの①の文にあるのは格助詞、②～⑤の文にあるのは副助詞である。

格助詞は、主として、その文節がほかの文節に対してどんな資格（関係）にあるかを示すもので、「が」はその文節が主語であること（主格）を示し、「を」はその文節が連用修飾語であること（連用格）を示すとともに、**B**①の場合は動作の対象を表している。

A①の「りんごが」が主語ならば、②の「りんごも」や③の「りんごは」や④の「りんごだけ」や⑤の「りんごこそ」は副助詞がつき、主語になる。つまり、格助詞がつ

きり（ぎり）

(1) **それと限る**意味（**限定**）を示す。

例 最初の 一回**きり**で やめて しまった。

接続 体言その他いろいろな語に接続する。用言・助動詞には、その連体形に接続する。（次の例は体言と助動詞の場合）

例 父は **それ**きり 何も 言いませんでした。
ちょっと 頭を 下げ**た**きりで、あとは 知らぬ 顔です。

なり

(1) **例示**して、ひかえめにそれと限る意味（限定）を示す。「〜でも」のような意味。

例 せめて 私に**なり** 知らせて もらいたかった。

(2) どれとも決まらない事柄《ことがら》を**並立**《へいりつ》で示す。

例 山**なり** 海**なり**、好きな ところへ 行くが よい。

接続 体言その他いろいろな語に接続する。用言・助動詞には、その終止形に接続する。（次の例は体言と用言の場合）

例 **お父さん**なり **お母さん**なりに 相談しなさい。
勉強するなり **寝**《ね》**る**なり、はっきり しなさい。

やら

(1) **不確か**なことを示す。この場合、上に疑問の意味を表す語がくることが多い。

いていなくても、主語になるのである。

Ｂ①の「みかんを」は連用修飾語であるから、②の「みかんも」も③の「みかんは」も④の「みかんだけ」も⑤の「みかんしか」も、みな連用修飾語である。

したがって、**Ａ**・**Ｂ**の②〜⑤の副助詞は、**Ａ**の②〜⑤は格助詞「が」、**Ｂ**の②〜⑤は格助詞「を」と入れかえができる。

このように、副助詞だけのついた文節がどんな資格を示しているかを見分けるには、その副助詞の代わりに格助詞を入れてみるとよい。ただし、格助詞を入れてもうまく文意が通じない場合は、副助詞を省いてみるほか、文全体の意味からその文節の示す資格を考えてみよう。

答 **Ａ**①主語であることを示す ②同類の一つであることを示す ③特に取り出して言う意味を示す ④限定を示す ⑤強調を示す **Ｂ**①連用修飾語であることを示し、動作・作用の対象を表す ②〜④（**Ａ**の場合と同じ） ⑤限定を示す
Ａはすべて主語 **Ｂ**はすべて連用修飾語

着目
● 副助詞だけがついた文節
・**主語や連用修飾語になることが多い。**
・**副助詞の代わりに格助詞を入れると、資格を見分けられることがある。**

(2)

㋓どこへ　行くの**やら**　わからない。

並立《へいりつ》を示す。

㋓子どもたちが　泣く**やら**　叫《さけ》ぶ**やら**で　大騒《おおさわ》ぎだった。

接続　体言その他いろいろな語に接続する。用言・助動詞には、その終止形に接続する。(次の㋓は体言と用言の場合)

㋓**だれ**やらが　これを　置いて　いったそうだ。**おもしろい**やら　**楽しい**やらで、心が　うきうきする。

か

(1) **不確か**なことを示す。この場合、多く、上に疑問の意味を表す語がくる。

㋓犬は、どこ**か**へ　行って　しまった。

(2) **並立**を示す。

㋓駅に　着いたの**か**　着かないの**か**、はっきり　しない。

接続　体言その他いろいろな語に接続する。用言・助動詞には、その終止形に接続する。(次の㋓は体言と用言の場合)

㋓**だれ**かが　来るでしょう。私が、**行く**か　電話を　**かける**か　します。

だの

(1) **並立**を示す。

㋓予習**だの**　復習**だの**と、忙《いそが》しい　ことだ。

接続　体言その他いろいろな語に接続する。用言・助動詞には、その

練習16

次の各文中の――線部の副助詞の意味を答えなさい。

解答➡別冊 p.32

① 何やらしきりにつぶやいている。（　　）

② 考えれば考えるほどわからなくなる。（　　）

③ 彼こそ、もっともそれに適した人物だ。（　　）

④ 私の家までおいでください。（　　）

⑤ だれかわかりません。（　　）

練習17

次の①〜③の各文中の――線部（文節）の働きを、あとのA〜Dから選んで記号で答えなさい。また、太字で示した副助詞の意味を書きなさい。

解答➡別冊 p.32

① 夕焼けの　空は、目を　奪《うば》う**ばかり**の　美しさだった。
働き（　　）　意味（　　）

② 君**さえ**　承知すれば、ほかの　人は　どうだって　いい。
働き（　　）　意味（　　）

③ 友人を　町はずれ**まで**　送って　行った。
働き（　　）　意味（　　）

終止形に接続する。（次の(例)は用言と助動詞の場合）

(例) **行く**だの 行か**ない**だのと、すぐ 気持ちが 変わる。

UNIT

6 終助詞の意味と接続

目標 終助詞のそれぞれの意味と接続について理解する。

か な な（なあ） や ぞ とも よ の わ ね（ねえ） さ

か

(1) **疑問・質問**の意味を示す。

(例) あなたは だれです**か**。

(2) **反語**の意味を示す。

(例) 私だけ ひとり 怠《なま》けて いて よいのだろう**か**。

反語表現とは、話し手が、心の中で、ある事実に対して確かな答え（ここでは、自分だけ怠けているのが悪いということ）をもっていながら、反対の内容を疑問の形で相手に問いかける表現である。

(3) **感動・詠嘆《えいたん》**の意味を示す。

(例) なんだ、そうだったの**か**。

接続 体言その他いろいろな語に接続する。動詞・形容詞・助動詞には、その連体形に接続する。（次の(例)は体言と動詞と助動詞の場合）

(例) そんな ことが ある **もの**か。
君も 一緒《いっしょ》に **行く**か。
彼も 一緒に 行か**せる**か。

A 主語 B 述語
C 連用修飾語 D 連体修飾語

例題

次の文章中から終助詞を抜《ぬ》き出しなさい。

「何か買ってあげようか。」
「本がほしいなあ。」
「いいとも。どんな本かな。」
「SFがいいわ。」
「SF？ それはどんなことかね。」
「まあ、そんなことを知らないの。常識がないわね。」
「おじいさんは、なにしろ大正生まれだからね、横文字には弱いのさ。」

考え方 終助詞は普通《ふつう》、文の終わりにつくから、文中での位置に着目する。

ただし、「ね（ねえ）」「さ」など、文の途《と》中《ちゅう》の文節の切れ目にもつくこともある。

例えば、問題文中の「何か買ってあげようか」の上のほうの「か」は文の途中にあり、不確かなことを示す副助詞「か」である。

終助詞と同じ形の助詞には、「か」のほか、「や」「の」「とも」などがある。

また、格助詞「と」や接続助詞「と」のあとに副助詞「も」がついて「とも」となり、終助詞「とも」と同形になるものもある。

な

(1) **禁止**の意味を示す。

例 この ことは、友だちにも 話す**な**。

接続 動詞、及《およ》び、ある種の助動詞の終止形に接続する。（次の例は動詞と助動詞の場合）

例 この 失敗は、決して **忘れる**な。
彼《かれ》を 一緒《いっしょ》に 行か**せる**な。

な（なあ）

(1) **感動・詠嘆《えいたん》**の意味を示す。

例 今日は、よい お天気だ**な（なあ）**。

(2) **念を押《お》す**意味を示す。

例 これを 壊《こわ》したのは おまえたちだ**な**。

接続 用言・助動詞の終止形に接続する。また、助詞にも接続する。（次の例は用言の場合）

例 みんなと 一緒に 行けて、とても **うれしい**な（なあ）。

や

(1) **感動**の意味を示す。

例 この 景色《けしき》は 本当に すばらしい**や**。

(2) **念を押す**（勧誘《かんゆう》する）意味を示す。

例 みんなで 一緒に 行こう**や**。

終助詞も、副助詞と同じように、終助詞どうしが続く場合があることも覚えておこう。問題文中の「どんな本かな」などがそれである。

なお、問題文の最後の「弱いのさ」の「の」は、「弱いのだ」と同様に準体言助詞である。

答 何か買ってあげようか。本がほしいなあ。いいとも。どんな本かな。SFがいいわ。それはどんなことかね。まあ、そんなことを知らないの。常識がないわね。おじいさんは、なにしろ大正生まれだからね、横文字には弱いのさ。（――線部が終助詞）

着目

● 終助詞のつく位置

普通、文の終わりにつく。

※「ね（ねえ）」「さ」を除く

● 終助詞と同じ形の語

・**「や」「の」…格助詞**
・**「か」…副助詞**
・**「とも」…接続助詞（「ても」の改まった言い方）**

練習18 解答→別冊 p.32

次の各文中の終助詞の右側に、――線をつけなさい。

(3) **呼びかけ**の意味を示す。

例 花子**や**、ちょっと　お使いに　行って　おくれ。

接続 体言や用言・助動詞の終止形・命令形に接続する。（次の例は体言と助動詞の場合）

例 **シロ**や、こっちへ　おいで。　一緒に　歌いましょ**う**や。

ぞ

(1) **念を押す**意味を示す。

例 さあ、今から　出かける**ぞ**。

接続 用言・助動詞の終止形に接続する。（次の例は助動詞の場合）

例 雨が　降り出して　き**た**ぞ。

とも

(1) **強調**の意味を示す。「もちろん」のような意味を含《ふく》む。

例 五キロぐらい　歩ける**とも**。

接続 用言・助動詞の終止形に接続する。（次の例は用言の場合）

例 これから　おおいに　**勉強する**とも。

よ

(1) 感情や主張を相手に知らせる（感動）意味を示す。

例 この　小説は、なかなか　おもしろい**よ**。

(2) 禁止や依頼をする際に、**念を押《お》す**意味を示す。

例 そんな　ことを　しては　いけない**よ**。

① 水がなくならないのはね、ときどき雨が降るからさ。

② 負けるものか。いまに追い越《こ》すぞ。

③ そのくらいはありましたとも。とても私たちはかないませんよ。

④ 「君は、なかなかうまいなあ。」「それほどでもないよ。」「そうかね。」

⑤ 雨が降りそうだなと思ったけれど、そのまま出かけようとすると、「傘《かさ》を忘れるな。」と、兄が言った。

練習19

次の各組の――線部の語を、文法的に説明しなさい。

解答→別冊 p.32

A
ア 君が行くのはいつか。
イ いつかきっと行きますよ。
（　　　　　　　　）

B
ア この本は私のだ。
イ この本はだれの本なの。
（　　　　　　　　）

C
ア ハイキングには、ぼくも行くとも。
イ なんと言われようとも、ぼくは行くよ。
（　　　　　　　　）

D
ア 君は歴史や哲学を学ぶべきだ。
イ この人が書いた歴史の書物はすごいや。
（　　　　　　　　）

(3) **呼びかけ**の意味を示す。

例 懐《なつ》かしい　ふるさと**よ**、また　会う　日まで。

接続 体言その他いろいろな語に接続する。用言・助動詞には、その終止形・命令形に接続する。（次の例は体言と用言の場合）

例 **雨よ**、降らないで　おくれ。　この　車は、とても　**速いよ**。

の

(1) **疑問**の意味を示す。

例 なぜ、君だけ　行かない**の**。

(2) **軽い断定**の意味を示す。主に女性が使用する。

例 いいえ、もう　大丈夫《だいじょうぶ》です**の**。

接続 用言・助動詞の連体形につく。（次の例は用言の場合）

例 ここは　とても　**静かなの**。

わ

主に女性が用いるが、しり下がりの抑揚《よくよう》で男性も用いる。

(1) **感動・詠嘆《えいたん》**の意味を示す。

例 あら、雪が　降って　いる**わ**。

(2) **軽く念を押す**意味を示す。

例 私も　東京へ　行きます**わ**。

接続 用言・助動詞の終止形につく。（次の例は助動詞の場合）

例 彼《かれ》は　すてきな　歌手**だわ**。

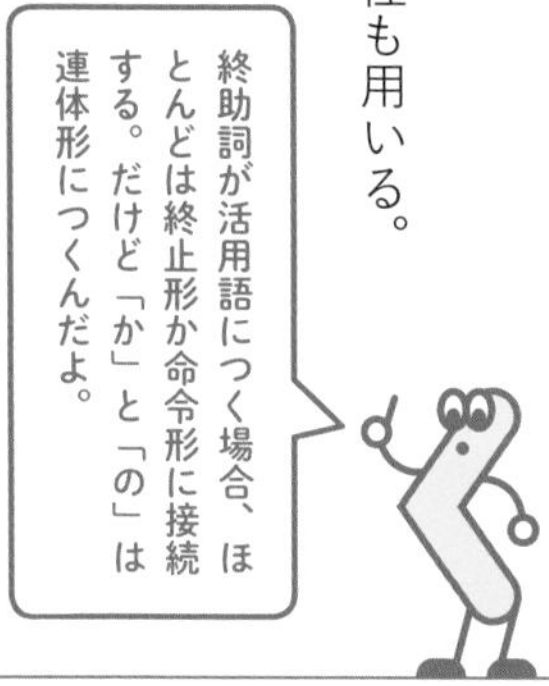

終助詞が活用語につく場合、ほとんどは終止形か命令形に接続する。だけど「か」と「の」は連体形につくんだよ。

例題

次の各組の①の文に対して、②③の文はどんな意味が加わっていますか。――線部の語に注意して、加わった意味をあとのア～オから選んで、記号で答えなさい。

A
① あなたはこの花が好きだ。
② あなたはこの花が好きだね。
③ あなたはこの花が好きか。

B
① 子どもだけで泳ぎに行く。
② 子どもだけで泳ぎに行くの。
③ 子どもだけで泳ぎに行くな。

ア 軽い断定　**イ** 念を押《お》す　**ウ** 疑問　**エ** 禁止　**オ** 限定

考え方 終助詞は、普通《ふつう》、文の終わり（述部）につく。日本語は文の終わりの部分で文意が決まることが多いと言われるが、終助詞の中にも大きな働きをもつものがある。なお、**B**②の文は、どんな場合にだれが話したかによって、意味が変わる。

答 A②イ　③ウ　B②アまたはウ　③エ

着目

● 終助詞の働き

- **終助詞は普通、述部につき、文意を決めるのに大きな働きをもつ。**
- **話し手やその状況《じょうきょう》により、表す気持ちや意味が変わってくる。**

ね（ねえ）

⑴ **感動・詠嘆**の意味を示す。

例 あなたが 描《か》いた 絵は、すばらしい**ね（ねえ）**。

⑵ **相手の注意を引く**意味を示す。

例 京都では**ね（ねえ）**、毎日、有名な 寺を 拝観しましたよ。

接続 いろいろな語に接続する。文の終わりだけでなく、文節の切れ目につけることも多い。（次の例は助詞と体言の場合）

例 今度の 先生**は**ね、とても 背の 高い **人**ね。

さ

⑴ **念を押す**、または、**軽く言い放す**意味を示す。

例 たまには 失敗も ある**さ**。

⑵ **強調**、または、**相手の注意を引く**意味を示す。

例 山本君が**さ**、一緒《いっしょ》に 行こうと 言って いるよ。

接続 いろいろな語に接続する。文の終わりだけでなく、文節の切れ目につけることも多い。（次の例は接続詞と助動詞の場合）

例 **だから**さ、彼は きっと 承知し**ない**さ。

参考

「ね（ねえ）」「さ」などは、文の途中《とちゅう》の文節の切れ目にもつくので、終助詞と区別して、**間投《かんとう》助詞**ともいわれる。

練習20 解答→別冊p.32

次の①②の各文中の――線部の語と同じ意味のものを、あとのア～ウの各文中の――線部の語から選んで、記号を○で囲みなさい。

① 君はどこへ行くのかね。

ア それで、弟はもう帰っていましたか。
イ おまえのような大ばかがありますか。
ウ どんなに心配したことか。

② ご心配くださいますな。

ア その解答で間違《まちが》いないな。
イ 今日は寒いな。
ウ 帽子《ぼうし》を忘れるな。

練習21 解答→別冊p.32

次の各文中の――線部の終助詞の意味を答えなさい。

① 決して荷物を忘れるな。（　）

② この問題はなかなか難しいや。（　）

③ みんなで一緒《いっしょ》に行くぞ。（　）

④ ええ、かまいませんとも。（　）

⑤ そんな人になってはいけないよ。（　）

実力アップ問題

8章で学んだことを確かめ、実践的な力を身につけよう!

解答→別冊 p.32

問1 **次の各文中から助詞を選び、その右側に——線をつけなさい。**

① 土用波《どようなみ》という高い波が、風も吹《ふ》かないのに海岸にうち寄せるころになると、海水浴に来ている都会の人たちも、だんだん別荘《べっそう》をしめて、もどって行くようになります。

② 山の頂上の方から楓《かえで》やぶななどの木々の葉が色づきはじめ、紅《くれない》や黄色の色彩《しきさい》の帯がふもとへとたどりついて、全山が美しく染まると、山の季節は静かに秋から冬へと移るのです。

③ 君が、卑劣《ひれつ》なことや、下等なことや、ひねくれたことを憎《にく》んで、男らしいまっすぐな精神を尊敬しているのを見るとほっと安心したような気持ちになる。なくなったお父さんも、そんな男になってもらいたいと強く希望していた。

問2 **次の①～③の文中の——線部と同じ意味・用法・性質のものを、それぞれのア～ウの各文中の——線部から選び、その文の記号を〇で囲みなさい。**

① これから二、三日休んで、のんびりするつもりだ。

ア 左の道路を進んで、次の信号のところで右へ曲がると、目的地にたどり着ける。

イ 父が誕生日プレゼントで買ってくれた天体望遠鏡で、月の表面を見ます。

ウ こんなに静かで、空気のいいところは少ないよ。

② 当地へ来て、とても寒いのに閉口しています。

ア 雨が降っているのに太陽の光がさしている。

イ 汚《きたな》い川なのにだれかが泳いでいる。

ウ 声援《せいえん》が球場をゆるがすのに動揺《どうよう》したのか、投手のコントロールは乱れてきた。

③ そんなことを悲しんでも仕方がない。

ア その花は、思ったよりきれいでもなかった。

イ 飲み物でも食べ物でも、どんどん出してくれ。

ウ 千メートル泳いでも、まだ余力がある。

問3 **次のA群の各文中の——線部の「が」と同じ意味・用法のものを、B群のア～カの各文中の——線部から一つずつ選び、その文の記号を書きなさい。**

〔A群〕

① つらいが、我慢しよう。……（　）

② 字もうまいが、文章もうまい。……（　）

③ 雨が降る。……（　）

④ 私も見たが、なかなかよかった。……（　）

〔B群〕

ア 小説を読みたいが、どんなのがおもしろいだろう。

イ 役者もそろっているが、設備もすばらしい。

ウ 雨が降っているが、出かけよう。

エ　仕事はつらい。が、最後までやるつもりだ。
オ　わが国は島国である。
カ　先生がくださった本は、これです。

問4　次のⒶⒷについて、各問いに答えなさい。

Ⓐ　春がきた。　Ⓑ　寒い。

(一)　右のⒶⒷ二つの文を、意味が通じるようにして結びつけるには、次のどの語を用いればよいですか。適当なものを二つ選び、その番号を書きなさい。（　）（　）

①　のに　②　けれども　③　そのうえ　④　し
⑤　そして

(二)　(一)の①「のに」の品詞名は何ですか。また②「けれども」の品詞は何ですか。②のほうは、二つの場合を書きなさい。
①（　）　②（　）（　）

(三)　(一)の①と②は、同一品詞である場合、上の語に接続するしかたが違《ちが》っています。何形に接続するか、次からそれぞれ選び、その記号を書きなさい。

ア　未然形に　イ　連用形に　ウ　終止形に
エ　連体形に　オ　仮定形に　カ　命令形に
①（　）　②（　）

(四)　(一)で用いた語は、ⒶⒷ二つの文をどんな意味で結びつけていますか。次から適当なものを一つ選び、その記号を書きなさい。（　）

ア　順接　イ　逆接　ウ　並立《へいりつ》

問5　次のA～Kの各組の二つの文中の――線部を比べて、意味上に違いのある組には×印を、同じ意味で用いられている組には〇印を、それぞれ（　）の中に書きなさい。

A（　）①　本も読むし、文も書く。
　　　　②　病人ではあるまいし、自分でしなさい。
B（　）①　小さいながら、いろいろなことができますね。
　　　　②　テレビを見ながら、勉強などするな。
C（　）①　あなたはどこまでおばかさんなの。
　　　　②　いつまでもぐずぐずしているから遅《おく》れるのだ。
D（　）①　また今度、おいでなさいな。
　　　　②　そんな所で立ち話をするな。
E（　）①　あの人も中学生ですか。
　　　　②　遊びも勉強も大切だ。
F（　）①　あのときばかりは、あわててしまいました。
　　　　②　買ったばかりの時計を落としてしまった。
G（　）①　だれと一緒《いっしょ》に泳ぎに行くのか。
　　　　②　だれも君と一緒に泳ぎに行くものか。
H（　）①　眠《ねむ》りさえすればとれる疲《つか》れだ。
　　　　②　当日は時間さえあれば出席いたします。
I（　）①　気分が悪くてどこへも行く気がしない。
　　　　②　早く部屋《へや》を片づけてしまいなさい。
J（　）①　私も読んだが、とてもおもしろい本だった。
　　　　②　先生から聞いたけれど、転校するのだってね。
K（　）①　私は歌をうたうより何の才能もない人間です。
　　　　②　歌をうたうしか気をまぎらせる方法がなかった。

問6 次の①②の文中の――線部の格助詞と同じ性質のものを、あとのア～エの各文中の――線部から選び、その文の記号を書きなさい。

① 犬がほえる。…………（　　）

② 水が飲みたい。………（　　）

ア 父の仕事の都合で幼少期はパリに住んでいたため、私はフランス語が話せます。

イ 試験が受けられなくなった。

ウ どんな人でも、正直なのがいちばんだと、よく祖父が口ぐせのように言っていた。

エ 父がくれた本です。

問7 次の文章を読んで、あとの問いに答えなさい。

富士がよく見えたのも立春まででであった。〈午後は雪におおわれ日に輝《かがや》いた姿が丹沢《たんざわ》山の上にA見えていた。〉夕方になって日がかなたへかたむくと、富士も丹沢山もいちょうの影絵《かげえ》をあかねの空に写すのであった。

――われわれは、「扇《おうぎ》をさかさまにした形」だ（ B ）、「すり鉢《ばち》を伏《ふ》せたような形」だ（ C ）、あまり富士山の形ばかりを見すぎている。あの広いすそ野をもち、あの高さをもった富士Dの容積、高まりが想像でき、その実感がもてるようになったら、――どうだろう――そんなことを念じながら日になんども富士を見たがった、自然に対してもった、冬のころの情熱の激しさを、今はふり返るような気持ちであった。

（梶井基次郎《かじいもとじろう》『路上』より）

㈠ ――線部A「見えていた」を「見せていた」にするとしたら、〈　〉の文のどの単語を書きかえればよいですか。その単語を抜《ぬ》き出して書きかえなさい（書きかえは一つとします）。

（　　　→　　　）

㈡ 空欄《くうらん》B・Cに入る最も適当な言い方を、ひらがな二字で書きなさい（B・Cには同じものが入りますが、濁音《だくおん》の文字は使わないこと）。

（　　　）

㈢ ――線部D「の」と同じ意味・用法のものを、次のア～エから一つ選び、その記号を書きなさい。

（　　）

ア 私の妹はフランス人形のようにかわいい少女だ。

イ ピアノがひけるようになったのがうれしかった。

ウ なぜ草花ばかり買い集めたの。

エ 蚊《か》の鳴くようにか細い声で身の上をうちあけた。

問8 次の文章を読んで、あとの問いに答えなさい。

東京―香港《ホンコン》の空の旅は、約四時間である。成田を離陸《りりく》したDC―10型機は、四本の黒煙《こくえん》を長く引き（ A ）、四十五度くらいの傾斜《けいしゃ》角度をもって、まっすぐ大空へ翔《か》け昇《のぼ》って行く。金属的な音をかき立てつつ怪鳥《かいちょう》のごとく上昇《じょうしょう》して行く旅客機《りょかくき》を地上で眺《なが》めていると、とても人間の乗り物のようには思えない。けれど、機内の座席についているとやや傾斜したかなと思う程度で、別段さしたる違和感《いわかん》を覚えはしないものである。――何も見えんな――彼《かれ》は窓の外にある一望果てしない青空を眺めやった。そこには、雨の日も霧《きり》の日もなく、頭上には太陽がある（ B ）なのだ。

(一) 空欄Aには同時の意味を示す接続助詞を、空欄Bには限定を示す副助詞を、それぞれ三字で書きなさい。

A（　　　）　B（　　　）

(二) 文中から感動の意味の終助詞を含《ふく》む文節を二つ探し、それぞれ一文節で抜《ぬ》き出しなさい。

（　　　）（　　　）

問9 次の文章を読んで、あとの問いに答えなさい。

小さい坊主《ぼうず》のいたずらがしつこすぎるので、うるさくなってきた。ふと①思いついて、「あまりいたずらをすると②、こわいぞ。とうさん、ほんとうは宇宙人なのだぞう」と③小さな声でささやきかけてやった。すると④、かれはひどくおどろき、目をみはって、ぴくんと⑤ほおをぴくつかせた。その子供らしいおどろきの表情の真剣《しんけん》さが、かえって私をうろたえさせた。刺激《しげき》が強すぎたらしい——。

(一) ——線部①〜⑤の「と」のうち、助詞でないものをすべて選び、その記号を書きなさい。（　　　）

(二) ——線部①〜⑤の「と」のうち、次の文中の——線部の「と」と同じ種類の助詞を一つ選び、その記号を書きなさい。また、その意味をあとのア〜カから選び、その記号を書きなさい。

彼によかれと思って忠告したのに無駄《むだ》だった。（　　・　　）

ア 共同の相手を示す　**イ** 動作・作用の結果を示す
ウ 動作の対象を示す　**エ** 比較《ひかく》の基準を示す
オ 引用を示す　**カ** 並立《へいりつ》を示す

問10 格助詞「の」には、次のA〜Dの働きがあります。あとの各文中の——線部にA〜Dのどれかの働きをしているものがあれば、その記号を（　）の中に書きなさい。A〜Dのどれにもあてはまらないものは×を書きなさい。

A 「の」がついた文節が連体修飾語《しゅうしょくご》であることを示す。
B 「の」がついた文節が主語であることを示す。
C 「の」がついた文節が並立《へいりつ》の関係になることを示す。
D 「の」がついた語を体言と同じ資格にする。

① ぼくは、山に登るのが大好きだ。……（　　）
② それは、雨の降る晩であった。……（　　）
③ この鉛筆《えんぴつ》は、たしか山田君のだったね。……（　　）
④ 彼はいつも、なんのかのと文句を言う。……（　　）
⑤ なぜ、黙《だま》ってばかりいるの、あなたは。……（　　）
⑥ 漢字を書くのは難しい。……（　　）
⑦ 朝のさわやかな空気を吸う。……（　　）
⑧ 今すぐお出かけになるのですか。……（　　）
⑨ はい、今はもうすっかり元気になりましたの。……（　　）
⑩ 母からの手紙を読む。……（　　）
⑪ それは、人のいない島であった。……（　　）
⑫ どうしたらそんなに速く泳げるの。……（　　）
⑬ 英語の話せる人はいない。……（　　）
⑭ 私、ひとりだと、怖《こわ》くてたまらないのよ。……（　　）
⑮ やるのやらないのと、はっきりしないでいる。……（　　）

問11 次のA群の――線部「に」とB群の――線部「と」の中で、同じ意味・用法のものを二つずつ組み合わせて、A群・B群それぞれ三組つくりなさい。

〈A群〉

ア せっかくの努力も、水の泡《あわ》になった。

イ 第二次世界大戦後の日本の急速な経済発展は、世界の人々に注目された。

ウ 彼の話を聞いて不快に思った。

エ 隣《となり》の犬にかまれて、弟が泣いている。

オ 午後のひととき、私は静かに読書した。

カ やっと高校生になれてうれしかった。

〈B群〉

ア 台風が接近しているということである。

イ 道路で遊んでいると、事故にあいますよ。

ウ 山と見えたが、実は雲だったのか。

エ あまりあせると、失敗する。

オ なぜ、こんな結果となったかわからない。

カ 高校生ともなれば、もっと勉強するよ。

A群（　・　）（　・　）（　・　）

B群（　・　）（　・　）（　・　）

問12 次の各文中の――線部の「で」の説明を、あとのア～ケから選び、それぞれ記号を書きなさい。

① 子供《こども》というものは、例外なく好奇心《こうきしん》を持っている。人間だけではない。動物でも子供は好奇心のかたまりである。

② ここでは知的好奇心を、生存に一義的にかかわっていないものごとについての探求心、とでも定義しておこう。

③ 好奇心の「奇」とは、日常の環境《かんきょう》、自分が馴《な》れ親しんでいる環境と異質なもののことである。

④ 人間は生きるために環境に適応しなければならないのだが、ひとたび環境に適応してしまうと、逆に生きるという実感を失わせてしまう。つまり、生きるための刺激《しげき》がなくなることで、生命の力がすっかり弛緩《しかん》してしまうのだ。

ア 動詞の活用語尾　**イ** 形容動詞の活用語尾

ウ 副詞の一部　**エ** 接続詞の一部　**オ** 格助詞

カ 副助詞の一部　**キ** 接続助詞　**ク** 終助詞

ケ 助動詞

①（　）②（　）③（　）④（　）

問13 次の文章を読んで、あとの問いに答えなさい。

人は、さまざまの姿勢で、本を読む。寝床《ねどこ》の中で読むものもあれ（ A ）、列車にゆられながら読むのもある（ B ）、また、図書室（ C ）勉強部屋などで机の前にきちんと座《すわ》っ（ D ）、だんろの前の安楽いすにくつろい（ D ）して読むこともある。

㈠ 空欄《くうらん》Aに入る適当な助詞（一字のもの）を書きなさい。（　）

㈡ 空欄Bに入る適当な助詞を次から一つ選び、その記号を書きなさい。（　）

ア と　**イ** に　**ウ** か　**エ** も　**オ** し

㊂ 空欄Cに入る適当な助詞を次から一つ選び、その記号を書きなさい。（　　）

ア や　イ と　ウ とも　エ も　オ し

㊃ 空欄D（二か所）には、同じ助詞が入ります。その助詞を書きなさい。（　　）

㊄ A〜Dの助詞のついた文節は、次のどの働きをしていますか。適当なものを一つ選び、その記号を書きなさい。

ア 述語　イ 連体修飾語　ウ 接続語　エ 並立《へいりつ》　（　　）

問14 次の文章を読んで、あとの問いに答えなさい。

人波をかきわけ、親に抱《だ》きあげてもらいなどし（ A ）、お神輿《みこし》や山車《だし》の練るのをみたり、露店《ろてん》[a]をのぞいたり、新しい浴衣《ゆかた》がうれしかったり。わが家の前[b]を通って祭から帰る人の下駄《げた》の音が少なくなってゆくのをさびしがりつつ眠《ねむ》ったことなども夏祭の記憶《きおく》です。

春（ B ）秋に行なわれる祭が豊作[c]を祈願する農耕儀礼《ぎれい》にかかわるものであったのに対し、夏祭はもともと、この時期に多い疫病《えきびょう》や水害、虫の害などの災厄《さいやく》を封《ふう》じるために行なわれてきたものだ①とされています。そうしたものがそれぞれの地方の生活や信仰《しんこう》と結びつき、さまざまな特色ある夏祭がうまれてくるのです。たとえば山鉾巡行《やまぼこじゅんこう》などで知られる日本三大祭のひとつ祇園祭《ぎおんまつり》は、平安時代、疫病が大流行したため鉾[d]を立てて除疫の神牛頭天王《ごずてんのう》をまつったのが起源だ②といわれています。公《おおやけ》の営むものだった祭が庶民《しょみん》の手になってゆくなかでいっそうの趣向《しゅこう》がこらされ、華《はな》やかな活気あふれるもの③となっていったものも多いらしく、文芸のなかに祭がいきいきととらえられるようになるのは江戸《えど》時代、悪霊《あくりょう》[e]を鎮《しず》める④といった本来の意義は忘れられて、祭を楽しむ人びとや風俗《ふうぞく》が描《えが》かれてゆきます。

神田川《かんだがわ》祭の中をながれけり　久保田万太郎《くぼたまんたろう》

浅草《あさくさ》に生まれた万太郎は、東京下町をこよなく愛した作家として知られています。この句もいかにもすっきりと、野暮《やぼ》ったいのを嫌《きら》うふうで、神田明神の祭でしょう（ C ）、川[f]を抱いて流れるような祭の人波を悠々《ゆうゆう》と映しだしています。

（米川千嘉子《よねかわちかこ》『四季のことば100話』より）

㊀ 空欄Aに入る適当な三字の接続助詞を書きなさい。（　　）

㊁ 空欄Bに入る適当な助詞を次から一つ選び、その記号を書きなさい。（　　）

ア の　イ に　ウ や　エ から　オ なり

㊂ 空欄Cに入る適当な助詞を書きなさい。（　　）

㊃ ――線部a〜fの格助詞「を」のうち、意味の異なるものを一つ選び、その記号を書きなさい。また、その意味を次から選び、その記号を書きなさい。（　　）（　・　）

ア 動作・作用の状態を示す
イ 手段・材料を示す
ウ 動作・作用の起点を示す
エ 原因・理由を示す
オ 経過する場所・時間を示す

(五) ——線部①〜④の助詞「と」の意味を、次からそれぞれ選び、その記号を書きなさい(重複解答可)。

ア 動作・作用の結果を示す　イ 比較《ひかく》の基準を示す
ウ 共同の相手を示す　エ 引用を示す
オ 並立を示す

①(　　) ②(　　) ③(　　) ④(　　)

問15 次の文章を読んで、あとの問いに答えなさい。

まず次の例を見ていただきたい。

外から店へ帰って来てみると、留守中に保健所員が衛生検査に来て、二匹《にひき》いる飼いネコをこんど自分が来るまで始末しておけと言ったそうだ。まるで戦前の憲兵を思いだす。

（「朝日新聞」声欄《らん》）

この文の筆者は、次の二通りの意味のどちらを表現したかったのであろうか。

ⓐ 保健所員が次回にまた訪ねてくるから、そのときには既《すで》にネコが始末されてしまっているようにせよ、と言われた。

ⓑ 保健所員が次回にまた訪ねてくるが、今からそのときまでの間だけ始末しておき、以後はまたネコを元通りに置け、と言われた。

小学生の国語の問題みたいだが、筆者はもちろん[①]を表現したかったのだろう。しかしこの文章では[②]になってしまう。文法的には、全く逆になるのだ。筆者は「こんど自分が(　A　)始末しておけ……」と書けばよかったのである、このように助詞一字で、論理の重大な食い違《ちが》いを生ずるので注意されたい。

列車ガ名古屋ニ着ク {マデ / マデニ / マデデ} 雑誌ヲ読ムノヲヤメタ。

マデは動作の継続《けいぞく》を必要とする動詞を必要とするから「読ムノヲヤメタ」は(　B　)の意味、マデニはある動作が行われる最終期限(締《し》め切り)をあらわすから(　C　)の意味、マデデは何かある点までし続けて、その点で終了《しゅうりょう》することをあらわすから「名古屋に着くまで読み続け、着いたときにやめた」意味になる。もうひとつ「マデハ」を加えてみると、ハという限定の助詞によって、(　D　)となろう。

(一) 空欄《くうらん》①②に入るのは、前の例文ⓐⓑのどちらですか。それぞれ記号を書きなさい。

①(　　) ②(　　)

(二) 空欄Aにふさわしい表現を書きなさい。

(　　)

(三) ——線部にならって、空欄BCDにそれぞれの意味がわかるような適当な表現を書きなさい。

B(　　)
C(　　)
D(　　)

KUWASHII
JAPANESE
GRAMMAR

中学国文法

9章 敬語

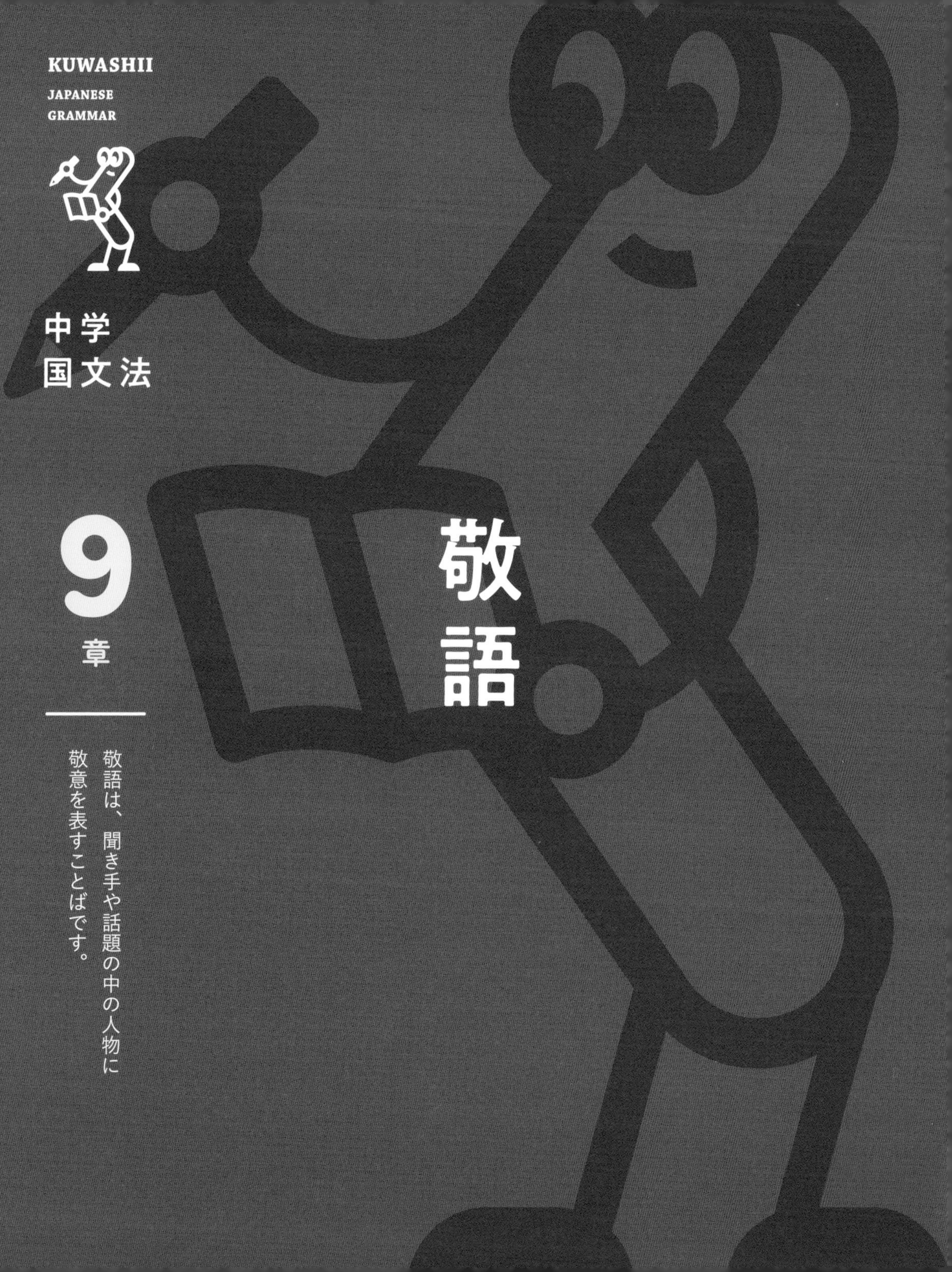

敬語は、聞き手や話題の中の人物に敬意を表すことばです。

要点のまとめ

UNIT 1

敬語の意義と種類

解説ページ→p.246

● **敬語の意義**……**聞き手や話題の中の人物に敬意を表す**ことば。

● **敬語の種類**……**尊敬語・謙譲《けんじょう》語・丁寧《ていねい》語**の三つ。

● **尊敬語**……話し手が話題にしている人物のうち、その**動作をする者を高めて扱《あつか》う**ことで敬意を表す表現。

● **謙譲語**……話し手が話題にしている人物のうち、その**動作を受ける者を高めて扱う**ことで敬意表す表現。

● **丁寧語**……話し手が**聞き手を高めて扱う**ことで敬意を表す表現。

● **尊敬語と謙譲語の違《ちが》い**は、**動作をする者を高める**のか、**動作を受ける者を高める**のかの違い。

● 尊敬語と謙譲語は、はっきり区別して使う。

● 丁寧語は、尊敬語や謙譲語とも一緒《いっしょ》に使われる。

UNIT 2

尊敬語

解説ページ→p.247

● **尊敬の意味を含《ふく》む体言**……「先生」「殿下《でんか》」「君」「あなた」「どなた」など。

● **尊敬の意味を表す接頭《せっとう》語・接尾《せつび》語のついた語**……接頭語「お」「ご(御)」、接尾語「さん」「様」「殿《どの》」「君」など。

● **尊敬の意味を含む動詞(尊敬動詞)**

・尊敬動詞として特定の語形をとる場合。
例 あなたの**おっしゃる**とおりです。何を**なさる**のですか。

・「お(ご)～なさる」「お(ご)～くださる」の形になる場合。
例 **お**話し**くださる**。

・「くださる」「いらっしゃる」などが**補助動詞**として使われる場合。
例 立って**いらっしゃる**。

● **「お(ご)～になる」の形**
例 **お**帰り**になる**。

● **尊敬の意味を表す助動詞のついた語**……助動詞「**れる**」「**られる**」。

UNIT 3
謙譲語
解説ページ→p.250

- 謙譲の意味を含む体言……「わたくし」「せがれ」「家内《かない》」「手前《てまえ》」など。
- 謙譲の意味を表す接頭語・接尾語のついた語
- 謙譲の意味を含む動詞（謙譲動詞）
  - ・「伺《うかが》う」「申す」「いたす」「差しあげる」「いただく」「参る」など。
  - ・「お（ご）〜申しあげる」「お（ご）〜いただく」などの形になる場合。
  - ・「あげる」「さしあげる」「いただく」などが補助動詞として使われる場合。
- 「お（ご）〜する」の形

UNIT 4
丁寧語
解説ページ→p.253

- 丁寧の意味を含む動詞……「ございます」など。
- 丁寧の意味を表す助動詞のついた語……助動詞「です」「ます」。
- 丁寧の意味を表す接頭語のついた語……接頭語「お」「ご」。

UNIT 5
敬語の正しい使い方
解説ページ→p.255

- 人を指し示す敬語に注意
- 尊敬語と謙譲語の使い分けに注意
- 敬語の重なりに注意
- 接頭語「お」「ご（御）」の使い方に注意

例 **小生**（接頭語）
私ども（接尾語）

例 先生の家へ**伺う**。
私が**いただく**。

例 **お願い申しあげる**。
お待ちいただく。

例 教えて**いただく**。

例 **お待ちする**。**ご報告する**。

- **補助動詞**にもなる。

例 ずいぶん寒う**ございます**。
娘《むすめ》は中学生で**ございます**。

- 自分の身内には尊敬語を用いない。

例 ○私の**父**はもうすぐ**帰り**ます。
×私の**お父さん**はもうすぐお**帰りになり**ます。

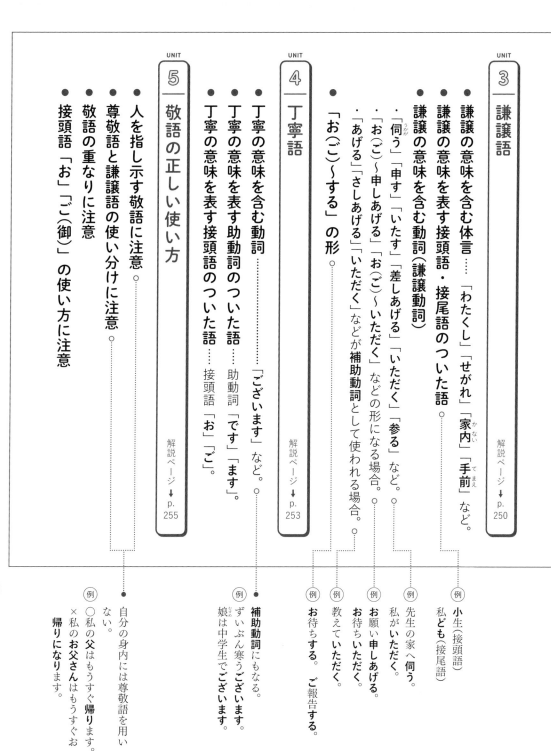

UNIT

1 敬語の意義と種類

目標　敬語の意義と三つの種類を理解する。

1 敬語の意義 ―― 聞き手や話題の中の人物に敬意を表すことば

例えば「行く」という意味のことを言うにも、
「先生も**いらっしゃる**。」（**動作をする「先生」を高めて扱《あつか》う**場合）
「先生の所に**伺《うかが》う**。」（**行き先である「先生」を高めて扱う**場合）
「彼《かれ》が行き**ます**。」（単に**丁寧《ていねい》に言う**場合）
のように、いろいろな言い方ができる。このように、**聞き手や話題の中の人物に対して敬意を表すことば**を敬語という。

日本語は、敬語の使い方が特に発達しているが、近ごろではこれに対する関心が薄《うす》れ、その用い方も混在している。しかし、敬語は対人関係をスムーズにするものとして、日常生活や社会で必要なものである。

2 敬語の種類 ―― 尊敬語・謙譲《けんじょう》語・丁寧語の三つ

(1) **尊敬語**……話し手が、話題にしている人物のうち、**その動作をする者を高めて扱うことで敬意を表す**表現が尊敬語である。

(2) **謙譲語**……話し手が、話題にしている人物のうち、**その動作を受ける者を高めて扱うことで敬意を表す**表現が謙譲語である。

(3) **丁寧語**……話し手が、丁寧に言い、**聞き手を高めて扱うことで敬意を表す**表現が丁寧語である。

練習1

解答 ➡ 別冊 p.35

次の各文中の――線部の語は、敬語の三種類のうちどれですか。上の語から順に答えなさい。

① どうぞ、ご遠慮《えんりょ》なく、召《め》しあがってください。

（　　）（　　）（　　）

② 明日、母が、お宅まで伺《うかが》うと申しております。

（　　）（　　）（　　）

③ 先生がおっしゃったことは、わたくしが、山田さんにお伝えすればよろしいですね。

（　　）（　　）
（　　）（　　）

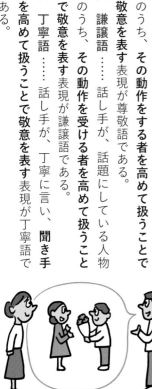

UNIT

2 尊敬語

目標　尊敬の意味を表す語やその意味を含《ふく》む語について理解する。

尊敬語とは、話し手が、話題にしている人物のうち、**その動作をする者を高めて扱うことで敬意を表す**表現である。

参考

尊敬語の説明としては、「高めて扱う」の代わりに「敬う」という表現もよく使われる。ただ、尊敬語を用いるのは、「敬う」心情や姿勢を表すのではなく、敬意を含んだ言葉を用いるという立場に立って、ここでは、「高めて扱うことで敬意を表す」とした。「言葉の上で高く位置づけて述べる」や「立てて述べる」のような言い回しもあるが、内容は同じだと考えてよい。

1 尊敬の意味を含む体言

「先生」「殿下《でんか》」「君」「あなた」「どなた」「そのかた」など。

2 尊敬の意味を表す接頭語・接尾語のついた語

(1) **接頭語《せっとう》「お」「ご(御)」**……体言、形容詞、形容動詞につく。

例　先生の　**ご**説明は　よく　わかる。

（「説明」の動作をする「先生」を高めて扱う）

先生は　**お**忙《いそが》しいようですね。

（「忙しい」状態にある「先生」を高めて扱う）

(2) **接尾語《せつび》「さん」「様」「殿《どの》」「君」**など……体言につく。

例　鈴木**さん**　佐藤**様**　山田**殿**　太郎**君**　父**上**

例題

次の各文中の――線部の語について、尊敬語、謙譲語のどちらかを答えなさい。

① ぼくは、Y先生を存じています。

② 先生が校門を出られるところを見た。

③ 皆様《みなさま》に申すことは、あくまで推測です。

④ あのかたは、席にお座《すわ》りになった。

⑤ しばらくお待ちくださると幸いです。

考え方　①は、「知る」という動作を受ける「Y先生」を高める言い方。②は「出る」に助動詞「られる」がついたもので、「出る」という動作をする先生を高める言い方。③は、「言う」という動作を受ける「皆様」を高める言い方。④は「座る」という動作をする「あのかた」を高める言い方。⑤の「お待ちくださる」は、「待つ」という動作をする相手を高める言い方。

答　①謙譲語　②尊敬語　③謙譲語　④尊敬語　⑤尊敬語

着目

● 尊敬語と謙譲語の違い

尊敬語……動作をする人を高める。

謙譲語……動作を受ける人を高める。

(3) **接頭語と接尾語《せつび》が重なることも多い。**

例 **お母さん　お兄様　お父上　ご一行様**

3 尊敬の意味を含む動詞 ―― 尊敬動詞という

(1) 尊敬動詞としての特定の語形をとる場合。

例 先生は　来週　海外へ　**いらっしゃる**のでしたね。（↑行く）

右の例は「先生は来週海外へ行くのでしたね」と同じ内容であるが、「行く」の代わりに「いらっしゃる」を使うことで、「先生」に対して尊敬の意味を含《ふく》む言い方になる。「**いらっしゃる**」は「**行く**」だけでなく、「**来る**」「**いる**」**の尊敬動詞**でもある。

尊敬動詞には、次のようなものがある。

例 あなたの　**おっしゃる**　とおりです。（↑言う）
あなたは、何を　**なさる**のですか。（↑する）
体に　良い　ものは、何でも　**召《め》しあがる**。（↑食べる・飲む）
それを、私に　**くださる**のですか。（↑くれる）

(2) 「**なさる**」「**くださる**」などが、「**お（ご）〜なさる**」「**お（ご）〜くださる**」の形になる場合。

例 院長が　治療《ちりょう》方針を　**お**決め**なさる**。
いつも　この　部屋を　**ご**利用**なさる**。
気軽に　**お**話し**くださる**。
率先して　**ご**案内**くださる**。

(3) 「**くださる**」「**いらっしゃる**」などが、**補助動詞**として使われる場合。

例 先生が、指導して　**くださる**。
あそこに　立って　**いらっしゃる**のが、先生です。

練習 2

解答 ↓ 別冊 p. 35

次の各文中の――線部は、A尊敬語、B謙譲《けんじょう》語のどちらか、記号で答えなさい。

① 先生だから申しあげるのです。（　）
② どんな話か伺いたいものです。（　）
③ お目にかかってお話しします。（　）
④ もうお帰りになるのですか。（　）
⑤ 先生はお茶を飲んでいらっしゃる。（　）
⑥ 社長はよく存じあげています。（　）
⑦ 監督《かんとく》にはお知らせするほうがいい。（　）
⑧ その時には、私も呼んでください。（　）
⑨ ご心配なさることはありません。（　）

例題

次の上段は敬意のない普通の語、中段は尊敬語、下段は謙譲語です。これらを対応するものどうし、結びつけなさい。

①見る　　**ア**いらっしゃる　　**a**いたす
②言う　　**イ**おっしゃる　　**b**いただく
③食べる　　**ウ**なさる　　**c**拝見する
④行く　　**エ**ご覧になる　　**d**申しあげる
⑤取る　　**オ**召《め》しあがる　　**e**お取りする
⑥来る　　**カ**お取りになる　　**f**参る
⑦する

参考

「くださる」の場合は、動作をする者を高めて扱《あつか》うことが敬意を表すという一般《いっぱん》の尊敬語の働きに加えて、「その行為《こうい》者から恩恵《おんけい》が与《あた》えられる」という意味も表す。

例えば、「先生が指導してくださる。」は、それ（＝「先生が指導すること」）がありがたいことである、という気持ちも表す。

注意

尊敬動詞には、次のような特徴《とくちょう》がある。

① **ラ行五段活用である。**

例 なさ**ら**ない　くださ**ら**ない　いらっしゃ**ら**ない

② **「ます」に連なる連用形はイ音便になる。**

例 なさ**い**ます　くださ**い**ます　いらっしゃいます（「召しあがります」は例外）

③ **命令形は語尾《ごび》が「い」になる。**

例 なさ**い**　くださ**い**　いらっしゃ**い**（「召しあがれ」は例外）

4 「お(ご)〜になる」の形

「なる」は尊敬動詞ではないが、「**お(ご)〜になる**」の形で尊敬の意味を表すことができる。なお、命令形は用いない。

一般に、動詞が**和語の場合**は「読む→お読みになる」「出かける→お出かけになる」のように「**お〜になる**」となり、**漢語サ変動詞**（→p.100）の場合は「利用する→ご利用になる」「出席する→ご出席になる」のように「**ご〜になる**」となる。

例 先生が、お手紙を　**お**書き**に　なる**。（←書く）

五時に　**お**帰り**に　なる**。（←帰る）

お客様が　**ご**使用**に　なる**　お部屋です。（←使用する）

ご乗車**に　なる**　際は、（←乗車する）

考え方 尊敬語と謙譲語は、はっきり区別して覚えておくのが望ましい。例えば、この問題のように、普通の語も含めて、対応するものどうしを組にしてみるとよい。

ここで、特に注意しなければならないのは、次の点である。

例えば、相手が荷物を持って帰るかどうか尋《たず》ねる場合、

● 荷物をお持ちしますか。

では、尋ねた人物が荷物を持っていくことになる。次の言い方が正しい。

● 荷物をお持ちになりますか。

答 ①―エ―c　②―イ―d　③―オ―b　④―ア―f　⑤―カ―e　⑥―ア―f　⑦―ウ―a

着目

「お(ご)〜になる」は尊敬語。
「お(ご)〜する」は謙譲語。

練習3 解答→別冊p.35

次の語を、「お〜になる」の形に改めなさい。

① 聞く（　　　　）

② 書く（　　　　）

③ 話す（　　　　）

④ 読む（　　　　）

⑤ 待つ（　　　　）

「お(ご)〜になる」の形をとるものの中には、**「お休みになる」**や**「ご覧になる」**のような、**慣用的な言い方**のものもある。

5 尊敬の意味を表す助動詞のついた語

動詞に尊敬の意味を表す助動詞**「れる」「られる」**がつく。これらの助動詞は、「尊敬」のほか「可能」「自発」などの意味もあるので注意する。

例 先生の　話さ**れる**　ことを、よく　聞きましょう。
お客様は、いつ　来**られる**のですか。

UNIT

3 謙譲語

目標 謙譲《けんじょう》の意味を表す語やその意味を含《ふく》む語について理解する。

話し手が、話題にする人物のうち、**その動作を受ける者を高めて扱《あつか》うことで敬意を表す表現**が謙譲語である。

話し手が自分や自分の側の動作をへりくだることによって、動作の受け手への敬意を表すという説明もあるが、謙譲語の働きの中心は、敬意を表すことにあり、へりくだることにあるのではない。

1 謙譲の意味を含む体言

「わたくし」「せがれ」「家内《かない》」「手前《てまえ》」など……謙譲の意味を含む。

例 これが　**わたくし**の　**せがれ**と　**家内**です。(↑わたし・息子《むすこ》・妻)
すべて　**手前**の　責任で　ございます。(↑わたし)

例題

次の語の尊敬語と謙譲語を(　　)にあてはまる形で答えなさい。

① する
A 先生は今から何を(　　)のですか。
B 私が責任を持って(　　)ます。

② 行く・来る
A 部長が(　　)まで待ちましょう。
B 明日の二時ごろ(　　)ます。

③ 知る
A 田中さんのことを(　　)ですか。
B 田中さんのことは(　　)ております。

考え方 ①A…先生が何かを「する」場合には、尊敬語「なさる」を使う。B…自分

2 謙譲の意味を表す接頭語・接尾語のついた語

(1) **接頭語**《せっとう》「小」「愚《ぐ》」「拙《せつ》」「弊《へい》」「粗《そ》」など……体言につく。

例 **小**生《しょうせい》は　**愚**息《ぐそく》を　伴《ともな》って　旅に　出ます。（↑わたし・息子）
拙著《せっちょ》を　お送りしました。（↑自分の書いた本）
弊店《へいてん》の　お客様には　**粗**品《そしな》を　進呈《しんてい》いたします。（↑我が店・品物）

(2) **接尾語**《せつび》「ども」「め」など……体言につく。

例 娘《むすめ》**ども**が　いないので　なんの　おかまいも　できません。
わたくし**め**に　おまかせください。

3 謙譲の意味を含む動詞 ——謙譲動詞という

(1) 謙譲動詞としての**特定の語形をとる**場合。

例 私は、明日、先生の　家へ　**伺う**《うかが》予定です。（↑行く）

右の例は「私は、明日、先生の家へ行く予定です」と同じ内容であるが、「行く」の代わりに「伺う」を使うことで、「先生」を高めて扱う言い方になる。

謙譲動詞には、次のようなものがある。

例 **伺う**（↑聞く・尋《たず》ねる・訪問する・行く）
承る《うけたまわ》（↑聞く）　**参る**（↑行く・来る）
申す・申しあげる（↑言う）　**いたす**（↑する）
いただく（↑もらう・食べる・飲む）　**さしあげる**（↑やる）
頂戴する《ちょうだい》（↑もらう）
お目にかかる（↑会う）　**拝見する**（↑見る）
お目にかける・ご覧に入れる（↑見せる）
存ずる・存じあげる（↑思う・知る）

が「する」ということを、相手高めて表現するには、謙譲語「いたす」を用いる。
②**A**…「来る」という動作を行う部長を高めて扱うので、尊敬語を用いる。**B**…「自分」が相手の所へ「行く」という動作であるので謙譲語となる。この場合の「行く」の謙譲語としては、「参る」「伺う」のどちらでも用いることができる。
③**A**…相手が「知っている」ということなので、尊敬語に改める。**B**…「田中さんのことを知っている」のはだれかを考える。尊敬語と謙譲語の形が似ているので、間違《まちが》えないようにしよう。

答 ①Aなさる　Bいたし
②Aいらっしゃる　B参り／伺い
③Aご存じ　B存じあげ／存じ

着目
● 尊敬動詞と謙譲動詞
・**決まった言い方をする尊敬動詞と謙譲動詞がある。**
・**複数の動詞が同じ意味の敬語になるものもある。**

注意

次に挙げる動詞は、尊敬動詞と謙譲《けんじょう》動詞の両方をもつ。

普通動詞	尊敬動詞	謙譲動詞
言う	おっしゃる	申す・申しあげる
する	なさる	いたす
食べる・飲む	召《め》しあがる	いただく
行く・来る	いらっしゃる	参る・伺《うかが》う

(2) **「お(ご)〜申す」「お(ご)〜申しあげる」「お(ご)〜いたす」「お(ご)〜いただく」**の形になる場合。

例 さぞかし　ご心配の　ことと　**お**察し**申す**。

どうぞ　よろしく　**お**願い**申しあげる**。

くわしい　内容は、のちほど　**ご**連絡《れんらく》**いたす**。

順番が　来るまで、しばらく　**お**待ち**いただく**。

注意

右の四つの例文を見て、違和感《いわかん》をもった人もいるだろう。それは、敬語らしくないからである。普通《ふつう》は、「お願い申しあげ**ます**」「ご連絡いたし**ます**」のように、丁寧《ていねい》の助動詞「ます」とセットで使われる。ここでは謙譲語の説明をしているので、あえて丁寧語を省いているが、通常は「謙譲語」と「丁寧語」があわせて用いられることが多い。

(3) **「あげる」「さしあげる」「いただく」**などが、**補助動詞**として使われる場合。

例 宿題を　見て　**あげる**。

机を　ふいて　**さしあげる**。

先生に　教えて　**いただく**。

練習4

解答→別冊 p.35

次の動詞は、A尊敬動詞、B謙譲動詞のどちらか、記号で答えなさい。また、それに対応する、敬意のない普通の動詞を答えなさい。

① おっしゃる　（　）（　）
② 承《うけたまわ》る　（　）（　）
③ 召しあがる　（　）（　）
④ 伺う　（　）（　）
⑤ くださる　（　）（　）
⑥ いただく　（　）（　）
⑦ 申す　（　）（　）
⑧ いたす　（　）（　）

例題

次の各文中の――線部について、だれに対する敬意を表しているかを答えなさい。

① Aさんは Bさんに「先生も いらっしゃるよ。」と言った。
② Aさんは Bさんの作品を拝見した。
③ 「Aさん、Bさんが作った手料理をどうぞお召しあがりください。」

考え方 ① 「いらっしゃる」は「行く」「来る」の尊敬語なので、話題の中の「来る」という動作を行う先生に対する敬意を表している。

② 「拝見する」は「見る」の謙譲語である。「見る」動作を行うのはAさんで、その動作を受けるのは作品を作ったBさんで

4 「お(ご)〜する」の形

「する」は謙譲動詞ではないが、「お(ご)〜する」の形で謙譲の意味を表す一語の動詞となる。

例 私は、ここで 皆様《みなさま》が 来られるのを **お待ちする**。
会議の 経過を **ご報告する** ことに しましょう。

参考

丁重語《ていちょうご》……一般《いっぱん》に「謙譲語」と呼ばれるものの中に、**自分側の行為《こうい》、物事などを、聞き手に対して丁重に述べるもの**がある。このようなものを「**丁重語**」と呼び、従来の「謙譲語」とは別物とする考え方がある。
例えば、「明日から海外に参ります。」と言うとき、その動作を受ける「海外」を高めているわけではない。これは、「行く」の代わりに「参る」を使うことによって、自分の行為を改まった言い方で表している。

UNIT

4 丁寧語

目標 丁寧の意味を含《ふく》む語やその意味を表す語について理解する。

話し手が、丁寧《ていねい》に言い、**聞き手を高めて扱《あつか》うことで敬意を表す表現**である。

1 丁寧の意味を含む動詞

動詞と補助動詞の「**ございます**」。

(1) 「**ございます**」(←動詞「**ある**」)。
例 その 品物は、どこの 店にも **ございます**。

(2) 「**ございます**」などが、**補助動詞**として使われる場合。
例 娘《むすめ》は 中学生で **ございます**。

あるから、間接的にBさんへの敬意を表す。
③「召しあがる」は「食べる」の尊敬語なので、ここで「食べる」という動作を行う、聞き手でもあるAさんに敬意が向けられている。

答 ①先生 ②Bさん ③Aさん

着目
● 敬意を表す対象
動作を行う者と受ける者、聞き手、話題の中の人、直接・間接の関係などに注意する。

例題

次の①〜⑤の場合、具体的にどのようなことばを使うのが適当ですか。あとのア〜オから選んで、記号で答えなさい。

① 尊敬すべき目上の人の動作を話す場合。
② 自分と親しい目上の人や、あまり親しくない知人に対する場合。
③ 友人どうしの間柄《あいだがら》や、目下の者に対する場合。
④ 目上の人に自分の動作を話す場合。
⑤ 他人に自分の親のことを話す場合。

2 丁寧の意味を表す助動詞のついた語

助動詞「です」「ます」がつく。

例 桜の花も、まもなく咲《さ》く**でしょ**う。

朝食には、パンを食べ**まし**た。

3 丁寧の意味を表す接頭語のついた語

接頭語「お」「ご」がつく。

例 **お**話を聞いて、あなたの**お**気持ちがよくわかりました。

ご注文の品を届けたいので、**ご**住所を教えてください。

みんなで、**お**菓子《かし》を食べよう。

お昼の**ご**飯が炊《た》けたよ。

注意

丁寧語と美化語《びかご》……丁寧語を、次のような二種に分ける考え方がある。

●**丁寧語**…聞き手を高めて扱《あつか》う気持ちを表し、**話しぶりを丁寧にする**もの。

●**美化語**…「お茶」「お料理」のように、**物事を美化して述べる**もの。

例えば、「あなたからいただいた**お**手紙を大切に持っています」と言うときには、聞き手を高めて扱っており、「丁寧語」と言えるが、「冷たい**お**水がほしい」と言う場合の「お水」は、単に「水」と言うより、上品に美しく表現して述べることになる。これが「美化語」である。聞き手に対して敬意を表しているわけはないので、「丁寧語」と区別しようという考え方である。

女性どうしの会話などでは、相手に対する丁寧さというよりも、自分自身の言葉遣《づか》いを上品にしようとして、頻繁《ひんぱん》に「お」が使われることがある。これらは美化語に含《ふく》められる。

例 **お**昼の献立《こんだて》は、**お**魚のフライと**お**豆のスープよ。

ア ようやく春らしくなってきたね。

イ 西洋史の本を拝借できるでしょうか。

ウ 博物館へ、昨日いらっしゃいました。

エ 父は社用で、昨夜上京いたしました。

オ 毎日、暑いですね。

考え方 ①はもちろん尊敬語を用いる。

②は軽い尊敬の意味を含《ふく》めて、丁寧語を用いればよい。尊敬語や謙譲語の動詞はいろいろあるが、丁寧語の動詞「ございます」や丁寧語の助動詞「です」「ます」はよく使われるから、しっかり覚えておこう。なお、「です」「ます」は尊敬語や謙譲語と一緒《いっしょ》に使われることが多いことにも注意しておこう。

③は敬語を用いる必要はなく、普通《ふつう》の言い方をする。

④はもちろん謙譲語を用いる。

⑤は自分の親は尊敬しなければならないが、自分の親のことを他人に話す場合、尊敬語は用いず、謙譲語を用いるようにする。

答 ①ウ ②オ ③ア ④イ ⑤エ

着目

●よく使われる丁寧語

・**動　詞……ございます**

・**助動詞……です・ます（尊敬語や謙譲語と一緒に使われることが多い）**

UNIT

5 敬語の正しい使い方

目標　場面に応じた正しい敬語の使い方を理解する。

敬語は、そのことばがどのような場面で使われているかが、非常《ひじょう》に重要になってくる。

次にあるのは、A君が家族旅行で沖縄に行ってきたことを先生に話している場面である。A君と先生の会話をもとに、敬語の正しい使い方について学習しよう。

次の会話文の——線部のうち、敬語の使い方として間違《まちが》っているものを選び、その理由を考えよう。

A君「①先生、②おれの旅行の写真を③拝見してください。」

先生「これは④沖縄《おきなわ》の海だね。家族で行ってきたの?」

A君「はい。お父さんとお母さんが、⑤連れて行ってくださいました。」

先生「仲の良い家族だね。」

A君「そういえば、先生は来週、海外へ⑥お行きになられるのですよね。また先生の⑦お話が⑧聞けるのを楽しみにしています。」

間違い　②③④⑤⑥⑧

練習5

解答↓別冊p.35

次の手紙文の空欄《くうらん》A〜Dに入れるのにもっとも適当なものをあとからそれぞれ選んで、記号で答えなさい。

私は○×中学校三年一組の鈴木次郎と(A)。

私たちの中学校の歴史についてのお話を、吉田先生に(B)と思っております。

八月五日の午前中の、先生のご都合は(C)。またこちらからご連絡させて(D)ますので、よろしくお願いします。

A　①おっしゃいます　②言います　③申します　(　　)

B　①伺《うかが》いたい　②聞こう　③お聞きになろう　(　　)

C　①どのようか　②どうでしょうか　③いかがですか　(　　)

D　①もらい　②いただき　③さしあげ　(　　)

1 人を指し示す敬語に注意

前のページの会話①・②・④について考えてみよう。

①の「先生」は○。**目上の相手のことを指す場合、役職を表す呼び方があればそれを使い、「先生」などと呼ぶのが普通《ふつう》である。**

②の「おれ」は×。**先生に対して、自分のことを「おれ」と言うのは不適切。「ぼく」または「わたし／わたくし」とすべき**である。**自分のことを言うのに、公的な場面では「わたし」「わたくし」が用いられる。**男性の場合は「**ぼく**」が使われることもあるが、「わたし」「わたくし」よりは少しくだけた表現となる。

④の「お父さんとお母さん」は×。**自分の身内の人物のことを言う場合、その人物が自分よりも目上であっても「○○さん」のような言い方をしないのが普通である。**ここでは先生には敬意を示すが、身内の父母には敬意を示さず、「**父と母**」**とするのが正しい。**

2 尊敬語と謙譲語の使い分けに注意

③・⑤・⑧について考えてみよう。

③の「拝見してください」は×。ここでは、**写真を「見る」という動作を行うのは「先生」であるから、先生を高めて扱《あつか》う尊敬語を用いる必要がある。「拝見し」は謙譲《けんじょう》語なので不適切であり、「見る」の尊敬語である「ご覧になる」を使って、**「ご覧になってください」と言う。

⑧の「聞ける」も×。**「先生の話を聞く」のは、A君の動作で、動作の相手は「先生」であるから、この場合は謙譲語にしなければならない。**ここは「聞く」の謙譲表現の「伺《うかが》う」を使って、**「伺える」または「伺うことができる」に変えるとよい。**

例題

次の各文中の――線部は、正しい敬語ではありません。誤りや不適当と考えられる理由を答えなさい。

① どなたが東京へ参りますか。
② 「あなたは、何と申されましたか」
③ 冷えますね。お変わりいらっしゃいませんか。
④ ご出席になりますかたは、九時にお集まりください。
⑤ 皇太子はイギリスをご訪問しました。
⑥ 私の母は茶道の先生がたてたお茶をおいしく召しあがりました。

考え方 ①は「どなた」という尊敬語を使っているのに、その人の動作に謙譲語「参る」を使っている。「いらっしゃる」などの尊敬語に改めるべきである。

②は「あなた」が主語の箇所《かしょ》に、謙譲語の「申す」を使っているので間違《まちが》い。直後の「れ」は尊敬を表す助動詞「れる」の連用形だが、それで帳消しにはならない。

③は丁寧語「ございませ(ん)」を使うとよい。「いらっしゃる」を使うなら、「お変わりもなくいらっしゃいますか。」となる。

④の丁寧語「ます」は、文の途中《とちゅう》にある場合は、普通、省いたほうがすっきりする。

⑤は尊敬語を使ったつもりだろうが、「ご～する」の形で謙譲語になってしまっている。「訪問される」「ご訪問になる」

⑤の「くださいました」も×。④で説明したように、**自分の身内の人物の動作に尊敬語は使わないのが普通である。ここでは「連れて行ってくれました」でよい。**

次の表は、「敬意のない普通の語」「尊敬語」「謙譲語」をまとめたものである。しっかり覚えよう。

<table>
<tr><th>普通の語</th><th>尊敬語</th><th>謙譲語</th></tr>
<tr><td>言う</td><td>おっしゃる</td><td>申す・申しあげる</td></tr>
<tr><td>する</td><td>なさる</td><td>いたす</td></tr>
<tr><td>食べる・飲む</td><td>召《め》しあがる</td><td>いただく・頂戴《ちょうだい》する</td></tr>
<tr><td>行く・来る</td><td rowspan="2">いらっしゃる
おいでになる</td><td>参る・伺う</td></tr>
<tr><td>いる</td><td>おる</td></tr>
<tr><td>見る</td><td>ご覧になる</td><td>拝見する</td></tr>
<tr><td>会う</td><td>（お会いになる）</td><td>お目にかかる</td></tr>
<tr><td>聞く</td><td>（お聞きになる）</td><td>伺う・承《うけたまわ》る</td></tr>
<tr><td>思う</td><td>（お思いになる）</td><td rowspan="2">存ずる・存じあげる</td></tr>
<tr><td>知る</td><td>（お知りになる）</td></tr>
<tr><td>やる</td><td>―</td><td rowspan="2">さしあげる</td></tr>
<tr><td>与《あた》える</td><td>（お与えになる）</td></tr>
<tr><td>くれる</td><td>くださる</td><td>―</td></tr>
<tr><td>もらう</td><td>―</td><td>いただく・頂戴する</td></tr>
</table>

「ご訪問なさる」などに改めるべきである。

⑥は身内の「私の母」の行動に尊敬語の「召しあがる」を使っているので間違い。謙譲語の「いただく」に改めるべきである。

答 ①尊敬語を使うべきところに謙譲語を使っている。②尊敬語を使うべきところに謙譲語を使っている。③丁寧語を使うべきところに尊敬語を使っている。④丁寧語を使いすぎている。⑤尊敬語を使うべきところに謙譲語を使っている。⑥謙譲語を使うべきところに尊敬語を使っている。

着目

● 敬語の誤りやすい点

①尊敬語と謙譲語を取り違える。
②尊敬語を丁寧語のように使う。

練習6 解答 → 別冊 p. 35

次のア〜エの中から敬語の使い方として適切なものを一つ選んで、記号で答えなさい。（　　）

ア 私の両親がいらっしゃいました。
イ 私の家に先生が伺いました。
ウ 拝見していただき、ありがとうございます。
エ 部長はもうお召しあがりになりましたか。

3 敬語の重なりに注意

255ページの会話文に戻《もど》ろう。⑥の「お行きになられる」は×。**「行く」という先生の動作を表すには、尊敬動詞「いらっしゃる」を使うのが普《ふ》通《つう》である。**「お行きになる」はどこか不自然である。また、直後に「れる」という尊敬を表す助動詞がついて、尊敬語が二つ重なっている点でも、間《ま》違《ちが》いと言える。

注意

敬語の重なり……より強い敬意を表したい場合には、**尊敬語や謙《けん》譲《じょう》語に丁《てい》寧《ねい》語(「です」「ます」)を重ねて使う**ことがある。

例 先生が　いらっしゃる　でしょう。(尊敬語＋丁寧語)
　お願い　申しあげ　ます。(謙譲語＋丁寧語)

ただし、あまり敬語を重ねすぎると、かえって失礼になる場合もあるので注意する。

例 ×お乗りに　なります　方に　お願いいたします。
　(→文の途《と》中《ちゅう》の「ます」は省《はぶ》く方がよい。)
　○お乗りに　なる　方に　お願いいたします。

4 接頭語「お」「ご(御)」の使い方に注意

⑦の「お話」は○。**高める人の物事を表す語に、丁寧の意味を表す接頭語「お」や「ご(御)」をつけることで、尊敬の意味を表す**ことができる。

「先生からお手紙をいただく。」での「お手紙」は、それを書いた先生に尊敬の意味を表し、「先生にお手紙を書く。」での「お手紙」は、自分の物事に「お」をつけ、謙譲の意味を表すことになる。

場面に応じた、敬語の正しい使い方を身につけよう！

練習7

解答→別冊p.36

次の各文中の、誤りあるいは不適当な敬語表現の文節の右側に――線をつけ、正しくなるよう直しなさい。

① うちの娘は、あなたのことをよくご存じですよ。　(　　)

② 私のお母さんが、先生によろしくと申しておりました。　(　　)

③ 私どもの社長が、あなたにぜひ会いたいとおっしゃっております。　(　　)

④ 先生、ごちそうが冷めないうちにいただいてください。　(　　)

⑤ 校長先生が、朝礼で今朝の新聞をお読みになられた。　(　　)

実力アップ問題

9章で学んだことを確かめ、実践的な力を身につけよう！

解答 ↓ 別冊 p.36

問1 次のそれぞれのことばは、A尊敬表現、B謙譲表現、C丁寧表現のどれか、記号を書きなさい。

①お聞きなさる（　）
②お通りになる（　）
③お帰りだ（　）
④ご通知申しあげる（　）
⑤お目にかける（　）
⑥花をさしあげる（　）
⑦苦しゅうございます（　）
⑧寒いですね（　）
⑨お教えいただく（　）
⑩買ってくださった（　）
⑪お運びする（　）
⑫お菓子《かし》です（　）
⑬どこへ行きますか（　）
⑭ご心配なさるな（　）
⑮買っていただいた（　）
⑯お教えくださる（　）
⑰帰ります（　）

問2 次の各文中の――線部の意味は、あとのア～ウのどれに当たりますか。その記号を書きなさい。

(1)
①あなたも夜の音楽会にいらっしゃいますか。（　）
②応接室には、お客さまがいらっしゃいます。（　）
③先生は、まもなくいらっしゃるでしょう。（　）

ア 行く　**イ** 来る　**ウ** いる

(2)
①冷蔵庫にあるジュースをいただこうかしら。（　）
②早くごはんをいただきましょう。（　）
③このリンゴを、おばさんにいただきました。（　）

ア もらう　**イ** 食べる　**ウ** 飲む

問3 次の各文の――線部を、〔　〕内の指示に従って、それぞれ書きかえなさい。

①明日、お宅へ行くつもりです。〔謙譲動詞〕（　）
②これは、校長先生から聞いた話です。〔謙譲動詞〕（　）
③ぼくの絵を見てくれ。〔「～くださる」の形の複合動詞〕（　）
④父と話しているのは先生です。〔尊敬動詞〕（　）
⑤新しい時計を買ってもらった。〔謙譲動詞〕（　）
⑥そんなことをすると、笑われますよ。〔尊敬動詞〕（　）
⑦あなたの絵を見たいものです。〔謙譲動詞〕（　）
⑧先生は、何を食べるのか。〔尊敬動詞〕（　）
⑨今、何と言いましたか。〔尊敬動詞〕（　）
⑩あの方は、よく本を読む。〔尊敬表現「お～になる」〕（　）

問4 「おっしゃる」の活用表をつくり、次の各問いに答えなさい。

基本形	語幹	未然形	連用形	終止形	連体形	仮定形	命令形
おっしゃる							

㈠ だいたい何活用と同じですか。（　　）

㈡ その活用と、どんな点が違《ちが》っていますか。
（　　）

問5 次の各文を、敬意を表す度合いに従って、もっとも強く敬意を表すものから順に、番号を書きなさい。

① 私にもいただきたい。
② ぼくにもいただきたい。
③ 私にもいただきとうございます。
④ おれにもくれ。
⑤ ぼくにもおくれ。

（　）（　）（　）（　）（　）

問6 次のそれぞれの話しことばのうちで、正しい言い方がしてあるものには○を、間違った言い方がまじっているものには×を、（　）の中に書きなさい。

①（　）「先生も、私にそう申しましたわ。」
②（　）「先生、ぼくのお母さんがいらっしゃいました。」
③（　）「きみのお父さんは、いま家にいるかね。」
④（　）「ぼくの先生も、そう言いましたよ。」
⑤（　）「先生、私の母がよろしくと申しました。」
⑥（　）「お父さんは、ご在宅でございますか。」「はい、おいでになります。少々お待ちください。」
⑦（　）「さあ、私たちも会場へ参りましょう。」
⑧（　）「この床《ゆか》はすべりやすいから、どうかご注意してくださ い。」
⑨（　）「その件について、お答えすることはできない。」
⑩（　）「私の描《か》いた絵を拝見してください。」

問7 次の各文には、敬語の使い方に一か所ずつ、誤りまたは不適当な所があります。その部分に――線をつけ、言い改めた表現のみを書きなさい。また、その誤りまたは不適当な言い方の説明として適当なものを、あとのア～オからそれぞれ選び、その記号も書きなさい（重複解答可）。

① あいにく今日《きょう》は、父がお留守《るす》です。（　　・　）
② 先生は正しいと申しました。（　　・　）
③ うちの母はあなたが来られるのをお待ちなさっております。（　　・　）
④ 明日、拙宅《せったく》までお伺《うかが》いいただきたい。（　　・　）
⑤ 両親がぜひあなたに会いたいと申しております。（　　・　）

ア 使うべきでない箇所《かしょ》に敬語を用いている。
イ 敬語の必要な箇所に、普通《ふつう》の言い方を用いている。

ウ　意味の続かない二つの敬語を使ったため、不自然な言い方になっている。

エ　尊敬語を使うべき箇所に謙譲《けんじょう》語を使っている。

オ　謙譲語を使うべき箇所に尊敬語を使っている。

問8　次の各文には、敬語の使い方を間違えた箇所が一つずつあります。例に従って正しく直しなさい。

例　その件ですが、わたしの母にも話してあげてくださいませんか。

①　お尋《たず》ねいたします。山田さん、おりましたら案内所までおいでください。

②　いただくのなら当店の温かいコーヒーが自慢《じまん》ですので、どうぞ。

③　校長先生がいつの日だったか、私《わたくし》どもにそう申されました。

④　お手紙をくれましたのに、まだお返事も差しあげておりません。

⑤　わたしはこれからうちに帰りますが、あなたも参りませんか。

例　（あげてください（ませんか）→いただけ（ませんか））

①　（　　→　　）

②　（　　→　　）

③　（　　→　　）

④　（　　→　　）

⑤　（　　→　　）

問9　ある会社の社長・課長・新入社員の三人の人物を想定し、CがAに対してBの来たことを告げる文として、次の四通りの場合を考えました。①〜④の文について、それぞれC（話し手）はだれか書きなさい。

①　「Bが来られました。」　（　　）

②　「Bが来ました。」　（　　）

③　「Bが来たよ。」　（　　）

④　「Bが来られたよ。」　（　　）

問10　次の各文の空欄《くうらん》に入るべき正しいことばづかいを書きなさい。

(1)　「されておる」という敬語が近頃《ちかごろ》耳につく。これはもともと「なさっておられる」又《また》は「なさっておいでになる」の形が正しいが、これだと敬語が重なるから、一つ省いてしまおうというところからきている。省くこと自体は悪いことではないが、省き方に問題がある。「なさっておられる」と二つ重なった時は、前を省いて後を生かす、つまり（ **A** ）が正しい。「されておる」では逆さまである。

(2)　幼児を対象にした絵本に「おおどおりの　ことりやで　リスが　うって　います。」という一節があるが、奇妙《きみょう》な文章である。リスが小鳥屋の店員であるのかと思えば、そうではなく、リスは売られる商品である。それなら「リスを（ **B** ）」とするか、あるいは「リスが（ **C** ）」としなければならない。

A（　　）　**B**（　　）

C（　　）

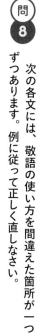

入試問題にチャレンジ

解答時間：50分　　点

解答➡別冊 p.38

問1 次の各問いに答えなさい。（計17点）

(一) 「限られるらしかった」を、例にならって品詞に分け、その品詞名を書きなさい。（6点）

例　名詞｜助詞｜動詞
　　本｜を｜読む

（　　　　）

(二) 次の各文の――線部「らしい」「そうだ」と同じ意味で使われた例をそれぞれあとのア～ウから一つ選び、その記号を書きなさい。（各1点）　［大阪教育大附高平野］

① 夜中に眼《め》がさめて郭公《かっこう》らしい声をきいた。
ア 子どもらしい純粋《じゅんすい》さ。
イ 明日は雨らしい。
ウ 目つきがいやらしい。　（　　）

② 冬の間は芽が真っ赤で白い粉を吹《ふ》いているので化粧柳《けしょうやなぎ》というのだそうだ。
ア 病気で死にそうだ。
イ 旅行するそうだ。
ウ それもそうだ。　（　　）
［神奈川・慶應高］

(三) 次の文章を読んで、――線部ア「ない」イ「その」ウ「ない」の品詞名を、それぞれ書きなさい。（各2点）

そこに登場するサルの名を人だと思って聞いても違和感《いわかん》がないほどである。「その気持ちはわかるな」と私は前にも述べた。「その」というのは、サルの行動を指している。論文にはもちろんサルの気持ちなどは書かないが、われわれは真にサルの気持ちがわかり過ぎるくらいわかることがある。

ア（　　）イ（　　）ウ（　　）
［奈良・東大寺学園高］

(四) 次の各文の――線部「さえ」の中で、意味が他と異なるものを一つ選び、その記号を書きなさい。（1点）

ア 雨足が強まっただけではなく雷《かみなり》さえ鳴り出した。
イ 時間さえあればきっと解決できると思います。
ウ 壊《こわ》れてさえいなければ汚《よご》れは気になりません。
エ 休まずに練習さえすれば上達するだろう。　（　　）
［東京・都立産業技術高専］

(五) 次の文の――線部「夢にも」が呼応している語を、文中から抜《ぬ》き出しなさい。（2点）

両者を同じものと見る言語があるなど夢にも考えたことがないということです。

（　　　　）
［岡山県・改］

問2　次の各問いに答えなさい。（計6点）

㈠　次の――線部**ア**〜**オ**の動詞の中で、活用形が他と異なるものを一つ選び、その記号を書きなさい。（1点）

ア　言いたいわけじゃない。
イ　出会いました。
ウ　錯覚《さっかく》している。
エ　手放したら、
オ　到達《とうたつ》しないからである。

（　　）
［大阪教育大附高池田］

㈡　次の各文の――線部の助動詞の中で、用法が他と異なるものを一つ選び、その記号を書きなさい。（1点）

ア　審判《しんぱん》に、それ以上の動きを止められた。
イ　この立派な寺院は百年前に建てられた。
ウ　賞味期限内なのでまだ食べられる。
エ　友だちに、遠くから声をかけられる。

（　　）
［沖縄県］

㈢　次の――線部「た」と同じ意味（働き）で使われている「た」を含《ふく》む文を、あとの**ア**〜**エ**の中から一つ選び、その記号を書きなさい。（1点）

日当たりのよい、南に面した部屋でくつろぐ。

ア　さっき友人に会ったばかりだ。
イ　明日《あす》は開校記念日だったね。
ウ　汚れた手をよく洗う。
エ　きのう映画を見た。

（　　）
［埼玉県］

㈣　次の文の――線部の「で」と同じ種類の「で」を含む文を、あとの**ア**〜**オ**から一つ選び、その記号を書きなさい。（1点）

おれはこの旅ではただおれの永久に失ったものを確かめただけではないか。

ア　凶悪《きょうあく》な事件の容疑者が渋谷《しぶや》で逮捕《たいほ》された。
イ　日本人で海外に資産のある人が減少する。
ウ　あの法師は徒歩で神社へお参りに行くよ。
エ　罪を憎《にく》んで人を憎まずが法の精神なのだ。
オ　かわいそうだからそんなこと言わないで。

（　　）
［東京学芸大附高］

㈤　次の――線部の「の」と同じ働きをしている「の」を、あとの**ア**〜**エ**から一つ選び、その記号を書きなさい。（1点）

涼《すず》しさの闇《やみ》を来るなり須磨《すま》の浦《うら》

ア　冬山の日当たるところ人家かな
イ　この夏の一番甘《あま》き西瓜《すいか》なり
ウ　蝶々《ちょうちょう》の飛ぶこと稀《まれ》なうららかさ
エ　元日の門前に来る子と落葉《おちば》

（　　）
［東京・都立八王子東高］

㈥　次の文の――線部の「答え」の活用の種類を、あとの**ア**〜**エ**から一つ選び、その記号を書きなさい。（1点）

子どもたちは、私の質問に口々に答えてくれた。

ア　五段活用　　**イ**　下一段活用
ウ　カ行変格活用　　**エ**　上一段活用

（　　）
［高知県］

問3 次の各問いに答えなさい。 （計25点）

㈠ 次の――線部の「ない」と同じ働きの「ない」を含む文を、あとの**ア**〜**エ**の中から一つ選び、記号を書きなさい。 （1点）

約束の時間が過ぎたのに、友人はまだ来ない。

ア 今日は一日中忙《いそが》しいが、明日は何も予定がない。
イ 父は決して弱音を吐《は》かないがまん強い人である。
ウ 子どものあどけない笑顔は本当にかわいらしい。
エ 天気はあまり良くないが、ハイキングに行こう。

（　　）

〔神奈川・横須賀高〕

㈡ ①〜④の語をそれぞれ謙譲《けんじょう》語に改めなさい。ただし①〜③は四字、④は五字とします。漢字・ひらがなは字数に応じて使い分けなさい。 （各3点）

①食べる　②行く　③見る　④言う

①（　　）　②（　　）
③（　　）　④（　　）

〔北海道・函館ラ・サール高〕

㈢ 次の各文の――線部について、だれに対する敬意を表していますか。適切に説明したものを選び、その記号を書きなさい。なお、[A]〜[D]は人物を表しています。 （2点）

①[A]が[B]の蔵書をご覧になった。
②[C]が[D]の蔵書を拝見した。

ア ①は[A]に、②は[C]に対する敬意を表している。
イ ①は[A]に、②は[D]に対する敬意を表している。
ウ ①は[B]に、②は[C]に対する敬意を表している。
エ ①は[B]に、②は[D]に対する敬意を表している。

（　　）

〔栃木県〕

㈣ 次の①〜⑤の敬語の使い方について、それぞれ（　）の中の**ア**〜**ウ**から正しいものを一つ選び、その記号を書きなさい。 （各2点）

① 父は今、家に（**ア** おりません　**イ** いらっしゃいません　**ウ** いません）。
② お客様、ここで（**ア** お待ち申して　**イ** お待ちになさって　**ウ** お待ちになって）ください。
③ 冷めないうちに、どうぞ（**ア** いただいて　**イ** 食べて　**ウ** 召《め》し上がって）ください。
④ 明日は日曜日ですが、（**ア** 来られ　**イ** 来れ　**ウ** まいれ）ますか。
⑤ お忘れ物を（**ア** しませんよう　**イ** なさいませんよう　**ウ** いたしませんよう）ご注意ください。

①（　　）　②（　　）　③（　　）
④（　　）　⑤（　　）

〔東京・堀越高〕

問4 次の文章を読んで、あとの問いに答えなさい。 （計5点）

大殿《おおとの》様の御《お》言葉を聞き①ますと、良秀は急に色を失って喘《あえ》ぐように唯《ただ》、肩《かた》ばかり動かして居《お》りましたが、やがて体中の筋が緩《ゆる》んだように、べたりと畳《たたみ》へ両手をつくと、「有り難い仕合《しあわ》せでございまする。」と、聞《きこ》えるか聞えないかわからない程《ほど》低い声で、丁寧《ていねい》に御礼をA申し上げました。これは大方《おおかた》自分の②考えていた目《もく》ろみの恐《おそ》ろしさが、大殿様の御言葉につれてありありと目の前へ浮《う》かんで③来たからでございましょうか。私は一生の中《うち》に唯一度、この時だけは良秀が、気の毒な人間に思わBれました。

（芥川龍之介《あくたがわりゅうのすけ》『地獄変《じごくへん》』より）

(一) ――線部Aと同じ種類の敬語を、あとの――線部より選び、その文の記号を書きなさい。（1点）

ア どうぞ召し上がってください。
イ 私も途方《とほう》に暮れております。
ウ 残念ながら存じ上げません。
エ おっしゃることがよく理解できません。

（　　）

(二) ――線部Bと同じ意味の助動詞を含《ふく》む文を、あとの**ア**～**エ**から選び、その文の記号を書きなさい。（1点）

ア 敵に手の内を読まれている。
イ 忙しくてテレビを見られない。
ウ あなたが言われたことは正しい。
エ ふと子どもの頃のことが思い出される。

（　　）

(三) ――線部①～③の動詞の活用の種類をあとの**ア**～**オ**から選び、その記号を書きなさい。（各1点）

ア 五段活用　**イ** 上一段活用　**ウ** 下一段活用
エ サ行変格活用　**オ** カ行変格活用

①（　　）②（　　）③（　　）

［東京・多摩大目黒高］

問5 次の文章を読んで、あとの問いに答えなさい。（計3点）

こころあてに折らばや折らむ初霜《はつしも》のおきまどはせる白菊《しらぎく》の花

『百人一首』にも採られてアいるこの名高い歌は、『古今和歌集』の撰者《せんじゃ》でもあり、三十六歌仙《かせん》のひとりでもある、平安時代を代表する歌人凡河内躬恒《おおしこうちのみつね》の詠《えい》である。

まずこの歌の意味を、ちょっと確認《かくにん》イしてから話をウはじめることにしよう。

「こころあてに」とエいうのは、今のことばでいえば「当て推量で」というほどの意味である。

「折らば」というのは、「折る」という四段活用の動詞の未然形「折ら」に、条件節をかたちづくる接続助詞「ば」が接続したもので、現代語に訳せば、「もし折るならば」ということである。

（林望《はやしのぞむ》『日本語へそまがり講義』より）

(一) ＝＝線部の「折る」という動詞は、現代語では何段活用の動詞ですか。（2点）

（　　）

(二) ――線部**ア**～**エ**の中で、文中の「折る」と同じ四段活用の動詞はどれですか。一つ選び、記号を書きなさい。（1点）

（　　）

［北海道・函館ラ・サール高］

問6　次の文章を読んで、あとの問いに答えなさい。（計44点）

日本語ブームである。アこんなに日本語関連の本が出て、いくつかはよく売れているんだから、若い世代①にもいくらかは、じわじわと伝わるものがあるだろう。

　考えてみると、これほど日本語本が出る今の状況《じょうきょう》はちょっと珍《めずら》しいのだが、いつの世にも日本語に関する本があって、そこそこ売れてきた、というのも事実である。日本語のこと、言葉のこと、国語のことなどは常に日本人が気にかけているⅠものらしい。言葉の間違《まちが》いや、語源や、雑学は常に売れる一ジャンルをなしているのだ。私は国語が気になる人間な②ので、そういう本をこれまでに何冊も読んできている。だがそれは私だけのことではなく、そんな人が案外多いのだ。

　たとえば、こんな面白い現象がある。

　歴史の中で、言葉が誤って用いられ、その誤りが流行してしまって、a定着してしまうことがある。「あらたし」が正しいのに「あたらしい」に変化してしまったとか、「しだらない」が「だらしない」になった③というのがそれだ。言葉には間違いによって変っていく一面があるのだ。

　ところがその逆もある。ある時期、言葉の誤りを正しく直すことが流行することがあるのだ。

　「順風満帆」という言葉は、今から④十五年くらい前に、正しく読むことがはやった。その前はこれを「（　A　）」と誤って読む人が多かったのだ。アナウンサーで⑤さえ間違えてる人がいた。

　なのにある時、その誤りを指摘《してき》して笑うことが大流行したのだ。

「（　A　）は変だよね。帆を（　B　）と読むのは訓読みだもの。それだけを訓読みにするのは大間違いで、帆船のときの、（　C　）と読まなきゃおかしい。だからあれは正しくは、（　D　）なのさ」

と言って偉《えら》そうな顔をすることがはやって、急速に「（　D　）」に戻《もど》ったのである。間違いの流行⑥もあるが、間違いを直すことの流行もあるのだ。

　そういうわけでたとえば、「汚名挽回《おめいばんかい》」という間違いを口にする人も減った。挽回したいのは（　E　）であり、「（　E　）挽回」が正しくて、汚名を使うイなら「汚名（　F　）」と言わなきゃいけない。という指摘が、日本語本にいっぱい書かれていたか⑦らだ。

　それから、ケンケンガクガク、と言う人も減ったはずである。それは間違っている、ということ⑧がいろんな本に書いてあったから。

　侃侃諤諤《かんかんがくがく》（何の遠慮《えんりょ》もせず盛《さか》んに論議すること）

　喧喧囂囂《けんけんごうごう》（発言が多くてやかましいさま）

　その二つの言葉はあるが、ミックスしてケンケンガクガクと言ってるのは、Ⅱとんだ大恥《おおはじ》ってものだよ、と指摘するのが流行して、みんなが正しく言葉を使うようになった。

　そんなこともあるのである。言葉についての知識が豊かなのは、とても利口そうだ、という意識が日本人にはあるのだろう。だから日本語に関する本がウ数多いのだが、それにしても、こんなに次から次へと出てくるのか、と驚《おどろ》くほどの昨今である。

　ひょっとすると、単に、日本人は日本語のことを気にかけている、という次元を越《こ》してしまっているのだろうか。こんなに日本語の本が出てくるのは、ついに壊《こわ》れていく日本語への惜別《せきべつ》の念が、年配世代に^bこみあげてきているからなのではないか。若い世代の人間は、日本語を守ろう、という趣旨《しゅし》の日本語本なんか読みやしないのだ。なぜなら彼らこそ⑨が、日本語の破壊《はかい》者だからである。二十一世紀を迎《むか》えて、日本語はものすごく大きく崩《くず》れ去ろうとしているのかもしれない。

だからそのことの予感に^cおののく年配世代が、何かにすがり^Ⅲつくように日本語を求めているのだ。

日本語は正しくはこういうものだったんだよなあ、日本語はこんな美しさを持っていたんだ、日本語の成り立ちはこうだったんだ、ということを、日本語が^Ⅳいよいよ消えゆこうとしている今、センチメンタルに振《ふ》り返っているのが今の日本語ブームだと言えなくもないのである。

（清水義範《しみずよしのり》『はじめてわかる国語』より）

㈠ ——線部「越してしまっているのだろうか」を、例に従って単語に分けなさい。（6点）

例 これ｜は｜私｜の｜本｜だ。

（　　　　　　）

㈡ ‖線部a～cの動詞について、活用の種類をそれぞれ書きなさい。（各2点）

a（　　　）　b（　　　）

c（　　　）

㈢ ——線部ア～ウの活用形をそれぞれ書きなさい。（各2点）

ア（　　　）　イ（　　　）

ウ（　　　）

㈣ ——線部①～④、⑥～⑨の助詞の中で、——線部⑤と同じ種類のものが二つあります。その番号と助詞の種類を書きなさい。（各2点）

（　　）（　　　）　（　　）（　　　）

㈤ ┅┅線部Ⅰ～Ⅳについて、自立語はその品詞を、付属語は文法的な意味をそれぞれ書きなさい。（各2点）

Ⅰ（　　　）　Ⅱ（　　　）

Ⅲ（　　　）　Ⅳ（　　　）

㈥ （A）～（F）にあてはまる語をそれぞれ書きなさい。（A）～（D）はひらがな、（E）・（F）は漢字で書くこと。（各2点）

A（　　　）　B（　　　）

C（　　　）　D（　　　）

E（　　　）　F（　　　）

［鹿児島・ラ・サール高］

複合語・派生語

【複合語】

単語には「犬」「立つ」「早い」などのように、はじめから一つの単語であるもののほかに、「犬小屋（犬＋小屋）」「立ち上がる（立つ＋上がる）」のように**いくつかの単語が結びついて一つになった単語**がある。このように、二つ以上の単語が結びついてできた単語を**複合語**という。

複合語は、その品詞によって複合名詞・複合動詞・複合形容詞に分類することができる。複合語の品詞は、下にくる語の品詞によって定まることを覚えておこう。

❶ 複合名詞

いくつかの単語が合わさってできた名詞である。

- 名詞 ＋ 名詞　㊞朝日　花火　三日月　雨戸　人々
- 動詞 ＋ 名詞　㊞編み物　落ち葉　語り手
- 名詞・動詞 ＋ 形容詞の語幹　㊞気短《きみじか》　手近《てぢか》　売り高《だか》
- 形容詞の語幹 ＋ 名詞　㊞赤字　高値《たかね》　浅瀬《あさせ》　短夜《みじかよ》
- 形容詞の語幹を重ねたもの　㊞遠浅《とおあさ》　高低《たかひく》

●「山登り（山＋登り）」のように、名詞の下に、動詞から転成した名詞がついてできたものなどもある。

❷ 複合動詞

動詞にも、いくつかの語が結びついて動詞になっているものがある。

- 名詞 ＋ 動詞　㊞名づける　物語る　旅立つ　運動する
- 動詞 ＋ 動詞　㊞見送る　思い出す　受け取る
- 形容詞の語幹 ＋ 動詞　㊞近寄る　近づく　長引く

●「する」のついた複合サ行変格活用動詞（➡p.100）も複合動詞の一例である。

●複合動詞はすべて下に動詞がくる。したがって、活用は、下についている動詞の活用のしかたに従えばよい。

❸ 複合形容詞

形容詞にも、いくつかの語が結びついて形容詞になっているものがある。

- 名詞 ＋ 形容詞　㊞名高い　力強い　末恐《すえおそ》ろしい　心細い
- 動詞 ＋ 形容詞　㊞読みにくい　寝苦《ねぐる》しい　信じやすい
- 形容詞の語幹 ＋ 形容詞　㊞細長い　暑苦しい　古くさい

●複合形容詞はすべて下に形容詞がくる。したがって、活用は、下についている形容詞の活用のしかたに従えばよい。なお、**複合形容動詞はない。**

【派生語】

接頭語《せっとう》・接尾語《せつび》がついてできた単語を派生語《はせい》という。接頭語や接尾語は、それだけでは単語として使われず、**常にほかの単語について、ある意味を添《そ》える働きをする語**である。例えば、「ま昼（ま＋昼）」の「ま」は接頭語、「甘み（甘＋み）」の「み」は接尾語である。

派生語には、次のようなものがある。

❶ 派生語の名詞

名詞に接頭語・接尾語のついたものがほとんどだが、動詞や、形容詞の語幹に接頭語・接尾語がついて名詞となっているものもある。

● 接頭語がついてできた名詞

接頭語 ＋ 名詞　例 お茶　ご苦労　すっぱだか　ま夜中　み心

● 接尾語がついてできた名詞

名詞 ＋ **接尾語**　例 親たち　先生がた　森さん　ぼくら　私ども　ほこりだらけ　八分め

動詞 ＋ **接尾語**　例 遊びがてら　たずねがてら

形容詞の語幹 ＋ **接尾語**　例 暑さ　赤み　細め

❷ 派生語の動詞

● 接頭語がついてできた動詞

接頭語 ＋ 動詞　例 そらとぼける　かき消える　たなびく　とりそろえる　ひきはがす　うちあける

● 接尾語がついてできた動詞

名詞 ＋ **接尾語**　例 春めく　汗《あせ》ばむ　学者ぶる

形容詞の語幹 ＋ **接尾語**　例 苦しがる　高める

❸ 派生語の形容詞

● 接頭語がついてできた形容詞

接頭語 ＋ 形容詞　例 おめでたい　うら悲しい　か弱い　こ憎《にく》らしい　すばやい　そら恐ろしい　たやすい　ま新しい　まっ白い

● 接尾語がついてできた形容詞

名詞 ＋ **接尾語**　例 男らしい　子どもらしい　理屈《りくつ》っぽい　ほこりっぽい　水っぽい　油っこい

動詞 ＋ **接尾語**　例 たのもしい　望ましい　晴れがましい　捨てがたい　救いがたい

形容詞の語幹 ＋ **接尾語**　例 重たい　けむたい　安っぽい　赤っぽい　古めかしい

❹ 派生語の形容動詞

● 接頭語がついてできた形容動詞

接頭語 ＋ 形容動詞　例 お静かだ　お元気だ　こぎれいだ　大好きだ

● 形容動詞の語幹や名詞に接尾語「的」がついてできた形容動詞

形容動詞の語幹・名詞 ＋ **接尾語「的」** ＋「だ」　例 健康的だ　衛生的だ　文化的だ　情熱的だ

● 接頭語と接尾語がついてできた形容動詞

接頭語 ＋ 形容動詞の語幹・名詞 ＋ **接尾語** ＋「だ」　例 おあいにくさまだ　ご苦労さまだ

文の種類

【文の分類】

文の分類には、性質（意味）による分類、構造による分類の二つの方法がある。

●性質（意味）上の種類……四種類

- 平叙文《へいじょぶん》
- 疑問文
- 感動文
- 命令文

●構造上の種類……三種類

- 単文《たんぶん》
- 複文《ふくぶん》
- 重文《じゅうぶん》

【文の性質（意味）上の種類】

性質（意味）の上から文を分けると、次の四種類になる。

*尊敬動詞（➡p.249）の命令形の語尾《ごび》は「い」になる。

平叙文

断定・推量・決意などの意味を述べる文を**平叙文**という。平叙文では、言い切りの文節が用言・助動詞の終止形で終わっているのが普通《ふつう》である。

例 春が やって **くる**。（くる：用言・終止形）

例 やがて、梅の 花も 咲《さ》く**だろう**。（だろう：助動詞・終止形）

疑問文

疑問や反語の意味を述べる文を**疑問文**という。疑問文では、文中に疑問の意味を表す語がくることが多く、言い切りの文節が助詞「か」で終わるのが普通である。

例 今 **何時**です**か**。（何時：疑問を表す語／か：助詞（疑問））

例 **だれ**が そんな ことを 言う もの**か**。（だれ：疑問を表す語／か：助詞（反語））

感動文

感動の意味を述べる文を**感動文**という。感動文では、文のはじめに感動詞がくることが多く、文の終わりに感動の意味を表す助詞がくるのが普通である。

例 **ああ**、楽しい**なあ**。（ああ：感動詞／なあ：助詞（感動））

命令文

命令・禁止・願望の意味を述べる文を**命令文**という。命令文では、言い切りの文節が用言・助動詞の命令形で終わったり、文の終わりに禁止を表す助詞「な」が用いられたりする。

例 すぐ **集まれ**。（集まれ：用言・命令形）

例 決して 油断する**な**。（な：助詞（禁止））

例 また、会って **ください**。*（ください：用言・命令形）

【文の構造上の種類】

文は、その構造（組み立て）の上で、主・述の関係を基準にして、次の三種類に分けられる。

単文

主・述の関係が一回だけで成り立っている文を**単文**という。

例 猫は ねずみを とる。

主語　修飾語　述語

例 懐《なつ》かしい 故郷が しきりに 思い出されて くる。

主部　修飾語　述部

複文

主・述の関係が二回以上あり、一組の主・述の関係が、文の成分に含《ふく》まれている文を**複文**という。

例 雨が 降れば、体育祭は 延期だ。

主語　述語　接続部＝主・述の関係を含む　主語　述語

接続部「雨が降れば」に、主語（雨が）・述語（降れば）の関係を含んでいる。

例 これは、私が 子どもの ころ 作った おもちゃだ。

主語　主語　述語　連体修飾語　被修飾語　連用修飾部（連文節）　被修飾語　連体修飾部（連文節）＝主・述の関係を含む　被修飾語　述部

述部「私が子どものころ作ったおもちゃだ」に、主語（私が）・述語（作った）の関係を含んでいる。

例 私が 富士《ふじ》山に 登ったのは、昨年の ことです。

主語　連用修飾部　被修飾語　述語　主部（連文節）＝主・述の関係を含む　連体修飾語　被修飾語　述部（連文節）　主部　述部

主部「私が富士山に登ったのは」に、主語（私が）・述語（登った）の関係を含んでいる。

重文

主・述の関係が二回以上あり、それが並立《へいりつ》している文を**重文**という。

例 父の 兄弟は、兄は 公務員で 弟は 医者だ。

主部　主語　述語　主語　述語　述部

文の成分の中で主・述の関係が並立しているので、複文ではなく、重文である。この文では、述部「兄は公務員で弟は医者だ」に、主・述の関係を二回含んでいる。

例 雨が 降るし、風も 強い。

主語　述語　主語　述語

特集

文語文法

昔の日本の文章（古文）では、今まで学習してきた口語文法とは異なる文法である**文語文法**（**古典文法**）が用いられている。ここでは、口語文法と文語文法との違《ちが》いを見てみよう。

◎ 活用形の違い

口語文法	未然形	連用形	終止形	連体形	仮定形	命令形
文語文法	未然形	連用形	終止形	連体形	已然形	命令形

ここが違う（仮定形 ⟷ 已然形）

このように、口語文法での「仮定形」が文語文法では「已然《いぜん》形」になっている。「已然形」とは、文語の活用形の一つで、すでにそうなっていることを表す役割をもっている。

◎ 動詞の活用のしかたが異なる

口語文法

五段活用　上一段活用　下一段活用
カ行変格活用　サ行変格活用
→ 五種類

文語文法

四段活用　ナ行変格活用　ラ行変格活用　上一段活用　下一段活用
上二段活用　下二段活用　カ行変格活用　サ行変格活用
→ 九種類

次に文語動詞の活用表を挙げよう。

【文語動詞の活用表】

活用の種類	例語	語幹	未然形	連用形	終止形	連体形	已然形	命令形	備考	口語の活用
四段活用	咲《さ》く	さ	—か	—き	—く	—く	—け	—け		五段活用
ナ行変格活用	死《し》ぬ	し	—な	—に	—ぬ	—ぬる	—ぬれ	—ね	「死ぬ」「往《い》ぬ(去《い》ぬ)」の二語のみ。	五段活用
ラ行変格活用	あり	あ	—ら	—り	—り	—る	—れ	—れ	「あり」「居《を》り」「侍《はべ》り」「いますがり(いまそがり)」の四語のみ。	五段活用
下一段活用	蹴《け》る	(け)	け	け	ける	ける	けれ	けよ	「蹴る」の一語のみ。	五段活用
上一段活用	見《み》る	(み)	み	み	みる	みる	みれ	みよ	十数語のみ。	上一段活用
上二段活用	起《お》く	お	—き	—き	—く	—くる	—くれ	—きよ		上一段活用
下二段活用	受《う》く	う	—け	—け	—く	—くる	—くれ	—けよ		下一段活用
カ行変格活用	来《く》	(く)	こ	き	く	くる	くれ	こ(よ)	「来」の一語のみ。	カ行変格活用
サ行変格活用	す	(す)	せ	し	す	する	すれ	せよ	「す」「おはす」の二語のみ。	サ行変格活用
あとに続くおもな語			ズ	タリ	—。	トキ	ドモ	—。		

◎ 形容詞・形容動詞の活用のしかたが異なる

文語文法では、形容詞の活用の種類は「ク活用」「シク活用」の二種類、形容動詞の活用の種類は「ナリ活用」「タリ活用」の二種類がある。

➡ 次に、文語形容詞・文語形容動詞の活用表を挙げよう。

【文語形容詞の活用表】

活用の種類	例語	語幹	未然形	連用形	終止形	連体形	已然形	命令形
ク活用	近し	ちか	(―く) ―から	―く ―かり	―し	―き ―かる	―けれ	―かれ
シク活用	美し	うつく	(―しく) ―しから	―しく ―しかり	―し	―しき ―しかる	―しけれ	―しかれ
あとに続くおもな語			(ハ) ズ	ナル ケリ	―。	トキ ベシ	ドモ	―。

【文語形容動詞の活用表】

活用の種類	例語	語幹	未然形	連用形	終止形	連体形	已然形	命令形
ナリ活用	静かなり	しづか	―なら	―なり ―に	―なり	―なる	―なれ	―なれ
タリ活用	堂々たり	だうだう	―たら	―たり ―と	―たり	―たる	―たれ	―たれ
あとに続くおもな語			ムズ	ケリ シテ	―。	トキ	ドモ	―。

◎ 口語文法では用いられない助動詞がある

文語文法では、口語文法では用いられない、いろいろな助動詞がある。

➡ **次に、文語助動詞の活用表を挙げよう。**

【文語助動詞の活用表】

種類	助動詞	未然形	連用形	終止形	連体形	已然形	命令形	おもな意味・訳し方
受け身 尊敬 自発 可能	る	れ	れ	る	るる	るれ	れよ	受け身〔～(ラ)レル〕 尊敬〔～ナサル〕 自発〔(自然ト)～(ラ)レル〕 可能〔～コトガデキル〕
	らる	られ	られ	らる	らるる	らるれ	られよ	
使役 尊敬	す	せ	せ	す	する	すれ	せよ	使役〔～(サ)セル〕 尊敬〔～ナサル〕
	さす	させ	させ	さす	さする	さすれ	させよ	
	しむ	しめ	しめ	しむ	しむる	しむれ	しめよ	
希望	たし	(たく) たから	たく たかり	たし	たき たかる	たけれ	○	希望〔～タイ〕
	まほし	(まほしく) まほしから	まほしく まほしかり	まほし	まほしき まほしかる	まほしけれ	○	
断定	なり	なら	なり に	なり	なる	なれ	なれ	断定〔～デアル〕
	たり	たら	たり と	たり	たる	たれ	たれ	

種類	助動詞	未然形	連用形	終止形	連体形	已然形	命令形	おもな意味・訳し方
伝聞推定	**なり**	○	（なり）	なり	なる	なれ	○	伝聞〔～ソウダ〕 推定〔～ヨウダ〕
比況《ひきょう》	**ごとし**	（ごとく）	ごとく	ごとし	ごとき	○	○	比況（たとえる）〔～ヨウダ〕
打消《うちけし》	**ず**	（ず） ざら	ず ざり	ず	ぬ ざる	ね ざれ	ざれ	打ち消し〔～ナイ〕
推量	**む**	○	○	む	む	め	○	推量〔～ダロウ〕 意志〔～（ヨ）ウ〕 適当〔～ノガヨイ〕 勧誘《かんゆう》〔～シマセンカ〕 婉曲《えんきょく》（遠回しに述べる）〔～ヨウナ〕
	むず（んず）	○	○	むず （んず）	むずる （んずる）	むずれ （んずれ）	○	
	まし	（ませ） ましか	○	まし	まし	ましか	○	反実仮想《はんじつかそう》（モシ）…トシタラ ～ダロウ（ニ）
	べし	（べく） べから	べく べかり	べし	べき べかる	べけれ	○	推量〔～ダロウ〕 意志〔～（ヨ）ウ〕 当然〔～ベキダ・～ハズダ〕 適当〔～ノガヨイ〕 可能〔～コトガデキル〕 命令〔～（セ）ヨ〕
	らむ（らん）	○	○	らむ （らん）	らむ （らん）	らめ	○	現在推量〔今ゴロ～テイルダロウ〕
	けむ（けん）	○	○	けむ （けん）	けむ （けん）	けめ	○	過去推量〔～タダロウ〕
	めり	○	（めり）	めり	める	めれ	○	推定〔～ヨウダ〕
	らし	○	○	らし	らし	らし	○	推定〔～ラシイ〕

打消推量 打消意志	じ	○	○	じ	じ	じ	○	打消の推量（〜ナイダロウ） 打消の意志（〜ナイツモリダ）
	まじ	（まじく） まじから	まじく まじかり	まじ	まじき まじかる	まじけれ	○	打消の推量（〜ナイダロウ） 打消の意志（〜ナイツモリダ） 打消の当然（〜ベキデナイ・〜ハズガナイ） 不適当（〜ナイノガヨイ） 不可能（〜コトガデキナイダロウ） 禁止（〜（スル）ナ）
完了《かんりょう》	つ	て	て	つ	つる	つれ	てよ	完了（〜タ） 強意（キット〜スル）
	ぬ	な	に	ぬ	ぬる	ぬれ	ね	
	たり	たら	たり	たり	たる	たれ	たれ	完了（〜タ） 存続（〜テイル）
	り	ら	り	り	る	れ	れ	
過去	き	（せ）	○	き	し	しか	○	過去（〜タ）
	けり	（けら）	○	けり	ける	けれ	○	過去（〜タ） 詠嘆《えいたん》（〜タナア）

*表内の（ ）は使用例の限られたもの。
*助動詞「る」「らる」は、自発・可能の場合には命令形がない。

文語文法には、古文で用いられる特別な用法がいくつかある（例「係り結び」など）。そうしたものについては、実際の古文の作品を通じて確認《かくにん》するとよい。

資料

動詞・形容詞・形容動詞の活用表

【動詞の活用表】

活用の種類	基本形	語幹	未然形	連用形	終止形	連体形	仮定形	命令形	注意点
五段活用	書く	か（書）	—か —こ	—き —い	—く	—く	—け	—け	●連用形が、助詞「て」「ても」「たり」や、助動詞「た」に連なるとき、活用語尾《ごび》が変化する。これを音便《おんびん》という。音便形には、**イ音便**（「い」）・**撥《はつ》音便**（「ん」）・**促《そく》音便**（「っ」）の三種がある。なお、サ行五段活用の動詞には、音便形は現れない。
	読む	よ（読）	—ま —も	—み —ん	—む	—む	—め	—め	
	切る	き（切）	—ら —ろ	—り —っ	—る	—る	—れ	—れ	
	消す	け（消）	—さ —そ	—し	—す	—す	—せ	—せ	
上一段活用	起きる	お（起）	—き	—き	—きる	—きる	—きれ	—きろ —きよ	●「射《い》る」「居《い》る」「着る」「似《に》る」「煮《に》る」「見る」などは、**語幹《ごかん》と活用語尾の区別がない。**
	見る	○	み	み	みる	みる	みれ	みろ みよ	
下一段活用	受ける	う（受）	—け	—け	—ける	—ける	—けれ	—けろ —けよ	●「得《え》る」「出る」「寝《ね》る」「経《へ》る」などは、**語幹と活用語尾の区別がない。** ●**可能動詞**はすべて下一段活用。
	出る	○	で	で	でる	でる	でれ	でろ でよ	
カ行変格活用	来る	○	こ	き	くる	くる	くれ	こい	●「**来る**」**一語だけ**しかない。
サ行変格活用	する	○	さ せ し	し	する	する	すれ	しろ せよ	●「**する**」**一語だけ**。ほかには、「**〜する」の形の複合動詞**がある。
あとに続くおもな語			ナイ・ヌ・ウ・ヨウ	マス・タ	言い切る	トキ	バ	命令して言い切る	

【形容詞の活用表】

基本形	語幹	未然形	連用形	終止形	連体形	仮定形	命令形
よい	よ	―かろ	―かっ ―く	―い	―い	―けれ	○
美しい	美し	―かろ	―かっ ―く	―い	―い	―けれ	○
あとに続くおもな語		ウ	タ・タリ・ナル・ナイ	言い切る	トキ・コト・ノニ	バ	／

注意点

● 活用のしかたは**一種類しかない**。

● 「―く」が「ございます」「存《ぞん》じます」に連なると「**―う**」に変化する。これを**ウ音便**という。**語幹の一部まで変化する**こともある。

【形容動詞の活用表】

基本形	語幹	未然形	連用形	終止形	連体形	仮定形	命令形
きれいだ	きれい	―だろ	―だっ ―で ―に	―だ	―な	―なら	○
きれいです	きれい	―でしょ	―でし	―です	(―です)	○	○
こんなだ	こんな	―だろ	―だっ ―で ―に	―だ	○	―なら	○
同じだ	同じ	―だろ	―だっ ―で ―に	―だ	(―な)	―なら	○
あとに続くおもな語		ウ	タ・ナイ・ナル	言い切る	トキ・ノ・ノデ・ノニ	バ	／

注意点

● 活用のしかたは二種類。

● 「**です**」**で終わる形容動詞**には**仮定形がなく、連体形の**「**―です**」は、助動詞「**ので**」「**のに**」に連なる場合にしか用いられない。

● 「**こんなだ**」「**そんなだ**」「**あんなだ**」「**どんなだ**」には**連体形がなく**、体言などに連なる場合は**語幹**そのものを用いる。

● 「**同じだ**」も、体言などに連なる場合は**語幹**そのものを用いるが、助詞「**の**」「**ので**」「**のに**」に連なるときだけ、「**―な**」という連体形が現れる。

語の識別

語	品詞	用例	識別法
が	① 格助詞	きれいな花が咲《さ》く。	「何(だれ)が」のように主語を表す。
	② 接続助詞	雨は降ったが、少しだった。	二つの文をつなぐ働きをする。
	③ 接続詞	空は快晴だ。が、波は高い。	自立語で、文の最初にくることが多い。
れる	① 助動詞(受け身など)	弟は父にしかられる。	五段活用・サ行変格活用動詞の未然形につく。
	② 動詞の一部	川が静かに流れる。	直前の部分とあわせて一つの動詞になる。
ない	① 形容詞	帽子《ぼうし》に名前が書いてない。	「ない」の直前で、文節が切れる。
	② 助動詞(打ち消し)	兄は全く本を読まない。	「ぬ」で言いかえることができる。
	③ 形容詞の一部	人生は、はかないものだ。	直前の部分とあわせて一つの形容詞になる。
に	① 格助詞	生徒が運動場に集合する。	名詞につく。
	② 接続助詞の一部	知らないのに、知ったふりをする。	「のに」で逆接の働き。「の」と離《はな》せない。
	③ 助動詞の一部	彼《かれ》のように正直な人はいない。	「ように」「そうに」で助動詞になっている。
	④ 形容動詞の活用語尾《ごび》	犬が元気にかけまわる。	「―だ」「―な」と活用することができる。
	⑤ 副詞の一部	すぐに出発しよう。	「―だ」「―な」と活用することができない。
な	① 終助詞	このことは、友達に話すな。	文末にくる。
	② 助動詞(断定)	春なのに、まだまだ寒い。	「の」「のに」「ので」に続いている。
	③ 助動詞の一部	そのような話は聞かなかった。	「ような」「そうな」で助動詞になっている。
	④ 形容動詞の活用語尾	静かな図書館で勉強する。	「―だ」「―に」と活用することができる。
	⑤ 連体詞の一部	校庭に、大きなくりの木がある。	「―だ」「―に」と活用することができない。

語	番号	品詞	例文	見分け方
だ	1	形容動詞の活用語尾	ここは田舎《いなか》なので、交通が不便だ。	「だ」を「な」にかえると体言につながる。
	2	助動詞（断定）	あれは桜の木だ。	名詞につき、「な」にかえることができない。
	3	助動詞（過去・完了《かんりょう》）	一日中プールで泳いだ。	動詞の音便《おんびん》形「い」「ん」につく。
	4	助動詞の一部	彼は遅《おく》れるそうだ。	「そうだ」「ようだ」で助動詞になっている。
で	1	格助詞	公園で、音楽会が開かれる。	場所・手段・材料・理由などを表す。
	2	接続助詞	飛行船が飛んでいく。	動詞の音便形「い」「ん」につく。
	3	助動詞（断定）	ここは山の中である。	名詞につき、「な」にかえると不自然になる。
	4	形容動詞の活用語尾	この問題の解決は、困難である。	「で」を「な」にかえると体言につながる。
	5	助動詞の一部	雨が降りそうである。	「そうで」「ようで」で助動詞になっている。
でも	1	副助詞	ちょっとお茶でも飲もうか。	類推《るいすい》の意味や、例示としてだいたいの事柄《ことがら》を示す。
	2	接続助詞	何度読んでも、理解できない。	動詞の音便形「い」「ん」につく。
	3	接続助詞＋副助詞	車内はあまり混んでもいない。	「も」を取り除いても、文意は変わらない。あとは、「で」の区別をする。
	4	形容動詞の活用語尾＋副助詞	それほど暖かでもない。	
	5	格助詞＋副助詞	テレビでも報道された。	
	6	助動詞（断定）＋副助詞	悪い人でもなかろう。	
また	1	副詞	今日もまたあの人に会った。	「再び」で言いかえることができる。
	2	接続詞	医者であり、また小説家である。	「そして」で言いかえることができる。
ので	1	格助詞＋格助詞	君ので見てみよう。	「（の）もの＋で」の意味で、連用修飾語《しゅうしょくご》の働き。
	2	格助詞＋助動詞（断定）	この本を読むのである。	「ので（ある）」を「のだ」と言いかえられる。
	3	接続助詞	あまりに寒いので、コートを着た。	原因・理由を表す。
らしい	1	助動詞（推定）	今日はデパートは休みらしい。	「らしい」の直前に「である」を補える。
	2	形容詞の一部（接尾語）	彼はいかにも男らしい人物だ。	「〜にふさわしい」と言いかえられる。
ある	1	動詞	今週は、運動会がある。	「存在する」と言いかえることができる。
	2	連体詞	ある日の出来事。	「存在する」と言いかえることができない。

は

ま

な

た

さ

さくいん

INDEX

☞ **太字**のページは，その項目の主な説明のあるページを示す。

編著者紹介

田近洵一　たぢか・じゅんいち

1933(昭和８)年長崎県生まれ。横浜国立大学を卒業後、横浜国立大学助教授・東京学芸大学教授・早稲田大学教授を歴任。現在、東京学芸大学名誉教授。元日本国語教育学会理事長。国語教育・近代文学を中心に、研究・教育活動を熱心に進め、『言語行動主体の形成』（新光閣書店)などの著書がある。趣味は、登山・スキーなど。

□ 執筆協力　仲 光雄（河合塾講師）
□ 編集協力　足達研太
□ アートディレクション　北田進吾
□ 本文デザイン　堀 由佳里　山田香織　畠中脩大　川邉美唯
□ イラスト　SANDER STUDIO

シグマベスト
くわしい 中学国文法

編著者　田近洵一
発行者　益井英郎
印刷所　株式会社天理時報社
発行所　株式会社文英堂
〒601-8121　京都市南区上鳥羽大物町28
〒162-0832　東京都新宿区岩戸町17
(代表)03-3269-4231

●落丁・乱丁はおとりかえします。

くわしい

KUWASHII

JAPANESE GRAMMAR

解答と解説

文英堂
BUN-EIDO.CO.JP

中学国文法

1章 文法の基礎

練習

1

(1) さようなら。

(2) 幸子ちゃんは、／ハンカチで／目を／おさえながら、／私の／差し出した／手を／かたく／にぎりしめた。

(3) 幸子ちゃん｜は、｜ハンカチ｜で｜目｜を｜おさえ｜ながら、｜私｜の｜差し出し｜た｜手｜を｜かたく｜にぎりしめ｜た。

考え方　「幸子ちゃん」で一つの単語（「ちゃん」は接尾語《せつびご》である）。「にぎりしめる」は「にぎる」と「しめる」とが合わさった単語。参考として示された文「船長は……ゆっくり見た。」とよく比べて、「は」「で」「を」「ながら」「の」「た」などの単語の使い方に注意する。

2

① 月が・地面を　② 今夜も・月が・空に

③ 木も・ほうきに　④ 花火は・いろどる

3

① イチョウの　葉が　② 高原のような　涼しさを

③ 真っ白な　雪化粧だ

考え方　「連文節」とは、二つ以上の連続した文節が一まとまりになって、一つの文節と同様の働きをするもののことである。

4

① ヒンドゥー教徒は　食べない　② 花が　咲いた

③ 私は　歩き続けた　④ 使うのは　普通だ

⑤ 私も　登った

5

① 私どもの（A）→学校の

学校の（A）→創立二十周年です

② 白い（A）→文鳥が　小さな（A）→首を

首を（B）→かたむけた　少し（B）→かたむけた

③ その（A）→瞬間　瞬間（B）→なりました

ふと（B）→なりました　悲しい（A）→気持ちに

気持ちに（B）→なりました

④ 店員の（A）→後に　後に（B）→ついて

ついて（B）→行った　シマリスの（A）→カゴの

カゴの（A）→前に　前に（B）→行った

考え方　連体修飾語か連用修飾語かは、被《ひ》修飾語の文節が体言文節か用言文節かによって見分ける。①の「創立二十周年です」は、述語になっているが、体言（名詞）の「創立二十周年」を含《ふく》む文節なので、その文節に係る「学校の」は連体修飾語である。

6

(1) 人は→立ち　人は→しゃべり出す

(2) 一歳くらいで→立ち　一歳くらいで→しゃべり出す

考え方　一つの主語が複数の述語に係ったり、複数の主語が一つの述語に係ったりする。また、多くの場合、同じ文節が、述語でもあり被修飾語でもある。つまり、**文節どうしの関係は一対一とは限らない**。また、いくつかの関係が重なり合って一つの文になる、ということである。

「人は」という主語は、「立ち」「しゃべり出す」の二つの述語に係る。また、「立ち」「しゃべり出す」はそれぞれ「一歳くらいで」「一歳くらいで」の被修飾語でもある。

7

① だが　② 疲れたので　③ つらくても

考え方　文と文をつなぐ接続詞のほかに、文節の終わりに、「ので」「から」（原因・理由を表す）や、「ば」「と」「ても」「が」「のに」（条件を表す）などの接続助詞がついているものも、接続語の文節である。

8

例 ①呼んだ。しかし、彼は 返事を しなかった。
②疲れていた。それで、夕食を 食べなかった。
③晴れた。だから、遊びに 行こう。
④暗い。けれども、母は もう 起きて いる。

考え方 「が」「ので」「から」「のに」の接続助詞を接続詞にかえて二つの文にする。右にあるのは例である。同じような意味の接続詞はいくつもあるから、例えば、①では「けれども」「でも」などの接続詞を使ってもよい。

9

①しかし ②また ③疲れると ④言えないが
⑤反対したけれども ⑥雨なら

考え方 文と文をつなぐ接続詞が使われているものはわかりやすいであろう。文節の終わりに、「ので」「から」（原因や理由を表す）や、「は」「と」「ても」「が」「のに」（条件を表す）などの接続助詞がついた文節も接続語になるので注意する。③は確定の順接を示す接続助詞「と」、④は確定の逆接を示す接続助詞「が」、⑤は確定の逆接を示す接続助詞「けれども」がそれぞれついて、接続語となっている。また、⑥は仮定の順接を示す接続助詞「ば」が省略された形で接続語となっている。

10

①主・述の関係 ②並立の関係 ③接続の関係
④補助の関係 ⑤補助の関係
⑥修飾・被修飾の関係 ⑦主・述の関係

考え方 ①「ぼくも」、⑦「人影《ひとかげ》の」など、「が」以外の助詞がついて主語になる場合に注意する。その際、「が」に置きかえて確認《かくにん》してみるとよい。④の「しまった」や⑤の「ない」のような補助用言は、おもなものを覚えておく。ただし、⑦の「ない」は普通《ふつう》の形容詞（存在しないという意味）であるので、その区別に注意する。

11

①彼が読んでいる本は（主部）、私の本です（述部）。

②女性アナウンサー（独立部）、それは（主語）
みんなのあこがれの職業と（修飾部） いえるだろう（述語）。

③私は（主語） 希望に満ちた気持ちで（修飾部）、新しい高校の門を（修飾部）
くぐった（述語）。

④とても疲れたので（接続部）、今日は休ませてもらいたいと（修飾部）
思いますが（接続語）。

考え方 ③のように修飾語（修飾部）が二つ以上ある場合もあるので注意する。④は、主語も述語も省略されている。

12

①ア・修飾語 ②ア・主部 ③ア・接続語

考え方 ①イは「態度を」に係る連体修飾部（連文節）である。「彼の無責任で軽率な態度を」で文の成分の修飾部になる。②イの「青く」は「広かった」と並立の関係で、「青く、広かった」で文の成分の述部になる。③イの「ぼくらの力が」は「及《およ》ばなかったので」に係る主部（連文節）で、「ぼくらの力が及ばなかったので」が文の成分の接続部になる。

13

(1)
①警官は（主語） 血まみれに なって 逃げる 犯人を（修飾部）
追う（述語）。
②警官は（主語） 血まみれに（修飾部） なって 逃げる 犯人を（修飾部）
追う（述語）。

(2)
A ② B ①

14 …… ①イ　②ア　③ウ　④エ

考え方 ①は「早く」を、それが係る「寝なさい」の前に持ってくる必要がある。②は主部「私の夏休みの計画は」と述語「思う」が正しく照応していない。「私の夏休みの計画は……泳ぐことだ」とするか、「私は夏休みに……泳ぎたいと思う」とするかしなければならない。③は「記事と」と「学習方法とを」とが並立の関係になっているようにみえるので、文がおかしくなっている。④は、ご協力に感謝し、ご迷惑をおわびするといった文に整える必要がある。

15 …… ①見・いる・美しい・ある・する　②夕焼け・空・ぼく・あの・雲・下・国・気　③ような　④の・を・て・と・は・の・に・が・が

考え方 活用の有無《うむ》を正しく判断する必要がある。特に「ような（ようだ）」といった、付属語で活用のあるものに注意するとよい。

16 …… ①キ　②イ　③ウ　④ケ　⑤ク　⑥コ　⑦カ　⑧ア　⑨オ　⑩エ　（①〜③、⑤〜⑧はそれぞれ順不同）

17 …… ①どこ・あたり　②驚い・上げ・見当たり　③白く・早い　④不思議な

考え方 用言と考えられるものは、言い切りの形にしてみる。驚い→驚く、上げ→上げる、不思議な→不思議だ、見当たり→見当たる、白く→白い、早い→早い。なお、「ところが」は接続詞、「ひらひら」は副詞である。

18 …… ①ア　②選手たちは　③イ　④は　⑤軽快で

19 …… ①落ち着き・いたわり　②かわり・裏返し

考え方 品詞が転成すると、文法上の性質も変わる。動詞は述語になり、名詞は主語になるという、基本的な性質を覚えておくとよい。

実力アップ問題

1 十一月中旬のことであった。ある朝私は潮の押し寄せてくるような音に驚かされて目が覚めた。空を通る風の音だ。ときどきそれが静まったかと思うと急にまた吹きつける。戸も鳴れば障子も鳴る。ことに南向きの障子にはばらばらと木の葉のあたる音がしてその間には千曲川の川音も平素からみるとずっと近く聞こえた。

→文の数＝六つ

解説 句点は文の長短に惑《まど》わされず、意味の切れ目につけていく。

2 人間は、ことばをもっているために、自分の思っていることを相手に知ってもらえるし、他人の考えていることも知ることができるのです。おたがいにことばをかわしながら、だんだん新しいことを覚えることもできるし、自分の考えを言ってみて、その考えをしっかりしたものにすることもできるのです。

3 ①レントゲン室の／重い／とびらを／開くと、／暗がりの／中から／機械が／異様に／うかんで／くる。

②いったい、／人間は、／いつごろから／ことばを／使うように／なったのでしょうか。

③杜子春は、／たいへん／喜んで、／老人の／ことばが／まだ／終わらない／うちに、／彼は、／大地に／ひたいを／つけて、／何度も／おじぎを／しました。

解説 **文節に切るには、「ネ」や「サ」を入れて不自然にならないところで区切ればよい**（➡本冊p.13参照）。

4 **①7　②4　③7　④8　⑤6　⑥10**

解説 ①常に／他人と／共通の／場面を／持つ／ことは／できない。
②父親が／姉に／話して／いた。
③それゆえ／私は／その／ことを／そう／うれしくは／感じなかった。
④家の／前に／立って／いる／かわいい／女の子は／彼の／妹らしい。
⑤昨日から／激しく／降りしきった／雪は／すっかり／やんだ。
⑥もう／少し／老人の／立場に／寄って／みる／必要の／ある／ことなのだと／感じた。

5 **いるうちに→いる／うちに　着ている→着て／いる**
しまうことを→しまう／ことを
このやまどりの→この／やまどりの

解説 **一つの文節には自立語が一つしかない**はずだから、自立語が二つ含《ふく》まれていないかどうかを調べる。「いる」「着」「しまう」は動詞、「うち」「こと」「やまどり」は名詞、「この」は連体詞である。

6
①木々｜が｜若葉｜を｜つけ｜
静かに、｜気長に｜
しかし｜雄々しく｜
育っ｜て｜ゆく｜の｜を｜見る｜と｜
自分｜は｜こう｜し｜て｜は｜いら｜れ｜ない｜
むだな｜時間｜を｜費やす｜の｜が、｜たまらない｜
およそ、｜自然｜は｜時間｜を｜浪費し｜ない
②たとえば｜君｜ガサッと｜落ち葉｜すくう｜ように｜
わたし｜を｜さらっ｜て｜行っ｜て｜は｜くれ｜ぬ｜か
③「寒い｜ね」｜と｜話しかけれ｜ば｜「寒い｜ね」｜と
｜答える｜人｜の｜いる｜あたたかさ

解説 詩や短歌の場合、句読点が省かれることが多いため、意味から切れ目を押《お》さえるようにしたい。なお、①の「たまらない」は、動詞「溜《た》まる」に助動詞「ない」がついてできたことばであるが、ここでは、「どうにもがまんができない」の意味をもつ、一つの形容詞と考えるのがよい。

7 **a 文節＝4　単語＝6　b 文節＝4　単語＝5**
c 文節＝2　単語＝4　d 文節＝2　単語＝3

解説 （文節を／で示し、単語を――線で示す。）
a とっくに／陽　は／山陰　に／かくれ／
b 黒っぽく／より／沈ん　で／見える／
c あたっ　て／い　て／
d その／熱　を／

8
①たぶん雨が降るだろう。
②疲れたので、少し休んでいこう。
③羽の赤い鳥が、松の太い枝にいた。
④こんにちは、どちらへお出かけですか。
⑤遠い山並みを背景にして、茶畑が右に見えてきました。

9 **①エ　②ア　③オ　④イ　⑤ウ　⑥オ　⑦ウ　⑧エ　⑨ア**

解説 ①の「山中くん」は呼びかけの独立語。⑥の「参加すれば」は接続助詞「ば」がついて接続語になっている。⑧の「自由」は提示の独立語。すぐあとの「これこそ」に注目する。⑨は主語と述語の位置が倒置《とうち》されている。

10 **①K　②E・I　③J・M　④B　⑤A・F・H・L　⑥G　⑦C・D**

解説　(1)Bの「本だ」は述語であるが、「ぼくの」を受ける被修飾語《ひしゅうしょくご》にもなっている。(4)Hの「はっきり」は「見えて」に係る修飾語。Iの「光が」は主語であるが、「見えていた」を受ける被修飾語でもある。(5)は述語の文節が最初にきた文。(6)Mの「きれいだね。」は主語が省略された述語の文節だけの文。

11

①イ　②イ　③ア　④エ　⑤オ　⑥ウ
⑦オ　⑧ア　⑨エ　⑩オ

解説　①の「世界に」は連用修飾語。②の「途中《とちゅう》での」は連体修飾語。③の「父の」は「父が」に置きかえられるので主語。④の「雨だから」は接続助詞「から」がついた接続語。⑨の「だから」は一語の接続詞である。

12

①そこは平和で静かな町だった。
②広場に集まった群衆は喜びの声をあげた。
③生物に対し非常に有害なものがある。
④英語ができ、ドイツ語もうまい。
⑤あの人は確かに山口君のお父さんだ。
⑥我々の祖先の創造した文化の偉大なことが、よくわかる。
⑦情けないやらくやしいやら、なんとも残念だったよ。
⑧ぼくは、いつもより早く出発したのに、遅れた。
⑨雨が音もなく降り始めた。
⑩いろいろ考え、工夫して、本棚を作れ。
⑪苦しいが、私は練習をがんばります。
⑫君が読んでいるのは、ぼくの本だ。

解説　**受ける文節から係る文節を求める場合があるから注意する。**①の「町だった」は述語だから、その主語を見つける。②は「集まった」が修飾語、「群衆は」が被修飾語となる。⑤の「確かに」はすぐあとの文節を修飾しているわけではないので注意する。⑥の「創造した」は述語なので、主語を見つければよいが、主語文節が「祖先の」と助詞「の」がついた形になっている。「祖先が創造した」と、「が」に置きかえてみるとよい。

13

①子ども用のプールは浅くて狭い。
②いい音が出るか、一度試してみよう。
③ぼくは夏休みに山へも海へも行きました。
④閉めてある戸を開くと、古い本があった。
⑤行きたくないなら、勉強していろ。
⑥石油化学コンビナートは、石油化学工場と石油工場とが結合した工場群である。
⑦勉強してしまうまで、遊ばないぜ。

解説　それぞれの関係は、①③と⑥の一つ目が並立《へいりつ》の関係、②④⑤⑦と⑥の二つ目が補助の関係である。④は「閉めてある」と「本があった」の「ある」の違《ちが》いに注意する。⑤の「行きたくない」の「ない」は補助形容詞、「勉強していろ」の「いろ」は補助動詞。⑥の「工場群である」の「である」は、断定の助動詞「だ」の連用形「で」に補助動詞「ある」がついたもの。⑦の「遊ばないぜ」の「ない」は、打ち消しの助動詞である。

14

①ア　②キ　③コ

15

(一)　主部＝いったんやんだ雪が　述語＝降り出した
(二)　三つ
(三)　主語＝子どもは　述語＝遊ぶだろう
(四)　大喜びで
(五)　二つ

解説　(二)「朝起きたころから」(修飾部《しゅうしょくぶ》)、「思い出したように」(修飾語)、「さらさらと」(修飾語)の三つ。
(五)「この調子で降り続けば」(接続部)、「雪が珍《めずら》しいこの地方だから」(接続部)の二つ。

16

(1) ① かすめて
② 修飾部

(2) ① ふたりの兄弟で分けるのと
② ひとりの分け前が↓違うかを

(3) ① ア
② 述部・補助の関係

(4) ① わたしがあしたから学校へ着ていく
② 一同の食事が終わるころに わたしがあしたから学校へ着ていく普段着が、あまりに汚れていることを

(5) ① 接続部
② (a) いう
(b) 五という長さの辺と向かい合っている角は

解説 (3)①は「何日かが」という体言の文節に係っている。
(5)②の「直角になると」はその下の「いう」という用言に係る。なお、「直角になると」の「と」は、エジプト人が考えた内容の引用を示している。

17

(一) ウ・エ
(二) A② B④ C⑥ D⑦ E⑩

解説 (一) bは部分の主部で、その述部はdである。文全体の成分から言えば、aが主部、eが述語、「その専門の知識なり技能なりが……つながっているということを」の部分が修飾部である。
(二) 文の組み立てを大きくとらえること。②に対する述語が並立の関係にあることに注目する。「あなたがたが……後悔《こうかい》するか……立ち直るかを」は「決定する」に係る連用修飾部である。そして、「あなたがたが……決定するものは」という文全体の主部に対する述部は「後悔の原因を……眺《なが》めるか、という心構えだろう」である。

18

(一) A＝イ・ウ B＝イ・エ
(二) Dア Eウ
(三) 雲は
(四) 樹木や・葦や

解説 (一) Aは「人の→起きている」が主・述の関係、「起きている→ころには」が修飾・被《ひ》修飾の関係になっている。Bは、末尾に「ので」という接続助詞があるので接続部であり、また、「雲は」という主語に対する述部でもある。
(二) Dは「定まらない」に係る部分の主部である。「方向の」の「の」は「方向が」と「が」に置きかえられる。Eは「含《ふく》まれていて」に係る修飾部である。

19

(一) 14
(二) 主語＝球は 述語＝入った
(三) 1
(四) 第一段落＝アンパイヤーのポケットから、捕手に渡った新しい真っ白な球は
第二段落＝前の打者は
(五) よい当たりであった。／そしてサイレン。
(六) 真っ白な・真っ

解説 (一) アンパイヤーの／ポケットから、／捕手に／渡った／新しい／真っ白な／球は、／やがて／弧を／描いて／長身の／投手の／手に／入った。
(五) 「よい当たりであった。」は主語が省略されている。「そしてサイレン。」は述語が省略されている。
(六) 「真っ」は接頭語である。

20

(一) Aウ Bイ Cア Dア Eウ
(二) 付属語（助動詞・助詞）
(三) 倒置
(四) う

解説 (二) 活用語に付属して、文の意味を決定する語である。
(四) 「きれいだろう」の「う」は、推量を表す助動詞である(「きれいだろ」は形容動詞の未然形)。

21

(一) (1) **B**
(2) 例 **東京湾や瀬戸内海では、航路が分離されているのか分離されていないのかという点。(三十八字)**

(二) **A 思いました→いうことです**
B いわれる→いう(人たちは→人たちに)

解説 (一) (1) Aの文では、「決められ」と「運行する」に係るのか、「東京湾《わん》、瀬戸内海《せとないかい》のように」が、「分離《ぶんり》されていない」に係るのかが、はっきりしない。そのために、この文では東京湾や瀬戸内海では航路が分離されているのか、それとも分離されていないのかが、わかりにくいのである。

22

① **お手本が示されたであろうか・C・お手本を示したであろうか**
② **実行しない・B・実行しなかった**
③ **先輩のことばです・A・先輩です**
[別解] これを言った人は・A・これは
④ **聞こえた・D・聞こえたことはなかった**

解説 ①は「われわれ」が「下級生」に手本を示すのであるから、「示された」と受動態(受け身)にするのは間違《まちが》い。「示した」という能動態を使う。②は「試験が近づいた時」「計画を立てたが」から過去の文であることがわかる。「実行しない」を過去にする。③は主語「人は」と述語「ことばです」がねじれている。主語と述語が対応するように、どちらかを訂正しなければならない。④の「その時ほど」の「ほど」は程度を示す副助詞だが、程度を比較《ひかく》する基準を示す場合には、下に打ち消しの言い方を伴《ともな》う。しかし、たとえこの文法事項を知らなくても、この文がおかしいことに気づけるとよい。

23

(一) **A⑥ B④ C① D③ E②**
(二) **a おちおち b そこで**
(三) **(1) 接続詞 (2) 名詞+助詞**

解説 (一) ①の「別段」は、「何事もなく」に係っているのだから、その直前に置かないと意味があいまいになる。②は問題文にもあるように、「そこで」が「そうして」の意味なのか、「その場所で」の意味なのかがあいまいである。③の「おちおち」は、あとに打ち消しの表現がくる副詞である。「おちおち遊んでいられない日が」とするのが正しい。④は主部が「彼《かれ》の欠点は」となっているので、述部の末尾《まつび》を「忘れてしまうことだ」として、「何が—何だ」の文型としなければならない。⑥は主・述の関係が乱れている。「ぼくの希望は……人になることです。」とするか、「ぼくは……人になろうと思っています。」としなければならない。

24

① **イ** ② **キ** ③ **ク** ④ **ケ** ⑤ **ウ** ⑥ **エ**
⑦ **オ** ⑧ **コ** ⑨ **ク** ⑩ **カ** ⑪ **イ** **(⑤～⑦は順不同)**

25

(一) **B・D・F・H・J・M・O**
(二) **C・E・G・I・L・N・P**
(三) **A 動詞 B 形容詞 C 名詞 D 動詞**
E 名詞 F 形容動詞 G 動詞 H 形容動詞
I 動詞 J 形容詞 K 形容動詞 L 形容詞
M 接続詞 N 連体詞 O 動詞 P 名詞
(四) **見つける・受け入れる**
(五) **B ウ・② H ウ・② J ウ・① K ア・×**
O ウ・② P イ・×

解説 (二) 付属語のついている文節を単語に区切ってみる。**A**は「なっ|て|から|は」、**C**は「友情|を」、**E**は「真実|を」、**G**は「持っ|て」、**I**は「でき|て」、**K**は「必要な|の|は」、**L**は「なく|て」、**N**は「その|ような」、**P**は「素直さ|です」。

26 ここ（名詞）・あちら（名詞）・こちら（名詞）・その（連体詞）・あの（連体詞）・それ（名詞）・そう（副詞）・どの（連体詞）・どんな（形容動詞）・この（連体詞）・そんな（形容動詞）

解説 指示語（「こそあど」ことば）は、名詞（代名詞）・形容動詞・副詞・連体詞の四つの品詞にわたっているので覚えておく。「いつ」はわからない時を示す名詞（代名詞）。「だれ」はわからない人を示す名詞（代名詞）。「ある」は漠然《ばくぜん》と物事を示す連体詞。

なお、「どんな」「そんな」を連体詞とする説もある。

27 ① **町はずれに、一軒の小さな家がある。**
② **そのとき、私は、子どもごころに将来の自分を誓ったのであった。**
③ **春さきになると、衣類のバーゲンがさかんに行われる。**

解説 ①の「町はずれ」は、「町」に、「はずれる」という動詞から転成した名詞「はずれ」がついてできた複合名詞。②の「子どもごころ」、③の「春さき」は、いずれも名詞＋名詞の形の複合名詞。

28 ① **ウ**　② **オ**　③ **イ**　④ **ア**　⑤ **エ**

解説 それぞれの動詞を構成する要素に分けてみる。①は名詞「気」＋動詞「つく」、②は動詞「見る」＋動詞「送る」、③は形容詞「偉《えら》い」の語幹「偉」＋接尾《せつび》語「ぶる」、④は形容詞「長い」の語幹「長」＋動詞「ひく」、⑤は名詞「学者」＋接尾語「ぶる」。

29 ① **名詞＋形容詞**　② **動詞＋形容詞**
③ **形容詞の語幹＋形容詞**　④ **形容詞の語幹＋形容詞**

ANSWERS

2章 名詞（体言）

練習

1
普通名詞＝①絵・自然　②雨・朝・いなか・人・少年・わきの下・着物・包み・病院・門番・前・手紙・父親
代名詞＝①私　②彼
固有名詞＝②ナポリ
数詞＝②三月・ひとり・一通
形式名詞＝①こと

考え方 ①の「同じ」に「が」をつけて「同じが」としても、主語になる文は考えられないことから「同じ」は名詞ではない。②の「ひとり」は数詞。「わきの下」は一語として慣用されている。「包み」は動詞「包む」から転成した名詞である。

2
Ⓐ②⑥⑪　Ⓑ⑤⑩　Ⓒ①⑧⑨⑭　Ⓓ④⑫⑬
Ⓔ③⑦⑮

3
① **考え・動詞**　② **白・形容詞**　③ **近く・形容詞**
④ **思い・動詞**

考え方 ①の「よく考えて」は動詞「考える」の連用形。「自分の考えを」がその動詞の連用形から転成《てんせい》した名詞。

4
ア＝良平　イ＝二月・三人　ウ＝村はずれ
エ＝土工たち　オ＝それ・どこ

考え方 複合語と派生《はせい》語の違《ちが》いに注意する。「村はずれ」は、名詞「村」

に、動詞「はずれる」から転成した名詞「はずれ」がついたもの。「土工たち」の「たち」は接尾《せつび》語。なお、複合語と派生《はせい》語については、p.268の特集ページを参照するとよいだろう。

5
①だれ　②どなた・あなた　③彼・これ
④君・どっち

6
(1)鈴木君・あそこの・山の・頂に・雪が
(2)主語＝雪が　述語＝見えるよ
(3)連体修飾語＝あそこの・山の　連用修飾語＝頂に
(4)独立語

7
イ・エ・オ

考え方　アの「あなた」は、主語ではなく、呼びかけを表す独立語である。「あなた」の直後の読点は、そこで文が切れることを表す。ウの「いくつ」は連用修飾語の働きをしているが、副詞ではなく名詞(数詞)である。

実力アップ問題

1
ウ・エ・オ・カ・キ・ク・サ・シ・セ・ソ・チ・ツ・ニ・ヌ・ノ

解説　クの「苦しみ」は、形容詞「苦しい」の語幹「苦し」に接尾語「み」がついてできた名詞、または、動詞「苦しむ」の連用形「苦しみ」が名詞に転成したものと考えられる。

2
①山・注意・近ごろ・山登り・スポーツ・登り方・岩登り・雪・冬山・危険・意味・万人・国・山岳・人・大半・朝夕・環境
②それ・だれ・われわれ　③日本列島　④一つ
⑤もの・わけ

解説　形式名詞は見落としやすいので注意する。また、「研究さ(研究する)」「成立し(成立する)」といったサ行変格活用の動詞も、名詞と紛《まぎ》らわしいので注意する。なお、「軽はずみに」「じゅうぶんに」は形容動詞の連用形、「ことに」「常に」は副詞。

3
①どれ　②こちら　③あちら　④そこ
⑤あそこ　⑥どこ　⑦こっち　⑧そっち
⑨このかた　⑩あのかた
場所を指し示す指示代名詞＝C

4
①ぼくら・二番め　②素足・砂遊び
③雪あかり・窓ぎわ・鉢植え

解説　①の「ぼくら」「二番め」は接尾語のついたもの。②の「素足」は接頭語のついたもの。②の「砂遊び」や③の「雪あかり」「窓ぎわ」「鉢植え」はすべて複合名詞である。

5
Aク　Bア　Cエ　Dオ　Eキ

6
(一)①太郎　②太郎　③太郎　④太郎　⑤太郎　⑥太郎
⑦僕　⑧僕　⑨僕　⑩僕　⑪太郎
(二)オ

解説　(一)小さいうちは「太郎ちゃん」と呼ばれ、自分も「太郎ちゃん」と言っていたが、「僕《ぼく》ちゃん」と言うようになる。
(二)「人称《にんしょう》代名詞」には、だれにでも使えるという「交換《こうかん》可能性」がないといけないが、「僕ちゃん」は「太郎ちゃん」と同様、その本人にくっついているということを述べている。

7
(一)マダガスカル・アフリカ大陸・モザンビーク・インド洋・イギリス・スマトラ島・スリランカ・インド
(二)四〇〇キロ・十九世紀・五、〇〇〇キロ
(三)ア①・⑤　イ④　ウ②・⑦

(四) 川遊び

(五) 例『キツネザル』がマダガスカルから五、〇〇〇キロも離れたスマトラ島やスリランカに生息しているにも拘らず、アフリカ大陸に居ないこと。

解説 (一) 固有名詞とは、地名・国名など、ただ一つしかないものの名前を表す。『キツネザル』にカッコがついているのは、強調するためで、キツネザルは多くいるはず。

(三) **ア** ①「マダガスカルは、〜島国です。」、⑤「動物学者が〜気が付いたのです。」のように、主語・述語となっている。**イ** ④「アフリカ大陸の」は、名詞「一部(が)」に係る連体修飾《しゅうしょく》語である。**ウ** ②「インド洋に」は「浮《う》かぶ」を、⑦「アフリカ大陸に」は「居ない」を修飾している。

(四)「陸続き」は、名詞「陸」に、動詞「続く」から転成した名詞「続き」がついてできた複合名詞。「川遊び」も同じ成り立ちである。

8

①ア・オ　②ウ　③ア・イ　④カ・キ
⑤エ・カ　⑥エ・カ　⑦ア・ク

解説 ①の時を示す名詞は単独で連用修飾語になる。③「ぼく」のあとに助詞の「は」が省略されている。独立語と間違《まちが》えないようにしよう。⑤の「そばの」は「木を」に係る連体修飾語、⑥の「面影《おもかげ》を」は「見た」に係る連用修飾語である。⑦の「お母さん」は呼びかけを表す独立語となっている。

ANSWERS

3章 副詞・連体詞

練習

1

①A　②A　③B　④B　⑤A　⑥B
⑦A　⑧B　⑨B　⑩B
副詞の文＝②④⑤⑧⑨⑩

考え方 ②⑤は程度の副詞が連体修飾語《しゅうしょくご》になっている。副詞以外の——線部の品詞を確認《かくにん》してみよう。①は動詞、③は名詞、⑥は形容動詞、⑦は形容詞である。③の「二冊」は付属語がつかず名詞(数詞)だけで連用修飾語になっている。

2

ずっと→続いた(動詞)　ほとんど→寝ずに(動詞)
ごく→わずか(副詞)　わずか→動かしても(動詞)
どう→すれば(動詞)　じっと→のぞきこんだ(動詞)

考え方「ごく、わずか」の「ごく」は程度の副詞で、それが同じく程度の副詞の「わずか」を修飾している。副詞がほかの副詞を修飾することもあるので注意しよう。

3

①ください　②ように　③だろう　④ても
⑤ない・う　⑥まい

考え方 **呼応の副詞を受ける特別な言い方は、いく通りもある場合があるので注意する。**①は「お休みなさい」でも意味は通るが、字数が合わないので字数の合うことばを考える。⑤の「ないだろう」と⑥の「まい」は、どちらも打ち消しの推量を表す言い方だが、普通《ふつう》の会話では前者がよく使われる。

実力アップ問題

1

副詞＝②④⑥⑦⑧⑨⑬
連体詞＝③⑩⑫⑭⑮

解説 ①の「静かに」、⑤の「きれいな」は形容動詞、⑪の「ものすごく」は形容詞である。⑥の「やや」は「しばらく」という副詞を、⑨の「ただ」は「一度しか」という体言の文節を修飾《しゅうしょく》している。

2

（修飾している文節も示し、自立語に――線をつけておく。）

①動詞（思い出される）　②形容詞（厳しい）
③動詞（歩きます）　④形容動詞（見事に）
⑤名詞（外側を）　⑥動詞（黙り込み）
⑦名詞（向こうから）　⑧副詞（少し）
⑨形容詞（小さい）　⑩副詞（のんびり）

解説 副詞は普通、用言の文節を修飾するが、⑤⑦⑧⑩のように、**程度の副詞は体言や副詞を修飾することがある。**

3

①副詞・A　②形容動詞・A　③副詞・A
④副詞・A　⑤名詞・A　⑥連体詞・B
⑦動詞・B　⑧副詞・A　⑨副詞・B
⑩形容詞・A　⑪連体詞・B

解説 ①の「やや」は「広げながら」を修飾するが、その間に「川幅《かわはば》を」という文節が入っている。⑪の「その」は「歌声は」を修飾するが、その間に「美しい」という文節が入っている。

4

(1) ①副詞　②名詞
(2) ①動詞　②連体詞
(3) ①形容詞　②連体詞
(4) ①連体詞　②名詞
(5) ①形容動詞　②連体詞

解説 (1)①は「まさか」（副詞）＋「の」、②は「近く」（名詞）＋「の」。**副詞に「の」がついて連体修飾語になる場合に注意する。(2)〜(5)の連体詞は、ほかの品詞と紛《まぎ》らわしいものがあるので、しっかりと区別する。**

5

①でも　②まい　③だろう　④ください
⑤よう　⑥まい　⑦れば　⑧ない
⑨でしょう（であろう）　⑩ない

解説 ①の「たとえ」と⑦の「もし」は仮定条件、②の「よもや」と⑥の「まさか」は打ち消しの推量、③の「たぶん」と⑨の「おそらく」は推量、④の「どうか」は願望、⑤の「まるで」はたとえ、⑧の「どうも」と⑩の「とうてい」は打ち消しに、それぞれ呼応する。
呼応の副詞の下にくる決まった言い方をしっかり覚えておくこと。

6

①ウ　②キ　③ク　④ア　⑤エ　⑥オ

解説 ①は疑問、②は推量、③は仮定条件、④は打ち消し、⑤はたとえ、⑥は願望の表現と呼応する副詞を入れる。また、③は「の」を伴《ともな》って連体修飾語になっている。

7

(一) ①カ　③エ
(二) ②副詞　④副詞

解説 ①の「(帰ることに)なろう」は推量の表現、③の「(心配が)ない」は打ち消しの表現なので、それぞれに呼応する副詞を入れればよい。

8

連体詞＝この・その
副詞＝いよいよ・たまたま・みるみる

解説 連体詞は数も少ないので、覚えておくとよい。**副詞は数が多いが、活用のない、用言を修飾しているものを中心に探す。**

4章 接続詞・感動詞

練習

1 しかし・および・したがって・ところで・あるいは・しかも

考え方 **接続詞と紛《まぎ》らわしい語に注意する。**七行目の「漁業国であったが」の「が」は助詞(接続助詞)である。

2 ①ウ　②オ　③ア　④イ　⑤カ　⑥エ

考え方 ①は並立《へいりつ》の接続詞でもよいが、**イ**の「および」では文の意味が通らない。②は前の文では「気持ちよく起きた」だが、あとの文では「頭がひどく痛み始めた」ことから逆接の接続詞。③はあとの文に前の文の順当な結果がきている。⑤の「水曜日か」「金曜日か」の「か」は並立を表す助詞である。どちらか一方を選ぶ対比・選択《せんたく》の接続詞を選ぶ。

3
A ①接続詞　②副詞
B ①接続詞　②名詞＋助詞
C ①副詞　②接続詞

考え方 A組の「また」は、①は並立を表す接続詞で、②は「再度」の意味で「来てください」を修飾する副詞である。①の「また」は位置を動かすと意味が通らなくなるが、②の「また」は文の最初に入れても意味は変わらない。このように**副詞は接続詞と違い、文中の位置を変えることができる。**

B組の「そこで」は、①は順接を表す接続詞であるが、②は「川の浅瀬で」の意味で、場所を表す連用修飾語である。すなわち「そこ」(名詞)＋「で」(助詞)の文節である。

C組の①は「広い」を修飾する、程度の副詞。②の「もっとも」は位置を動かすと意味が通らなくなる。

4 こんにちは・ああ・えっ・いや・うん・あら・まあ

実力アップ問題

1 ①エ・コ　②イ・シ　③キ・サ　④ア・ク　⑤カ・ケ　⑥オ・ス　⑦ウ・ケ

解説 **順接と累加《るいか》(添加《てんか》)とは紛らわしいので注意する。**「それで」は順接、「それに」は累加である。

2 ア＝おや・ああ　イ＝さあ・ねえ　ウ＝ええ・ああ

解説 「ああ、嫌《いや》だわね。」と「ああ、わかっているよ。」とは、同じ「ああ」だが、意味は違《ちが》う。前者は感動、後者は応答となる。

3 ①ウ　②ウ　③ウ　④イ　⑤イ

解説 **接続詞になっている単語は、ほかの品詞から転成したものや、二つ以上の語がつながってできたものが大部分である。**①の「ですから」は助動詞「です」と助詞「から」が結びついてできた接続詞。②の「ですが」も助動詞「です」に助詞「が」が結びついてできた接続詞である。

4
㈠ そのまま維持し、あるいはさらにいっそう立派なものにするには、
㈡ エ
㈢ ウ
㈣ エ

解説 ㈠「あるいは」は、前とあとの内容のどちらかを選ぶことを表す。
㈡「ことばについて見ると」の「と」は接続助詞で、この連文節は接続部である。**ア**は修飾《しゅうしょく》部、**イ**は独立部、**ウ**は主部、**オ**は述部である。
㈣「したがって」は順接を表す。

5章 動詞

練習

1 ア・ウ・オ

2
例 ①もっとゆっくり歩け。
②今日出せば、今週中には届くだろう。
③駅で待つことにしよう。
④すぐに荷物を送る。
⑤みんなで楽しく歌います。
⑥窓が開かない。
⑦文法を正しく学ぼう。

考え方 ①は命令形、②は仮定形、③は連体形、④は終止形、⑤は連用形、⑥と⑦は未然形である。

3

基本形	未然形	連用形	終止形	連体形	仮定形	命令形
歩く	—か —こ	—き	—く	—く	—け	—け
待つ	—た —と	—ち	—つ	—つ	—て	—て
飲む	—ま —も	—み	—む	—む	—め	—め
返す	—さ —そ	—し	—す	—す	—せ	—せ

4
①連体形・連用形　②終止形・命令形
③未然形・仮定形

考え方 ①の「あります」は「ます」につながる形だから連用形。「ある」は五段活用だが、未然形「あら」には「ない」はつかず、「ない」とは別の打ち消しの語「ぬ」がついて「あらぬ」となることに注意する。

5
イ音便＝かつぐ・鳴く　促音便＝打つ・笑う
撥音便＝飛ぶ・死ぬ

考え方 音便の形は、動詞では、五段活用の連用形にしか現れない。だから、五段活用以外のものは省く。ただし、五段活用でも、サ行に活用するものは音便の形がないので、これも省く。残ったものについて、「た（だ）」に連なる形を考えるとよい。

6
①ち・連用形　②ちれ・仮定形
③ちろ（ちよ）・命令形　④ち・未然形

考え方 それぞれ、すぐあとに続くことばに注目する。「ない」に連なる形は未然形。「ます」に連なる形は連用形。言い切る形は終止形。「とき」「こと」などの体言に連なる形は連体形。「ば」に連なる形は仮定形。命令の意味で言い切る形は命令形である。②は「ちたなら」を入れるのは誤り。これでは、「落ち／た／なら／ば」のように多くの単語の組み合わせとなる。また、③は文の内容から判断して命令形と決める。

7
①借り　②起きる　③降り　④見・感じ
⑤着・いる　⑥過ぎれ　⑦足り

考え方 ④の「見」や⑤の「着」「いる」など、語幹と活用語尾《ごび》の区別のない動詞に注意しよう。

8
①下一段活用・連用形　②上一段活用・仮定形
③上一段活用・連体形　④下一段活用・未然形
⑤五段活用・命令形　⑥上一段活用・連体形
⑦下一段活用・終止形

考え方 ⑤の「並べ」の基本形は五段活用動詞の「並ぶ」で、下一段活用動詞の「並べる」ではないことに注意する。「並べる」の命令形は「並べろ(並べよ)」。

9

①サ行・下一段活用　②マ行・下一段活用
③マ行・上一段活用　④ア行・下一段活用

考え方 それぞれの基本形は、①は「見せる」、②は「見つめる」、③は「見る」、④は「見える」。きちんと区別すること。

10

①終止形・く　②未然形・こ
③連体形・く　連用形・き　④仮定形・く
⑤連用形・き　⑥未然形・こ　未然形・こ

考え方 ①と③には同じ「来る」があるが、①の「から」は用言や助動詞の終止形に接続し、順接を表す接続助詞であることから、①は終止形である。③は体言「とき」に連なるため連体形である。⑤は連用形に接続し、完了の意味を表す助動詞「た」と、確定の順接を示す接続助詞「ので」に連なっている。⑥の「よう」「られる」に連なるのは未然形であると覚えておく必要がある。

11

①さ・未然形　②する・連体形　③し・連用形
④しろ(せよ)・命令形　⑤せ・未然形
⑥する・終止形　⑦すれ・仮定形

12

①似・上一段活用／着・上一段活用／
する・サ行変格活用
②教える・下一段活用／招か・五段活用／
来・カ行変格活用
③据えつける・下一段活用／使う・五段活用／
置い・五段活用／繁盛し・サ行変格活用／
伸び・上一段活用

考え方 ①「似」「着」はともに、語幹と語尾《ごび》に分けられないもので、抜《ぬ》き出す動詞は一文字になる。「ナイ」に連なる形が、「似ナイ」、「着ナイ」となり、**活用語尾がイ段になるので、ともに上一段活用**である。また、「する」はサ行変格活用の終止形である。

②抜き出す動詞は、順に「教える」「招か」「来」である。「教える」は「ナイ」に連なる形が「教えナイ」となり、**活用語尾がエ段なので下一段活用**。「招か」は「ナイ」に連なる形が「招かナイ」となり、**活用語尾がア段なので五段活用**。「来」は言うまでもなくカ行変格活用である。

③「据《す》えつける」は、「据える」と「つける」が合わさった複合動詞。「ナイ」をつけると「据えつけナイ」となり、活用語尾の「け」はエ段なので下一段活用。「置い」は、「ナイ」に連なる形が「置かナイ」となり、活用語尾がア段なので五段活用。イ音便《おんびん》の形である。「繁盛《はんじょう》し」は、言い切りの形は「繁盛する」で、名詞「繁盛」にサ行変格活用の動詞「する」がついた複合動詞である。

13

①仮定形　②終止形　③連体形　④連用形
⑤命令形　⑥未然形

考え方 ①「熟する」の仮定形である。ちなみに同じ意味の「熟す」の仮定形は「熟せ(ば)」。④「言い切りの形は「聞かす」で五段活用。「て」に連なるので連用形。

14

①B・変わる(自動詞)　②A・集める(他動詞)
③B・続く(自動詞)　④A・負かす(他動詞)
⑤B・沈む(自動詞)　⑥A・出す(他動詞)
⑦A・並べる(他動詞)　⑧B・残る(自動詞)
⑨A・届ける(他動詞)　⑩〇　⑪〇　⑫〇
(⑩～⑫は、自動詞・他動詞が同じ形)

考え方 自動詞と他動詞の区別は、「～が」に続くか(自動詞)、「～を」に続くか(他動詞)を考えてもわかる。ただし、⑩～⑫のように自動詞と他動詞が同形の語もあるので、両方の場合を調べてみることが大切である。

15

①吹く　②折れる　③消える　④あく
⑤あてる　⑥鳴らす　⑦覚ます　⑧痛む
⑨散らす　⑩つける

考え方　①を「吹《ふ》ける」と可能動詞の形にしたり、②を「折られる」と受け身の形にしたりしないように気をつけよう。

16

①昨日／スーパーで／買って／きた／ものだ。
②冷蔵庫に／入れて／おくと／よいでしょう。
③早く／宿題を／して／しまいましょう。
④注意しようと／大きな／字で／書いて／ある。
⑤まっすぐ／歩いて／いくと／パン屋が／ある。
⑥よく／考えて／みると／答えが／わかった。

考え方　**補助動詞は、普通《ふつう》の動詞と同じように、単独で文節をつくることができる。**意味としては補助的だが、**文節に区切る時には普通の動詞と同じ扱《あつか》いとなる。**問題文では、①「き」、②「おく」、③「しまい」、④「ある」、⑤「いく」、⑥「みる」が補助動詞。

17

①接続語・仮定形
②述語・未然形
③述語・連用形
④連体修飾語・連体形
⑤主語・連体形
⑥接続語・終止形
⑦連体修飾語・連体形

考え方　①は動詞「解く」の仮定形に接続助詞「ば」がついている。②は動詞「する」の未然形に助動詞「よう」がついている。③は動詞「つく」の連用形(中止法)。④の「ため」は体言(形式名詞)。⑤は動詞「読む」の連体形に助詞「の」と「も」がついて、主語の働きをしている。⑥の「本質を理解すると」は、接続助詞「と」を伴《ともな》って、「接続語」になっている。⑦の「読む」は直後の「習慣」に係る連体修飾語である。

実力アップ問題

1

①学校から帰ると、私は、人々が夕げのしたくでせわしく働いているすきに、かけすててあったはしごから、そっと、おもやの屋根に登っていった。
言い切りの形＝帰る・働く・いる・かけすてる・ある・登る・いく

②科学ということばは、このごろ、ひじょうに広い意味に使われているが、もとは、自然科学をさしたことばである。自然科学はわれわれの住んでいる、この自然界の中にあるものの本態を見きわめ、その間に存在する法則を知る学問である。
言い切りの形＝いう・使う・いる・さす・ある・住む・いる・ある・見きわめる・存在する・知る・ある

解説　動詞を選び出す場合、**活用語尾《ごび》をよく考えて、**接続しているほかの語を含《ふく》めないように注意する。②の「使われて」は、動詞「使う」の未然形「使わ」＋助動詞「れる」の連用形「れ」＋助詞「て」。

2

①過ご／す(五段活用)　②○(上一段活用)
③始／める(下一段活用)　④信／ずる(サ行変格活用)
⑤飛／ぶ(五段活用)　⑥起／きる(上一段活用)
⑦上／げる(下一段活用)　⑧○(カ行変格活用)
⑨育／てる(下一段活用)　⑩○(下一段活用)
⑪あ／ける(下一段活用)　⑫思／う(五段活用)
⑬知／る(五段活用)　⑭注意／する(サ行変格活用)

解説　活用の種類は「ない」に連なる未然形の最後の音から判断する。④の「信ずる」と「信じる」を混同しない。「信ずる」はサ行変格活用の動詞、「信じる」はザ行上一段活用の動詞。

3

基本形	語幹	未然形	連用形	終止形	連体形	仮定形	命令形
①泣く	な	ーか ーこ	ーき ーい	ーく	ーく	ーけ	ーけ
②泳ぐ	およ	ーが ーご	ーぎ ーい	ーぐ	ーぐ	ーげ	ーげ
③行く	い	ーか ーこ	ーき ーっ	ーく	ーく	ーけ	ーけ
④落ちる	お	ーち	ーち	ーちる	ーちる	ーちれ	ーちろ ーちよ
⑤借りる	か	ーり	ーり	ーりる	ーりる	ーりれ	ーりろ ーりよ
⑥煮《に》る	○	に	に	にる	にる	にれ	にろ によ
⑦まぜる	ま	ーぜ	ーぜ	ーぜる	ーぜる	ーぜれ	ーぜろ ーぜよ
⑧比べる	くら	ーべ	ーべ	ーべる	ーべる	ーべれ	ーべろ ーべよ
⑨来る	○	こ	き	くる	くる	くれ	こい
⑩愛する	あい	ーし ーせ ーさ	ーし	ーする	ーする	ーすれ	ーしろ ーせよ

4

①未然形　②連体形　③命令形　④連用形
⑤未然形　⑥連用形　⑦未然形　⑧連用形
⑨仮定形

解説　⑥の「書い」と⑧の「近づい」の音便《おんびん》形は連用形である。

5

(1)　**①急い　②急ご　③急げ　④急が　⑤急ぐ**
(2)　**①持て　②持て　③持てる　④持て**
⑤持てる

6

(1)　**通じる　Aイ　Bオ**　(2)　**燃える　Cク　Dケ**
(3)　**寝る　Eウ　Fア**　(4)　**食える　Gカ**
(5)　**交わる　Hキ**

解説　活用の種類のほか、自動詞・他動詞、可能動詞、複合動詞などの観点から考えるとよい。(2)(4)はともに、すべて下一段活用の動詞なので、ほかの条件を考える。(2)の「燃える」は「火が燃える」となり自動詞、それ以外は「お金を入れる」「ゴミを捨てる」「ボールを投げる」と、「〜を」という目的語を伴《ともな》うので他動詞である。

7

(一)　**①歩い・泳い　②摘ん・楽しん　③通っ・釣っ**
(二)　**五段活用・連用形**
(三)　**①歩く・泳ぐ・通る　②摘む・釣る・楽しむ**

解説　(二)　**音便の形になる動詞は、五段活用の連用形だけである。**
(三)　他動詞は上に「〜を」という修飾《しゅうしょく》語を伴うことが多い。ただ、①の「森を歩く」のほか、文章にはないが「川を泳ぐ」「トンネルを通る」の「〜を」は、経過点を示すものなので、自動詞である。

8

(一)　**A五段　B可能　C上一段　D下一段**
(二)　**①②⑥**

解説　(二)　それぞれ正しい言い方に直すと、①は「借りられる」、②は「出られる」、⑥は「降りられる」となる。③の「眠《ねむ》れる」、④の「渡《わた》れる」、⑤の「座《すわ》れる」は可能動詞。

9

(一)　**A五段　B連用　Cイ音便　Dん**
E促音便
(二)　**飛ぶ・囲む・読む・悲しむ・沈む**

解説 (二)「笑う」「行く」「曲がる」「座る」「言う」「怒る」は促《そく》音便、「泣く」はイ音便になる。

10 **ア・エ・カ・キ・ケ**

解説 ②の文の「ある」は、補助動詞として使われている。**補助動詞は、直前が「―て(で)」の形になることに着目して探すとよい。**

11
(一) **走れる・きれる・送れ**
(二) **下一段活用**
(三) **走る・きる・送る**
(四) **出られる**

解説 (一)「続けられる」は、動詞「続ける」の未然形「続け」に可能の意味の助動詞「られる」がついたものである。
(四) **可能動詞は五段活用の動詞からしか作れない**ので、下一段活用の「出る」は、その未然形に助動詞「られる」をつけた言い方にしなければならない。

12
(一) **五段活用・下一段活用**
(二)

基本形	語幹	未然形	連用形	終止形	連体形	仮定形	命令形
する	○	し　せ　さ	し	する	する	すれ	しろ　せよ
来る	○	こ	き	くる	くる	くれ	こい

(三)

基本形	語幹	未然形	連用形	終止形	連体形	仮定形	命令形
見る	○	み	み	みる	みる	みれ	みろ　みよ

(四)

基本形	語幹	未然形	連用形	終止形	連体形	仮定形	命令形
来る	○	き	き	きる	きる	きれ	きい

(五) **a 連体形　b 仮定形**

解説 (四)「上一段化」とあるので、現在の上一段活用と同じように活用させてみる。基本形の「くる」は「きる」になる。
(五) a・bそれぞれ、すぐあとに「こと」「ば」が続いていることから考える。

13 **①ア　②エ　③ア　④ウ　⑤イ**

解説 ①**イ**は仮定形、**ウ**は命令形、**エ**は未然形。②**ア**の他動詞は「建てる」、**イ**の自動詞は「焼ける」、**ウ**の「読む」は他動詞で、対応する自動詞はない。**エ**の「開く」は、「ドアが開く」とも「ドアを開く」ともいえる。③**イ**の「読まれ」と**エ**の「寝られ」の「れ」は、可能の意味の助動詞で、これらは可能動詞ではない。④**ア**は動詞から転成した名詞、**イ**は連体形、**エ**は命令形。⑤の――線部を含《ふく》む文節は、それぞれ、**ア**は接続部、**ウ**は修飾語、**エ**は接続部になっている。

14
(一) **難しい・イ**
(二) **ラ行五段活用**
A 終止形　B 未然形　C 連用形　D 未然形
(三) **くれる・下一段活用　いく・五段活用**
くる・カ行変格活用
(四) **始まっ・誘っ・なっ**
音便の種類＝促音便
(五) **始まる・始める　慣れる・慣らす**
(六) **サ行変格活用　連用形**
言い切りの形＝する
(七) **慣らす・行く**
(八) **①主語　②接続部　③修飾語　④修飾語**
⑤修飾語　⑥述語

解説 (一)「難しい」は形容詞。
(六)「手にし、」は「する」の連用形で中止法。
(八)②は二文節なので、「接続部」となる。

6章 形容詞・形容動詞

練習

1 **なく・すごい・早く・おもしろかっ・怖かっ**

2 ①**清らかで・ほのかな**　②**大丈夫だろ・急に**

3 ①**おもしろい・終止形**　②**おもしろかっ・連用形**
③**おもしろけれ・仮定形**　④**おもしろく・連用形**
⑤**おもしろかろ・未然形**　⑥**おもしろい・連体形**

考え方　①の空欄《くうらん》の下は「。」で言い切りの形になっているので終止形。②は「た」に続くので連用形。③は「ば」に続くので仮定形。④は動詞「なる」に続くので連用形。⑤は「う」に続くので未然形。⑥は「本」に続くので連体形となる。形容詞の活用のしかたを正しく覚え、③を「おもしろいなら(ば)」、⑤を「おもしろいだろ(う)」などと、ほかの語をつけないように注意する。

4

基本形	語幹	未然形	連用形	終止形	連体形	仮定形	命令形
早い	早	―かろ	―かっ ―く	―い	―い	―けれ	○
長い	長	―かろ	―かっ ―く	―い	―い	―けれ	○
美しい	美し	―かろ	―かっ ―く	―い	―い	―けれ	○
正しい	正し	―かろ	―かっ ―く	―い	―い	―けれ	○

5 ①**ア ようございます**　**イ ひろうございます**
②**ア あそうございます**　**イ たこうございます**
③**ア 大きゅうございます**　**イ 正しゅうございます**

考え方　①はどちらも語幹の最後の音がオ段で、音便の形になるとき、語幹は変化せず語尾だけが「う」になる。②はどちらも語幹の最後の音がア段で、音便の形になるとき、語幹の最後の音はオ段に変化する。③はどちらも語幹の最後の音がイ段で、音便の形になるとき、語幹の最後の音は拗音《よう》「ゅ」に変化する。

6 ①**なかった**　②**眠くなかった**
連文節は②

考え方　①の「なかった」は形容詞「ない」の連用形に助動詞がついたもの。②は形容詞「眠い」の連用形に補助形容詞「ない」の連用形と助動詞「た」が結びついて連文節になっている。**補助用言は、上の文節と結びついて連文節になることを覚えておこう。**

7 ①**山ははるかに遠く、海はとても近い。**
②**顔つきが愛らしく、まゆがすんなりとして美しい。**

考え方　上の文の述語を中止法(連用形)にして、下の文に続ける。

8 **寂しい(連体形)・なく(連用形)・悲しい(終止形)・明るい(終止形)・濃く(連用形)・広い(連体形)・小さく(連用形)・厳しく(連用形)**

考え方　形容詞の「ない」と助動詞の「ない」をしっかりと見分ける。形容詞「ない」は自立語で文節のはじめにくるから、「ない」の前に「サ」や「ネ」を入れることができれば形容詞だとわかる。「絶え間もなく」は形容詞、「近寄らない」「判別できない」は助動詞である。また、「明るいが」のように、終止形に助詞や助動詞が連なる場合にも注意する。

9 ①**動詞・形容詞・助動詞**　②**副詞・形容詞・名詞**

考え方 ①の「いない」の「ない」は打ち消しの意味の助動詞。②の「深さ」は形容詞「深い」の語幹に接尾《せつび》語「さ」がついてできた名詞。

10

①**丈夫なら・仮定形**　②**丈夫な・連体形**
③**丈夫で・連用形**　④**丈夫だろ・未然形**
⑤**丈夫だっ・連用形**　⑥**丈夫だ・終止形**
⑦**丈夫に・連用形**

考え方 **「だ」で終わる形容動詞には連用形に三つの形があることに注意する。**なお、活用語尾はどの活用形も異なっている。

11

①**連体形・連用形**　②**仮定形・未然形**
③**連用形・連用形**　④**連用形・未然形**
⑤**連体形・終止形**

考え方 ②の「ほんとうなら」は、下につく助詞「ば」が省略《しょうりゃく》された形。

12

基本形	語幹	未然形	連用形	終止形	連体形	仮定形	命令形
なだらかだ	なだらか	―だろ	―だっ ―で ―に	―だ	―な	―なら	○
静かです	静か	―でしょ	―でし	―です	(―です)	○	○
あんなだ	あんな	―だろ	―だっ ―で ―に	―だ	○	―なら	○
立派だ	立派	―だろ	―だっ ―で ―に	―だ	―な	―なら	○
どんなだ	どんな	―だろ	―だっ ―で ―に	―だ	○	―なら	○
同じだ	同じ	―だろ	―だっ ―で ―に	―だ	(―な)	―なら	○

13

①**○**
②**それとこれとは、同じものです。**
③**この服は、前に買ったのと同じなのに、少し安い。**

考え方 ①は正しい。ただし、「同じのを持っている。」というように、語幹を「の」に続ける言い方もある。この「の」は、それのついた語を体言と同じ資格にする準体言助詞である。

14

①**きれいで(形容動詞・連用形)+は(助詞)+ない(補助形容詞・終止形)**
②**美しい(形容詞・連体形)+こと(名詞)**
③**美しく(形容詞・連用形)+ない(補助形容詞・終止形)**
④**魅力的で(形容動詞・連用形)+あり(補助動詞・連用形)**
⑤**きれいで(形容動詞・連用形)+ある(補助動詞・終止形)**

15

①**に**　②**な**　③**で(なら)**　④**だろ**
⑤**なら**　⑥**で**　⑦**けれ**　⑧**だ**

考え方 ①は形容動詞・連用形。②は形容動詞・連体形。③は形容動詞・連用形(中止法)、仮定形でも意味は通じる。④は形容動詞・未然形。⑤は形容動詞・仮定形。⑥は形容動詞・連用形(中止法)。⑦は形容詞・仮定形。⑧は形容動詞・終止形。

16

①**主語・連体修飾語・述語**
②**連用修飾語・連用修飾語・述語**
③**連体修飾語・連用修飾語・述語**
④**連用修飾語・連体修飾語・連体修飾語・述語**
⑤**主語・連体修飾語・連用修飾語**

実力アップ問題

1

① この果物を一口食べてみたが、少しも甘味がない。→ない
② この子を知っていますが、ほんとうは正直なのです。→正直だ
③ この小説はおもしろくないから読まないつもりです。→おもしろい・ない
④ その魚、たいそう大きゅうございますね。→大きい
⑤ 私の話を素直に聞いて、じゅうぶん考えてください。→素直だ
⑥ 北海道の冬は、こちらと比べてずいぶん寒かろうね。→寒い
⑦ （×）※形容詞・形容動詞なし
⑧ 頑固なのが、父の長所であり、欠点でもあるのです。→頑固だ
⑨ 慈照寺銀閣は、簡素ではあるが、深い趣のある建物である。→簡素だ・深い
⑩ 性格が弱いばかりに、自分にも他人にも余計な不幸を招いている人が少なくない。→弱い・余計だ・少ない・ない

解説 ③⑩は補助形容詞の「ない」。①の「ない」のように「存在」にかかわるものは普通《ふつう》の形容詞「ない」。⑦に形容詞・形容動詞はない。「美しさ」は名詞、「できない」の「ない」は助動詞である。

2

(1) ① 涼しけれ　② 涼しかっ　③ 涼しく　④ 涼しかろ　⑤ 涼しい　⑥ 涼しい
(2) ① まじめに　② まじめな　③ まじめ　④ まじめだっ　⑤ まじめだろ　⑥ まじめなら　⑦ まじめで

解説 (2)③の「らしい」に連なる形容動詞は語幹だけになる（→本冊p.133参照）。

3

① 終止形　② 連体形　③ 連用形　④ 未然形　⑤ 連用形　⑥ 連体形　⑦ 仮定形　⑧ 連体形

解説 形容詞の終止形か連体形か迷ったときには、「だ」で終わる形容動詞を用いて確認《かくにん》するとよい。①の「し」に連なる場合は、「きれいだし」となるので終止形、②の「ので」に連なる場合は、「きれいなので」となるので連体形である。⑥は「夢」という体言がついている。

4

① ×　② 連体形　③ ×　④ 連用形　⑤ ×　⑥ ×　⑦ 連用形　⑧ 連用形　⑨ 連体形　⑩ 終止形　⑪ ×　⑫ 未然形

解説 ①の「お天気だ」、③の「だれな」、⑪の「本物なら」の「だ」「な」「なら」は、それぞれ助動詞「だ」の終止形・連体形・仮定形（→本冊p.180参照）。⑤の「日曜に」の「に」は助詞。⑥は助動詞の「ようだ」（→本冊p.175参照）である。

5

① ことばがなければ、自分の意志は伝わらない。
② 自分のつとめを正確に果たせるように心がけよ。
① 活用形＝仮定形　基本形＝ない
② 活用形＝連用形　基本形＝正確だ

解説 ①「伝わらない」の「ない」は、「伝わらぬ」と言いかえられるので、助動詞の「ない」である。

6

(一) A どんなだ　B 例 ほんとうの　C 例 ほんとうに　D 形容動詞の語幹
(二) ① イ・ウ・カ・キ・ケ　② ア・コ　③ エ・オ・ク・サ・シ
(三) 例 あなたの計画はたいへん現実的だ。
(四) イ

解説 名詞と形容動詞の語幹の区別について述べた問題である。
(一) BとCには、それぞれ連体修飾語《しゅうしょくご》・連用修飾語を入れる。「真の」「真に」などでもよい。
(三) 漢字三字の形容動詞は、「積極的だ」「不愉快《ふゆかい》だ」などさまざまある。
(四) アとウはどちらも名詞。

7

(一) Aは形容動詞「柔らかだ」の連体形、Bは形容詞「柔らかい」の連用形。

(二) 動詞 ⑤終止形・⑯連用形
形容詞 ⑧連用形・⑨連体形
形容動詞 ②連用形・③連体形・⑬連用形・⑭連用形

解説 (一) 「柔らか」の部分は同じでも、言い切りの形が「だ」「です」なら形容動詞で、「い」なら形容詞。活用語尾《ごび》「な」「く」に着目する。
(二) 動詞・形容詞・形容動詞以外のものを挙げる。①「らしい」は、推定の助動詞(↓本冊p.178参照)、④「これだけ」は、名詞「これ」に副助詞「だけ」(↓本冊p.227参照)がついたもの、⑥「丈夫《じょうぶ》」は名詞、⑦「少し」は副詞、⑩「傷《いた》み」は名詞、⑪「ずっと」は副詞、⑫「ような」は、たとえの助動詞「ようだ」の連体形(↓本冊p.175参照)、⑮「ない」は「出来ぬ」と言いかえられるので、打ち消しの助動詞(↓本冊p.156参照)。

8

(一) ⑫・⑫だけ動詞で、他の三つは連体詞。
(二) ⑩・⑩だけ形容詞で、他の三つは助動詞。
(三) ⑨・⑨だけ本動詞で、他の三つは補助動詞の用法。
(四) 無神経な(連体形)・無法な(連体形)・あいまいに(連用形)

解説 (一) ⑫の「ある」は存在の「有無《うむ》」を表す働きをする動詞である。
(二) ⑩の「ない」は形容詞、くわしくは補助形容詞である。
(三) ⑨は動作・作用・存在を表す本来の働きをする動詞「する」だが、ほかの三つは他の語について補助的な役割をする補助動詞である。
(四) 物事の性質・状態を表し、言い切りの形が「だ」「です」で終われば形容動詞。他に候補となる語があれば、活用するか否かで判断する。

ANSWERS

7章 助動詞

練習

1
受け身＝②育てられ・教えられた・はぐくまれて
可能＝③いられない・いられるような
尊敬＝①指名されなかったのだろう

2
①尊敬 ②自発 ③受け身 ④可能
⑤尊敬 ⑥可能

考え方 受け身は〈他から動作を受ける〉言い方、可能は〈できる〉という意味、自発は〈動作が自然に起こる〉という意味、尊敬は〈動作を高めて敬意を示す〉言い方である。①は「お客さん」を高めた言い方である。②は「気の毒に思う」という動作が自然に起きることを表す。③は「友人に」そのようにされるのである。④は「トラックには大きな荷物を載せることができる」という意味である。⑤は話し相手を高めた言い方である。⑥は「食べることができる」の意味である。

3
①れれ・受け身・仮定形 ②れ・尊敬・連用形
③られ・自発・連用形 ④られる・可能・終止形
⑤れ・尊敬・未然形 ⑥られ・受け身・連用形
⑦られ・自発・連用形

考え方 ①の動詞「しかる」の未然形は「しから」なので、この部分は「しから／れれ／ば」と単語に切れる。抜《ぬ》き出す助動詞は、「られれ」ではなく「れれ」である。②で抜き出す助動詞は「れ」で、直後に「た」がついているので連用形となる。③で抜き出す助動詞は「られ」、「感じ」につくのは自発である。④は「起きることができる」の意味なので、可能である。⑤で抜き出す助動詞は「れ」で、直後に「ない」がついているので未然形である。⑥で抜き出す助動詞は「られ」で、直後に「た」がついているので連用形である。⑦で抜き出す助動詞「られ」は自発の意味で、中止法が用いられていることから連用形である。

4

例①父に　弟が　呼ばれた。
例②先生に　生徒たちが　号令を　かけられた。
例③ぼくに　弟は　荷物を　運ばせられた。

考え方 **受け身の文をつくるには、動詞の文節に受け身の助動詞を入れ、「―を」「―に」の文節を主語にする。**③の「運ばせた」は、動詞「運ぶ」に使役の助動詞「せる」がついているので、「れる」ではなく「られる」をつけて受け身の文をつくる。

5

例①弟に、妹は　おもちゃを　壊された。
弟に、妹の　おもちゃが　壊された。
例②その　少年は　美しい　少女に　紹介された。
その　少年を　美しい　少女は　紹介された。

考え方 ①は「妹」を主語にするか、「妹のおもちゃ」を主語にするかで、二通りの文ができる。「妹」を主語にした場合、妹の持ち物である「おもちゃ」を壊されたので、**持ち主の受け身**ということがある。②は「―を」「―に」の文節をそれぞれ主語にして二通りの受け身ができる。

6

①母は、私たちに、一枚の紙でも無駄に捨てさせない。
②母は、私たちの行動については私たちに責任を持たせます。
③母が、私たちを笑わせるので、家はいつもにぎやかだ。

7

①運動させれば・サ変・仮定形
②苦労させろ・サ変・命令形
③来させる・カ変・連体形
④遊ばせない・五段・未然形
⑤読ませた・五段・連用形
⑥やめさせる・下一段・終止形

考え方 ①の「運動させれ」は、サ行変格活用の動詞「運動する」の未然形「運動さ」に助動詞「せる」の仮定形が接続したもの。また、②の「苦労させろ」は、サ行変格活用の動詞「苦労する」の未然形「苦労さ」に助動詞「せる」の命令形が接続したもの。③や⑥の助動詞「させる」と混同しないこと。

8

エ・カ

考え方 **ア・ウ・オ**は「ない」だけで文節をつくるので、自立語の形容詞「ない」である。**イ**の「ない」は形容詞「はかない」の一部。

9

①連用形　②連体形　③連用形　④仮定形
⑤連体形

10

基本形＝ぬ(ん)
①連用形　②仮定形　③終止形

考え方 終止形が③で「ん」になっているが、基本形は「ぬ(ん)」の形で示す。

11

イ・エ

考え方 例文の「よう」は推量の意味。**ア**は意志の意味。**ウ**は助動詞「ようだ」の一部。

12

①書こう　②晴れよう　③来《こ》よう
④よかろう　⑤静かだろう　⑥行かれよう
⑦来《こ》させよう　⑧知らなかろう
(1)未然形　(2)よう　(3)う

13 …… **①打ち消しの意志**　**②推量**　**③打ち消しの推量**
④意志　**⑤意志**

考え方　①の「打ち消しの意志」と③の「打ち消しの推量」を見分けるには、**「ないことにしよう」（打ち消しの意志）や「ないだろう」（打ち消しの推量）などと置きかえてみるとよい。**

14 …… **①し（す）**　**②し（す）**　**③る**　**④る**　**⑤せ**
⑥られ　**⑦え**

考え方　③の動詞「ある」、④の動詞「おる」は五段活用で、いずれも終止形に「まい」が接続するが、それ以外の動詞では、**会話文などを中心に混乱が見られる。** 例えば、①の「失敗する」、②の「する」といったサ行変格活用の動詞には未然形につくが、「すまい」（終止形の古い形）や「するまい」（終止形）も使われている。同様に、⑦の下一段活用動詞「植える」では、「植えるまい」（終止形）が、⑤の助動詞「させる」では、「させるまい」（終止形）が使われることもある。このほか、カ行変格活用動詞「来る」では、未然形につく「来（こ）まい」のほかに、「来（く）まい」（終止形の古い形）や「来るまい」（終止形）が使われることがある。

15 …… **①終止形**　**②仮定形**　**③未然形**　**④連用形**
⑤未然形　**⑥仮定形**　**⑦連用形**　**⑧連体形**
⑨終止形　**⑩連用形**

考え方　「たい」「たがる」は終止形と連体形が同形なので、区別がつきにくいが、その場合は、**終止形と連体形で形が異なる形容動詞を入れて考えてみるとよい。** 例えば、①の「から」に連なるのは「静かだから」のように形容動詞の終止形（連体形は「静かな」）なので、「から」に連なるのは活用語の終止形であることがわかる。

16 …… **①帰りたければ・言いたくは**　**②眠りたがって**

考え方　②の「眠《ねむ》たい」「ありがたい」は一語の形容詞。「たい」「たがる」の活用をしっかり覚えておこう。

17 …… **①終止形**　**②未然形**　**③仮定形**　**④仮定形**
⑤連用形　**⑥終止形**　**⑦連体形**

考え方　それぞれの助動詞の言い切りの形は、①よう、②れる、③ぬ（ん）、④ない、⑤ぬ（ん）、⑥まい、⑦られる、となる。**助動詞がどのように活用するかを理解しておくことが先決である。** 無変化型は普通《ふつう》、終止形だけで、限られた場合だけ連体形がある。特殊型は、その特殊な活用を覚えるほかない。「ぬ（ん）」は、連用形が「ず」、仮定形が「ね」で、言い切りの形とはずいぶん違《ちが》うので注意したい。これまで学んだ助動詞の活用のしかたについては、本冊p.149の「活用による分類」を確かめ、頭に入れておきたい。

18 …… **①終わりました**　**②遊びません**
③話しませんでした　**④行きましょう**

考え方　③の「話さなかった」は打ち消しの助動詞「ない」と過去の助動詞「た」が含《ふく》まれている。しかし、助動詞「ない」と「ます」とは接続しないので、「ない」のかわりに打ち消しの助動詞「ぬ（ん）」を用いて「ません」とする。また、助動詞「た」は「ぬ（ん）」に接続しないので、丁寧《ていねい》な断定の助動詞「です」を加えて「でした」という形にする。

19 …… **行った（終止形）・蒸し暑かったが（終止形）・満員だった（連体形）・辛かった（終止形）・着いたら（仮定形）・降りた（終止形）・行ったろうか（未然形）**

20 …… **①未然形・イ**　**②連体形・ウ**
③終止形・ア　**④連体形・ウ**

考え方　活用については、あとに連なる語をもとに判断するとよい。①は推量の助動詞「う」がついている。②と④はあとに体言が連なる。
意味については、①は「ちょうど」今終わったばかりの動作であることから完了。②と④は「〜ている」に置きかえられるので存続。③はすでに動作・状態が済んだものであるから過去。

21

①A　②B　③A　④B　⑤B　⑥A　⑦A

考え方　助動詞「そうだ」は、上にくる語の活用形によって意味を見分けるとよい。**動詞の連用形、形容詞・形容動詞の語幹なら様態《ようたい》の意味の「そうだ」、用言や助動詞の終止形なら伝聞《でんぶん》の意味の「そうだ」**である。①「偉《えら》そうだ」、⑦「悪そうなら」は、どちらも形容詞の語幹に「そうだ」がついた形なので、様態の意味である。

22

①ウ　②イ

考え方　助動詞「そうだ」は、上にくる語の品詞や活用形によって意味を見分けるとよい。①**ウ**と②**イ**は、上にくる語が形容詞の語幹なので様態の意味の「そうだ」、それ以外は、上にくる語が終止形なので伝聞の意味の「そうだ」である。

23

①眠そうな・様態　②証拠だそうだ・伝聞
③暖かそうです・様態　④よさそうに・様態
⑤涼しそうで・様態　⑥帰国されるそうで・伝聞
⑦なさそうだ・様態　⑧×

考え方　④の形容詞「よい」に「そうだ」がつく場合には、形容詞の語幹「よ」と「そうだ」の間に「さ」が入り、「よさそうだ」となる。⑧の「そうだろう」は副詞「そう」に助動詞「だ」の未然形「だろ」と助動詞「う」がついたもの。

24

①連体形（様態）　②連用形（様態）　③連用形（伝聞）
④仮定形（様態）　⑤終止形（伝聞）

考え方　「そうだ」は、**意味が様態か伝聞かによって活用形が異なる。**伝聞の意味のときは連用形「そうで」と終止形「そうだ」しかないので、これらの活用形のときは、上にくる語の活用形が終止形であるかどうかに注意する。

25

①きれいだった　そうだ（イ・ク）
②眠られ　そうだ（ア・ク）
③行きませ　ん（ぬ）（キ・エ）
④推薦され　たい（ア・ウ）

考え方　②の動詞「眠る」に可能を表す助動詞「れる」をつけると「眠られる」となる。「眠れる」は一語の可能動詞なので、ここでは「眠れそうだ」とはしない。

26

①ウ　②イ　③ア

考え方　例示とたとえの意味の区別はつきにくいが、**「例示」は、同じ種類のものの中から一つを例に挙げて言うこと、「たとえ」は、種類は違うがある観点から見て共通点のあるものを取りあげて言うこと**、といったふうに考えるとよい。

27

①連用形　②連体形・連用形

28

①飛ぶようだ　②冷えるようだ
③研究するようだ　④暗いようだ
⑤きれいなようだ　⑥改めさせるようだ
⑦取られるようだ　⑧行かないようだ

考え方　**助動詞「ようだ」は用言や助動詞など、活用語の連体形に接続する。**形容動詞の終止形は「ようだ」だが、連体形は「ような」となり、異なるので注意する。

29

①終止形　②連体形　③連用形　④連用形
⑤終止形　⑥連用形

考え方　②と⑤の「らしい」は下に続く語に注意する。②は体言「様子」に続くので連体形である。⑤は「らしい」のかわりに形容動詞を入れてみて、例えば、「穏やかだから」などとすると、接続助詞の「から」に終止形で接続していることが分かる。

30

①×　②春なので・連体形　③×
④降るだろう・未然形　⑤中学生なら・仮定形
⑥町長である・連用形　⑦×
⑧友情だったろう・連用形　⑨×

考え方　①の「結んだ」、⑦の「騒《さわ》いだ」、⑨の「飛び込《こ》んだ」の「だ」は、過去の助動詞「た(だ)」。動詞の音便形(連用形)についていることから判断する。また、連用形の「で」、連体形「な」、仮定形「なら」を見落とさないよう注意すること。

31

誕生日には、友だちを呼んで、大いに騒ごうというのです。友だちといっても、ほんの四、五人だけです。忙しいでしょうが、君も来てくれるでしょうね。

32

①でしょ・丁寧な断定／う・推量
②た・過去／そうです・伝聞
③れる・受け身／まい・打ち消しの意志
④させ・使役／たがっ・希望／た・過去
⑤ず・打ち消し／よう・意志
⑥られ・尊敬／まし・丁寧／た・過去
⑦ように・例示／たい・希望
⑧そうに・様態／らしい・推定

考え方　助動詞は付属語で、単独では文節をつくらない。だから、助動詞を見つけるには、動詞・形容詞・形容動詞等の直後に目をやるとよい。また、助動詞はいくつも重ねて使われる場合も多いので注意しよう。

33

①先生でしょ う か　②来たかっ た でしょ う
③しかられ なかっ た そうだ
④運ばせ られ ました ので

考え方　加える助動詞を言い切りの形で示す。①です・う。②たい・た・です・う。③れる・ない・た・そうだ。「そうだ」は「そうです」でもよい。④せる・られる・ます。④にはもともと過去の助動詞「た(だ)」が含《ふく》まれている。

実力アップ問題

1

ノーベル賞は、その 年に、人類の 文化や 平和の ために、大きな 功績を 残した 人に おくられる、もっとも 名誉の ある 賞です。これを もらった 人は、世界的に 偉大な 人と 認められ た ことに なる わけです。

解説　助動詞は付属語だから、文節の中では常に自立語の下にくる。また、「認められ た」のように、一つの自立語に二つ以上の助動詞がつくことがある。

2

①ウ　②エ　③ア　④イ

解説　①は尊敬、②は自発、③は受け身、④は可能の意味をそれぞれ表している。④は打ち消しの助動詞「ぬ」がついているので、意味を取り違《ちが》えないように注意する。また、自発は「思う」や「思い出す」といった心の動きを表すことばにつくことが多い。

3

①襲われた・不気味な沈黙の中で、私を(に)恐怖が襲った。
②食べさせる・最後まで残しておいたパンを、子どもが食べる。
③任せられて・議長に出席者全員が(は)議事の進行を任せていた。
④休ませれば・あの選手はゆっくり休めば、回復するはずだ。
⑤読まれて・聖書を、古い昔から世界中の人々が読んでいる。

⑥**来させるべきで・重大な問題だから、学級委員長が(は)来るべきである。**
⑦**傷つけられた・彼のことばが(は)、私の気持ちをひどく傷つけた。**
⑧**させられる・寒い冬でも、犬の散歩をする日が続いた。**
⑨**白状させられた・ぼくたちは先生に、昨日のいたずらを白状した。**

解説 ⑥は使役《しえき》の意味だけを改め、「べき」はそのまま残す。⑨の「白状させられた」は、「白状する」という動詞の未然形「白状さ」に、使役の助動詞「せる」の未然形「せ」と受け身の助動詞「られる」の連用形「られ」と過去の助動詞「た」の終止形がついたもの。使役と受け身の両方の意味を改めるが、その場合は主語や修飾語は変化しない。

4

①**○** ②**読めません** ③**出られません** ④**○**
⑤**起きられなければ** ⑥**○** ⑦**○**
⑧**やめたそうに** ⑨**○** ⑩**○**

解説 ①の「走れ」は、「走る」という五段動詞に対応する可能動詞「走れる」の連用形。②の「読めれ」は「読める」の仮定形なので、「ます」には続かない。③の「出れる」という可能動詞はない。可能の意味を表すには、「出る」に可能の助動詞「られる」をつける。④の「起き上がれ」は、「起き上がる」という五段動詞に対応する可能動詞「起き上がれる」の未然形。⑤は「起きれる」という可能動詞はない。可能の意味を表すには、「起きる」に可能の助動詞「られる」をつける。⑥の「知らなそうです」の「な」は、助動詞「ない」の一部。⑧の「やめたさそうに」の「さ」は不要。⑨の「なさそうです」の「な」は、形容詞「ない」の語幹で、「そうだ」「そうです」に連なるときは「さ」が入る(→p.174)。⑩の「行きたそうだ」の「た」は、助動詞「たい」の一部で、⑥の「ない」の接続と同様である。

5

(1)①**様態** ②**伝聞** (2)①**可能** ②**受け身**
(3)①**推量** ②**意志(勧誘)** (4)①**意志(勧誘)** ②**推量**
(5)①**自発** ②**尊敬** (6)①**たとえ** ②**推定**
(7)①**打ち消しの推量** ②**打ち消しの意志**
(8)①**完了** ②**断定**

6

(1)**イ** (2)**イ** (3)**ア** (4)**ア** (5)**イ**

解説 (1)**ア**は形容詞「ない」、**ウ**は形容詞「つたない」の一部。(2)**ア**も**ウ**も形容動詞「自由だ」の活用語尾。**イ**には「真の自由である」のように連体修飾語《しゅうしょくご》がつけられるので、「自由で」は名詞「自由」に断定の助動詞「だ」の連用形がついたものである。(3)**イ**と**ウ**は、それぞれ形容詞「アメリカ人らしい」「愛らしい」の一部。**ア**の「元気な中学生らしい」は形容動詞「元気だ」が連体形で接続し、名詞「中学生」に推定の助動詞「らしい」がついたものである。(4)**イ**と**ウ**は、それぞれ動詞「着せる」「見せる」の活用語尾。動詞「着る」「見る」には使役の助動詞「させる」がついて、「着させる」「見させる」となる。(5)**ア**は動詞「枯《か》れる」の活用語尾、**ウ**は動詞「走れる」(可能動詞)の活用語尾である。

7

①**シ** ②**ウ** ③**イ** ④**キ** ⑤**サ** ⑥**コ**
⑦**キ** ⑧**エ** ⑨**ク** ⑩**ク**

解説 各助動詞の言い切りの形は次のようになる。①「です」、②「たい」、③「た」、④「ぬ(ん)」、⑤「ます」、⑥「らしい」、⑦「ない」、⑧「そうだ」、⑨「だ」、⑩「だ」。⑧の「そうに」は「そうだ」の連用形で、様態の意味の場合、形容詞にはその語幹に接続する。⑨の「な」は「だ」の連体形で、助詞「の」に連なっている。

8

①**ア** ②**エ** ③**エ** ④**ウ** ⑤**イ** ⑥**ア**
⑦**イ** ⑧**オ** ⑨**イ** ⑩**ウ**

解説 ②の断定の助動詞「だ」の連体形「な」は、助詞「の」「ので」「のに」に連なる場合にだけ用いられる。⑤の「そうでし」は、助動詞「そうです」の連用形となる。⑩の助動詞「そうだ」は、伝聞の意味を表し、終止形に接続する。

9

(一) ア
(二) イ
(三) エ
(四) イ

解説 (一) 問題文の「た」は、存続を表している。**イ**は過去、**ウ**は完了、**エ**は過去、**オ**は確認《かくにん》(想起)を表す。
(二) 問題文の「そうだ」は様態を表している。**ア**は伝聞、**ウ**は副詞「そう」に断定の助動詞「だ」がついたもの、**エ**は形容動詞「かわいそうだ」の一部。
(三) **エ**の「あるんじゃないか」は「あるのではないか」と言いかえられるので、「ない」は形容詞。ほかの「ない」はすべて打ち消しの助動詞である。**ア**は動詞「すぎる」の打ち消しの形であるが、「すぎない」で連語になり、断定を強める言い方に用いる。
(四) **ア**と**オ**は、それぞれ「もの」「とおり」という名詞に連なっているので、連体形。**ウ**は「ような(ようだ)」に連なっているので連体形。**エ**の「なられたんでしょう」は「なられたのでしょう」と言いかえられるので、助詞「の」に連なり、これも連体形である。**イ**だけは助詞(接続助詞)「から」に連なっているので、終止形である。細かい問題であるが、**形容動詞に置きかえるなどして、下の語にどんな活用形で接続するのかを見分けていく。**接続がわかりにくいものを、形容動詞「元気だ」を使って置きかえてみると、次のようになる。**イ**「元気だからだ」、**ウ**「元気なような気がした」、**エ**「元気なんでしょう」。**「だ」で終わる形容動詞は、すべての活用形の形が異なるので、見分けるときの参考にしたい。**

10

A ④・イ　B ⑥・オ　C ⑩・イ　D ⑦・ウ
E ③・エ　F ①・ウ　G ⑨・イ　H ⑧・ウ
I ②・イ　J ⑨・イ

解説 各助動詞の言い切りの形は次のとおり。**A**「だ」、**B**「たい」、**C**「れる」、**D**「まい」、**E**「た(だ)」、**F**「ようだ」、**G**「ない」、**H**「う」、**I**「そうだ」、**J**「ぬ(ん)」。**E**の「だ」は、動詞の音便《おんびん》形に接続した場合の過去の助動詞「た」である。活用形は下に続く語からも判断できる。

11

(1) イ・接続詞　(2) ウ・名詞と助動詞

解説 (1)は**イ**以外は助動詞、(2)は**ウ**以外は形容動詞である。

12

① 名詞　ア中学生らしい　イ中学生でしょ う
ウ中学生だっ た　エ中学生らしく ない
② 形容詞　ア厳しかった らしい(ようだ) ない
イ厳しいだろ う　ウ厳しそうだっ た
③ 形容動詞　ア困難でない そうだ
イ困難だった そうだ
ウ困難だった でしょ う
④ 動詞　ア帰ろう　イ帰るまい
ウ帰らなかっ た　エ帰りませ ん
オ帰られ ない(ぬ) らしい(ようだ)

解説 **文の述語(述部)にいろいろな助動詞を添《そ》えることによって、文の意味が微妙《びみょう》に変化することを**理解しよう。助動詞と助動詞との接続は、各助動詞の活用をしっかり覚えておけば、自然につながっていくものである。④**ア**では、「帰る だろ う」のように、指示のない、断定の助動詞「だ」を入れてはいけない。ここでは、推量の助動詞だけを使う。

13

(一) ア⑫　イ⑲　ウ⑥　エ⑯　オ②
カ③④⑬　キ⑰　ク㉑　ケ⑳
(二) ア⑰⑳㉑　イ⑥　ウ⑲
(三) いる

解説 (一) 解答でふれなかったものについて解説する。①は動詞「なくなる」の一部。⑤は動詞「かたづける」の一部。⑦は形容詞「ない」。⑧は動詞(補助動詞)「くれる」の活用語尾《ごび》。⑨は動詞(補助動詞)「いる」。⑩は助詞「ば」。⑪は動詞(補助動詞)「くる」。⑭は動詞(補助動詞)「いる」。⑮は動詞「いる」。⑱は名詞「しよう」の一部。

(二) 助動詞の上の品詞を見ていくとよい。⑰「もの」、⑳「もの」、㉑「はず」と名詞(体言)に、⑥形容詞「よい」の未然形「よかろ」に、⑲上一段動詞「できる」の連用形「でき」に、それぞれ接続している。それ以外は、②五段活用動詞「行く」の未然形、③④五段活用動詞「なる」の未然形、⑫過去の助動詞「た」の連体形、⑬五段活用動詞「知る」の未然形、⑯五段活用動詞「残念がる」の連用形に接続している。
(三) 「られる」は「食って」に接続しているが、この「て」は助詞である。本来は助詞には接続せず、「食っていられる」となるべきものだが、「いる」という補助動詞が省略されている。

14

A よう　B 意志　C た　D 完了　E らしい
F 推定

解説 文語の助動詞であるが、現代語訳からその意味を考えることができよう。①の「む」は口語の「う」「よう」にあたる。②の「ぬ」は口語の「た(だ)」にあたる。③の「らし」は口語の「らしい」にあたる。文語の助動詞の意味については、本冊p.275〜277参照。

15

(一) **イ**
(二) **①エ　②オ　③イ**
(三) **ウ**
(四) **受け身の助動詞「れる」の連用形**
(五) **ウ**

解説 (一) 問題文の「ない」は、「選ばなくてはならぬ」と、「ぬ」で言いかえることができるので、助動詞の「ない」。したがって、選択肢《せんたくし》から助動詞を選べばよい。**ア**は形容詞「はかない」の一部、**ウ**は形容詞「ない」、**エ**は形容詞「つまらない」の一部(➡本冊p.156下段参照)である。
(二) ①「運命のへりで」は、場所を表す格助詞の「で」。②「熟すようで」は、たとえの助動詞「ようだ」の連用形「ようで」の一部。③「要約でなくては」は、「な」で言いかえて名詞に続けることができないので、断定の助動詞「だ」の連用形「で」。

(三) 問題文の「ように」は、「まるで世界の夜であるように」と「まるで」を補うことができるので、たとえの意味を表す。**ア**・**イ**は、「どうやら」を入れることができるので推定の意味、**エ**は、「例えば」を入れることができるので例示の意味を表している。
(五) 推量を表しているものを選べばよい。**ア**は意志、**イ**・**エ**は意志(勧《かん》誘《ゆう》)を表している。

16

(一) **㋗**
(二) **使役の助動詞「せる」の連用形**
(三) **イ**
(四) **ウ・オ**
(五) **そうに**
(六) **ウ**

解説 (一) ㋐・㋑・㋒・㋔・㋕は助詞。㋓・㋖はそれぞれ助詞「でも」「まで」の一部。
(三) 受け身を表すものを選べばよい。**ア**は自発、**ウ**は尊敬、**エ**は可能を表している。
(四) ――線部は形容詞「私らしい」の一部なので、それ以外のものを選べばよい。**ア**・**イ**・**エ**は、それぞれ名詞に接尾語「らしい」がついてできた形容詞「バレリーナらしい」「彼女らしい」「男らしい」の一部(派生語の形容詞➡本冊p.269)。**ウ**・**オ**は推定の助動詞「らしい」。
(五) 様態の助動詞「そうだ」を活用させればよい。下に動詞「なる」があるので、連用形にする。
(六) 意志を表すものを選べばよい。**ア**・**イ**・**エ**は推量を表している。

17

(一) **ア 五段　イ サ行変格　ウ 未然　エ 下一段**
(二) 例 **「ほかの人に食べられなかった(受け身)」の意味。**
「召しあがらなかった(尊敬)」の意味。

解説 (二) 助動詞「れる」「られる」の四つの意味のうち、可能以外の三つから考える。自発では例文の意味が通らない。残りの受け身・尊敬であることがはっきりわかるように説明する。

ANSWERS

8章 助詞

練習

1 ア

2 ①ク　②エ　③ケ　④ウ　⑤イ　⑥キ　⑦オ　⑧カ　⑨ア

考え方　①と③の「ばかり」や④と⑧の「も」など、同じ助詞でも違《ちが》った意味で用いられることがあるので、文全体の意味をよくつかんで助詞の意味を読み取ろう。

3 ①空が高い。煙突やアンテナが、背伸びをしている。

②おばあさんの予想どおり、今年は冬の来るのが早く、十月末にもう雪が降りました。

③全員の集まる総会では、賛成と反対とに、議論が分かれてなかなかまとまらない。

考え方　②の「今年は」や③の「総会では」の「は」は副助詞であり、格助詞ではないので注意する。

4 ①連用格・主格　②主格・連用格

③並立格・主格・連体格

④連用格・連用格・連用格・連用格

考え方　「連用修飾語《しゅうしょく》であることを示す」「主語であることを示す」などと答えてもよい。②の「兄の」は「兄が」と言いかえることができ、主格の「の」である。

5 ①場所を示す　②作用の結果を示す

③動作の目的を示す　④動作の相手を示す

6 笛を（対象を示す）・表通りから（起点を示す）・裏通りへと（「へ」は方向・帰着点、「と」は動作・作用の結果を示す）・町の（連体修飾語であることを示す）・中を（経過する場所を示す）・あたりに（場所を示す）・音色に（受け身での動作の出所を示す）・ひかれたのか（その語を体言と同じ資格にすることを示す）・どこの（連体修飾語であることを示す）・家からも（起点を示す）・ねずみが（主語であることを示す）

考え方　それぞれの助詞が表す意味は細かく複雑である。例えば、問題文中の「裏通りへと」の「へ」「と」を考えると、「へ」は方向か帰着点か迷うし、「と」はどんな意味をもつのか見当もつかないかもしれない。この「と」は「表通りから裏通りへと」と歩く動作の結果を示すわけだが、ここまで細かく勉強する必要はなく、だいたいの見当がつけばよい。

なお、「が」「の」以外の格助詞は、文節関係では主として連用修飾語になることを示すが、その場合、いろいろな意味をもって連用修飾語になることに注意する。

7 ①主語であることを示す　②経過する場所を示す

③引用を示す　④時間を示す　⑤限定を示す

考え方　格助詞「が」「の」の意味は、「主語や連体修飾語であることを示す」といった文節の資格で答える。しかし、ほかの格助詞の意味は、その文節が連用修飾語である場合、どんな意味内容をもつかという点から答える。格助詞の意味の答え方は、「が」「の」とほかの格助詞では異なることに注意しなければならない。

8 ①原因・理由を示す　②場所を示す

③手段を示す　④時限を示す

9

① A＝昔から・町を・町名の
B＝訪れると・多いのに
② A＝政治や・ニュースに・様子を・動きを
B＝解説したり・あれば・して

考え方 「ながら」以外の接続助詞は、用言や助動詞といった活用語に接続する。一方、格助詞は主として体言に接続する。

10

① ×　② ○・順　③ ×　④ ○・順
⑤ ×　⑥ ○・順　⑦ ○・逆　⑧ ○・逆

考え方 ①の「堂々と」は副詞の一部である。③の「帰ると」は引用を示す格助詞。⑤の「と」は接続詞。接続助詞「と」は順接にも逆接にも用いられるので、文意からその意味用法を正しく判断すること。

11

① どこへ行こうと　④ このことは事実なのに
⑤ もうすぐ日が暮れるから　⑧ よく勉強しているが

考え方 格助詞と接続助詞は、「と」「が」「から」など、形が同じものがあるから注意すること。また、③⑥の格助詞「の」に格助詞「に」がついた「のに」の形は、④の一語の接続助詞の「のに」と同じ形なので、この区別にも注意しなければならない。

12

A ｛ア 主語を示す格助詞
　　イ 確定の逆接を示す接続助詞
B ｛ア 動作の起点を示す格助詞
　　イ 確定の順接を示す接続助詞
C ｛ア 確定の順接を示す接続助詞
　　イ 作用の結果を示す格助詞
D ｛ア 上の語を体言と同じ資格にする格助詞「の」に手段を示す格助詞「で」がついたもの
　　イ 確定の順接を示す接続助詞
E ｛ア 上の語を体言と同じ資格にする格助詞「の」に動作の相手を示す格助詞「に」がついたもの
　　イ 確定の逆接を示す接続助詞

考え方 DのアのアのでやEのア「のに」のような、助詞が二つつながっているものに注意する。

13

順接＝②③④　逆接＝①⑤⑧⑨
並立＝⑥⑦⑩

考え方 原因・理由を示すものは、確定の順接である。②は原因・理由を表している。

14

① だれでも、幼いころのことは懐かしい。
② 安全ということさえも考えない人が多いのには、ただもう、あきれるばかりである。
③ ペンなり鉛筆なり、何か書く道具だけは持ってきなさい。
④ あまり広くもない道の両側の土塀の上から、槐や、柳や、ねむの木の枝などが、ずっと伸び出ている。
⑤ その古い土器を目のあたりに見ているばかりでも、慰めになった。しかし、自分の発見を、得意になって、一生懸命説明を引き受けているのさえある。

考え方 副助詞はほかの助詞とは異なる形のものが多いので、しっかりと覚えておくこと。⑤の「ばかりでも」の「で」は助動詞「だ」の連用形。

15

① カ　② オ　③ イ　④ ウ　⑤ エ　⑥ ア

考え方 「でも」で一語なのか、「で」＋「も」なのか、「も」を除いてみてしっかり見分ける。

16

①不確かなことを示す　②程度を示す
③強調を示す　④動作の及《およ》ぶ終点を示す
⑤不確かなことを示す

17

①D・程度を示す
②A・他には考えない意味(限定)を示す
③C・動作の及ぶ終点を示す

考え方　文節の働きは、①は文節の終わりに格助詞「の」(連体格)がついているので連体修飾語、②は「君さえ」を「君が」に言いかえても文意が通じるので主語、③は「町はずれまで」を「町はずれに」と言いかえても文意が通じるので連用修飾語。

18

①水がなくならないのはね、ときどき雨が降るからさ。
②負けるものか。いまに追い越すぞ。
③そのくらいはありましたとも。とても私たちはかないませんよ。
④「君は、なかなかうまいなあ。」「それほどでもないよ。」「そうかね。」
⑤雨が降りそうだなと思ったけれど、そのまま出かけようとすると、「傘を忘れるな。」と、兄が言った。

考え方　終助詞は普通《ふつう》、文の終わりにつく。ただし、「ね(ねえ)」や「さ」は、①の「なくならないのはね」のように、文節の切れ目にもつく。また、⑤の「降りそうだな」のように、心の中の思いにはカギかっこがつかないので注意する。

19

A ア質問を示す終助詞
　イ不確かなことを示す副助詞
B ア上の語を体言の資格にする格助詞(準体言助詞)
　イ疑問を示す終助詞
C ア強調を示す終助詞
　イ仮定の逆接を示す接続助詞
D ア並立の関係を示す格助詞
　イ感動を示す終助詞

考え方　Cイの「とも」は、「ても」の改まった言い方で、仮定の逆接を示す接続助詞である。

20

①ア　②ウ

考え方　①の「か」は、疑問を示す終助詞。イは反語を示す終助詞。ウは感動・詠嘆《えいたん》を示す終助詞。②の「な」は、禁止を示す終助詞。アは念を押《お》す意味を示す終助詞。イは感動を示す終助詞。

21

①禁止を示す　②感動の意味を示す
③念を押す意味を示す　④強調を示す
⑤念を押す意味を示す

実力アップ問題

1

①土用波という高い波が、風も吹かないのに海岸にうち寄せるころになると、海水浴に来ている都会の人たちも、だんだん別荘をしめて、もどって行くようになります。
②山の頂上の方から楓やぶななどの木々の葉が色づきはじめ、紅や黄色の色彩の帯がふもとへとたどりついて、全山が美しく染まると、山の季節は静かに秋から冬へと移るのです。
③君が、卑劣なことや、下等なことや、ひねくれたことを憎んで、男らしいまっすぐな精神を尊敬しているのを見るとほっと安心したような気持ちになる。なくなったお父さんも、そんな男になってもらいたいと強く希望していた。

解説 ①の「ように」は助動詞「ようだ」の連用形。②の「静かに」は形容動詞「静かだ」の連用形。③の「ほっと」は一語の副詞である。紛《まぎ》らわしいものに注意する。

2 **①ア　②ウ　③ウ**

解説 ①は単純な接続を示す接続助詞「て(で)」を用いたものを選べばよい。**イ**は手段を示す格助詞、**ウ**は形容動詞「静かだ」の活用語尾《ごび》である。②は上の語を体言の資格にする格助詞「の」に原因・理由を示す格助詞「に」がついたものを選べばよい。**ア**・**イ**はともに確定の逆接を示す接続助詞「のに」である。③は仮定の逆接を示す接続助詞「ても(でも)」を選べばよい。**ア**は形容動詞「きれいだ」の活用語尾に強調を示す副助詞「も」がついたもの、**イ**は一例を挙げて他を類推させる意味を示す副助詞「でも」である。

3 **①ウ　②イ　③カ　④ア**

解説 ①は確定の逆接を示す接続助詞「が」、②は並立《へいりつ》・対比を示す接続助詞「が」、③は主語であることを表す格助詞「が」、④は単純な接続(前置き)を示す接続助詞「が」をそれぞれ選べばよい。**B群**の**エ**は逆接の接続詞「が」、**オ**は連体詞「わが」の一部である。

4
(一) **①②**
(二) **①助詞　②助詞・接続詞**
(三) **①エ　②ウ**
(四) **イ**

解説 (一) 春がくれば、順当な結果として暖かくなるが、下の文は「寒い」であるから、逆の結果になることを意味する接続助詞(接続詞)を選ぶことになる。
(三) 「春がきたのに」「春がきたけれども」と接続するから、助動詞「た」が終止形か連体形かを見分けなければならない。この場合、**すべての活用形の異なる、「だ」で終わる形容動詞を用いて接続させてみる。**「静かなのに」だから「のに」は連体形に接続、「静かだけれども」だから「けれども」は終止形に接続する。

5
A×　B×　C○　D×　E×　F×
G×　H○　I×　J○　K○

解説 **A**①は並立《へいりつ》を示す接続助詞、②は確定の順接(原因・理由)を示す接続助詞。本冊p.219では並立の意味しかふれていないが、このように確定の順接などを示すこともある。**B**①は確定の逆接を示す接続助詞、②は同時の動作を示す接続助詞。**C**①②ともに動作・作用の及《およ》ぶ終点(極限)を示す副助詞。**D**①は念を押《お》す意味を示す終助詞、②は禁止の意味を示す終助詞。**E**①は同類の一つを示す副助詞、②は並立を示す副助詞。**F**①はそれと限る意味(限定)を示す副助詞、②は動作が完了《かんりょう》して間もないことを示す副助詞。**G**①は質問・疑問を示す終助詞、②は反語を示す終助詞。**H**①②ともに限定の意味を示す副助詞。**I**①は確定の順接(原因・理由)を示す接続助詞、②は補助用言をあとに続ける接続助詞。**J**は語形は異なるが、①②ともに単純な接続(前置き)を示す接続助詞。**K**も語形は異なるが、①②ともに限定の意味を示し、①は格助詞、②は副助詞。

6 **①ウ・エ　②ア・イ**

解説 **格助詞「が」は、その文節が、述語の主体である場合と、述語の対象である場合とがある。**①の「犬が」は「ほえる」という述語の主体である。②の「水が」は主体(たとえば私)が「飲みたい」と思うもの(対象)である。

7
(一) **が→を**
(二) **とか**
(三) **ア**

解説 (一) 使役《しえき》の文にすればよい。「見せる」は使役の意味を含《ふく》む動詞で、助動詞「せる」がついたものではない。
(二) 並立の意味の助詞を考えればよいが、ひらがな二字の並立を示す助詞としては「やら」「なり」「だの」「とか」などがある。「やら」「なり」

は活用語の終止形に接続するので、ここでは不適切。また、「だの」は濁音の文字が入るので当てはまらない。

㈢ Dの「の」は格助詞で、連体修飾《しゅうしょく》格を示す。イはそれのついた語を体言と同じ資格にする格助詞で、「こと」と言いかえられる。ウは疑問を示す終助詞。エは主格を示す格助詞で、「が」と言いかえられる。

8

㈠ Aながら　Bばかり
㈡ 傾斜したかなと・見えんな

解説 ㈠ Bの限定を示す副助詞は「ばかり」のほかに、「だけ」がある。ここは問題の指定に合う「ばかり」を答える。

9

㈠ ①④⑤
㈡ ③・オ

解説 ㈠ ①⑤はそれぞれ副詞「ふと」「ぴくんと」の一部。④は接続詞「すると」の一部。

㈡ 引用を示す格助詞「と」を選べばよい。②は仮定の順接を示す接続助詞「と」。

10

① D　② B　③ D　④ C　⑤ ×　⑥ D
⑦ A　⑧ D　⑨ ×　⑩ A　⑪ B　⑫ ×
⑬ B　⑭ ×　⑮ C

解説 ⑤⑫は質問・疑問を示す終助詞「の」、⑨⑭は軽い断定を示す終助詞「の」である。

11

A群　ア・カ／イ・エ／ウ・オ
B群　ア・ウ／イ・エ／オ・カ

解説 A群の**ア**・**カ**は作用・変化の結果を示す格助詞、**イ**・**エ**は受け身での動作の出所を示す格助詞、**ウ**・**オ**は形容動詞の活用語尾《ごび》である。B群の**ア**・**ウ**は引用を示す格助詞、**イ**・**エ**は仮定の順接を示す接続助詞、**オ**・**カ**は動作・作用の結果を示す格助詞である。

12

① ケ　② カ　③ キ　④ オ

解説 ①は断定の助動詞「だ」の連用形、②はだいたいの事柄《ことがら》を示す副助詞「でも」の一部、③は補助用言をあとに続ける接続助詞「て」が音《おん》便《びん》形について濁《にご》ったもの、④は原因・理由を示す格助詞である。

13

㈠ ば
㈡ オ
㈢ ア
㈣ たり(だり)
㈤ エ

14

㈠ ながら
㈡ ウ
㈢ か
㈣ b・オ
㈤ ① エ　② エ　③ ア　④ エ

解説 ㈣ b以外はすべて、動作・作用の対象を示す格助詞「を」である。

15

㈠ ① ⓐ　② ⓑ
㈡ 来るまでに
㈢ B 例 名古屋に着くまでの間読むのを中止した
C 例 名古屋に着くまでの間に読むのをやめた
D 例 名古屋に着くまでの間だけ読むのを一時中止した

9章 敬語

練習

1

① **尊敬語・尊敬語・尊敬語**
② **尊敬語・謙譲語・謙譲語・丁寧語**
③ **尊敬語・謙譲語・尊敬語・謙譲語・丁寧語**

考え方　①の「ご遠慮《えんりょ》」「召《め》しあがっ」は、その動作をする者を高めて用いることば。「ください」は尊敬動詞「くださる」の命令形である。②の「お宅」は一見、丁寧語にもとれるが、相手の家を尊敬する意味を含《ふく》むことば。「伺《うかが》う」「申し」はその動作を受ける者を高めて用いることば。「ます」は丁寧《ていねい》の意味の助動詞である。③の「おっしゃっ」はその動作をする者を高めて用いることば。「わたくし」は謙譲《けんじょう》の意味を含むことばであり、「山田さん」は尊敬の意味を含むことばである。「お伝えすれ」は、「お〜する」の形で、その動作を受ける者を高めて用いることば。「です」は丁寧の断定の意味を表す助動詞である。

2

① **B**　② **B**　③ **B**　④ **A**　⑤ **A**　⑥ **B**
⑦ **B**　⑧ **A**　⑨ **A**

考え方　尊敬語か謙譲語かを見分けるためには、**尊敬動詞と謙譲動詞をしっかりと覚えておく**必要がある。また、④の「お帰りになる」のような「**お〜になる**」（尊敬語）、⑦の「お知らせする」のような「**お〜する**」（謙譲語）という形も覚えておく。

3

① **お聞きになる**　② **お書きになる**
③ **お話しになる**　④ **お読みになる**
⑤ **お待ちになる**

4

① **A・言う**　② **B・聞く**
③ **A・食べる／飲む**　④ **B・行く／聞く**
⑤ **A・くれる（あたえる）**
⑥ **B・もらう／食べる／飲む**
⑦ **B・言う**
⑧ **B・する**

考え方　相手や第三者の動作を高めるときに用いるのが尊敬動詞。自分側の動作を受ける者を高めるときに用いるのが謙譲《けんじょう》動詞。したがって、その動作が相手や第三者のものか、自分の側のものかを考えてみれば、区別がつくのが普通《ふつう》である。

5

A ③　B ①　C ③　D ②

考え方　Aは自分の名前を名乗る場面なので、謙譲語を用いる。①は尊敬語、②は丁寧《ていねい》語、③は謙譲語である。

　Bは、敬意のない普通の語の場合は「聞きたい」となる。「聞く」という動作の受け手は先生であるから、謙譲語「伺《うかが》う」がふさわしい。

　Cの、先生の予定を聞く場合では、丁寧語を使いたい。様子を伺うときに表す「どう」の丁寧語は「いかが」である。

　Dは、鈴木さんの「連絡する」という動作を受ける先生を高めることで敬意を示すので、謙譲語を用いる。③も謙譲語だが、続き方が不自然である。

6

エ

考え方　アでは、第三者に自分の身内のことを話すときに、身内に対し尊敬語「いらっしゃる」を使わないのが普通。ここでは不適切。

　イでは、先生の動作には尊敬語を使う。「伺う」は謙譲語なので、自分が先生の家へ「行く」場合などに用いる。「いらっしゃいました」とするのがふさわしい。

　ウの「拝見する」は謙譲語である。「見る」動作を行ったのは話の相手、「見てもらう」のは話し手なので、「見る」を尊敬語に、「もらう」を謙譲語にして、「ご覧いただき」とするとよい。

エの「食べる」「飲む」の尊敬語は「召《め》しあがる」である。ややくどい表現ではあるが、ここでは敬意を示す相手である部長の動作をより丁寧に表し、正しく用いている。（文化庁によると、許容範囲の二重敬語である、とのことである。）

7

① ご存じですよ→存じてますよ
② お母さんが→母が
③ 会いたいと→お会いしたいと（お目にかかりたいと）
④ いただいて→召しあがって
⑤ なられた→なった

考え方 ①の「ご存じ」は「存じ」（知ること）という体言に、尊敬の接頭語「ご」がついたことばで、尊敬語である。動詞「存ずる（存じる）」は謙譲語であるから、混同しないように区別する必要がある。②の「お母さん」は身内であるので、尊敬語は使わない。③は「社長」であっても、自分の側の人であるので、謙譲語を使う。④の「いただく」は、「食べる」「飲む」の謙譲語。ここで食べるのは「先生」であるので、尊敬語「召しあがる」を用いる。⑤は「お読みになる」に尊敬の意味があるので、さらに尊敬の意味を表す助動詞「れる」はつけない。

実力アップ問題

1

①A ②A ③A ④B ⑤B ⑥B
⑦C ⑧C ⑨B ⑩A ⑪B ⑫C
⑬C ⑭A ⑮B ⑯A ⑰C

解説 ④の「ご通知申しあげる」は、「ご通知する」という謙譲《けんじょう》表現の「する」という部分が謙譲語「申しあげる」となって、いっそう強い謙譲表現になったものである。⑨の「お教えいただく」と⑯の「お教えくださる」は、それぞれ「いただく」と「くださる」がほかの語と複合して、謙譲表現・尊敬表現になったものである。

2

(1) ①ア ②ウ ③イ
(2) ①ウ ②イ ③ア

3

① 明日、お宅へ伺う（参る）つもりです。
② これは、校長先生から伺った話です。
③ ぼくの絵をご覧ください。
④ 父と話していらっしゃるのは先生です。
⑤ 新しい時計を買っていただいた。
⑥ そんなことをなさると、笑われますよ。
⑦ あなたの絵を拝見したいものです。
⑧ 先生は、何を召しあがるのか。
⑨ 今、何とおっしゃいましたか。
⑩ あの方は、よく本をお読みになる。

解説 ④の「父と話している」の「いる」は補助動詞で、「いらっしゃる」も補助動詞として使われることになる。⑦の「見る」の謙譲動詞は「拝見する」で、「拝」のついた謙譲動詞は「拝聴《はいちょう》する」「拝読する」などいくつもある。

4

基本形	語幹	未然形	連用形	終止形	連体形	仮定形	命令形
おっしゃる	おっしゃ	—ら —ろ	—り —い —っ	—る	—る	—れ	—い

(一) 五段活用
(二) 例 命令形の語尾が「—れ」とならず、「—い」となっている点。

解説 (二) 「おっしゃる」以外でも「なさる」「くださる」などの**尊敬動詞はすべて**、「なさい」「ください」のように**命令形の語尾《ごび》が「—れ」（エ段音）ではなく「—い」になるので、注意が必要である**（「召《め》しあがれ」だけは例外）。

5

① **2**　② **3**　③ **1**　④ **5**　⑤ **4**

解説 **敬語表現には、敬意の表し方に段階がある。**①と②はどちらも謙譲表現だが、一人称の「私」と「ぼく」との違《ちが》いに注意する。また、④と⑤は「おれ」と「ぼく」との違いや、「くれ」と「おくれ」との違いに注意する。

6

① **×**　② **×**　③ **×**　④ **×**　⑤ **○**　⑥ **×**　⑦ **○**　⑧ **×**　⑨ **○**　⑩ **×**

解説 不適当な言い方の部分とその訂正例を示す。①「申しましたわ」→「おっしゃいましたわ」。「先生」の動作なので謙譲語ではなく尊敬語を用いる。②「お母さんがいらっしゃいました」→「母が来ました(参りました)」。「母」は自分の側の人なので、尊敬語は用いない。動詞も尊敬動詞でなく、普通《ふつう》の動詞か謙譲動詞にする。③「いるかね」→「いらっしゃるかね」。「きみのお父さん」は相手側の人なので、尊敬語を用いる。④「言いましたよ」→「おっしゃいましたよ」。自分の担任であっても、「先生」には尊敬語を用いる。⑥「おいでになります」→「おります(います)」。自分の父についてのことなので、尊敬語は用いない。⑧「ご注意してください」→「ご注意なさってください」。床《ゆか》に注意するのは相手の動作なので、尊敬語を用いる。⑩「拝見してください」→「ご覧になってください」。これも絵を見るのは相手の動作なので、謙譲語ではなく、尊敬語を用いる。

7

① **お留守・留守・ア**　② **申し・おっしゃい・エ**
③ **なさって・して・オ**　④ **お伺い・おいで(お越し)・エ**
⑤ **会い・お会いし・イ**

解説 ③は自分の母(身内の人物)のことを言うのだから、尊敬語「お～なさる」は用いないのが普通である。④の「お伺《うかが》いいただく」は、尊敬すべき第三者のところへ相手に行ってもらう場合に用いる言い方で、自分のところ(拙宅《せったく》)へ来てもらう場合は「おいでいただく(お越《こ》しいただく)」を用いる。

8

① **おり(ましたら)→いらっしゃい(ましたら)**
② **いただく(のなら)→召しあがる(のなら)**
③ **申され(ました)→おっしゃい(ました)**
④ **くれ(ましたのに)→ください(ましたのに)**
⑤ **参り(ませんか)→いらっしゃい(ませんか)**

解説 ①は尊敬語を用いる。「おられ(ましたら)」でもよい。③は謙譲《けんじょう》語「申す」を尊敬語「おっしゃる」などに直す。⑤の解答は自分のうちに誘《さそ》う意味にとったが、相手もその人のうちに帰るのかどうか尋《たず》ねる意味であれば、「お帰りになり(ませんか)」でもよい。

9

① **新入社員**　② **課長**　③ **社長**　④ **課長**

解説 ①はBに対する尊敬語「られ(られる)」と、聞き手のAに対する丁寧《ていねい》語「まし(ます)」があるから、CにとってAもBも目上(上司)である。②は「まし(ます)」の丁寧語だけなので、Aは目上(上司)で、Bは目下(部下)である。③は敬語がまったく使われていないから、AもBも目下(部下)である。④はBに対して尊敬語「られ(られる)」を使っているだけなので、Aは目下(部下)で、Bは目上(上司)である。

10

A しておられる　**B うって　います**
C うられて　います

入試問題にチャレンジ

1

(一) **動詞｜助動詞｜助動詞｜助動詞**
限ら｜れる｜らしかっ｜た

(二) **①イ　②イ**

(三) **ア＝形容詞　イ＝連体詞　ウ＝助動詞**

(四) **ア**

(五) **ない**

解説 (一)「限ら」は、五段活用動詞「限る」の未然形である。後に続く語はすべて助動詞。順に、受け身の意味を表す「れる」の終止形、推定の意味を表す「らしい」の連用形、過去の意味を表す「た」の終止形となっている。

(二) ①問題文の「らしい」は、直前に「である」を入れても意味が変わらないので、推定の助動詞と判断できる。選択肢《せんたくし》の**イ**も「雨であるらしい」と「である」を入れても意味が変わらないので、助動詞である。**ア・ウ**は、「子どもらしい」「いやらしい」のように直前の体言とセットになって物事の様子を表しており、体言について形容詞をつくる接尾語《せつび》である。

②問題文の「そうだ」は、直前の語が助動詞「だ」の終止形であるので、伝聞の助動詞となる。選択肢を見ると、**ア**は「死ぬ」の連用形に接続しており、様態の助動詞、**イ**は「する」の終止形に接続しており、伝聞の助動詞である。**ウ**は、副詞「そう」に断定の助動詞「だ」がついたものである。

(三) **ア**「ない」の直前には「違和感《いわかん》が」とあり、「有るか無いか」という状態を表す語なので、形容詞である。**ウ**の「ない」は動詞「書く」の未然形に接続しており、「書かぬ」と言いかえられることから助動詞と判断する。**イ**は、「気持ち」という名詞(体言)を修飾《しゅうしょく》し、活用もないので連体詞である。

(四) 副助詞「さえ」には、**①一例を挙げて他を類推させる働き**、**②それと限って限定する働き**、**③「その上に」と添加《てんか》する働きがある**。選択肢の**イ〜エ**は、それぞれ「時間」「壊《こわ》れること」「練習」に限ってほかは考えないという限定の意味である。**ア**の「さえ」は、「雨足が強まった」その上に「雷《かみなり》が鳴り出した」という添加の意味を表す。

(五) 「夢にも」は全体で一語の副詞で、打ち消しの語と呼応する。文を単語に区切ったとき、打ち消しの意味をもつのは形容詞「ない」である。

2

(一) **オ**
(二) **ウ**
(三) **ウ**
(四) **イ**
(五) **ウ**
(六) **イ**

解説 (一) **――線部の下に続く語が、どの活用形に接続する語かを考える。ア**助動詞「たい」は連用形、**イ**助動詞「まし(ます)」は連用形、**ウ**接続助詞「て」は連用形、**エ**助動詞「たら(た)」は連用形に接続する語なので、**ア〜エ**の動詞は連用形となる。**オ**の「到達《とうたつ》し」は、未然形接続の助動詞「ない」に続くため、この「到達し」は未然形である。

(二) **助動詞「られる」には受け身、可能、自発、尊敬の意味がある。ア**と**エ**は、「審判《しんぱん》に」「友だちに」という、だれから動作を受けるのかが示されているので、「止められた」「かけられる」は受け身である。**イ**では、だれによってかという内容は明示されていないものの、「寺院」を主語にしているため受け身である。**ウ**は「食べることができる」の意味あいで、可能の助動詞である。

(三) 助動詞「た」には、**①すでに動作がすんだ意味を表す**「過去」、**②ちょうど動作が終わった意味を表す**「完了《かんりょう》」、③「〜てある」「〜ている」で置きかえられる「存続」、**④物事を確認《かくにん》する意味を表す**「確認」**がある。**問題文の「た」は、「南に面している部屋」と言いかえることができるので、「存続」の意味。選択肢の**ア**は完了、**イ**は確認、**エ**は過去。

ウの「た」は「汚れている手」と置きかえられるので「存続」である。

(四) 問題文の「で」は、助詞の「だけ」に接続しており、断定を表す助動詞「だ」の連用形である。選択肢を順に見ていこう。ア場所を示す格助詞、イ「日本人であって」の意味あいで、断定の助動詞、ウ手段を表す格助詞、エ並立《へいりつ》を表す接続助詞「て」が濁音《だくおん》になったもの、オ直後に来るはずの「ください」などが省略されているが、前後をつなぐ接続助詞。

(五) 問題文の俳句は、涼《すず》しさが闇《やみ》の中をスーッと通り抜《ぬ》けるさまを詠《よ》んだもので、文構造は「涼しさ―が―闇を来る」となる。したがって、この「の」は主語を表す格助詞である。選択肢の中では、ウが「蝶々《ちょうちょう》―が―飛ぶ」の意味あいとなり、この「の」を含《ふく》む文節が主語を表している。他はすべて、「冬山の―日」「この夏の―西瓜《すいか》」「元日の―門前」のように、後にある体言文節を説明する連体修飾語である。

(六) 「答え」の終止形は「答える」である。下に「ナイ」をつけると、「答えナイ」となり、エ段の音に連なるので、下一段活用である。活用は、「答／え／え／える／える／えれ／えろ・えよ」となる。

3

(一) **イ**
(二) ① **いただく**　② **うかがう**　③ **拝見する**　④ **申しあげる**
(三) **イ**
(四) ① **ア**　② **ウ**　③ **ウ**　④ **ア**　⑤ **イ**

解説 (一) 問題文の「ない」は、「来ぬ」と言いかえられるので、打ち消しの助動詞である。イの「ない」も、「吐《は》かぬ」と言いかえられるので、助動詞である。アの「ない」は「予定」の有無《うむ》をいう形容詞。ウの「ない」は、形容詞「あどけない」の一部。エの「ない」は直前に「は」を入れて「良くはない」と言いかえても意味が通じるので補助形容詞である。

(二) ①「食べる」の尊敬語は「召《め》しあがる」で、謙譲語《けんじょう》は「いただく」となる。②「行く」の尊敬語は「いらっしゃる」で、謙譲語は「伺《うかが》う・参る」。四字で答えるので、ひらがなで四字の「うかがう」が答えとなる。③「見る」の尊敬語は「ご覧になる」で、謙譲語は「拝見する」である。④「言う」の尊敬語は「おっしゃる」で、謙譲語は「申す・申しあげる」。五字で答えるので、「申しあげる」が答えとなる。

(三) ①の「ご覧になる」は「見る」の尊敬語である。尊敬語はその動作をする者を高めることばなので、「見る」という動作を行った[A]に敬意を表している。また、②「拝見する」は謙譲語で、その動作を受ける者を高めることばである。ここでの敬意が向けられている人物は[D]である。

(四) ①自分の身内のことを話すときには尊敬語を使わない。したがってイは誤り。ア・ウはともに丁寧《ていねい》語「ませ(ます)」を使っているが、謙譲語「おる」を用いたアの方が適切である。②お客様に対してなので、尊敬語を使う。イは「お待ちに」と「なさって」と尊敬語が二重に使われていて不適当。③「食べる」のは相手であるから尊敬語を用いる。「召《め》し上がる」は「食べる」の尊敬語である。④「来る」の主語は相手であるから尊敬語を用いる。イ「来れ」は可能動詞「来れる」が活用したものなので、尊敬には使えない。⑤「忘れ物をする」のは相手であるから尊敬語を用いる。「なさる」は「する」の尊敬語である。

4

(一) **ウ**
(二) **エ**
(三) ① **ア**　② **ウ**　③ **オ**

解説 (一) ――線部A「申し上げ」は、「言う」の謙譲語である。選択《せんたく》肢《し》を見ると、アの「召し上がっ(召し上がる)」は「食べる」の尊敬語、イの「ます」は丁寧語、ウの「存じ上げ(存じ上げる)」は「知る」の謙譲語、エの「おっしゃる」は「言う」の尊敬語である。

(二) ――線部Bの「れ」は助動詞「れる」の連用形で、「自然と思ってしまう」の意味あいとなり、自発の意味を表す。選択肢の中で自発を表すのはエ。アは受け身、イは可能、ウは尊敬。

(三) ①の「聞き(聞く)」に「ナイ」をつけると、「聞かナイ」となる。「ナイ」に連なる直前がア段の音なので、五段活用である。②の「考え(考える)」に「ナイ」をつけると、「考えナイ」となる。「ナイ」に連なる直前がエ段の音なので、下一段活用である。③の「来」の終止形は「来る」で、これはカ行変格活用である。

5

(一) 五段活用
(二) エ

解説 (一) 古文では四段活用になるが、現代語では五段活用となる。現代語では、語幹が「折」、活用語尾《ごび》が「ら・ろ／り・っ／る／る／れ／れ」となる。
(二) **エ**だけが五段活用である。**ア**は上一段活用、**イ**はサ行変格活用、**ウ**は下一段活用。

6

(一) 越し―て―しまっ―て―いる―の―だろ―う―か
(二) a サ行変格活用　b 下一段活用　c 五段活用
(三) ア＝連用形　イ＝仮定形　ウ＝連体形
(四) ⑥⑨　副助詞
(五) Ⅰ推定(助動詞)　Ⅱ連体詞　Ⅲたとえ(助動詞)
Ⅳ副詞
(六) Aじゅんぷうまんぽ　Bほ　Cはん
Dじゅんぷうまんぱん　E名誉　F返上

解説 (一) 順に、動詞「越す」の連用形、接続助詞「て」、補助動詞「しまう」の連用形、接続助詞「て」、補助動詞「いる」の連体形、格助詞「の」、助動詞「だ」の未然形、助動詞「う」の連体形、終助詞「か」となる。
(二) **a**「定着し」は「定着する」の連用形で、サ行変格活用である。**b**の言い切りの形は「こみあげる」。「ナイ」をつけると、「こみあげナイ」となり、「ナイ」の直前がエ段の音であるから、下一段活用となる。**c**「おののく」に「ナイ」をつけると、「おののかナイ」となる。「ナイ」の直前がア段の音であるから、五段活用となる。
(三) **ア**は、形容動詞「こんなだ」が活用したもので、連用形である。**イ**は「使うのならば」が正しい言い方。この「なら」は断定の助動詞「だ」が活用したもので、仮定形である。**ウ**は、形容詞「数多い」が活用したもので、準体言助詞(格助詞)の「の」に接続するので連体形である。
(四) ①〜⑨の助詞を順に見ていこう。①作用の相手を表す格助詞「に」。②原因・理由を表す接続助詞「ので」。③引用を表す格助詞「と」。④起点を表す格助詞「から」。⑤一例(ここでは「アナウンサー」)を挙げて他を類推させる副助詞「さえ」。⑥並立《へいりつ》を表す副助詞「も」。⑦原因・理由を表す接続助詞「から」。⑧主語を表す格助詞「が」。⑨強調を表す副助詞「こそ」。
(五) Ⅰ物事を何らかの根拠《こんきょ》に基づいて推し量る意味、すなわち推定を表す助動詞「らしい」の終止形。Ⅱ後ろに続く体言(「大恥《おおはじ》」)を修飾《しゅうしょく》し、活用がないので連体詞。Ⅲ「まるで……のようだ」とたとえを表す助動詞「ようだ」の連用形。Ⅳ後ろに続く「消えゆこうと」という用言文節を修飾し、活用がないので副詞。
(六) 「帆」の訓読みは「ほ」、音読みは「ハン」である。「名誉《めいよ》」は「挽《ばん》回《かい》」するもので、「汚名《おめい》」は「返上」するものである。